U0596162

残疾人社会工作概论

（第二版）

奚从清　林清和　主编

ZHEJIANG UNIVERSITY PRESS
浙江大学出版社

图书在版编目(CIP)数据

残疾人社会工作概论 / 奚从清,林清和主编. —2 版.
--杭州:浙江大学出版社,2019.10(2024.6 重印)
ISBN 978-7-308-19614-7

Ⅰ.①残… Ⅱ.①奚… ②林… Ⅲ.①残疾人-社会
工作-研究-中国 Ⅳ.①D669.69

中国版本图书馆 CIP 数据核字(2019)第 220733 号

残疾人社会工作概论(第二版)

奚从清　林清和　主编

责任编辑	傅百荣
责任校对	杨利军　张睿
封面设计	周　灵
出版发行	浙江大学出版社
	(杭州市天目山路 148 号　邮政编码 310007)
	(网址:http://www.zjupress.com)
排　版	杭州隆盛图文制作有限公司
印　刷	杭州杭新印务有限公司
开　本	710mm×1000mm　1/16
印　张	22.5
字　数	428 千
版 印 次	2019 年 10 月第 2 版　2024 年 6 月第 4 次印刷
书　号	ISBN 978-7-308-19614-7
定　价	59.00 元

版权所有 侵权必究　印装差错 负责调换

浙江大学出版社市场运营中心联系方式　(0571)88925591;http://zjdxcbs.tmall.com

重视残疾人事业理论研究，

发展具有中国特色的残疾人

事业。

张海迪

2010. 2. 10

张海迪，历任第九、十届全国政协委员，第十一届、十二届、第十三届全国政协常委，现任中国残疾人联合会主席，并再次当选康复国际主席。

‖再版前言

　　我们首先由衷地感谢广大残疾人实际工作者、理论工作者和志愿者喜欢《残疾人社会工作概论》这本教材概论，也由衷地感谢一些有关高校、研究机构和图书馆将它列为教材和参考书。

　　在中国残疾人联合会第七次全国代表大会结束不久，浙江省残联将《残疾人社会工作概论》列为全省残疾人工作者培训教材，并于 2018 年 12 月—2019 年 3 月，组织编写人员进行第二版修订工作。

　　改革开放 40 年来，中国残联成立 30 周年来，特别是自党的十八大以来，新时代中国残疾人事业之所以能够蓬勃发展，取得卓越成就，根本在于以习近平同志为核心的党中央高度重视和坚强领导，根本在于以习近平新时代中国特色社会主义思想作为指导思想。

　　我们根据新时代残疾人社会工作学科发展和建设的需要，由原先"四个层次"的理论，到现分为"五个层次"理论，即由残疾人社会工作的指导理论、基础理论、专业理论、法律法规政策理论和历史理论所构成的一种框架体系。在"五个层次"的理论构架中，残疾人社会工作的指导理论是核心，是统领；基础理论是重点，是支撑；专业理论是骨骼，是依托；法律法规政策理论是应用，是准则；历史理论是历程，是趋势。这"五个层次"的理论既相互区别，又相互联系，有共时性和共在性，即在时间和空间上共同存在和共同发展。如果忽视或抛弃残疾人社会工作理论构架中的任何一个层次或部分内容，都将会使其失去科学性、完整性和合理性。因此，正确理解与运用这"五个层次"的理论，不仅有利于中国特色残疾人事业的发展，也有利于中国特色残疾人社会工作学科化的建设。

　　本教材由奚从清、林清和主编，各章编写分工（按各章先后为序）：第一章、第二章、第三章、第四章、第五章、第六章、第七章、第八章、第九章（奚从清）；第十章

（吕明晓）；第十一章（第一版杨岳平；第二版吕明晓）；第十二章、第十三章（第一版胡红生、陆嘉律；第二版吕明晓）；第十四章（杨云飞）；第十五章（吴小平）；第十六章（第一版林清和；第二版吕明晓）；第十七章（段小蕾）；第十八章（第一版林清和；第二版吕明晓）；第十九章（第一版陈杨荣；第二版蒋峰）；第二十章（第一版陈杨荣；第二版杨云飞）。由于我们的一些合作者曾为第一版打下良好的基础，第二版作者在此基础上做了修订工作，自然也要向这些原作者致以诚挚的谢意！

最后，我们由衷感谢中国残联主席张海迪为本书第一版题词以及中国残联原党组书记、理事长王新宪，中国残联副理事长、中国残疾人事业发展研究会会长程凯的关心和支持，中国残联发展部原主任、中国残疾人社会工作著名专家丁启文拨冗作序，中国残联理论研究室原主任、中国残疾人事业发展研究会副会长兼秘书长陈新民的关心和指导。浙江省残联党组书记、理事长蔡国春十分关心和重视第二版修订工作，在此谨表示诚挚的谢意！

由于我们水平所限，书中难免有疏漏和不妥之处，祈望学界专家、读者批评指正！

奚从清　林清和

2019 年 10 月

第一版　序 *

　　20 多年前,平等参与的残疾人工作刚起步的时候,我国人文思想界一片荒芜,人文学、社会学被取消了,人道主义被批冷了。除了向左没有谁在这个领域说点什么,更不要说不同意见了。就是在这种情况下,邓朴方从海外康复归来,张罗中国残疾人事业,并且果断扬言人道主义是这项事业的旗帜。他的意思很明白,只有把人们从冷冰冰的阶级斗争中拉出来,从导致人人自危的各种"运动"中拉出来,使人道、人性、和解、包容暖人心,把这种空气搞热了,才能使在"谷底"挣扎的残疾人得救,建设一个无障碍社会,一步步走向"平等参与"。

　　这就是说,那时候一切都是在"破冰",不像现在是个百花齐放,以人道治国的年代——"以人为本"作为施政纲领提出来。这自然是好事,这是发展平等参与社会融合的最好时机,也是现代残疾人事业发展的最好时机。

　　理论还是要先行。不是说一个民族一项事业要想在社会立足,必须以理论为先导吗? 只有使社会成员发扬优良传统,更多地了解人道主义和残疾人的疾苦,才能为"平等参与"铺平道路。然而真正静下心来研究残疾人事业理论的人并不多,此非显学,问津者寥寥。这就说到这本书和这本书的作者了。这本书的作者是浙江大学社会学资深教授奚从清和浙江省残联原理事长林清和,他们既富有理论又有实践经验,好学而不慕浮名,他们历经磨难编著的这本书,是从我国残疾人实际出发,以人道主义和社会学原理统领残疾人事业的书。

　　这本书的一大特色是伦理性和人道主义特色。作者以科学态度对待振兴于欧洲文艺复兴时期的人道主义思想,认为那是抛开人的所有差别,尊重所有人的

---

　　* 本序由丁启文先生作。丁启文先生是中国残疾人联合会发展部原主任,中国残疾人社会工作著名专家,他的主要代表作是《残疾儿童的心理补偿》(明天出版社 1988 年版)、《建构新文明——人道原则与新残疾人观》(华夏出版社 2001 年版)、《人性·人道·人权》(华夏出版社 2008 年版)等,业余时间从事散文、杂文写作,曾在党政部门供职。

权利、尊严和价值的一种思想体系,是我国现代残疾人事业和社会工作的重要理论支撑,并且旗帜鲜明地以多种方式——政治的、思想的、文化的、艺术的、法律的,与种种不人道、反人道行为抗争。

第二个特色是它的创新性和学科化意义。作者清楚地看到了残疾人社会工作与残疾人事业的内在联系,认为残疾人社会工作是残疾人事业的一个组成部分,并力图把残疾人社会工作与残疾人事业放在一个统一的理论框架体系里阐释。作者根据《中共中央国务院关于促进残疾人事业发展的意见》提出的"重视残疾人事业政策理论研究,推进相关学科建设,加快培养高素质残疾人事业专业技术人才。培养基层残疾人工作者队伍,提高为残疾人服务的能力"要求,在总结我国经验和借鉴国际经验的基础上,首次将中国残疾人社会工作理论分为四个层次,即由残疾人社会工作的基础理论、专业理论、政策理论和历史理论所构成的一种框架体系。换句话说,中国残疾人社会工作理论体系是对残疾人社会工作的基础理论、专业理论、政策理论和历史理论之间的内在联系所做的一种概括和总结。这有利于残疾人社会工作学科化建设,应该说具有原创性。我们有理由指望,它将催生更高水平的理论研究,推动残疾人事业更好、更快地发展。

第三个特色是它的现实针对性。作者看到,我国残疾人事业基础还比较薄弱,仍然滞后于经济社会的发展,残疾人社会保障和服务政策措施还不够完善,稳定的、有特点的制度性保障还需要进一步推进;残疾人总体生活状况与社会平均水平存在较大差距,在基本生活、医疗、康复、教育、就业、社会参与等方面存在许多困难;无障碍还不够普及实用,歧视残疾人现象还时有发生。所以,他们从现实问题出发重视残疾人事业政策理论研究,并且介绍了我国一些地区和单位实施残疾人各项政策的效果和做法,帮助残疾人工作者开阔视野,拓展思路。

残疾人事业蓬勃发展的时代,应当也是这方面理论蓬勃发展的时代,愿这本书成为一个"引子",引出事业和这方面理论的万紫千红。

丁晓文

2012 年 11 月 23 日

目　录

第一篇　残疾人社会工作总论

第二篇　残疾人社会工作分论

第三篇 残疾人社会工作发展

<<< **第一章**

残疾人社会工作的对象与任务

第一节　残疾人社会工作是怎样一门学科

一、关于残疾人社会工作是怎样一门学科的不同观点

我们研究残疾人社会工作,首先要回答一个问题:残疾人社会工作是怎样的一门学科?

其实,要真正建立一门新兴的学科,首先必须弄清它的特定研究对象,因为这是建立这门学科的主要依据。对此,我们不妨进行一番学理性的考察和分析。事实上,无论是国外学者,还是国内学者,他们都对残疾人社会工作是怎样的一门学科的问题阐释了各自的观点。

英国社会学家 G. 邓肯·米切尔认为,"社会工作一词是指帮助人们满足那些他们不能仅靠自己去获得满足的需要的各种有组织的方法。19 世纪,这些有组织的方法在英、美两国获得了发展。当时对人们的精神、物质福利的关心主要集中在穷人的经济情况上。后来将这种对改善物质条件的关心扩大到促进精神上和感情上的健康。"[1]

英国社会工作专家迈克尔·奥利弗(Michael Oliver)、鲍勃·萨佩(Bob Sapey)认为,本书使用的"社会工作"(Social Work)这一名词,指的是对残疾个人或残疾人集体进行的组织起来的职业性活动。在他们著的《残疾人社会工作》第七章结论中

---

[1]　[英]G. 邓肯·米切尔主编:《新社会学词典》,上海译文出版社 1987 年版,第 344 页。

写道:"我想把一些问题综合起来。这些问题是通过运用社会型残疾原则于社会工作,把社会工作视为一种组织起来了的专业活动而提出来的。"①

英国社会工作专家迈克尔·奥利弗、鲍勃·萨佩在《残疾人社会工作》第二版中强化政治意识,他指出:"在这一版中,我们力图在变化了的经济政治环境中,重新构建对残疾人的社会工作这一专业。这是因为,我们坚信被授予权力的社会工作专业能够使福利国家的设想得以实现。"②

郭建模主编的《残疾人工作基本知识读本》(华夏出版社 2002 年版)及中国残疾人联合会编的《残疾人工作基本知识读本》(华夏出版社 2009 年版)③这两本读本有一个共同的特点,就是以问答形式阐述残疾人工作基本知识,具有理论性、可读性、操作性,为培养基层残疾人工作队伍,提高为残疾人服务的能力而发挥了应有的作用。同时,为我国学术界研究残疾人社会工作提供了许多具有指导价值的理论观点,如人道主义、现代文明社会残疾人观等。

王思斌认为,残疾人社会工作是对残疾人所做的社会工作。它不同于一般的残疾人服务,而是社会工作者运用社会工作方法帮助残疾人补偿自身伤残、克服环境障碍,使他们平等地参与社会生活、分享社会发展成果的专业活动。④

王辅贤认为,残疾人社会工作是以残疾人为服务对象的实务性的社会工作。⑤

卓彩琴认为,顾名思义,残疾人社会工作就借鉴、采用社会工作的理论和方法来开展残疾人工作。⑥

马洪路认为,残疾人社会工作就是针对残疾人和其他身心残障者开展的社会工作。它不同于一般的残疾人服务,而是社会工作者运用社会工作方法帮助残障人士补偿自身缺陷,克服各种环境障碍,重新回归社会生活的专业活动。⑦

张福娟、杨福义、章森榕认为,残疾人社会工作是社会工作的一个重要组成部分,它不同于一般的残疾人服务工作。它是指社会工作者运用现代科学知识和工作方法,通过各种途径帮助残疾人补偿身心缺陷,适应环境,使他们平等地

① [英]迈克尔·奥利弗:《残疾人社会工作》,谢子朴、谢泽宪译,华夏出版社 1990 年版,第 131 页。

② [英]迈克尔·奥利弗、鲍勃·萨佩:《残疾人社会工作》(第二版),高巍、尹明译:中国人民大学出版社 2009 年版,第 114 页。

③ 郭建模主编《残疾人工作基本知识读本》,华夏出版社 2002 年版,第 5 页;中国残疾人联合会编《残疾人工作基本知识读本》,华夏出版社 2009 年版,第 5 页。

④ 王思斌:《社会工作概论》,高等教育出版社 2004 年版,第 249 页。

⑤ 王辅贤主编:《残疾人社会工作》,北京大学出版社 2008 年版,第 10 页。

⑥ 卓彩琴主编:《残疾人社会工作》,华南理工大学出版社 2008 年版,第 9-10 页。

⑦ 马洪路主编:《残障社会工作》,中国社会出版社 2010 年版,第 8 页。

参与社会生活,共享社会物质文化成果的专业性活动。①

奚从清、林清和认为,残疾人社会工作是指残疾人社会工作者运用社会工作理论与方法,为了给残疾人提供各种服务而进行的专业性或职业性活动。②

江苏省残疾人事业发展研究会、南京大学残疾人事业发展研究中心编著的《中国特色残疾人事业概论》认为,残疾人社会工作是以残疾人为对象的社会工作实施,它不仅要解决残疾人的个体问题,解决残疾人家庭和残疾人群体问题,还要解决残疾人在社会生活中面临的诸如教育、就业等问题,甚至要去探究残疾这一社会现象引发的社会问题。③

二、关于残疾人社会工作是怎样一门学科的综合述评

由上可知,人们对残疾人社会工作是怎样的一门学科,观点不同,重点各异。这是这门学科从不成熟走向成熟过程中的必然现象。同时,这也表明,残疾人社会工作是怎样一门学科,是一个无法回避的基本问题。

《中国大百科全书》认为,社会工作是国家和社会解决并预防社会成员因缺乏社会生活适应能力、社会功能失调而产生的社会问题的一项专门事业和一门学科。④ 从学理上来说,这个观点给了我们以下两点启示。

启示之一:残疾人社会工作是社会工作的一门分子学科,由于它在中国土地上生长出反映中国的社会实际,因此是具有中国特色的残疾人社会工作。

改革开放 40 年来,中国残联成立 30 周年来,特别是自党的十八大以来,新时代中国残疾人事业之所以能够蓬勃发展,取得卓越成就,根本在于以习近平同志为核心的党中央高度重视和坚强领导,根本在于以习近平新时代中国特色社会主义思想作为指导思想。

随着新时代残疾人事业理论与实践的发展,我们对残疾人社会工作理论内在关系及其本质的认识,经历了一个由知之不多到知之较多、由不全面不完善到比较全面比较完善的发展过程。残疾人社会工作是残疾人事业的一个重要组成部分。我们在认真研究中国残疾人事业和残疾人社会工作的内在联系和学科建设的基础上,力图把二者放在一个统一的理论框架体系里研究和阐释。

我们根据新时代残疾人社会工作学科发展和建设的需要,由原先"四个层次"的理论,到现分为"五个层次"的理论,即由残疾人社会工作的指导理论、基础

---

① 张福娟主编:《残疾人社会工作案例评析》,华东理工大学出版社 2010 年版,第 4 页。
② 奚从清、林清和主编:《残疾人社会工作》,浙江大学出版社 2013 年版,第 33 页。
③ 江苏省残疾人事业发展研究会、南京大学残疾人事业发展研究中心编著:《中国特色残疾人事业概论》,华夏出版社 2017 年版,第 36 页。
④ 《中国大百科全书》,中国大百科全书出版社 1991 年版,第 291 页。

理论、专业理论、法律法规政策理论和历史理论所构成的一种框架体系。在这个"五个层次"的理论构架中,残疾人社会工作的指导理论是核心,是统领;基础理论是重点,是支撑;专业理论是骨骼,是依托;法律法规政策理论是应用,是准则;历史理论是历程,是趋势。这"五个层次"的理论既相互区别,又相互联系,有共时性和共在性,即在时间和空间上共同存在和共同发展。如果忽视或抛弃残疾人社会工作理论构架中的任何一个层次或部分内容,尤其是指导理论,都将会使其失去科学性、完整性和合理性。因此,正确理解与运用这"五个层次"的理论,不仅有利于中国特色残疾人事业的发展,也有利于中国特色残疾人社会工作学科化的建设。

《残疾人社会工作概论》(第二版)现作如下界定:残疾人社会工作是指残疾人社会工作者以习近平新时代中国特色社会主义思想为指导,运用社会工作理论和方法,为残疾人提供各种服务而进行具有专业性或职业性活动的一门应用学科。对此,现作两点说明。

(一)"中国特色"的提出及其最本质的内涵

党的十一届三中全会以后,以邓小平同志为核心的党的第二代中央领导集体,以巨大的政治勇气和理论勇气推动改革开放。

中国社会主义改革开放和现代化建设的总设计师——邓小平发出响亮号召:"把马克思主义的普遍真理同我国的具体实际结合起来,走自己的道路,建设有中国特色的社会主义,这就是我们总结长期历史经验得出的基本结论。"[1]他又指出:"中国搞社会主义,强调要有中国的特色。"[2]而且他特别强调:"没有中国共产党,就没有社会主义的新中国。""离开了中国共产党的领导,谁来组织社会主义的经济、政治、军事和文化?谁来组织中国的四个现代化?在今天的中国,决不应该离开党的领导……"[3]可见,邓小平以最鲜明的政治观点来阐述中国特色的最本质的属性。

2014年8月20日,习近平在纪念邓小平同志诞辰110周年座谈会上的讲话中指出:邓小平同志紧紧抓住"什么是社会主义、怎样建设社会主义"这个基本问题,响亮提出"走自己的道路,建设有中国特色的社会主义"的伟大号召,领导我们党在新中国成立以来革命和建设实践的基础上,成功走出了一条中国特色社会主义新道路。

2016年5月17日,习近平主持召开哲学社会科学工作座谈会,提出要着力

① 《邓小平文选》第3卷,人民出版社1993年版,第3页。
② 《邓小平文选》第3卷,人民出版社1993年版,第213页。
③ 《邓小平文选》(1975—1982),人民出版社1983年版,第156页。

构建中国特色哲学社会科学,在指导思想、学科体系、学术体系、话语体系等方面充分体现中国特色、中国风格、中国气派。

习近平在党的十九大报告中指出:"中国特色社会主义最本质的特征是中国共产党的领导,中国特色社会主义制度的最大优势是中国共产党领导,党是最高政治领导力量。"[①]

我们认为,不论是邓小平创造性地提出"中国特色"概念,还是习近平创造性地运用与阐述"中国特色"概念,是基于两种需要:一是根据中国国情的需要,坚持马克思列宁主义的基本原理,走中国人民自愿选择的适合中国国情的道路。二是根据中国政治体制的需要,坚持中国共产党领导,实行中国特色社会主义制度,走中国特色社会主义政治发展道路。这正是中国特色的最本质的内涵。由此可见,"中国特色"概念是一个完整而科学的概念。

何毅亭教授说:"中国共产党是最高政治领导力量,是习近平总书记提出并反复强调的一个重大政治论断,也是习近平新时代中国特色社会主义思想一个重要理论观点。这一重大论断和重要观点,科学概括了中国共产党在整个国家的根本地位和无可替代的领导作用,充分表达了只有中国共产党才能肩负起带领中国人民实现中华民族伟大复兴的历史使命。"[②]

20 世纪 20 年代初中国共产党成立前后,中国政党林立,有的论者认为,多则先后有过二三百个政党,也有的论者认为,少则有过一百多个政党,其中有多个政党和政治力量在中国政治舞台轮番角逐。为何成立于 1921 年的中国共产党竟然能够脱颖而出最终成为最高政治领导力量呢?何毅亭教授说,这是由中国共产党的先进性决定的,是由中国共产党的历史作用赢得的。由此,他进一步阐释了中国共产党是中国政治方向的掌舵者,是国家政治体系的统领者,是社会治理的主导者,是重大决策的决断者[③],并且日益显现出其强大的内生动力。他阐述的这些新思想、新观点和新提法,既有助于我们加深对邓小平、习近平提出的"中国特色"最本质特点的准确理解与应用,也有助于我们加深对习近平提出的"中国共产党是最高政治领导力量"最根本观点的准确理解与应用。

(二)"中国特色"概念:具有多个一级维度与二级维度

1."中国特色"概念具有多个一级维度

"中国特色"概念具有多个一级维度,即中国特色社会主义道路、中国特色社会

---

① 习近平:《决胜全面建成小康社会,夺取新时代中国特色社会主义伟大胜利——在中国共产党第十九次全国代表大会上的报告》(2017 年 10 月 18 日),人民出版社 2017 年版,第 20 页。

② 何毅亭:《中国共产党是最高政治领导力量》,《学习时报》2019 年 5 月 17 日,第 1 版。

③ 何毅亭:《中国共产党是最高政治领导力量》,《学习时报》2019 年 5 月 17 日,第 1 版。

会主义理论体系、中国特色社会主义制度和中国特色社会主义文化。这条道路、这个理论体系、这个制度、这个文化都写入《中国共产党章程》:"改革开放以来我们取得一切成绩和进步的根本原因,归结起来就是:开辟了中国特色社会主义道路,形成了中国特色社会主义理论体系,确立了中国特色社会主义制度,发展了中国特色社会主义文化。"习近平指出:"中国特色社会主义政治发展道路,是近代以来中国人民长期奋斗历史逻辑、理论逻辑、实践逻辑的必然结果,是坚持党的本质属性、践行党的根本宗旨的必然要求。"①对此,我们必须倍加珍惜,始终坚持,不断发展,充分发挥我国社会主义政治制度优越性,积极借鉴人类政治文明的有益成果,绝不生搬硬套外国政治制度模式。

2."中国特色"概念具有多个二级维度

中国特色社会主义事业联系的客观性、普遍性和多样性使"中国特色"呈现出多个二级维度,中国特色残疾人事业就是一个明显的证据。

2008年3月28日,《中共中央 国务院关于促进残疾人事业发展的意见》,(中发〔2008〕7号,以下简称《意见》)指出:"关心残疾人,是社会文明进步的重要标志。残疾人事业是中国特色社会主义事业的重要组成部分。"张海迪明确地说:"中国的残疾人事业是中华民族有史以来一项前无古人的伟大事业,想一想在中国的历史上,有谁提出过要建立一个残疾人的组织、让残疾人平等参与和共享社会发展的成果呢? 只有在中国共产党的领导下,在改革开放的历史条件下,才有了中国残疾人事业的发展。"②

随着中国特色残疾人事业的迅速发展,中国特色残疾人事业的发展道路、理论体系、制度建设、文化研究,此类文献比比皆是。"不论是中国特色残疾人事业,还是中国特色残疾人事业发展道路,无不打上时代特有的文化印记——'中国特色'。""从根本性质来看,中国特色残疾人事业深深地扎根在中国的土地上,成为中国特色社会主义事业的重要组成部分。因此,它的最本质的特征是坚持中国共产党的领导。"③

同属于"中国特色"多个二级维度的还有:中国特色妇女儿童事业研究;中国特色社会主义外交理论研究;中国特色社会主义法治体系研究;中国特色国防和军队现代化建设事业研究等。这些都必须坚持中国共产党的领导。

纵观以上分析,不论是"中国特色"概念具有多个一级维度,还是"中国特色"

① 习近平:《决胜全面建成小康社会,夺取新时代中国特色社会主义伟大胜利——在中国共产党第十九次全国代表大会上的报告》(2017年10月18日),人民出版社2017年版,第36页。
② 张海迪:《努力建设残疾人事业的好队伍》,《残疾人研究》2013年第3期,第5页。
③ 奚从清:《中国特色残疾人事业的理论研究与服务实践——从人道主义的延续性说起》,《残疾人研究》2016年第3期,第17页。

概念具有多个二级维度,都有一个鲜明主线或一个共同本质,那就是中国共产党是最高政治领导力量。这就是说,必须坚持党对一切工作的领导。

启示之二:残疾人社会工作是残疾人服务体系的一个有机部分,具有两个显著的品格。

一个是它的专业性或职业性。残疾人社会工作者必须自觉地按照残疾人服务体系要求提供各种服务。"残疾人服务体系是指国家和社会为残疾人提供各种服务的总称。""残疾人服务体系从服务项目来看,主要包括生活照料、医疗卫生、康复养护、社会保障、教育培训、劳动就业、文化体育、法律维权和信息化服务等。从服务提供者来看,包括政府的公共服务、社会服务、社区服务和家庭服务;从服务方式来看,包括机构服务、社区服务和居家服务。"

另一个是它的实务性或服务性。残疾人社会工作者自觉地运用社会工作理论和方法,努力提高为残疾人服务的能力和水平。因为残疾人是一个数量众多、特性突出、特别需要帮助的社会群体,所以"为残疾人服务,除了满足残疾人作为一般社会个体的服务需求外,更强调满足其特殊的服务需求。康复训练、康复护理、辅助器具适配和无障碍环境支持等服务具有明显的类别化特征。不同残疾类别,其服务需求是不同的,同一类别不同伤残情况的残疾人其服务也存在差异。因此,残疾人服务体系既是公共服务体系和社会服务体系的有机组成部分,也因其服务手段和方式、服务技术和环境支持等方面的特殊性而具有自身特点"①。

事实上,要利用好残疾人社会工作这门应用学科的专业性或职业性与实务性或服务性,要从实施中找出带有规律性的东西。规律是事物之间的内在的本质联系。因此,要真正做好残疾人社会工作,就必须按照规律办事,将它的专业性或职业性与实务性或服务性有机地结合起来,这样才能使残疾人社会工作达到预期的目的。张海迪深刻地指出:"在残疾人事业发展中,残疾人工作者是残联工作活动的主体。残联工作的成败得失、有效程度和创造活力,取决于残疾人工作者的素质和能力。为此,这个队伍的建设直接影响残疾人事业的发展。""这些年,我一直强调,残疾人事业也是一门科学,要不断提高干部的专业化水平,培养专业能力,弘扬专业精神。"②

---

① 本书编写组:《〈中共中央 国务院关于促进残疾人事业发展的意见〉学习辅导读本》,华夏出版社2008年版,第154页。

② 张海迪:《残疾人工作者要做一个高尚的、擎着火把为残疾人照亮生活道路的人》,《中国残联》2017年12月30日。

第二节 坚持以习近平新时代中国特色社会主义思想为指导

一、习近平高度重视发展残疾人事业和残疾人工作

2018年9月14日,中国残疾人联合会第七次全国代表大会在北京人民大会堂开幕。习近平、李克强、栗战书、汪洋、王沪宁、赵乐际等党和国家领导人到会祝贺,韩正代表党中央、国务院发表了题为《在新时代的伟大征程中创造残疾人更加幸福美好的新生活》的致词。他在致词中说,党的十八大以来,我国残疾人事业取得历史性进展和显著成就。习近平总书记对残疾人和残疾人事业发展提出了一系列明确要求,深刻阐述了新时代残疾人事业发展的价值理念、地位作用、目标方向、重要任务和责任要求,科学回答了新时代怎样认识残疾人、怎样发展残疾人事业以及怎样做好残疾人工作等重大问题。这些重要论述,从为中国人民谋幸福、为中华民族谋复兴的高度,把我们党对残疾人事业发展的规律性认识提高到一个新的高度,为新时代中国特色残疾人事业发展指明了前进方向,提供了根本遵循,是我们做好残疾人工作的思想指引和行动指南。

我们遵循韩正致词要义和明确要求,按照习近平总书记发表重要论述的时间顺序作了如下汇总:

浙江是习近平新时代中国特色社会主义思想的重要萌发地。他一直以来对残疾人有着特殊深厚的感情。2003年7月31日至8月2日,时任浙江省委书记习近平同志在浙江省残疾人联合会第四次代表大会指出:"全社会都应发扬人道主义精神,倾注深厚感情,伸出关爱之手,备加重视、备加关注、备加关心、备加帮助残疾人,给予他们更多的温暖。"①习近平在日常调研活动中,总是尽可能安排时间看望残疾人。例如,2015年1月27日,冬雨连绵,习近平一行冒着雨前往湖州市吴兴区考察。在完成既定行程后,他来到爱山街道红丰西村社区看望残疾人王国荣家庭,至今王国荣传颂着习书记当年看望他和他年迈的老母亲,并送给他一床棉被的感人故事。

2014年3月20日,在中国残疾人福利基金会成立30周年之际,习近平致信中国残疾人福利基金会:"30年来,在党和政府的支持下,中国残疾人福利基金会始终高举人道主义旗帜,动员社会,集善天下,为残疾人谋福祉,为改善残疾人生活状况、推动社会文明进步作出了积极贡献。残疾人是一个特殊困难的群

---

① 转引自浙江省委书记车俊在浙江省残联第七次代表大会开幕会上的讲话,2018年8月24日。

体,需要格外关心、格外关注。让广大残疾人安居乐业、衣食无忧,过上幸福美好的生活,是我们党全心全意为人民服务宗旨的重要体现,是我国社会主义制度的必然要求。希望你们继承发扬优良传统,切实履行职责、锐意进取、扎实工作,为推动残疾人共享我国经济社会发展成果,为帮助残疾人在实现中华民族伟大复兴的中国梦中实现自己的人生理想,作出更大贡献。"

2014年5月16日,习近平在会见第五次全国自强模范暨助残先进集体和个人表彰大会受表彰代表时发表重要讲话,他指出:"改革开放以来,在党和国家关心重视下,在社会各界支持帮助下,我国广大残疾人和残疾人工作者,高举中国特色社会主义伟大旗帜,积极投身改革开放伟大事业,坚持弘扬人道主义精神,推动我国残疾人事业上了一个大台阶、开创了一个蓬蓬勃勃的局面。我国广大残疾人生活状况有了根本性改变,成为推进改革发展稳定的一支重要力量。"

习近平指出,残疾人是社会大家庭的平等成员,也是人类文明发展的一支重要力量。古今中外,残疾人身残志不残、自尊自立、奉献社会的奋斗事迹不胜枚举。残疾人完全有志向、有能力为人类社会作出重大贡献。在当代中国,在改革开放进程中,我国残疾人中涌现出一大批像张海迪那样的自强模范,他们是改革开放大潮的弄潮儿,他们的事迹感人至深、催人泪下,激励了全社会的奋发自立精神。他们身上的精神就是自强不息精神,就是我们的民族精神、时代精神,也是社会主义核心价值观的应有之义。

习近平强调,助残先进以及他们所代表的关心和帮助残疾人的社会各界人士,也堪称楷模,引领社会风气。"赠人玫瑰,手留余香。"大爱无疆、仁者爱人。这种舍己为人、乐善好施的高尚品质,是社会主义核心价值观的具体体现,是中华民族传统美德的具体体现。中华民族历来强调自强不息、厚德载物。从大家身上,我看到了中华民族优秀传统文化的传承,看到了不畏艰辛、顽强拼搏的志气,看到了社会正能量的充分发挥,看到了坚持和发展中国特色社会主义的一支重要力量。中国梦,是民族梦、国家梦,是每一个中国人的梦,也是每一个残疾人朋友的梦。我们都要凝心聚力,在实现人生梦想的同时,共同推动中华民族的美好梦想早日实现。

习近平希望各位自强模范再接再厉,希望广大残疾人从自强模范身上汲取力量,自尊、自信、自强、自立,更加勇敢地迎接生活的挑战,更加坚强地为实现人生梦想、为实现我们的共同梦想而努力,推动我国残疾人事业在新的征程中不断迈向新台阶。

习近平希望各位助残先进把助残善举坚持做下去、做得更好,把爱传播给更多群众,鼓励更多人加入到扶残助残行列中来。各级党委和政府要高度重视残疾人事业,把推进残疾人事业当作份内的责任,各项建设事业都要把残疾人事业

纳入其中,不断健全残疾人权益保障制度。各级残联要发扬优良传统,切实履行职责,为残疾人解难、为党和政府分忧,团结带领残疾人继续开创工作新局面。

2015年7月6—7日,习近平在中央党的群团工作会议上强调,要切实保持和增强党的群团工作的政治性。政治性是群团组织的灵魂,是第一位的。群团组织要始终把自己置于党的领导之下,在思想上政治上行动上始终同党中央保持高度一致,自觉维护党中央权威,坚决贯彻党的意志和主张,严守政治纪律和政治规矩,经得住各种风浪考验,承担起引导群众听党话、跟党走的政治任务,把自己联系的群众最广泛最紧密地团结在党的周围。

2015年10月16日,习近平主席在"2015减贫与发展高层论坛"上的主旨演讲中指出:"我们坚持政府主导,把扶贫开发纳入国家总体发展战略,开展大规模专项扶贫行动,针对特定人群组织实施妇女儿童、残疾人、少数民族发展规划。"

2016年4月,习近平总书记在安徽金寨考察时指出:"因病致贫、因残致贫问题时有发生,扶贫机制要进一步完善兜底措施,在医保、新农合方面给予更多扶持。"2017年,他又多次强调要把贫困残疾人作为精准脱贫群体攻坚的重点。

2016年7月28日,习近平到河北省唐山市考察时指出:"中国有几千万残疾人,2020年全面建成小康社会,残疾人一个也不能少。为残疾人事业做更多事情,也是全面建成小康社会的一个重要方面。我们一定要把全面建成小康社会这个历史性任务完成好,这是当代共产党人的历史使命。"

2017年10月18日,习近平总书记在党的十九大报告中明确提出:"发展残疾人事业,加强残疾康复服务。"

最令人振奋的是,习近平关于"两个格外"的发展理念不仅首次写进国务院文件中,即《国务院关于加快推进残疾人小康进程的意见》(国发〔2015〕7号)强调指出:"残疾人是一个特殊困难群体,需要格外关心、格外关注。……没有残疾人的小康,就不是真正意义上的全面小康。"而且还首次写进亚太国际会议文件中。2017年11月27日至12月1日,2013—2022年亚太残疾人十年中期审查高级别政府间会议在北京举行。习近平在贺信中指出,残疾人是人类大家庭的平等成员。在全球范围内推进可持续发展,实现"一个都不能少"的目标,对残疾人要格外关心、格外关注。他又指出,随着联合国《残疾人权利公约》和《2030年可持续发展议程》的实施,保障残疾人平等权益、促进残疾人融合发展越来越成为国际社会和各国的普遍共识和共同行动。"亚太残疾人十年"由中国首倡、在北京发起,对推动亚太国家和地区在发展残疾人事业上互学互鉴起到了重要作用,成为残疾人事业区域合作的典范。他还指出,改革开放以来,中国残疾人事业取得举世瞩目的成就。党的十九大提出,中国坚持以人民为中心,坚持在发展中保障和改善民生。中国将进一步发展残疾人事业,促进残疾人全面发展和共同富裕。中国将一如既往推动包括亚太地区在内的国际残疾人事业共同发展。希望本次会议为增进本地区残疾人福祉作出新的贡献。

由上观之，党的十八大以来，以习近平同志为核心的党中央对残疾人事业的重视程度达到了新的高度，为推动中国特色残疾人事业在新的历史起点上加快发展指明了方向。

二、习近平关于发展残疾人事业和残疾人工作理论的重要价值

习近平总书记关于发展残疾人事业和残疾人工作一系列的重要指示和论述，不仅使我们深切地感受到他的亲民、爱民、为民的光辉形象，而且更为重要的是，他的一系列的重要论述是中国特色残疾人事业和残疾人社会工作的最新成果，具有重要的理论价值和实践价值。

（一）重要的理论价值

党的十八大以来，习近平同志从理论与实践相结合的高度，运用马克思主义立场、观点、方法，科学总结我国残疾人事业发展的实践经验，提出了关于残疾人事业及残疾人工作的一系列新思想、新观点、新论断，使之成为中国特色残疾人事业和残疾人社会工作的一个重要组成部分。例如，他具体地、深刻地、系统地阐述了一系列观点：关于怎样认识残疾人、怎样发展残疾人事业、怎样做好残疾人工作、怎样发挥残联组织的作用的观点；关于从"四个备加"到"两个格外"的观点；关于残疾人是社会大家庭的平等成员，也是人类文明发展的一支重要力量的观点；关于我国广大残疾人成为推进改革发展稳定的一支重要力量的观点；关于残疾人完全有志向、有能力为人类社会做出重大贡献的观点；关于我国残疾人中涌现出一大批像张海迪那样的自强模范，激励了全社会的奋发自立精神的观点；关于残疾人的自强不息精神和健全人的奋发自立精神融合发展的观点；关于保障残疾人平等权益、促进残疾人融合发展的观点；关于残疾人是人类大家庭的平等成员的观点；关于在全球范围内推进可持续发展，实现"一个都不能少"的目标的观点；关于保障残疾人平等权益、促进残疾人融合发展越来越成为国际社会和各国的普遍共识和共同行动的观点；关于"亚太残疾人十年"由中国首倡、在北京发起，对推动亚太国家和地区在发展残疾人事业上互学互鉴，成为残疾人事业区域合作的典范的观点；关于进一步加强残疾人领域的国际交流合作，提升中国在国际残疾人事务中的话语权和影响力，愈发凸显中国理念在当今世界的示范意义的观点。随着时间的推移和实践的发展，必将彰显国际残疾人运动的发展史是一部顺乎时代潮流的残疾人融合的发展史。同时，"两个格外"的价值理念和"一个都不能少"的价值目标所体现的人道主义，必将成为中国特色残疾人事业发展的一个主旋律，也必将成为亚洲和国际残疾人运动的一个主旋律。

（二）重要的实践价值

自中国残疾人联合会第七次全国代表大会召开以来，中国残联系统各级领导更加自觉地坚持以习近平新时代中国特色社会主义思想为指导，认真学习贯彻习近平总书记关于残疾人事业系列讲话精神，认真学习韩正致词中提出为推动新时代残疾人事业发展，做到"五个必须"，即"必须坚持树立正确的价值理念""必须坚守弱有所扶的原则立场""必须完成决胜全面建成小康社会的关键任务""必须促进残疾人全面发展和共同富裕""必须把推进残疾人事业当作份内责任"。韩正提出的这"五个必须"，是从理论与实践相结合的高度对习近平总书记关于残疾人事业和残疾人社会工作系列讲话的科学概括与总结。

实践充分证明，坚持中国共产党的领导，坚持中国特色社会主义制度，就彰显了中国特色的残疾人事业和残疾人社会工作是最具有本质特点的事业，是最具有强大生命力的事业。这完全得益于中国政治制度的优势，得益于改革开放政策，得益于人道主义的广泛传播。我们深信，中国特色残疾人事业和残疾人社会工作的发展前景一定会越来越好，对世界残疾人事业的贡献也一定会越来越大！

第三节　中国特色残疾人事业和残疾人社会工作的任务与原则

一、中国特色残疾人事业和残疾人社会工作的基本任务与主要任务

（一）研究中国特色残疾人事业和残疾人社会工作的基本任务

1.认真学习和深入研究习近平关于残疾人和残疾人事业发展的基本观点及其重要价值，促进中国特色残疾人事业和残疾人社会工作的发展。

在习近平新时代中国特色社会主义思想指导下，《"十三五"加快残疾人小康进程规划纲要》明确提出："加强残疾人口学、康复医学、特殊教育、手语、盲文、残疾人体育、残疾人社会工作等基础学科建设，深化中国特色残疾人事业理论与实践研究。"据此，我们建议，在加强残疾人口学、特殊教育、残疾人社会工作和残疾人社会学中，在加强残疾人的社会化教育和公民道德建设的基础上，把残疾人的现代化和全面发展提到应有的位置。

2.习近平在党的十九大报告中指出，从现在到2020年，是全面建成小康社会决胜期。认真贯彻落实党中央关于打赢脱贫攻坚战的决策部署，确保如期实现残疾人共奔小康目标，促进残疾人全面发展和共同富裕。

3.习近平在党的十九大报告中指出,从2020年到本世纪中叶可以分两个阶段来安排。

第一个阶段,从2020年到2035年,在全面建成小康社会的基础上,再奋斗15年,基本实现社会主义现代化。在这个阶段上,研究人的现代化和全面发展,是包括残疾人在内的所有人的现代化和全面发展。研究8500万残疾人的现代化和全面发展,并形成和实践其他指标体系,这是新时代残疾人事业发展中最艰巨、最繁重、最光荣的任务。

第二阶段,从2035年到本世纪中叶,在基本实现现代化的基础上,再奋斗15年,把我国建成富强民主文明和谐美丽的社会主义现代化强国。在这个阶段上,"社会主义现代化有一个追赶目标的问题,既要赶上和超过世界先进水平,其内容不仅涉及工业、农业、国防、科学技术等物质技术层面的现代化,还涉及到制度、社会、价值、观念、能力层面的现代化。社会主义现代化强国的实现,正伴随着中华民族伟大复兴中国梦的实现。中国梦不是要基本实现现代化,而是实现高层次、高水平的现代化,它的实现意味着中国成为真正意义上的发达国家。"①中国残联根据党中央的重大部署,完善现代化顶层设计势在必行。

党的十九届四中全会提出,坚持和完善中国特色社会主义制度、推进国家治理体系和治理能力现代化的总体目标是,到我们党成立100年时,在各方面制度更加成熟更加定型上取得明显成效;到2035年,各方面制度更加完善,基本实现国家治理体系和治理能力现代化;到新中国成立100年时,全面实现国家治理体系和治理能力现代化,使中国特色社会主义制度更加巩固、优越性充分展现。

(二)当前研究中国特色残疾人事业和残疾人工作的主要任务

党的十九大报告提出:"发展残疾人事业、加强残疾康复服务。""办好学前教育、特殊教育和网络教育""筹办好北京冬奥会、冬残奥会"。这就赋予了新时代残疾人工作者新的使命,开启了新时代残疾人事业发展的新征程。

2018年9月14日,中国残联主席张海迪在中国残联第七次全国代表大会上报告的第三部分指出了今后五年的主要任务,提出"重点做好以下十个方面的工作",每个方面都与残疾人社会工作息息相关。其中"坚决打赢贫困残疾人脱贫攻坚战,织密筑牢残疾人民生保障安全网"②,是首要的重点任务。

1.坚决打赢贫困残疾人脱贫攻坚战,织密筑牢残疾人民生保障安全网。

2.千方百计促进残疾人就业创业,帮助残疾人过上更尊严的生活。

3.推动实现残疾人"人人享有康复服务"的目标。

---

① 陈培永:《中国特色社会主义理论体系的思想力量》,来源:求是网 发布时间:2019-08-30.
② 参见第八章残疾人社会工作发展的历程第139页。

4.提升残疾人受教育水平,促进融合教育发展。

5.丰富残疾人精神文化生活。

6.全力备战 2022 年北京冬残奥会,促进残疾人体育全面发展。

7.完善残疾人事业政策法规体系,依法保障残疾人平等权利。

8.提升基础保障水平,促进残疾人事业高质量发展。

9.发挥社会力量和市场机制作用,为残疾人事业发展注入活力。

10.加强国际交流合作,为促进国际残疾人事务发展贡献中国力量。

当前,中国残联系统各级领导和广大残疾人工作者以习近平新时代中国特色社会主义思想为指导,切实把思想和行动统一到党中央的决策部署上来,坚持以人民为中心的发展思想,充分发挥残疾人主体作用和"四自"精神,努力在新时代展现新作为,做出新业绩,书写新篇章。同时,要广泛动员全社会力量参与支持残疾人事业,大力弘扬人道主义精神、扶残助残的中华民族传统美德,让关爱的阳光照进每个残疾人的心里,努力开创新时代中国特色残疾人事业发展的新局面。我们将会满怀信心地看到,《贫困残疾人脱贫攻坚行动计划(2016—2020年)》规定的总体目标一定能够实现:"到 2020 年,稳定实现贫困残疾人及其家庭不愁吃、不愁穿,义务教育、基本医疗、住房安全有保障,基本康复服务、家庭无障碍改造覆盖面有效扩大。确保现行标准下建档立卡贫困残疾人如期实现脱贫。"中国残疾人越来越有获得感、幸福感、安全感。

二、推进新时代残疾人事业和残疾人工作的开展,必须坚持理论联系实际的基本原则

习近平指出:"大力弘扬理论联系实际的马克思主义学风,力求教育培训取得实实在在的成效。而且,良好的学风是教育培训质量的保证。"①这仍然是我们广大残联干部和残疾人工作者教育培训必须遵循的一个基本原则。

(一)坚持理论联系实际的原则,必须把党的政治建设摆在首位

2018 年是贯彻党的十九大精神开局之年,是改革开放 40 周年,是决胜全面建成小康社会、实施"十三五"规划承上启下的关键一年,也是中国残联成立 30 周年。张海迪主席在中国残联第七次全国代表大会上的报告中指出,习近平总书记强调,群团事业是党的事业的重要组成部分。新形势下,党的群团工作只能加强、不能削弱,只能改进提高、不能停滞不前。我们要保持和增强残联组织的政治性、先进性、群众性,坚决去除机关化、行政化、贵族化、娱乐化倾向,坚持眼睛向下,面向基层和残疾人,把各级残联建设得更加充满活力、更加有凝聚力,发

---

① 习近平:《在全国干部教育培训工作会议上的讲话》(2008 年 7 月 16 日)。

挥好桥梁纽带作用,把党和政府的温暖送到残疾人身边。

值得一提的是,浙江是中国革命红船的起航地、改革开放的先行地,习近平新时代中国特色社会主义思想的萌发地。2018 年 8 月 24 日,浙江省残联第七次代表大会隆重召开,并顺利换届。会议结束后,浙江省新一届残联党委领导成员前往嘉兴南湖革命纪念馆参观学习,深刻领会"红船精神",即"开天辟地、敢为人先的首创精神;坚定理想、百折不挠的奋斗精神;立党为公、忠诚为民的奉献精神"的深刻内涵,一致表示,要进一步深入学习贯彻党的十九大精神和习近平总书记南湖重要讲话精神,为全面推进"八八战略"①再深化、改革开放再出发,努力谱写新时代中国特色残疾人事业的浙江新篇章。

(二)坚持理论联系实际的原则,必须充分认识我国残情和国情

目前,全球有超过 10 亿人患有某种形式的残疾,约占世界总人口的 15%。②中国有 8500 万残疾人,是世界上残疾人口最多的国家。中国是世界上最大的发展中国家,仍处于并将长期处于社会主义初级阶段。而且,我国社会的主要矛盾从"人民日益增长的物质文化需要同落后的社会生产之间的矛盾"转变为"人民日益增长的美好生活需要和不平衡不充分的发展之间的矛盾"。这就决定了各级残联干部和广大残疾人工作者为推进我国残疾人事业发展,必须从我国社会主义初级阶段这个最大实际出发,坚持理论联系实际,遵循残疾人事业发展固有的客观规律,走中国特色残疾人事业发展道路。同时,各级残联干部和广大残疾人工作者在学习培训中自觉坚持理论联系实际,努力提高运用马克思主义的立场、观点和方法分析和解决实际问题的能力,把学习培训的成果体现在加快推进残疾人小康进程,2020 年全面建成小康社会,实现"一个也不能少"的目标上,体现在对残疾人要"格外关心、格外关注"上,体现在"发展残疾人事业,加强残疾康复服务"上,体现在"重点做好十个方面的工作"上,体现在加强调查研究、认真总结经验上,体现在改造客观世界的同时,改造自己的主观世界上,体现在把广大残疾人团结在党的周围,充分发挥残疾人主体作用和"四自"精神上。总之,让残疾人的梦想永远充满着阳光!

(三)坚持理论联系实际的原则,必须坚持全心全意为残疾人服务

习近平总书记指出:让广大残疾人安居乐业、衣食无忧,过上幸福美好的生活,是我们党全心全意为人民服务宗旨的重要体现,是我国社会主义制度的必然

---

① 习近平在深入调研、深邃思考的基础上,在 2003 年 7 月的中共浙江省委十一届四次全体(扩大)会议上,做出发挥"八个方面的优势"、推进"八个方面的举措"的重大决策部署。"八八战略"成为浙江全面深化改革的路线图。

② 邱卓英、李沁燚:《〈世界残疾报告〉及其对残疾和康复的重要意义》,《残疾人研究》2012 第 3 期,第 11 页。

要求。这一重要论述,揭示了残疾人事业与党的宗旨、社会主义制度之间的内在联系,指明了残联和残疾人工作的努力方向。况且残联是党和政府联系残疾人的桥梁和纽带,必须坚持以人为本,尊重人民主体地位,完善组织体系,加强能力建设,认真履行"代表、服务、管理"职能,使残联牢牢扎根于残疾人之中,千方百计为他们解难题、办实事、谋福祉,真正成为残疾人之家。同时,广大残疾人工作者是残联工作活动的主体,自觉恪守"人道、廉洁、服务、奉献"的职业道德,全心全意为残疾人服务,真正成为广大残疾人的好朋友、贴心人。因此,残疾人工作者一定要把残疾人工作看成一种职业,更当成一项事业去追求,严格要求自己,锤炼过硬作风,进一步提高为残疾人服务的能力和水平。

应当看到,发展残疾人事业,改善残疾人状况,使残疾人实现小康生活,是一项紧迫而艰巨的任务。各级残联干部和残疾人工作者一定要积极开动脑筋,深入调查研究,认真总结经验,研究残疾人工作领域不平衡不充分的具体表现和重点难点,密切与残疾人群众的血肉联系,切实为残疾人解难题、办实事、谋福祉。同时,广泛宣传优秀残疾人、先进残疾人工作者和扶残助残先进典型,激励残疾人的自强精神和残疾人工作者的敬业精神,培养社会助残意识,是十分重要的。

(四)坚持理论联系实际的原则,必须深化残疾人事业的国际交流合作

改革开放 40 多年来,在党和政府的关心重视下,我国残疾人事业领域的国际交流和合作取得了前所未有的快速发展。习近平总书记关心残疾人事业的国际交流合作,强调保障残疾人平等权益、促进残疾人融合发展越来越成为国际社会和各国的普遍共识和普遍行动,残疾人是人类大家庭的平等成员,中国将进一步发展残疾人事业,促进残疾人全面发展和共同富裕,一如既往推动国际残疾人事业共同发展。张海迪主席在中国残联第七次全国代表大会上的报告中指出:"我们要配合国家外交大局,继续深化残疾人领域的国际交流合作,为国际残疾人事务发展作出新的贡献。"

在习近平新时代中国特色社会主义思想的指导下,广大残联干部和残疾人工作者一定要更加自觉地弘扬马克思主义学风,在教育培训中努力做到理论与实际、学习与运用、言论与行动的统一,从而进一步深化学习效果,达到预期目的。

● **本章习题**

1.残疾人社会工作是怎样一门学科?

2.为什么说残疾人工作者是残联工作活动的主体?

3.对于中国特色的残疾人事业,如何理解中国特色?

4.简述研究残疾人社会工作的基本任务和主要任务。

5.残疾人社会工作能在哪些方面为中国特色残疾人事业发展服务？

6.怎样在残疾人社会工作中研究残疾人社会工作？

7.在残疾人社会工作中,怎样坚持以习近平新时代中国特色社会主义思想为指导？

8.在残疾人社会工作中怎样坚持理论联系实际的原则？

【参考文献】

1.2018年9月14日,中央政治局常委、国务院副总理韩正受习近平总书记委托,代表党中央、国务院向中国残联第七次全国代表大会上的致词,即《在新时代的伟大征程中创造残疾人更加幸福美好的新生活》(2018年9月14日).

2.国务委员王勇:在中国残联第七次全国代表大会闭幕式上的讲话(2018年9月16日).

3.中国残联主席张海迪:《以习近平新时代中国特色社会主义思想为指引,团结带领残疾人兄弟姐妹共奔美好小康生活——在中国残联第七次全国代表大会上的报告》(2018年9月14日).

4.中国残联党组书记、理事长周长奎:《深入学习习近平总书记重要论述,努力开创新时代残疾人事业发展新局面——在第三十三次全国残联工作会议上的讲话》(2019年1月9日).

5.本书编写组.《中共中央 国务院关于促进残疾人事业发展的意见》学习辅导读本.北京:华夏出版社,2008.

6.邓朴方.人道主义的呼唤(第一辑).北京:华夏出版社,2006.

7.[英]迈克尔·奥利弗.残疾人社会工作.谢子朴,谢泽宪,译.北京:华夏出版社,1990.

8.王思斌.社会工作概论.北京:高等教育出版社,2003.

9.王辅贤.残疾人社会工作.北京:北京大学出版社,2008.

10 卓彩琴.残疾人社会工作.广州:华南理工大学出版社,2008.

11.马洪路.残障社会工作.北京:高等教育出版社,2007.

12.奚从清.人道主义与中国残疾人事业.杭州:浙江大学出版社,2018.

13.厉才茂.新时代残疾人事业发展的"五个必须"——深入学习习近平总书记关于残疾人事业的重要论述.残疾人研究,2018(4).

第二章

残疾与残疾人

残疾人是一个数量众多、特性突出、特别需要帮助的社会群体。目前,全球有超过 10 亿人患有某种形式的残疾,约占世界总人口的 15%。我国有 8500 万残疾人,涉及 2.6 亿家庭人口。因此,残疾人问题是受到国际社会和各国政府普遍关注的一个突出的社会问题。本章主要就残疾与残疾人概念的界定、我国残疾人残疾分类和分级国家标准,以及致残原因和残疾预防做一个概括性的介绍和说明。

第一节 残疾与残疾人概述

一、残疾与残疾人的定义

残疾人概念不仅是一个医学概念,也是一个社会概念,是有科学定义的。

(一)国际社会对残疾与残疾人的定义

1980 年,世界卫生组织(WHO)颁布的《国际残损、残疾和残障分类》(*International Classification of Impairment , Disabilitiy and Handicap* , ICIDH),将残疾分为残损、残疾和残障三类①,这种对残疾的定义具有代表性。

1. 病损或残损(Impairment)

病损或残损是指由于各种原因所致的人的生理、心理和解剖结构的部位受到了损害。包括:智力病损、心理病损、语言病损、听力病损、视力病损、内脏病损及畸形等。这是残疾发生、发展过程中的第一步。它可以进一步发展为失能,也

---

① WHO, *International Classification of Impairment , Disabilitiy and Handicap* , GeneVa,1981

可以直接导致残障。它可以是永久的,也可以是暂时的。

2.失能或残疾(Disability)

失能或残疾是指由于病损或某些疾病所造成的人体某些功能的降低以致不能以正常的方式从事正常范围的个人日常生活活动。包括:行为失能、语言失能、运动失能及各种活动失能。这是残疾发生、发展过程中的第二步。它可以进一步发展为残障,但同样,如能得到积极的治疗与康复,这个阶段的残疾也具双向性,既可进一步发展,也可康复。

3.残障(Handicap)

残障是指由于病损或失能而导致个人参与正常社会生活活动存在障碍,甚至影响社会功能的正常发挥。包括:识别残障(无法辨别人、地、时)、躯体残障(无法活动、不能自理)、运动残障、职业残障、社交活动残障、经济自给残障等残障,是残疾发展的不良结果。此时,社会、家庭和环境对残障的影响很大,良好的社会和家庭支持,系统合理的康复治疗,将可以减轻残障的程度。由上可知,ICIDH 这个定义对疾病的后果进行了描述和分类,并描述了一般残疾由残损到残疾,再到残障的发生、发展过程。在这个过程中,恰当的残疾预防与康复工作将可以促使残疾向好的方向转化,因此,它为残疾预防与康复提供了一个指导性框架。[1]

1982 年 12 月 3 日,联合国大会第 37 届会议通过的《关于残疾人的世界行动纲领》,将残疾定义为:"残疾是指由于缺陷而缺乏作为一个正常人以正常姿态从事某种正常活动的能力或具有任何限制。"

2006 年 12 月 13 日,联合国大会第 61 届会议通过的《残疾人权利公约》,是联合国通过的第一个内容全面的保护残疾人权利的公约,具有重要的历史意义。该公约"确认残疾是一个演变中的概念,残疾是伤残者和阻碍他们在与其他人平等的基础上充分和切实地参与社会的各种态度和环境障碍相互作用所产生的结果"。"残疾人包括肢体、精神、智力或感官有长期损伤的人,这些损伤与各种障碍相互作用,可能阻碍残疾人在与他人平等的基础上充分和切实地参与社会"。

(二)我国对残疾与残疾人的定义

我国学者对残疾与残疾人概念做了不同的界定。例如,王辅贤认为,残疾就是由于人的器官在结构和功能上出现比较严重的问题而影响了人的正常社会生活的状况。[2] 郑晓英、孙喜斌、刘民则认为,残疾是指由于疾病、意外伤害等各种原因所致的人体解剖、生理功能的异常和/或缺失,从而导致部分或全部丧失正

[1]　郑晓英、孙喜斌、刘民:《中国残疾预防对策研究》,华夏出版社 2008 年版,第 19-20 页。
[2]　王辅贤主编:《残疾人社会工作》,北京大学出版社 2008 年版,第 2 页。

常人的生活、工作和学习的能力，无法承担其日常生活和社会功能。① 简言之，残疾是指由病伤等原因而改变人的心理、生理、人体器官的结构和功能，从而导致全部或者部分丧失以正常方式从事某种活动能力的状况。一般来说，具有这种状况的人便是残疾人。

根据国际社会的提法，结合我国社会的实际，在1987年开展的第一次全国残疾人抽样调查中，我国首次确定了残疾人的定义，并将此定义写入1990年12月28日颁布的《中华人民共和国残疾人保障法》(以下称《残疾人保障法》)中："残疾人是指在心理、生理、人体结构上，某种组织、功能丧失或者不正常，全部或者部分丧失以正常方式从事某种活动能力的人。"这个定义包括两层意思：其一是指在心理、生理、人体结构上存在残缺或损伤；其二是指全部或者部分丧失以正常方式从事某种活动的能力。我国现行法律认定："残疾人包括视力残疾、听力残疾、言语残疾、肢体残疾、智力残疾、精神残疾、多重残疾和其他残疾的人。"我国对残疾人的定义与国际社会有关残疾人的定义是相吻合的。

二、理解残疾和残疾人概念应当注意几点

通过以上对残疾与残疾人概念的介绍，我们不难理解：

(1)残疾是一个演变性的概念。这就是说，就伤残者而言，残疾的发生、发展都要经历一个漫长的痛苦过程。同样地，减轻残疾的程度也要经历一个持续的抗争过程。《残疾人权利公约》规定："残疾是一个演变中的概念，残疾是伤残者和阻碍他们在与其他人平等的基础上充分和切实地参与社会的各种态度和环境障碍相互作用所产生的结果。"在残疾的发生、发展过程中，由于自身残疾和外界障碍，他们的社会参与受到较大限制，因此必须消除对残疾和残疾人的各种歧视性态度、行为和外界环境障碍，这特别需要政府和社会的扶助与保障，也需要得到健全人的理解与尊重。

(2)残疾是一个全程性的概念。在《中国残疾人》2017年第8期刊登的《残疾预防日 防残于未然》一文指出，每个人在人生特定阶段都可能面临残疾的风险。造成残疾的因素十分复杂，从人群结构和生命周期角度看，残疾风险有明显的普遍性、全程性。从生命孕育的初期，到身心功能日渐退化的老年期，不同人群在人生不同阶段会面临遗传和发育、传染病、慢性病、交通事故、工伤、自然灾害等不同致残风险。国内外研究和实践表明，采取适当措施，可以有效减少和控制多数残疾的发生发展。因此，开展残疾预防对维护国民健康，提高全民健康水平，有着重要的促进作用。

---

① 郑晓英、孙喜斌、刘民：《中国残疾预防对策研究》，华夏出版社2008年版，第19页。

（3）残疾人是一个复合性的概念。这就是说，残疾人并不是一个单一性质的群体，而是一个复合性质的群体，即由各类残疾人组成的弱势群体。这个群体的存在既有共同点，又有不同点。在这个由各类残疾人组成的群体中，他们所存在的功能障碍程度和社会适应能力不一，他们所遭遇的阻碍性质不一，他们所期待的各种需求不一，他们所参与社会生活的行为模式不一，他们所实现的自我价值也不一，等等。因此，残疾人社会工作者应当自觉地学会掌握和运用残疾人社会工作的具体规律，以不同方式加以解决，为残疾人充分参与社会并享有平等，付出不懈努力。

（4）残疾人是一个对应性的概念。这就是说，残疾人与健全人是一种天然的对应关系。"世界上一切生物群无不由健全者和残疾者共同构成。自从人类社会出现迄至今日，残疾人一直伴随着健全人同时存在。"①健全人和残疾人应当相互理解、尊重、关心和帮助。但是，要把理解、尊重、关心和帮助残疾人放在首位，因为残疾人是社会上最困难的一个群体。正因为有困难，所以残疾人一般表现出比较坚强的意志：热爱生活，艰苦奋斗，顽强拼搏，自强不息。而且，通过磨炼，一些功能得到代偿。比如，盲人看不见，但他的触觉与听力特别好；聋人听不见，但视觉特别敏锐；肢体残疾者活动不方便，但思维比较活跃，工作特别专心。正是这种情况下的超常发挥，成就了残疾人中的一大批优秀人物。历史和现实生活表明，残疾人同样是物质文明和精神文明的创造者，是推动社会前进的力量。因此，无视残疾人及其价值的存在，就是一个不完整、不文明、不公平的社会。

第二节 残疾人残疾分类和分级国家标准的制定及其意义

一、残疾人残疾分类和分级国家标准的制定

残疾人残疾分类和分级是由国家参照国际标准，根据我国国情制定的。残疾人残疾分类和分级国家标准是随着我国经济、社会及科学文化的发展而发展的。

该国家标准项目由国家标准化管理委员会于 2009 年批准立项，民政部、中国残疾人联合会组织北京协和医学院、中国康复研究中心、中国聋儿康复研究中心、北京大学精神卫生研究所、北京大学第一附属医院、武警北京市总队第三医

---

① 邓朴方：《人道主义的呼唤》（第一辑），华夏出版社 2006 年版，第 9 页。

院等 10 余家单位的数十位专家参加了标准的起草工作。为保证标准的科学性、合理性,以及与现行的国家相关政策有效衔接,标准草案广泛征求了各类残疾人组织、残疾人代表及其亲属、基层残疾人工作者及群众等社会各界,以及卫生部、司法部、人力资源和社会保障部、公安部、保险监督管理委员会等多个行业管理部门的意见。

残疾人残疾分类和分级推荐性国家标准是残疾人领域关于残疾种类和等级划分的首个国家标准。它规定了残疾人残疾分类和分级的术语和定义、残疾分类和分级及代码等,适用于残疾人有关的信息、统计、管理及对残疾人的服务、保障等方面。该国家标准在起草过程中,充分考虑了我国残疾人工作的实际情况、特点及现阶段的经济社会发展水平,参考了第二次全国残疾人抽样调查的数据和使用的技术要求,其后又进行了大量的调研、论证、试点和反复修改,借鉴了目前国际上通行的相关分类和分级方法,参考了各界意见,既符合国情,又与国际接轨,具有较强的科学性与可操作性。

2011 年 4 月 28 日,中国残疾人联合会副理事长程凯说,经过专家们两年多的辛勤工作,在民政部、卫生部、国家质量监督检验检疫总局、国家标准化管理委员会等部门的大力支持下,《残疾人残疾分类和分级》国家标准(下称"分类分级国家标准")就要正式实施①,这是我国残疾人事业发展中的一件大事,也是保障和改善残疾人民生的一件喜事。分类分级国家标准是目前我国界定残疾人残疾分类分级的最新标准和制定实施残疾人社会保障政策的重要依据,它的制定实施对推动我国残疾人口的统计和信息管理,有针对性地开展残疾人社会保障和服务,特别是对加强和创新社会管理,加快推进残疾人社会保障体系和服务体系建设,都具有十分重要的意义。②

二、残疾人残疾分类和分级国家标准颁布实施的重要意义

程凯还着重从以下三个方面阐述了《残疾人残疾分类和分级》国家标准颁布实施的重要意义。

(一)《残疾人残疾分类和分级》国家标准的颁布实施,是贯彻落实党中央、国务院促进残疾人事业发展一系列方针政策的重要举措

2008 年 3 月 28 日,中共中央政治局开会研究促进我国残疾人事业发展一系列方针政策,并颁发《中共中央 国务院关于促进残疾人事业发展的意见》(中

---

① 详见第二次全国残疾人抽样调查办公室:《第二次全国残疾人抽样调查主要数据手册》,华夏出版社 2007 年版,第 118-126 页。
② 程凯在《残疾人残疾分类和分级》国家标准新闻发布会上的讲话,2011 年工作通报第 15 期。

发〔2008〕7 号），这是党中央、国务院在全面建设小康社会的关键时期做出的促进残疾人事业发展的重大部署，是指导当前和今后一个时期残疾人事业发展的纲领性文件。《意见》（中发〔2008〕7 号）从保障和维护残疾人的生存权和发展权的高度，以健全残疾人社会保障制度、加强残疾人服务体系建设为核心，提出了今后一个时期促进残疾人事业加快发展的一系列政策措施，并明确提出"制定国家残疾标准，建立残疾报告制度，加强信息收集、监测和研究"。中共中央政治局委员、国务院副总理、国务院残疾人工作委员会主任回良玉也就残疾分类分级国家标准制定工作提出明确要求。因此，分类分级国家标准的颁布实施是贯彻落实党中央国务院发展残疾人事业一系列方针政策的重要举措，是做好当前和今后一个时期残疾人口统计、管理、服务和保障等工作的重要依据。这一标准具体适用于第三代残疾人证核发、残疾人人口基础数据库建设等残疾人事业管理基础性工作。中华人民共和国残疾人证是我国残疾人身份的唯一合法证明，是残疾人享受社会保障、基本公共服务和优惠政策的重要凭证。残疾人人口基础数据库建设是加强和规范残疾人口管理的基础，有助于实现跨部门、跨地区的信息资源共享。分类分级国家标准的颁布实施必将有力推动第三代残疾人证核发和残疾人口的管理以及残疾人人口基础数据库建设，全面准确了解残疾人的基本情况，特别是及时准确掌握他们的困难和需求，落实残疾人劳动就业、社会保障、康复医疗、税收减免等福利政策，以实现国家保障和优惠残疾人各项法规政策的目标和意志。

（二）残疾人残疾分类和分级国家标准的颁布实施，是我国残疾人事业科学发展的重大成果

1987 年，经国务院批准，我国进行了第一次全国残疾人抽样调查，掌握了国内残疾人的基本状况。此后国家陆续出台一系列保障残疾人、发展残疾人事业的法规、政策，推动残疾人事业有了一个较大的发展。为了保证调查的科学性和准确统一，调查领导小组组织专家制定了第一次全国残疾人抽样调查残疾标准并在入户调查中发挥了重要的作用。此后，该标准成为管理和发放中华人民共和国残疾人证的主要依据。第一次全国残疾人抽样调查之后我国经济社会发展迅速，残疾人状况发生明显变化。为准确掌握全国残疾人的实际状况，国务院批准于 2006—2007 年开展第二次全国残疾人抽样调查，并成立由中国残联、民政部、卫生部、国家统计局等 16 个部委组成的领导小组。由国内医学、统计等各方面知名专家组成第二次全国残疾人抽样调查专家委员会，负责制定《第二次全国残疾人抽样调查残疾标准》并报国务院批准同意。《第二次全国残疾人抽样调查残疾标准》不仅保持了与第一次全国残疾人抽样调查残疾标准的延续性，而且经

过大样本量的调查检验和各方面专家研究论证,既与国际残疾标准相衔接,又符合我国国情,具有可操作性,因而得到了政府有关部门、专家、残疾人和残疾人工作者及社会各方面的广泛认同。

2011年4月28日,程凯指出,在标准研制过程中注意到,一个国家残疾人占总人口的比例在一定程度上反映着这个国家的社会保障能力和水平。联合国发布的数据确认,残疾人口占全球总人口的10%,发达国家残疾人比例一般均在10%以上。《残疾人残疾分类和分级》标准在参考国际相关标准的同时,充分考虑和反映了我国国情和经济社会发展水平,特别是国家社会保障可承受力。根据《残疾人保障法》相关规定,把残疾类别限定在视力残疾、听力残疾、言语残疾、肢体残疾、智力残疾、精神残疾和多重残疾等七类残疾,未把许多发达国家已明确列为残疾的类别列在内。分类分级国家标准与我国现有的工伤、交通事故、司法鉴定等涉及不同领域的"伤、残"评定标准相比,在适用范围、使用目的、评定方法、等级划分等方面都存在差异。分类分级国家标准有其特定的使用范围和评定方法,既不等同也不能替代其他领域的评定标准。总之,在《第二次全国残疾人抽样调查残疾标准》基础上,经过两年多的调研、论证、试点和反复修订研制的分类分级国家标准,符合科学发展观要求和我国残疾人事业发展的需要,经实践证明在我国残疾人工作领域是科学适用的。

(三)《残疾人残疾分类和分级》国家标准的颁布实施,为残联组织履行"代表、服务、管理"职能增添了重要手段

作为党和政府联系广大残疾人及其亲属的桥梁和纽带,残联组织在加强和创新社会管理、保障和改善残疾人民生工作中担负着义不容辞的责任。各级残联组织要以分类分级国家标准的颁布实施为契机,进一步摸清残疾人底数,加快第三代残疾人证的核发,完善现有工作流程,加强人员培训,真正发挥好这一国家标准应有的作用。当前和今后一个时期,我们将在残联系统和广大残疾人中广泛宣传贯彻分类分级国家标准,同时依据国家标准抓紧研究制定《残疾人残疾分类和分级》评定手册等配套标准,规范各个类别残疾评定的方法、工具和流程,使这一重要国家标准在残疾人工作实践和残疾人口管理和服务中切实发挥作用,为残联组织履行好"代表·服务·管理"职能继续做出更大的努力。

总之,《残疾人残疾分类和分级》国家标准的颁布实施,充分体现了党和政府对残疾人的特殊关怀和对残疾人事业的高度重视,也体现了社会各界对广大残疾人的真挚关爱和对残疾人工作的帮助与支持。

第三节　致残原因与残疾预防

一、致残原因

预防残疾的前提条件是要弄清致残原因,然后采取控制致残因素的办法。

1987 年 7 月,《残疾人工作宣传提纲》指出:"残疾是病、伤的后果,其原因是多样的,包括灾害、事故、疾病、遗传、战争、贫困、犯罪、公害等等。随着社会的进步,人们可以在一定程度上、一定范围内控制残疾的发生、发展,但不能完全消除它。采取各种积极、可行的措施预防残疾发生,是全社会的责任。"[1]

郑晓瑛、孙喜斌、刘民认为,常见残疾发生的原因可归纳为三大方面,即遗传和发育致残、外伤和疾病致残、环境和行为致残。三者之间交互作用,造成了先天性残疾(congenital disabilities)和后天性残疾或获得性残疾(acpuired disabilities)。(如图 2-1 所示)[2]。据此,可将残疾分为先天性残疾和获得性残疾,其中先天性残疾包括遗传性残疾和发育缺陷非遗传性残疾,获得性残疾包括传染性疾病致残、非传染性疾病(包括躯体疾病、精神疾病和营养失调)致残和创伤及伤害致残。[3]

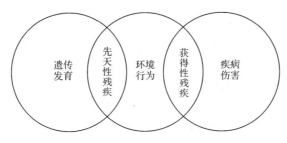

图 2-1　三大致残因素的相互作用示意

事实上,在多数情况下要分清某一残疾为先天性残疾还是后天性残疾是很不容易的。一般来说,先天性残疾包括:精神发育迟缓、躯体遗传性缺陷、非遗传性发育缺陷。后天性残疾包括:传染性疾病致残,非传染性疾病致残(躯体疾病,精神疾病,营养不良性疾病,酗酒、吸毒、滥用药物等),创伤、伤害致残(交通事

---

①　邓朴方:《人道主义的呼唤》(第一辑),华夏出版社 2006 年版,第 178 页。

②　卓大宏:《中国残疾预防学》,华夏出版社 1998 年版,第 16 页。

③　郑晓瑛、孙喜斌、刘民:《中国残疾预防对策研究》,华夏出版社 2008 年版,第 22 页。

故、工伤、其他意外伤害），以及其他原因致残。从残疾预防工作的具体实践出发，许多情况下将导致残疾的原因分为遗传、药物、疾病、中毒、事故、意外伤害和有害环境等若干方面。

二、残疾预防

（一）残疾预防的定义

残疾预防是指在了解致残原因的基础上，正确运用医学的技术、方法，以及其他手段，有效防止、控制或延缓残疾的发生。

由国务院于 2017 年 2 月 7 日发布，自 2017 年 7 月 1 日起施行的《残疾预防和残疾人康复条例》第 2 条指出，本条例所称残疾预防，是指针对各种致残因素，采取有效措施，避免个人心理、生理、人体结构上某种组织、功能的丧失或者异常，防止全部或者部分丧失正常参与社会活动的能力。

（二）残疾预防的内容

根据联合国 1993 年《残疾人机会均等标准规则》，预防一词系指采取一些行动来避免出现生理、智力、精神或感官上的缺陷（初级预防）或防止缺陷出现后造成永久性功能限制或残疾（二级预防）。

值得关注的是，郑晓瑛、孙喜斌、刘民提出残疾预防的模式分析如下。①

1.“三级预防理论模式”

一级预防：即通过免疫接种、预防性咨询及指导、预防性保健、避免引发伤病的危险因素或危险源、实行健康的生活方式、提倡合理行为及精神卫生、安全防护照顾等措施，预防致残性伤害和残疾的发生。

二级预防：即通过残疾早期筛查、定期健康检查、控制危险因素、改变不良生活方式、早期医疗干预、早期康复治疗等措施防止伤害后出现残疾。

三级预防：即通过康复功能训练、假肢矫形器及辅助功能用品用具使用、康复咨询、维持性医疗及护理、必要的矫形替代性及补偿性手术等措施，防止残疾后出现残障。

2.残疾预防的核心——终生预防

郑晓瑛、孙喜斌、刘民指出，对于每个人和家庭而言，残疾预防是贯穿每个人一生，覆盖每个家庭的，因为从数据上可以看出，在不同年龄阶段，残疾高发类别是不同的，而每个人都会经历不同年龄阶段，每个家庭都有不同年龄阶段的成员。所以残疾预防应当结合年龄阶段和残疾性质（先天性/获得性）以及残疾高

---

① 郑晓瑛、孙喜斌、刘民：《中国残疾预防对策研究》，华夏出版社 2008 年版，第 93 页。

危因素,采取相应的措施,其核心是终生预防(如图2-2所示)①。

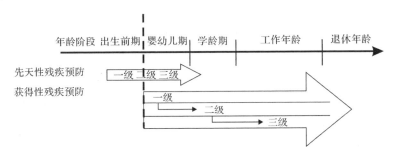

图 2-2　先天性残疾和获得性残疾终生预防示意

《中国残疾人》杂志在 2017 年第 8 期刊登的《残疾预防日 防残于未然》一文中指出,残疾预防关系每个人的生命安全和千家万户的幸福安康,每个人在人生特定阶段都有面临残疾的风险。我们再重复引证一句:"造成残疾的因素十分复杂,从人群结构和生命周期角度看,残疾风险有明显的普遍性、全程性。"这是对"终生预防"的有力证明。

(三)残疾预防的意义

党和政府历来重视残疾预防工作。1990 年我国颁布了《残疾人保障法》(2008 年修订),国家就开始有计划地开展残疾预防工作,制定法律法规,组织和动员社会力量,采取多种措施,预防残疾的发生和发展。2017 年 6 月 24 日,《国务院关于同意设立"残疾预防日"的批复》(国函〔2017〕89 号)正式同意:自 2017 年起,将每年 8 月 25 日设立为"残疾预防日"。这是继我国第一部有关残疾预防和残疾人康复的法规《残疾预防和残疾人康复条例》出台之后,残疾人事业发展过程中又一个重要节点。经过 30 多年的努力,我国残疾预防工作取得了显著成就,传染性疾病、营养不良和药物中毒等传统致残因素得到控制,有效地预防了部分残疾的发生。但是,必须清醒地看到,我国残疾预防形势依旧严峻,据统计,我国每年新增残疾人超过 200 万。在党和政府继续加强残疾预防的同时,还要进一步做好宣传教育工作,增强全社会自我防护的意识和能力,引导全社会关心、支持、参与残疾预防工作有着重要意义。

邓朴方同志深刻地指出:"残疾人工作就是要让残疾人过得好一些,尽量减轻残疾程度和障碍,活得有尊严;使残疾发生少一些,因残疾而可能产生的代价低一些;使老年残疾发生得迟一些,人们的晚年生活更加幸福。这都与残疾预防密切相关,开展残疾预防的研究和行动关系生命的尊严、家庭的幸福和经济社会

---

① 　郑晓瑛、孙喜斌、刘民:《中国残疾预防对策研究》,华夏出版社 2008 年版,第 93 页。

发展,意义是很重大的。"①

程凯在《残疾人研究》2011年第1期上发表的《加强残疾预防是发展残疾人事业的一项重大任务》一文中从残疾预防的高度,进一步阐明在党中央、国务院的高度重视下,经过残疾人工作者长期的努力,初步探索出适合中国国情的残疾预防工作经验及其意义。

——初步形成政府负责,部门协同,社会参与的残疾预防工作体系;

——制定相关法律法规和政策,依法依规推动残疾预防工作;

——摸清情况,制定工作方案,有计划推动残疾预防工作;

——组织实施残疾预防重点工程,降低重点领域残疾风险;

——普及预防知识,增强公众预防意识。

概括地说,做好残疾预防工作,具有重要意义:

(1)保护人民健康,改善生活质量。健康是指在生理上、心理上和社会生活中都处于功能良好的状态。只有有效地预防残疾,才能保障人民群众得到真正的健康,不致有身心功能障碍。要保证人民有良好的生活质量,就应当使他们在个人生活、家庭关系、社交活动、经济能力、职业工作、精神和心理状态、业余文体活动等方面都处于应有的水平,而其基础就是要有良好的身心功能状态。因此,保证生活质量,就要积极地预防残疾。

(2)保护人力资源,促进经济发展。残疾不但损害劳动生产力,而且还要国家和社会投入大笔资金用于残疾人的医疗康复和福利工作。积极开展残疾预防,直接关系到人力资源的保护和经济发展的促进。

(3)推动社会进步,建设精神文明。预防残疾是人类与自然界做斗争,不断改造社会、改进自身免受致残因素影响的一个过程。在这个过程中,人类将更加健康,社会将更加文明进步。从这个意义上说,预防残疾成为推动社会发展,促进人类精神文明建设的重要组成部分。

(4)强化残疾预防,开展三级预防。《"十三五"加快残疾人小康进程规划纲要》明确提出,制定实施国家残疾预防行动计划。加强残疾预防工作组织领导,加大残疾预防人才培养、设施设备和工作经费投入力度。广泛开展以社区和家庭为基础、以一级预防为重点的三级预防工作。推动建立完善筛查、诊断、随报、评估一体化的残疾监测网络,形成统一的残疾报告制度。针对遗传、疾病、意外伤害等主要致残因素,实施重点干预工程。加强出生缺陷综合防治,建立覆盖城乡居民,涵盖孕前、孕期、新生儿各阶段的出生缺陷防治服务制度。加强残疾预

---

① 邓朴方2010年12月1日致"残疾预防国际学术研讨会暨第四届中国残疾人事业发展论坛"贺信。

防宣传,广泛开展残疾预防"进社区、进校园、进家庭"宣传教育活动,增强全社会残疾预防和康复的意识与能力。探索建立残疾风险识别和预防干预技术体系,制定完善相关技术规范和标准。

● 本章习题

1.如何理解残疾与残疾人的含义?

2.如何认识残疾标准及其意义?

3.致残原因有哪些?

4.如何理解残疾预防的含义和三级预防的内容?

5.如何理解残疾风险有明显的普遍性、全程性?

6.试述残疾预防工作的重要意义。

【参考文献】

1.中国残疾人联合会.残疾人工作基本知识读本.北京:华夏出版社,2009.

2.第二次全国残疾人抽样调查办公室.第二次全国残疾人抽样调查主要数据手册.北京:华夏出版社,2007.

3.郑晓英,孙喜斌,刘民,等.中国残疾预防对策研究.北京:华夏出版社,2008.

4.马洪路.残障社会工作.北京:高等教育出版社,2007.

5.王辅贤.残疾人社会工作.北京:北京大学出版社,2008.

6.卓彩琴.残疾人社会工作.广州:华南理工大学出版社,2008.

7.江苏省残疾人事业发展研究会,南京大学残疾人事业发展研究中心.中国特色残疾人事业概论.北京:华夏出版社,2017.

〈〈〈 第三章

两种不同的残疾人观

　　人类社会自产生起，就有残疾人，就有对残疾人的各种不同的观念。残疾人观是人们对残疾人和残疾人问题的总的看法和基本观点。用什么样的观点看待残疾人，关系到以什么样的态度对待残疾人，也关系到以什么样的方法开展残疾人社会工作，从而直接关系到一个国家残疾人事业的兴衰。本章主要阐明在我们面前有两种不同的残疾人观——旧残疾人观与新残疾人观，即现代文明社会残疾人观，着重阐明现代文明社会残疾人观产生的主要条件、价值体系、主要内容及其研究意义。

第一节　在我们面前有两种不同的残疾人观

一、两种截然不同的残疾人观

　　在我们面前有两种不同的残疾人观：一种是以歧视、偏见、陈腐的观念去看待和对待残疾人；一种是以现代文明社会的文明、进步、科学的观念，正确认识残疾人和对待、处理残疾人问题。前者属于旧残疾人观，即对残疾人持着错误的认识、看法和态度；后者属于新残疾人观，即现代文明社会残疾人观，对残疾人持着正确的认识、看法和态度。这是两种截然不同的残疾人观。

二、残疾人观上发生的一次质的飞跃

　　从古到今，社会一直面临着如何看待、如何对待残疾人的问题。事实上，一个社会如何看待、如何对待残疾人问题，这不仅关系着残疾人的命运，而且关系到人的权利、人的价值、人的潜能在一个社会中的实际位置。因此，从这个意义

上说,保障残疾人的权利,尊重残疾人的价值,发挥残疾人的潜能,乃是人类文明与社会进步的一个重要标志,也是残疾人观发生的一次质的飞跃。但是,"要使社会公众得出或者认同这样一种认识,不是无条件的、在人类社会任何阶段都能做到的"①。事实上,任何一种残疾人观的形成,都离不开一定的历史条件。所谓一定的历史条件,首先是指一定的生产力发展水平,其次是指一定的文化发展水平。在不同的历史条件下,就会形成不同的残疾人观。②

第二节　旧残疾人观的产生及其表现

一、旧残疾人观的产生

一般地说,旧残疾人观是在社会生产力发展水平和文化发展水平比较落后的情况下形成的。但是,现代社会的文明与进步取得如此长足的发展,为什么旧残疾人观在人们中间还会产生这样或那样的影响呢? 马克思主义的历史唯物主义原理告诉我们,社会意识对社会存在具有相对独立性。作为一种社会意识的旧残疾人观,即使在它赖以存在的物质条件根本改变之后,还可能存在一个相当长的时期,并对残疾人事业的发展起着一定的阻碍作用。这些年来,虽然歧视残疾人的现象有所好转,但是远未消除。因此,在人们中间,残疾人观要有一个转变,即由一种旧残疾人观转变为一种新残疾人观,这是现代文明社会发展的需要和残疾人事业发展的需要。

二、旧残疾人观的表现

在这里,不妨让我们透视一下旧残疾人观的轨迹,这样我们就会深感这种转变的必要性和重要性。旧残疾人观在现实生活中表现种种,概括起来主要有以下几种观点。

(一)宿命论

持有这种观点的人认为,残疾只是某些个人的悲剧或灾难,是由其命运注定的,不可违抗的。例如,在中国文化中,有的把残疾看成是"天意",是"前世作孽"的因果报应。在英国文化中,有的把残疾视为个人灾难和个人悲剧。在以宗教

① 丁启文:《建构新文明——人道原则与新残疾人观》,华夏出版社 2001 年版,第 17 页。
② 奚从清:《论两种不同的残疾人观》,《浙江大学学报(人文社会科学版)》2000 年第 2 期,第 22-28 页。

为主要价值标准的社会,"有些人可能把残疾解释为:恶魔选中以致中邪的标记"①。

其实,残疾,很难狭隘地归结为个人的悲剧,更不是"天意"和上帝的惩罚。这是因为:

第一,残疾,是人类文明和社会进步过程中所付出的一种社会代价。没有各类事故,如工伤事故、交通事故造成的伤残,就不会制定科学的安全作业规程和交通管理规则;没有先天愚型及失明、失聪,就不会懂得优生优育以及近亲何以不能婚配;没有药物致盲、致聋,以及其他中毒病症,就不会有详细的药物检验和管理制度;没有脊髓灰质炎后遗症造成的肢体残疾,就不会有预防这种疾病的"糖丸"问世。正是一部分人的残疾,换来了更多人的躯体和心智的健全、健康,换来了秩序、科学,换来了人类文明和社会进步。

第二,许多人的残疾,是由自然原因和社会原因造成的。如自然灾害、各种事故、近亲婚配、遗传、疾病、贫困、战争、犯罪、公害等等,都可能造成残疾。随着科技的进步、社会的发展,人们可以在一定范围内、一定程度上控制残疾的发生和发展,但是不能完全消除它。

第三,残疾的产生,可以通过预防措施将它控制在最低的限度,残疾的程度和残疾人所受的痛苦,可以通过社会补偿而得到缓解。如果把残疾看成只是某些个人的悲剧或灾难,是命运注定的,这不仅会导致制定不适当的政策,而且会使人们对残疾预防持消极的态度。

(二)无用观

持有这种观点的人往往把残疾人看作是"残废人",只着眼于他们不能做什么,而没有着眼于他们能做什么。同时,在漫长的岁月中,人们习惯了以健全人对世界的认知方式、交往方式和参与方式为坐标而形成的观念,造成了对残疾人的歧视,自认为只有健全人对世界的认知方式、交往方式和参与方式才是"正统的",其他方式都属于"非正统"。如前所述,由残疾造成的功能障碍,可以通过残疾人与残俱生的代偿和社会的补偿,得到相当的缓解,而且残疾人由于特殊的境遇,往往更多、更深入地考虑生活的价值和意义,强烈地要求与健全人一样在社会上发挥作用,履行义务,享受权利,贡献力量。历史和现实表明,残疾人不仅是物质财富的创造者,而且是精神财富的创造者。例如,肢残人孙膑的兵法、盲人华彦钧的《二泉映月》、聋人贝多芬的《命运》、肢残人拜伦的《唐璜》、被誉为"中国的保尔"的张海迪的《轮椅上的梦》等都颇有影响。

---

① 〔英〕迈克尔·奥利弗、鲍勃·萨佩:《残疾人社会工作》(第二版),高巍、尹明译,中国人民大学出版社 2009 年版,第 33 页。

（三）恩赐观

持有这种观点的人,往往不把残疾人看作事实上的公民,反而把实现残疾人公民拥有的权利看作对他们的"恩赐"或"施舍",这同样也造成了对残疾人的歧视。这主要是对残疾人应该拥有的人权、尊严和价值缺乏应有的认识。《残疾人权利公约》明确规定:"确认因残疾而歧视任何人是对人的固有尊严和价值的侵犯。"如果认为残疾人只是被恩赐、被施舍的对象,那就在事实上剥夺或至少是忽略了他们平等参与社会生活的权利。这不但有违事实,也违背了人道主义原则。

第三节　现代文明社会残疾人观概述

在我国,新残疾人观形成于 20 世纪 80 年代后期,成型于 90 年代后期。1987 年 4 月,在邓朴方主持下制定了《残疾人工作宣传提纲》,用残疾人新观念武装残疾人社会工作者,并以多种方式向社会宣传。这是最早问世的新残疾人观的版本。"自上个世纪 80 年代以来,中国就支持并践行关于残疾人的世界行动纲领和残疾人机会均等标准规则。中国是《残疾人权利公约》的发起国之一,并积极促成了 1993 至 2022 年三个亚太残疾人十年活动,同时致力于区域残疾人事务交流、合作机制的建设。"[①]在这期间,中国残联积累了如何结合中国实际开展残疾人工作的宝贵经验。

中国残联发展部原主任丁启文在《新残疾人观》一文中写道:"新残疾人观属于新文明,也是一个新概念,20 世纪八九十年代以前我国典章文献中没有这个东西。那是在那个年代,在联合国关于残疾人的一系列文件启发下,结合我国实际,从我国广大残疾人的社会实践中总结出来的。新残疾人观来自大家,属于大家,这里不过是将它条理化,用文字表述出来罢了。"[②]

一、现代文明社会残疾人观形成的主要条件

在我国,新残疾人观形成于 20 世纪 80 年代后期,成型于 90 年代后期,这绝不是偶然的。新残疾人观的形成,是我国改革开放所推动的经济繁荣、社会发展、社会文明程度提高的必然结果,是我国残疾人事业发展的必然产物,是我国社会主义制度优越性的具体体现。

---

① 中国残疾人联合会主席张海迪率团出席会议并发言。见《联大关注全球 10 亿残疾人》(2013-09-25)来源:人民网-人民日报(北京)。

② 丁启文:《人性・人道・人权》,华夏出版社 2008 年版,第 1 页。

（一）社会经济背景

新残疾人观，为什么会形成在 20 世纪 80 年代后期，而不可能是别的什么年代时期？为了回答这个问题，我们有必要沿着残疾人事业发展的历程，做一番简略的回顾。

20 世纪 50 年代初期，新中国刚成立，百废待兴，大量社会改造任务摆在面前。经济生活、社会生活由恢复改造到萌动发展。残疾人由人民政府给予收容救济或组织起来从事农业生产劳动或自救性手工劳动，终于告别了新中国成立前流离失所、沿街乞讨的非人生活。这无疑是残疾人生活的一次质的飞跃。由于经济、社会条件不成熟，又是以收养救济为主，所以在思想理论上没有提出"人道主义""平等参与社会生活""回归社会主流"等观念，也没有完整地把残疾人作为具有宪法赋予的公民权利的人提出来。

十年"文革"期间，残疾人事业遭到严重破坏。当时，唯一的残疾人组织——中国盲人聋哑人协会被扣上"推行修正主义"的罪名而停止活动；残疾人生产自救组织被强行合并、搬迁或撤销；盲聋哑学校被迫收缩或停办；不少残疾人和残疾人工作者被揪斗、游街；不少工人、干部、知识分子受迫害致残。这场史无前例的浩劫，使中国国民经济濒临崩溃，残疾人事业在这期间陷于停顿。

1978 年，党的十一届三中全会所开辟的这个历史时期，是我们国家、民族的一个转折时期，也是我国残疾人事业的一个转折时期。在这个阶段，残疾人工作开始由收养救济型走向劳动福利型。这就是说，残疾人开始作为一个独立的公民生活在社会上了。他们的需求层次也出现变化，即由追求温饱到追求事业，像健全人一样，在社会的总目标中去实现自身的价值，要求在事实上享有宪法赋予的公民权利。莫明在《残联：顺应时代，承接未来》一文中写道："由此我们悟到，80 年代后期我国社会已文明到这种程度：如果仍然只是'单打一'地进行某一方面的残疾人工作（比如只是安养救济），已不能满足具有公民权利意识的现代残疾人的需要了。"社会越是向文明跨越，人们越对残疾人事业表现出极大的热情和关注，越需要用新残疾人观去看待与处理残疾人问题。于是，新残疾人观的问题就这样被鲜明地提出来了。

20 世纪 80 年代后期，对于中国残疾人和残疾人事业来说，具有特别重要的意义。许多对这个事业的发展进程有重大影响的、奠基性的事情，都是在这个时期完成的。中国残疾人事业之所以会出现这些变化、这些进步，除了党和政府的重视，我国国民经济的发展，人道主义精神的弘扬，还有新残疾人观的形成。这种新残疾人观从残疾人事业的实践中来，反过来又为残疾人事业的实践服务。它与我国优良的民族传统、文化传统相结合，并转化为一种新的道德观念、一种新的社会风尚，既充实又促进了我国社会主义精神文明建设。

（二）社会文化条件

与新残疾人观赖以形成的经济、社会条件相联系的，还有它赖以形成的社会文化条件。

1.我国社会扶弱助残的传统美德

中华民族素有关心、照顾、保护、帮助残疾人的传统美德。我国很早就有关于残疾人和如何对待残疾人的记载。《左传·宣公二年》载有"残民"，这个"残民"就是指残疾人。而对残疾人的优抚政策也早已见于史书。《周礼·地官司徒》记载中就有"慈幼、养老、赈穷、恤贫、宽疾、安富"的施政纲领，这里把"幼""老""穷""贫""残"联系在一起，均属照顾之列。齐相管仲在京都造屋收容聋、哑、跛足等残疾人。南北朝时期对老而残疾者设有专坊收容。当然，在那个时代，封建帝王依靠豪绅贵族和地主阶级，拥有至高无上的权力，广大劳动人民包括许许多多残疾人处于被剥削、被压迫的地位，生活在社会最底层。尽管先秦时候孔子就有"大同"的思想，孟子就有"仁爱"的思想，墨子就有"兼爱"的思想，而且我们的祖先在所憧憬的"大同世界"里，就主张过"老有所终，壮有所用，幼有所长，鳏寡孤独废疾者皆有所养"（《礼记·礼运》）。但是，在一个实力匮乏的小农经济的社会里，生产力发展水平低下，特别是由于统治阶级的残酷统治，不要说是残疾人，就是健全人的生活也难以得到保障。所以，那种主张是难以实现的。不过，它始终不失为中华民族的传统美德的体现。这种传统美德是新残疾人观形成的一个重要来源。

2.国际社会先进理念的传播

在我们这个星球上，生活着10亿残疾人，其中80％居住在发展中国家。残疾人问题是不容忽视、无法回避的社会问题。解决好残疾人问题，是国际社会和各国政府的责任。"我们看到，这个阶段，世界残疾人运动风起云涌且持续保持强劲的势头。大量具有进步意义的新思维、新观念、新提法被引进来，人们看问题的视角在变化，视野在变化，观念在变化。"①1982年12月3日联合国大会第37届会议宣布了"联合国残疾人十年"，通过了《关于残疾人的世界行动纲领》。该纲领提出了一系列很有价值的思想，诸如：关于残疾人充分参与社会生活，共享物质文化成果的思想；关于残疾人应该享有同其他人一样的权利的思想；关于残疾人参与社会机会平等的思想；关于尊重残疾人的人权、人格、尊严的思想；关于发挥残疾人能力的思想；关于消除对残疾人及其家属的任何歧视的思想；关于残疾人不应该与他们的家庭和社会隔离的思想；关于残疾人融合进社会主流的

---

① 莫明:《顺应时代，承接未来》,《中国残疾人》1992年第12期,第7页。

思想;等等。显而易见,新残疾人观不是离开国际社会文明发展的大道而孤立地形成的,而是在继承我国优良传统和总结历史经验的基础上,吸取国际社会有关残疾人问题研究的先进理念而逐步形成的。由于新残疾人观吸取了国际社会的这些新思想、新观念、新提法,并结合我国的实际情况,将其上升到一定的理论层次,体现了中国社会发展的客观需求和改革开放的时代特点,所以它具有一定的普遍意义。

3.正确的社会价值观念的选择和树立

在社会文化条件中,正确的社会价值观念对形成新残疾人观起着十分重要的作用。与以宗教迷信为主要价值标准的社会往往把残疾解释为恶魔迷惑,是对罪恶的惩罚,或者是被上帝选中了的证明的这种错误观点完全相反,在以人的能力、作用、奉献为主要价值标准的社会,则会把残疾看作人类发展进程中不可避免要付出的社会代价。因此,社会应当为残疾人发挥其参与社会生活的能力创造条件。作为现代文明社会残疾人观形成的一个重要条件——选择和树立正确的社会价值观念,不是自发产生的,而是自觉进行的,即通过各种社会舆论的形式加以宣传,以便在人们中间逐步形成一种共识,从而为现代文明社会残疾人观的形成提供社会价值观念的基准。现在,许多国家已开展了公众教育和提高认识的运动,以教育公众改变对残疾人的态度和行为。我国加强舆论宣传,树立现代文明社会残疾人观尤为必要。

二、现代文明社会残疾人观的价值体系及其主要内容

(一)现代文明社会残疾人观的价值体系

1982年12月3日,联合国大会第37届会议通过的《关于残疾人的世界行动纲领》指出:"目前对各种文化中残疾人地位的认识很不够,而文化又是态度和行为方式的决定因素,因此需要对有关残疾问题的社会文化问题进行研究。这样才能对不同文化中正常人与残疾人之间的关系有一个比较具有洞察力的认识。"[1]这里指的"有关残疾问题的社会文化",显然不是指广义的"文化"概念,而是指狭义的"文化"概念,主要指观念形态的文化。现实生活表明,不同的文化观念对有关残疾问题的看法大相径庭,因为文化中包含着的不同的价值观是人的态度和行为方式的决定因素。用什么样的文化价值观看待和对待残疾人问题,关系到以什么样的态度和行为方式对待残疾人和以什么样的方法开展残疾人工作的问题,这是直接关系到残疾人事业兴衰的一个文化观念问题。

---

① 转引自奚从清:《现代文明社会残疾人观价值体系与实践意义探讨》,《残疾人研究》2013年第3期,第10页。

邓朴方同志的《人道主义的呼唤》(共四辑)这部巨著内容十分丰富。从文化价值观上来说,他是研究现代文明社会残疾人观的本质及其价值体系的最有成就者。中国残联成立30周年来,邓朴方同志以在中国推行人道主义作为他人生"最重要的一个目标",坚持从中国国情出发,以残联组织为依托,以残疾人权利为本位,致力于人道主义思想研究、宣传与实践,从而促进了现代文明社会残疾人观的形成与发展。用邓朴方的话来说:"确立了现代文明社会的残疾人观,奠定了残疾人事业的理论基础。"①现代文明社会的残疾人观,就内在地包含着相互联系、密不可分的基本结构和主要内容。

一是坚持以人道主义为旗帜。人道主义是指一种以人为本,强调人道,尊重人的权利、尊严和价值的先进思想体系。为了开拓和发展我国残疾人事业,在残疾人福利基金会成立初期,邓朴方顶住"左"的压力,明确指出:"我们社会里人道主义太少了,应通过宣传教育使社会主义的人道主义普及起来。"②"我比较喜欢用人道主义这个概念,在许多场合都说人道主义是当代人类社会的基础思想之一。我想,不管理论界有什么样的争论,这句话总是不错的。"③"我们不仅要宣传人道主义精神、人道主义实践和人道主义道德规范,还要进一步宣传人道主义思想和人道主义价值观。"④他始终认定:"人道主义精神是一种伟大的精神,人道主义是我们残疾人事业的永远不倒的一面旗帜。"⑤邓朴方的《人道主义的呼唤》贯穿着一条主线,即坚持以人道主义为旗帜的价值理念,反映了人道主义是对促进残疾人事业发展起着维系和引领作用的先进思想观念和价值取向。

二是坚持以残疾人为本位。残疾人是残疾人事业的主体,是残疾人工作的出发点和落脚点。邓朴方说:"现在,党中央提出的'以人为本',又为弘扬人道主义提供了新的理论支撑。"⑥他在各种场合,利用各种机会,宣传以残疾人为本位的道理,要求残联组织加强能力建设,充分发挥"代表、服务、管理"职能,保持同残疾人群众的血肉联系,倾听残疾人呼声,反映残疾人诉求,保障残疾人合法权益,始终把改善残疾人状况作为残疾人工作的根本出发点和落脚点。实践表明,坚持以残疾人为本位的价值理念,充分体现了广大残疾人的根本利益,反映了广大残疾人的价值诉求。

三是坚持以"平等·参与·共享"为核心内容。邓朴方认为,残疾人事业从

---

① 邓朴方:《人道主义的呼唤》(第三辑),华夏出版社 2006 年版,第 31 页。
② 邓朴方:《人道主义的呼唤》(第一辑),华夏出版社 1999 年版,第 80 页。
③ 邓朴方:《人道主义的呼唤》(第三辑),华夏出版社 2006 年版,第 336 页。
④ 邓朴方:《人道主义的呼唤》(第三辑),华夏出版社 2006 年版,第 500 页。
⑤ 邓朴方:《人道主义的呼唤》(第三辑),华夏出版社 2006 年版,第 337 页。
⑥ 邓朴方:《人道主义的呼唤》(第三辑),华夏出版社 2006 年版,第 500 页。

实质上讲是人权保障事业。他基于这种理念,坚持把宣传人道主义与保障残疾人权益有机地结合起来,在高度评价《关于残疾人的世界行动纲领》和《残疾人机会均等标准规则》所发挥的积极作用的同时指出,残疾人权益的保障应得到切实的加强,需要有一个具有一定法律约束力的国际文件来保障残疾人权利的实现,使我们的既定目标不再是空洞的口号,而成为切实的行动。因此,邓朴方呼吁联合国制定《残疾人权利国际公约》。他说:"我们不仅要促进国内的残疾人在政治、经济、社会、文化等方面享有与其他人平等的权利,还要在国际领域努力促进《残疾人权利国际公约》的早日缔结,使世界上更多残疾人的权益得到保障。"①邓朴方坚持的"平等·参与·共享",恰恰是现代文明社会残疾人观这个价值体系的内核部分,自然处于支配地位,引导着各种不同的价值取向、价值追求、价值尺度和价值原则,朝着既定的方向和目标发展。所以,他在表述现代文明社会的残疾人观时,往往表述为"平等·参与·共享"的现代文明社会残疾人观。这足见"平等·参与·共享"是现代文明社会残疾人观的最重要部分。

全国政协常委、中国残疾人联合会主席张海迪高度评价邓朴方同志。她满怀深情地说:"邓朴方同志作为改革开放新时期我国残疾人事业的开拓者和领导者,人道主义的重要传播者和实践者,自中国残联成立以来,连续担任第一至第四届主席团主席,他怀着对残疾人的深厚感情和对残疾人事业的赤子之心投入事业之中,为残疾人事业的发展和残疾人状况的改善做出了卓越的贡献,在广大残疾人中享有崇高威望。20 年来残疾人事业的发展凝聚了邓朴方同志大量的智慧、心血和汗水。邓朴方同志说,他会永远和大家在一起,共同开辟中国特色残疾人事业。"②

综上所述,以人道主义为旗帜,以残疾人为本位,以"平等·参与·共享"为核心内容的现代文明社会残疾人观之所以是一种科学的价值体系,就在于它是在特定时代和条件下对残疾人问题和残疾人事业理论观点的正确反映,内在地包含着相互联系、密不可分的基本结构和主要内容。它为中国残疾人事业和残疾人社会工作的发展奠定了坚实的理论基础,为我们正确认识残疾人社会工作价值体系的形成打下了基础层次,为正确认识有关残疾问题的社会文化问题提供了行动指导,对于推动我国社会文明进步,建设和谐社会具有重要意义。

(二)现代文明社会残疾人观的主要内容

对此,中国残联把长期研究的理论成果和实践成果写进了《残疾人工作基本

---

① 邓朴方:《人道主义的呼唤》第三辑,华夏出版社 2006 年版,第 337 页。

② 钟山:《绝不辜负 8300 万残疾人重托——访新当选的中国残联第五届主席团主席张海迪》,《人民日报》2008 年 11 月 14 日 04 版。

知识读本》和《〈中共中央 国务院关于促进残疾人事业发展的意见〉学习辅导读本》,科学地概括出现代文明社会残疾人观的主要内容①,在学术界产生了重要影响。

（1）自有人类就有残疾人,残疾是人类发展进程中不可避免要付出的社会代价。

（2）残疾人有人的尊严和权利,有参与社会生活的愿望和能力,同样是社会财富的创造者。

（3）造成残疾人问题的根本原因不是残疾本身,而是外界的障碍。外界障碍的存在,使残疾人在社会生活中处于某种不利地位,权利的实现和能力的发挥受到限制。政府和社会有责任消除障碍,对残疾人给予特别扶助。

（4）残疾人是一个社会弱势群体,尊重、关心他们并给予帮助,是社会文明进步的标志。共产党人以人类解放为最高宗旨,社会主义国家以实现全体人民的富裕幸福为建设的根本目的,更应尊重残疾人的公民权利和人格尊严,保护其不受侵害。

（5）残疾人事业是高尚的事业,是社会主义事业的重要组成部分,残疾人事业的发展对社会稳定和文明进步有积极的推动作用。发展残疾人事业是政府和全社会义不容辞的责任,要通过发展残疾人事业,使残疾人的权利得到更好的实现,使他们以平等的地位和均等的机会参与社会生活和国家建设,共享社会物质文化成果。

（6）扶残助残体现了中华民族助人为乐的传统美德,是社会主义精神文明建设的重要内容,应在全社会大力倡导,健全人在帮助残疾人中,也可使自己的人生价值得到升华。

（7）残疾人要自尊、自信、自强、自立,努力实现为人民服务、为社会服务的人生价值,履行应尽的义务。

（8）残疾人的解放,是人类文明发展和社会进步的一个重要标志。

上述这些关于现代文明社会残疾人观的新观念,既是对中国残疾人实际状况的高度概括,也是对现代文明社会残疾人观基本内容的科学总结。它是人类先进思想文化的一个组成部分,也是社会主义核心价值观的一个本质体现,因而,它具有鲜明的时代特征和时代精神。这种现代文明社会残疾人观的建立,为我国残疾人事业的发展奠定了理论基础,为我们正确认识和解决残疾人问题提供了行动指南,对于推动社会文明进步也具有重要意义。

---

①　中国残联本书编写组:《〈中共中央 国务院关于促进残疾人事业发展的意见〉学习辅导读本》,华夏出版社 2008 年版,第 174－175 页。

三、现代文明社会残疾人观与社会主义核心价值体系的关系

2006年10月,党的十六届六中全会首次明确提出社会主义核心价值体系。邓朴方立即阐述现代文明社会残疾人观与社会主义核心价值体系的关系。他说:"人道主义是马克思主义的重要组成部分,是社会的基础思想之一。我们高扬人道主义旗帜,始终站在先进思想文化的前沿,倡导'平等·参与·共享'的现代文明社会残疾人观,坚持以残疾人为本,尊重残疾人的权利、价值和尊严,追求社会公平正义,丰富了社会主义核心价值体系的内容。"①可见,现代文明社会残疾人观是社会主义核心价值观的有机组成部分。

习近平总书记高度概括、深刻指出:"在当代中国,在改革开放进程中,我国残疾人中涌现出一大批像张海迪那样的自强模范,他们是改革开放大潮的弄潮儿,他们的事迹感人至深、催人泪下,激励了全社会的奋发自立精神。他们身上的精神就是自强不息精神,就是我们的民族精神、时代精神,也是社会主义核心价值观的应有之义。"习近平总书记关于残疾人精神的内涵及其与社会主义核心价值观的关系的论述,为我们研究社会主义核心价值体系与现代文明社会残疾人观之间的关系指明了方向。二者的关系是一般与特殊的关系,也是指导与被指导的关系。社会主义核心价值体系是社会主义意识形态的本质体现。只有坚持以社会主义核心价值体系为指导,才能确保现代文明社会残疾人观发展的正确方向,为确立现代文明社会残疾人观提供坚实的理论依据;只有认真研究现代文明社会残疾人观,才能更好地揭示残疾人文化事业发展的具体规律,并且以新的形式和内容不断充实和创新社会主义核心价值体系的教育内容。

四、研究现代文明社会残疾人观的重要意义

(一)现代文明社会残疾人观有助于人们正确认识残疾人与社会、残疾人事业与社会之间的关系,增强社会责任感

中国是个发展中国家,正经历经济的迅速发展和社会的深刻变革。在这一历史进程中,残疾人与全国人民同奔小康,残疾人事业与社会发展同步进行,进一步改善残疾人平等参与社会生活的物质条件和精神环境,缩小残疾人事业与国民经济和社会发展水平的差距,使残疾人参与机会增多,参与范围扩大,自身素质提高,生活状况改善。这是我们时代的要求。

当前,我国残疾人事业取得了很大成就,可以说是进入了有史以来的最好时期。但是,必须清醒地看到,由于历史的原因,我国残疾人事业起点低,基础弱,

---

① 邓朴方:《人道主义的呼唤》(第四辑),华夏出版社2006年版,第326页。

仍然滞后于经济社会的发展水平,残疾人处境还相当困难,主要是教育普及率低,就业受到限制,福利水平不高,康复医疗缺乏,社会上仍然不同程度地存在着对残疾人的歧视和偏见,残疾人参与社会生活还存在某些环境障碍,有很多残疾人的温饱问题有待解决,还有将近 2/3 的残疾人依靠亲属供养,给残疾人及其亲属带来沉重的物质负担与精神负担。不言而喻,解决残疾人问题,最终有赖于社会生产力的发展。30 年来残疾人事业的实践使我们深深地感到,对相当一些地区来说,制约这个事业发展的关键因素,与其说是生产力水平不高,不如说是对残疾人的歧视和偏见,以及由此导致的对残疾人事业的轻视和误解。这是多少年来许多能够做到的事情没有去做,能够解决的问题未去解决,已经制定的政策措施难以贯彻实施,以致残疾人事业滞后的一个重要原因。近些年来,这种状况虽有较明显好转,但是并未根本改变。20 世纪 80 年代的一条基本经验,就是推进残疾人事业必须首先解决思想认识问题。解决思想认识问题,就要摆滞后的事实,就要指出残疾并不是造成残疾人问题的根本原因。事实上,残疾对个体及社会的影响,通过医疗的、社会的、教育的、职业的和其他残缺功能的社会补偿措施,大部分可以得到缓解。造成对残疾的片面认识,就在于人们根据一成不变的概念、观点或者模式看残疾人。正如有的研究者指出的:这种思维定式使得一些人习惯于用固有的价值观念,以健全人的行为模式为参照系去观察、衡量、评价残疾和残疾人;注重事情的过程和行为方式"正常"与否,而忽视事情的目的和结果,否定特殊的认知方式和行为方式;对社会因素具有减少或扩大残疾影响的作用认识不足,低估、忽视残疾人所具有的现实能力和潜在能力。据 1987 年全国残疾人抽样、入户调查,16~59 岁的残疾人为 34382 名,其中有劳动能力和部分劳动能力的为 31916 名,占 92.8%,因病丧失劳动能力的为 2466 名,只占7.2%。即使在社会补偿条件远不理想的情况下,许多被断定做不到的事,残疾人居然也做到了。这就给我们一个重要启示:残疾的影响是相对的。只要改变参照系,以其能否适应生活、能否达到行为目的、实现生活目标为衡量标准,就会对生理残疾的影响有一个客观的、全面的、公正的评价,对残疾和残疾人的看法也会有一个根本转变。总之,我们对新残疾人观宣传得越深入,越有利于解决思想认识问题。显而易见,我们在这方面要做更多的事情,以便更好地解决人们对残疾人的歧视、偏见和陈腐观念问题。

(二)现代文明社会残疾人观能够有助于健全人与残疾人建立新型的人际关系,形成文明向上的社会风尚

世界上一切生物群无不由健全者和残疾者共同构成。自从人类社会出现迄至今日,残疾人一直伴随着健全人同时存在。理解残疾人,尊重残疾人,关心残

疾人,给残疾人以必要的支持和帮助,才是健全人应尽的社会责任,也是高尚品德的具体表现。

一个社会的精神面貌和社会风尚,往往从人际关系表现出来。我们知道,社会风尚是社会经济关系的产物,是人们的社会心理和社会行为的综合表现。它表现为人们如何处理个人和社会、个人和集体、个人和个人的关系,采取什么态度和行为准则,也表现为传统习惯、民俗民风,以及不同民族的不同心理素质等。可见,社会风尚是与人际关系紧密相连的。通过现代文明社会残疾人观的宣传和教育,健全人和残疾人彼此间可以沟通思想,建立平等、团结、友爱、互助的新型人际关系,从而在全社会形成一个理解、尊重、关心、帮助残疾人的新观念、新风尚,推进"两个文明"建设。

李瑞环同志在接见我国第一部反映弱智儿童生活的电影《启明星》创作人员时,对这部片子揭示的新型人际关系做了深刻的阐述。他说:"这部片子所展示的父子情、师生情、师徒情、同事情……都是普通人的生活,即所谓凡人小事,但它却反映了我们这个民族的传统美德,揭示了社会主义社会平等、团结、友爱、互助的新型人际关系。建立一个良好的人际关系,是社会主义道德建设的基本要求。我们常说,家和外顺,民乐国兴。和谐的人际关系,稳定的社会秩序,是全面贯彻党的基本路线,加快改革开放步伐,力争经济更好更快地迈上新台阶的重要保证。如果我们每个人都能多一分理解、真诚和友谊,都能保持像《启明星》反映的那种团结、友爱和互助的精神,那么何愁国家不长治久安,何愁经济不繁荣发展!"

(三)现代文明社会残疾人观能够帮助残疾人工作者增强为残疾人服务的意识,做好本职工作

残疾人事业是文明、进步、高尚的事业。从事这一事业的保育人员、教育工作者、医护和康复工作者、民政与残疾人工作者,为此付出了艰辛的劳动,取得了显著的成就,受到了人们的尊敬。这与他们自觉地树立现代文明社会残疾人观是分不开的。法国的著名作家维克多·雨果有句名言:"万物升华通过火,人类升华通过爱。"现代文明社会残疾人观充满着爱心,渗透着人道精神。这对残疾人工作者来说是非常重要的,因为他们直接为残疾人提供各种各样的服务。至于这种服务的效果如何,在很大程度上取决于残疾人工作者能否自觉地牢固地树立新残疾人观。许多事实说明,一个将自己的全部精力奉献给残疾人事业的残疾人工作者,通过爱心,他的精神可以得到升华。只有对残疾人有正确的全面的认识,才能确立对残疾人的正确态度。

（四）现代文明社会残疾人观能够帮助残疾人回归社会主流，平等、充分参与社会生活

在社会上，广泛地、深入地宣传现代文明社会残疾人观，归根到底，是为残疾人回归社会主流，平等、充分参与社会生活，创造良好的社会文化环境。新中国成立后，特别是党的十一届三中全会以来，在党和政府的关怀和全社会的帮助、支持下，残疾人的康复、教育、就业和生活状况有了显著改善，残疾人参与社会生活的能力有了明显提高，这是主流。但是，我们应当清醒地认识到：忽视、侵害，甚至剥夺残疾人权利的现象时有发生，这种现象无不与歧视残疾人的陈旧落后的观念有关。在社会上，不破除旧残疾人观，树立现代文明社会残疾人观，残疾人要回归社会主流，平等、充分参与社会生活，就很困难。由于现代文明社会残疾人观与残疾人的利益相一致，与残疾人事业发展乃至社会发展的需要相适应，所以，一旦它在全社会优化和强化，可以想见，我国残疾人事业和残疾人社会工作必将获得进一步发展。

● 本章习题

1.何谓残疾人观？

2.简述旧残疾人观的表现。

3.为什么旧残疾人观至今还在一些人中产生影响？

4.试述现代文明社会残疾人观在残疾人社会工作中的意义。

5.如何理解残疾人观问题说到底是残疾问题中的社会文化问题？

【参考文献】

1.本书编写组.《中共中央　国务院关于促进残疾人事业发展的意见》学习辅导读本.北京：华夏出版社，2008.

2.邓朴方.人道主义的呼唤.北京：华夏出版社，1999.

3.邓朴方为浙江残联组织编写的《残疾人工作概论》《残疾人社会学》两本书写的序言，见：邓朴方.人道主义的呼唤（第一辑）.北京：华夏出版社，2006.

4.[英]迈克尔·奥利弗，鲍勃·萨佩.残疾人社会工作（第二版）.高巍，尹明，译.北京：中国人民大学出版社，2009.

5.丁启文.人性·人道·人权.北京：华夏出版社，2008.

6.奚从清.论两种不同的残疾人观.浙江大学学报（人文社会科学），2000（2）.

7.奚从清.人道主义与中国残疾人事业.杭州：浙江大学出版社，2018.

‹‹‹ 第四章

残疾人社会工作的性质

残疾人社会工作是残疾人事业发展的一个重要组成部分。2008 年 3 月 28 日发布的《中共中央 国务院关于促进残疾人事业发展的意见》(中发〔2008〕7 号),不仅进一步确立了残疾人事业是中国特色社会主义事业的重要组成部分,而且为残疾人社会工作的发展提供了有力的政治保障和理论支撑。本章就残疾人社会工作的含义、要素、任务、特点、分类、原则及其功能进行具体论述。

第一节 残疾人社会工作的含义、要素和任务

一、残疾人社会工作的含义及其要素

(一)残疾人社会工作的含义

如前所述,残疾人社会工作是指残疾人工作者以习近平新时代中国特色社会主义思想为指导,运用社会工作理论和方法,为残疾人提供各种服务而进行具有专业性或职业性活动的一门应用学科。

(二)残疾人社会工作的要素

从残疾人社会工作的含义中不难看出,残疾人社会工作包括以下几个要素。

1.残疾人

残疾人是残疾人社会工作的服务对象。残疾人是一个数量众多、特性突出、特别需要帮助的社会群体。2014 年 3 月 21 日,习近平总书记致信中国残疾人福利基金会,强调"残疾人是一个特殊困难的群体,需要格外关心、格外关注"。这句使残疾人感慨万千、感动不已的话语,写进中共中央、国务院的文件中,写进《"十三五"加快残疾人小康进程规划纲要》中,写进 2013—2022 年亚太残疾人十

年中期审查高级别政府间的文献中。这对于提高广大残疾人社会工作者为广大残疾人服务的自觉性、主动性和积极性具有重要意义。

2.残疾人社会工作者

残疾人社会工作者是为残疾人提供各种服务的专业人员,是残疾人社会工作中一个重要的构成因素。没有残疾人社会工作者,残疾人社会工作就无从谈起。道理很简单,为残疾人提供各种专业性或职业性的服务活动,要靠残疾人社会工作者依法履行职责,恪守"人道、廉洁、服务、奉献"职业道德,狠抓组织落实,提高服务水平。《残疾人保障法》第7条明确规定:"从事残疾人工作的国家工作人员和其他人员,应当依法履行职责,努力为残疾人服务。"

3.专业性或职业性活动

《意见》(中发〔2008〕7号)强调指出:"加强残疾人工作干部队伍建设。抓好残疾人专职、专业和志愿者队伍建设。""重视残疾人事业政策理论研究,推进相关学科建设,加快培养高素质残疾人事业专业技术人才。"《"十三五"加快残疾人小康进程规划纲要》明确提出:加强"残疾人社会工作等基础学科建设"。这些重要论述为我们把残疾人社会工作(或残疾人工作)作为一项专业建设指明了方向。

专业性或职业性活动就意味着残疾人社会工作者必须接受过一定的专业性或职业性训练。我国政府从2008年开始进行全国社会工作者职业水平考试,合格者可以获得由国家认定的社会工作师职业资格证书,为残疾人社会工作的职业化方向发展开拓了广阔的道路。

残疾人社会工作者必须自觉地按照残疾人服务体系提供各种服务,并且掌握和运用社会工作理论与方法,开展有组织、有计划的专业性或职业性的助人活动。按照英国社会工作专家迈克尔·奥利弗、鲍勃·萨佩的说法,"职业性这个形容词,意味着提供服务者是已通过资质认证,被认为具备进行服务的能力并可从其所提供的服务中得到酬劳的人。提供这类服务,不仅仅需要运用已有人力、物力与社会需要相匹配,而且要求专业人员去查明这些需要到底是什么,并争取适当的人力、物力以满足之"。他们针对一些以貌似恰如其分的公正理由,要求社会工作普遍地缩小活动范围的观点,强调"残疾人社会工作的范围必然要扩大,而不是缩小"。他们一再强调,"残疾人的问题本质上是一个社会问题","残疾人问题甚至是一个全社会的问题"[①]。由上可知,残疾人社会工作者只有牢固树立正确的残疾人观,全心全意为残疾人服务,才能充分发挥其专业性或职业性活动的应有作用。

---

① 〔英〕迈克尔·奥利弗、鲍勃·萨佩:《残疾人社会工作》,高巍、尹明译,中国人民大学出版社2009年版,第1-2页。

二、残疾人社会工作的主要任务

了解了什么是残疾人社会工作之后,人们自然会提出一个问题:为什么要研究残疾人社会工作?这就涉及研究残疾人社会工作的总体要求和主要任务。

残疾人社会工作是残疾人事业发展的一个重要组成部分。残疾人社会工作的主要任务是根据残疾人事业发展的总体要求来确定的。早在 2008 年 3 月 28 日《意见》(中发〔2008〕7 号)就提出:"明确促进残疾人事业发展的总体要求。"

在新时代,为了促进残疾人事业发展,必须坚持以马克思列宁主义、毛泽东思想、邓小平理论、"三个代表"重要思想、科学发展观、习近平新时代中国特色社会主义思想为指导,紧紧围绕全面建成小康社会奋斗目标,着眼于解决残疾人最关心、最直接、最现实的利益问题,坚持政府主导、社会参与,国家扶持、市场推动,统筹兼顾、分类指导,立足基层、面向群众,完善促进残疾人事业发展的法律法规和政策体系,健全残疾人社会保障制度,加强残疾人服务体系建设,营造残疾人平等参与的社会环境,缩小残疾人生活状况与社会平均水平的差距,实现残疾人事业与经济社会协调发展,努力使残疾人同全国人民一道向着更高水平的小康社会迈进。

根据残疾人事业发展的总体要求,我们认为,残疾人社会工作的主要任务有以下几个方面。

(一)促进我国残疾人事业发展,维护残疾人合法权益

研究残疾人社会工作,对促进我国残疾人事业发展有着重要意义,即:有利于维护残疾人合法权益,促进社会公平正义,实现全体人民共享改革发展成果;有利于调动残疾人的积极性、主动性和创造性,发挥残疾人在促进改革发展稳定中的重要作用,实现经济社会又好又快发展;有利于促进我国人权事业全面发展,体现社会主义制度的优越性,树立我国良好的国际形象。

《意见》(中发〔2008〕7 号)指出:"各级党委和政府要从坚持立党为公、执政为民的高度,从全面建设小康社会、构建社会主义和谐社会的高度,充分认识发展残疾人事业的重要意义,进一步增强责任感和使命感,切实采取有力措施,促进残疾人事业在新的起点上加快发展。"

(二)促进残疾人事业发展,努力改善残疾人生活状况

《意见》(中发〔2008〕7 号)明确指出:"残疾人是一个数量众多、特性突出、特别需要帮助的社会群体。我国有 8300 多万残疾人,涉及 2.6 亿家庭人口。党和政府历来十分关心残疾人,高度重视发展残疾人事业,特别是改革开放以来,采取了一系列重大举措,推动残疾人事业不断发展壮大,残疾人参与社会生活的环境和条件明显改善,生活水平和质量不断提高,我国残疾人事业发展在国际上赢

得广泛赞誉。但是,必须清醒地看到,我国残疾人事业基础还比较薄弱,残疾人社会保障政策措施还不够完善,残疾人在基本生活、医疗卫生、康复、教育、就业、社会参与等方面还存在许多困难,总体生活状况与社会平均水平存在较大差距。一些地方和部门对发展残疾人事业重视不够,一些人扶残助残意识不强,歧视残疾人、侵害残疾人权益的现象时有发生。"由此可知,加强残疾人社会工作研究,促进残疾人事业发展,改善残疾人状况,已成为全面建设小康社会和构建社会主义和谐社会一项重要而紧迫的任务。

2018年9月16日,王勇在中国残疾人联合会第七次全国代表大会闭幕式上的讲话中强调指出:"没有残疾人的小康,就不是真正意义的全面小康。要把加快推进残疾人小康进程作为全面建成小康社会决定阶段的重点任务,尽快缩小残疾人状况与社会平均水平的差距,让残疾人和全国人民共同迈入全面小康社会。这是当前残疾人工作的中心任务,是必须完成的硬任务。"因此,只有"坚决打赢贫困残疾人脱贫攻坚战,织密筑牢残疾人民生保障安全网",让广大残疾人过上安居乐业、衣食无忧的生活,才能真正使残疾人全面小康得到人民认可、经得起历史检验。

(三)促进残疾人事业发展,推进相关学科建设

残疾人事业是多学科、跨部门、综合性、社会性很强的事业。《意见》(中发〔2008〕7号)强调指出:"重视残疾人事业政策理论研究,推进相关学科建设,加快培养高素质残疾人事业专业技术人才。培育基层残疾人工作者队伍,提高为残疾人服务的能力。广泛动员社会力量,发展壮大助残志愿者队伍。"《"十三五"加快残疾人小康进程规划纲要》明确提出:"加强残疾人口学、康复医学、特殊教育、手语、盲文、残疾人体育、残疾人社会工作等基础学科建设。"

我国残疾人事业的发展,需要社会工作,更需要残疾人社会工作。从促进残疾人事业发展的高度来看,从全面建设小康社会、构建社会主义和谐社会的高度来看,促进社会工作的学科建设,首先必须认清中国社会及其特点,从我国国情出发,促进残疾人事业发展,其中最基础、最直接、最大量的工作就是社区残疾人社会工作,而且需要深入研究其客观存在的具体规律。这无疑会给残疾人社会工作学科建设带来生机和活力,不断增添新的内容和形式。

加强残疾人社会工作学科建设的一个重要路径,就是专业社会工作者介入残疾人事业研究。丁启文说:"目前有几十所高等院校设有'社会工作'专业,每年有相当数量的毕业生。怎样吸收这些具有基础理论知识、学过社会工作专业课程的人到残疾人组织中来工作,也是应当注意的一个问题。这有利于事业的现代化,有利于提高工作水平。怎样在高校的'社会工作'专业中,加大残疾人'社会工作'的分量,也该配合教育部门做点事,这有利于培养为残疾人服务的专

门人才。事业的兴旺取决于人才的兴旺。从社会转型这个大角度、大视野看，这同样是决定事业兴衰的一个重要环节。"①这个看法是很有见地的！

2010年2月8日，北京大学中国残疾人事业教学和培训基地在北京大学成立。中国残疾人事业教学和培训基地的工作宗旨是：促进北京大学与中国残联全方位合作，发展共赢，推动残疾人事业人才队伍建设的专业化、社会化和国际化，提高残疾人事业人才队伍整体素质，为残疾人事业可持续发展提供智力支撑，服务于残疾人事业的发展与和谐社会建设。

第二节　残疾人社会工作的特点和分类

一、残疾人社会工作的特点

人们对社会工作的特点研究得较多，但对残疾人社会工作的特点则研究得较少。残疾人社会工作的特点主要表现为以下几点。

（一）工作对象的特殊性

残疾人社会工作的服务对象是残疾人，残疾人是一个特殊困难的群体。残疾人离不开对"物"的依赖，正是因为如此，他们自然有特殊心理、特殊需求，残疾人社会工作者在实际工作中应采取特殊手段。了解这一特点，残疾人社会工作者就要从残疾人实际出发，为残疾人提供有效的服务。

（二）对象需求的多样性

残疾人对基本生活、医疗卫生、康复、教育、就业、社会参与等方面有着各种需求。残疾人由于自身的障碍和需求的多样性，迫切需要更广泛、更有针对性的服务。明确这一特点，残疾人社会工作者就要听取残疾人的意见、要求和建议，并针对残疾人的实际需求，为其提供有效服务，以满足残疾人多样性的需求。

（三）工作内容的综合性

残疾人社会工作运作的综合性表现是多方面的。

（1）领域的综合性，即我国残疾人事业由以救济为主的社会福利工作，逐步发展成为包括康复、教育、就业、扶贫、社会保障、权益保障、文化体育、无障碍环境建设、残疾预防等领域广阔的综合性社会事业。

（2）学科的综合性，即残疾人社会工作者在实际工作过程中，要运用社会科学和自然科学有关专门学科的成果进行多层次、多角度、多结构的综合考察和分

---

①　丁启文：《人性·人道·人权》，华夏出版社2008年版，第40页。

析研究。残疾人社会工作还是一项系统工程,任务重,难度大,有许多综合协调工作要做。

(3)方法的综合性,即残疾人社会工作者在实际工作的过程中,要综合运用个案工作方法、小组工作方法和社区工作方法,促进残疾人社会工作又好又快地发展。因此,残疾人社会工作者就要加强专业训练,将自己培养成为高素质的残疾人社会工作者。

(四)工作过程的艰难性

残疾人社会工作与一般社会工作不同,它的工作过程的艰难性显得尤为突出。残疾人群体不仅人数非常庞大,而且他们面临着的困难和问题非常多,其需要帮助的范围又非常广。社会上一些人扶残助残意识不强,歧视残疾人、侵害残疾人权益的现象时有发生,这无疑增加了工作过程的难度。残疾人每项社会工作的落实,如按比例安排残疾人就业,都要做许多艰苦的联络、协调和落实工作。弄清这一特点,残疾人社会工作者就要进一步增强责任感和使命感,发扬艰苦奋斗的精神,全心全意为残疾人服务。

此外,残疾人社会工作还有其工作职责的兼容性和工作模式的多样性等特点。

二、残疾人社会工作的分类

残疾人社会工作既是残疾人事业发展的一个重要组成部分,又是社会工作发展的一个重要组成部分。残疾人社会工作的分类与残疾人社会工作的研究领域有着密切联系。

残疾人社会工作的研究领域是相当广泛的,残疾人的许多现象都属于它的研究之列。但是,它的研究领域的范围迄今难以做固定的划分。随着残疾人事业和残疾人社会工作在广度和深度上的发展,社会工作学者将会从不同的角度对残疾人社会工作的研究领域的范围做出各种各样的规定和划分。对此,我们认为:

1.从残疾人社会工作所探究的不同规模来分类

根据残疾人社会工作所探究的不同规模,可分为微观的残疾人社会工作和宏观的残疾人社会工作。前者着重研究残疾人群体的具体关系、活动、问题及其解决方法,后者着重研究残疾人群体各有关领域的规模较大的社会现象(组织体系和社会体系)及其发展规律。

2.从残疾人社会工作所解决的主要问题来分类

根据残疾人社会工作所解决的主要问题来分类,可分为医疗康复工作、残疾

人社会保障工作、特殊教育工作、残疾人劳动就业工作、残疾人文化体育工作和促进残疾人事务的国际交流合作工作等。

3. 从残疾人社会工作所采取的不同方法来分类

根据残疾人社会工作所采取的不同方法,可分为残疾人个案工作方法、残疾人小组工作方法和残疾人社区工作方法。

4. 从残疾人社会工作所形成的不同体系来分类

根据残疾人社会工作所形成的不同体系,可分为残疾人事业的残疾预防体系工作、组织体系工作、法律法规政策体系工作、残疾人社会保障体系工作和残疾人服务体系工作。

5. 从残疾人社会工作所显现的不同要求来分类

根据残疾人社会工作所经历的不同过程,可分为残疾人医疗康复工作、残疾预防工作和残疾人全面发展工作等。

6. 从残疾人社会工作所存在的不同机构来分类

根据残疾人社会工作所存在的不同机构来分类,可分为由政府机构主办,经费由国家地方政府承担和由民间团体或私人主办,经费由民间团体募集或私人募捐。前者为政府社会工作,后者为民间社会工作。

第三节　残疾人社会工作的原则

2018 年 9 月 14 日,在中国残疾人联合会第七次全国代表大会上,韩正在代表党中央、国务院发表了题为《在新时代的伟大征程中创造残疾人更加幸福美好的新生活》的致词中明确提出新时代残疾人事业发展的"五个必须",为我们研究残疾人社会工作的原则提供了根本遵循。

残疾人社会工作的原则包括两个方面:一个是一般性的工作原则,即在方向指导上所要遵循的基本原则,这正是本节所要论述的内容;另一个是具体性的工作原则,即在方式方法上所要遵循的具体原则,例如残疾人社区康复原则、残疾人就业工作原则等。

一、坚持弱有所扶原则

韩正明确提出:"推动新时代残疾人事业发展,必须坚守弱有所扶的原则立场。对残疾人等特殊群体要采取特殊帮扶政策。我们要把更多注意力放在残疾人等困难群众身上,制定特惠政策,给予特别关爱,送去党和政府及全社会的温暖。"这就清楚地告诉我们,要始终把改善残疾人状况作为残疾人工作的根本出发点和落脚点。

二、坚持实事求是原则

辩证唯物主义认为,实事求是就是从客观存在的一切事物出发,经过分析研究找出事物本身所固有的而不是臆造的规律性,作为我们行动的依据。从残疾人社会工作来说,坚持实事求是原则,就是坚持从我国现阶段的基本国情出发,从残疾人工作对象、工作实际情况出发,致力解决残疾人最关心、最直接、最现实的利益问题,营造有利于残疾人平等参与的社会环境,缩小残疾人生活与社会平均水平的差距,实现残疾人事业与经济社会协调发展,努力使残疾人与全国各族人民一道向着更高水平的小康社会迈进。

三、坚持公平正义原则

2006 年 10 月,《中共中央关于构建社会主义和谐社会若干重大问题的决定》指出:"社会和谐是中国特色社会主义的本质属性,是国家富强、民族振兴、人民幸福的重要保证。"同时又指出:"社会公平正义是社会和谐的基本条件,制度是社会公平正义的根本保证。"不仅如此,社会公平正义也是残疾人社会工作不可或缺的一个基本原则。因此,国家高度重视和加紧建设对保障残疾人社会公平正义具有重大作用的各种制度,保障残疾人在政治、经济、文化、社会等方面的权利和利益,帮助他们共享改革发展成果,引导公民依法行使权利、履行义务。

四、坚持创新发展原则

中国残联成立 30 年来,残疾人事业取得了辉煌成就,为国家改革发展稳定大局和中国特色社会主义事业建设做出了重要贡献,这与残疾人社会工作坚持实行的创新发展原则不无关系。残疾人社会工作是在创新中促发展,在发展中促创新。坚持创新发展原则,就是积极研究探索残疾人社会工作的特点和规律,实现残疾人社会工作创新发展、良性互动的生动局面。正是因为如此,残疾人社会工作在理论创新、制度创新、体制创新、机制创新、体系创新、文化创新、模式创新、工作方式创新,以及其他方面的创新所不断涌现出来的许多新鲜经验,就是最有说服力的证明。

五、坚持社会化管理原则

我国残疾人事业由以救济为主的社会福利工作,逐步发展成为包括康复、教育、就业、扶贫、社会保障、权益保障、文化体育、无障碍环境建设、残疾预防等领

域广阔的综合性社会事业,在经济建设、政治建设、文化建设和社会建设中发挥着越来越重要的作用。与此相适应,坚持实行以社会化管理为主的一种工作方式。社会化管理的基点在于,动员社会力量,开发社会资源,在国家政策的引导和扶持下,实现社会事业的自身调节和有序发展。这正是坚持社会化管理原则的真谛所在。社会化管理增强了残疾人事业的活力,同时也涌现出一大批残疾人事业的社会活动家。这对于保证残疾人平等参与社会生活起了重大作用。

第四节 残疾人社会工作的功能

一、功能的含义

功能是功能学派分析社会结构的基本概念。功能学派认为,社会是一个系统,它的各部分相互依存,因此任何一个部分的存在对整体的存在和运行都具有积极或消极的意义。功能通常被认为是部分对整体所发挥的作用。社会学意义上的功能,主要是指一种社会现象对于它所隶属的那个系统的客观结果。①

默顿(Robert King Merton)是美国当代最有影响的社会学家之一,是结构功能主义的代表人物之一。默顿在功能分析范式中,创造了一系列功能分析,如"显功能"和"潜功能"、"正功能"和"反功能"等。

(一)"显功能"和"潜功能"

默顿将各种可观察后果区分为显功能和潜功能。他指出:"显功能是有助于系统的调整和适应的客观后果,这种调整和适应是系统中参与者所预料所认识的;与潜功能相关的是没有预料也没有被认识的客观后果。"②这种潜功能有一种暂时未被认识的隐含性。但是,随着社会实践和人的知识的增长,一些潜功能逐步变为显功能。

(二)"正功能"和"反功能"

默顿认为,部分对整体所发挥的作用既有积极作用,也可能有消极作用,因此功能也相应地区分为正功能和反功能。正功能具有促进系统调适的后果,反功能具有减少系统调适的后果。默顿指出,对于反功能的研究应当放在历史的(时间的)框架中进行,任何项目都可能有连续性的多重后果,应当引进时间的维度对这些后果进行观察。反功能可能在短期内显露,也可能是某种长期的后果。

---

① 刘光华、邓伟志编译:《新社会学词典》,知识出版社 1986 年版,第 23 页。
② 转引自贾春增主编:《外国社会学史》,中国人民大学出版社 1989 年版,第 242 页。

了解默顿提出的这些概念的内涵,有助于我们深入认识残疾人社会工作的功能。

二、残疾人社会工作的功能

(一)服务需求的功能

残疾人的服务需求功能是指针对残疾人特殊性、多样性、类别化的服务需求,开展各种专业性或职业性活动。随着残疾人维权意识的提升,残疾人的服务需求也在不断增长。不同类别的残疾人对基本生活、医疗卫生、康复、教育、就业、社会参与等方面有着不同的服务需求。残疾人社会工作者就其本质特征和工作职责而言,面对数量众多、特性突出、特别需要帮助的残疾人群体,要恪守"人道、廉洁、服务、奉献"的职业道德,通过运用社会工作理论与方法,为残疾人提供各种服务活动。同时,要建立健全以专业机构为骨干、社区为基础、家庭邻里为依托,以生活照料、医疗卫生、康复、社会保障、教育、就业、文化体育、维权为主要内容的残疾人服务体系。公共服务机构要为残疾人提供优先优惠的服务。残疾人专业服务机构不仅要改善条件,完善功能,规范管理,扩大受益面,提高服务水平,而且要研究制定残疾人服务领域的国家和行业标准,完善行业管理政策,加强对残疾人服务的支持引导和监督管理。

(二)心理疏导的功能

残疾人的心理疏导功能是指注重对残疾人的人文关怀和心理疏导,用正确的方式处理好残疾人的人际关系。残疾人在认知、情感和性格等方面不同程度地存在着心理障碍,往往得不到周围人的关爱、理解和帮助,孤独感、抑郁感和自卑感很重。为了解决残疾人心理障碍问题,例如大连市中山区葵英街道9个社区成立社区残疾人心理疏导服务站,为残疾人提供寄托和心理疏导两种服务。社区还将楼长和志愿者培训成心理疏导员、康复训练员和技能培训员,并向残疾人发放联系卡,公布社区、楼长及志愿者的联系方式,残疾人可根据自己的情况选择楼长或志愿者上门服务。同时,残疾人心理疏导服务站还建立社区残疾人心理疏导网络,向专业心理医院寻求技术支持。有的论者鉴于汶川大地震心理疏导工作的有益启示,提出在全国范围内逐步建立一个残疾人心理疏导工作系统,这个建议是可行的、必需的。这样就能更好地发挥残疾人社会工作心理疏导的功能。

(三)精神激励的功能

残疾人的精神激励功能是指激励残疾人自尊、自信、自强、自立的精神,激发残疾人参与社会主义现代化建设的热情和潜能。任何人都需要精神激励,残疾

人更需要精神激励。我们的政府宣传、文化、新闻、出版等部门和单位采取有效措施,积极宣传残疾人事业,宣传残疾人自强模范和扶残助残先进事迹。教育部门结合中小学德育等课程,开展人道主义、自强与助残教育;结合群众性精神文明创建活动,广泛开展形式多样的扶残助残活动;组织和开展"全国助残日""国际残疾人日"等活动;开展残奥、特奥、聋奥运动会,以及举办和参加国内外重大残疾人体育赛事。这些举措都有效地激励着广大残疾人自尊、自信、自强、自立的精神,让他们更好地融入社会。

(四)参与社会的功能

残疾人参与社会的功能是指激发残疾人参与社会主义现代化建设的热情和潜能,发挥自己的聪明与才智。社会工作的基本价值观念是助人自助,残疾人社会工作不但要具体地帮助残疾人解决各种困难,而且要帮助他们增强自己的能力以应付各种挑战。同时,通过残疾人社会工作的导向,促进残疾人与健全人、残疾人与家庭、残疾人与社区、残疾人与残联,以及残疾人与残疾人社会工作者的良性互动,激发残疾人参与社会主义现代化建设的热情和潜能,发挥自己的聪明与才智。只有这样,才能使他们更好地融入社会,参与社会,共享发展成果。这是一个社会文明、社会公平程度的表现,也是残疾人实现自身价值的表现。

(五)残疾预防的功能

残疾人的残疾预防功能是指先期对有害于残疾人个体或群体的任何因素之发现与减除,普及残疾预防知识,提高公众残疾预防意识。残疾人社会工作能帮助人们正确认识致残因素、残疾预防的知识。残疾预防工作的有效做法在于建立健全残疾预防体系。

(六)权益维护的功能

残疾人的权益维护功能是指要维护残疾人的合法权益,实现社会公平正义。应当清醒地看到,一些地方和部门对发展残疾人事业重视不够,一些人扶残助残意识不强,歧视残疾人、侵害残疾人权益的现象时有发生。要知道,歧视残疾人、侵害残疾人权益,是对人的固有尊严、价值和权益的侵犯。因此,通过做好残疾人社会工作,对于优化残疾人事业发展的社会环境,增强全社会扶残助残意识,消除对残疾人的歧视和偏见,维护残疾人的合法权益,形成人人理解、尊重、关心、帮助残疾人的良好社会风尚,是十分重要的。

(七)社会稳定的功能

残疾人的社会稳定功能是指所要形成的残疾人事业与经济社会协调发展、有序平衡的状态。我们之所以强调残疾人社会工作的稳定功能,是基于这样严峻的事实:我国有 8500 万残疾人,涉及 2.6 亿家庭人口。因此,中国残联一再强调,要从战略的高度充分认识残疾人实现全面小康的重要性。残疾人事业是社会主义事业的重要组成部分,残疾人实现全面小康,是全面建成小康社会的重要内容,没有残疾人的小康,不是真正的小康。由此足见,加快残疾人事业的发展和残疾人生活的改善,对于全面建成小康社会,构建社会主义和谐社会,具有重要意义。

● 本章习题

1. 如何理解残疾人社会工作的含义?

2. 残疾人社会工作的主要任务有哪些?

3. 残疾人社会工作有哪些特点?

4. 残疾人社会工作是怎样分类的?

5. 残疾人社会工作有哪些内容?

6. 残疾人社会工作的基本原则有哪些?

7. 残疾人社会工作有哪些功能?

8. 结合社会实际,试述残疾人社会工作的服务需求功能及其意义。

【参考文献】

1. 中华人民共和国残疾人保障法(2008 年 4 月 24 日第十一届全国人民代表大会常务委员会第二次会议修订)

2. 本书编写组.《中共中央 国务院关于促进残疾人事业发展的意见》学习辅导读本. 北京:华夏出版社,2008.

3. 中国残疾人联合会.残疾人工作基本知识读本.北京:华夏出版社,2009.

4. 王思斌.社会工作概论.北京:高等教育出版社,2003.

5. 丁启文.人性·人道·人权.北京:华夏出版社,2008.

6. 马洪路.残障社会工作.北京:高等教育出版社,2007.

7. 王辅贤.残疾人社会工作.北京:北京大学出版社,2008.

8. 卓彩琴.残疾人社会工作.广州:华南理工大学出版社,2008.

9. 奚从清.人道主义与中国残疾人事业.杭州:浙江大学出版社,2018.

第五章

残疾人社会工作的理论

重视和推进残疾人社会工作的学科建设，深入研究其理论问题，是残疾人社会工作发展中一项刻不容缓的任务，因为残疾人事业发展特别需要残疾人社会工作理论的支撑。因此，本章深入探讨残疾人社会工作理论的含义，着重阐述中国残疾人社会工作理论的框架体系、内容及其意义，还论述残疾人社会工作理论研究的视角及其功能，最后论述国外残疾人社会工作理论，以便从中探究中外残疾人社会工作理论的共同点与不同点。

第一节　残疾人社会工作理论概述

一、何谓理论

的确，"理论是一个有着广泛含义的概念。在不同的场合、不同的背景、不同的学科中，理论的概念具有十分不同的内涵"①。《现代汉语词典》给"理论"一词的定义是："人们由实践概括出来的关于自然界和社会的知识的有系统的结论。"②《辞海》认为，"理论指概念、原理的体系，是系统化了的理性认识。"③英国社会学家哈拉兰博斯（M. Haralambos）在其著作《社会学基础》中说："所谓理论，是一整套能够解释事物是如何发挥作用的思想，因此，社会学的理论就是一整套能够解释社会，或社会的某些方面是如何发挥作用的思想。"④

---

① 风笑天编著：《简明社会学研究方法》，华文出版社 2005 年版，第 19 页。
② 《现代汉语词典》，商务印书馆 1994 年版，第 694 页。
③ 《辞海》，上海辞书出版社 1979 年版，第 776 页。
④ ［英］哈拉兰博斯：《社会学基础》，孟还、卢汉龙、费涓洪译，上海社会科学院出版社 1986 年版，第 11 页。

作为解释事物现象或某些方面的思想或知识的体系,有科学、比较科学和不科学之分。真正科学的理论是在社会实践基础上产生并经过实践检验和证明的理论,是客观事物的本质的、规律性的正确反映。当然,科学的理论不是一成不变的,而是随着社会实践的发展而不断充实、丰富和发展的。

二、何谓残疾人社会工作理论

随着中国特色残疾人事业的迅速发展,残疾人社会工作理论也获得长足进步,并成为残疾人事业的重要组成部分。30 年来,在中国残疾人联合会的大力推动下,中国残疾人研究室率先成立,开展残疾人理论研究,发表了许多重要文章,出版了一些重要著作,坚持每年召开一次中国残疾人事业发展的专项研究主题的学术研讨会。随后,残疾人事业发展研究会、研究院、研究中心和研究所像雨后春笋般不断涌现,许多社会学者、社会工作者纷纷介入残疾人社会工作理论领域,出版了一些残疾人社会工作的教材和专著,发表了许多学术论文和调查报告。但是,应当清醒地看到,我国残疾人社会工作理论基础还比较薄弱,仍然滞后于残疾人事业发展。

2008 年 3 月 28 日,《中共中央 国务院关于促进残疾人事业发展的意见》(中发〔2008〕7 号)明确提出:"重视残疾人事业政策理论研究,推进相关学科建设,加快培养高素质残疾人事业专业技术人才。"目前,各级残联的专职工作人员达到 11.3 万人,残疾人专职委员达到 59 万人。重视和推进残疾人社会工作的学科建设,深入研究其理论问题,是残疾人事业发展的呼唤。因为残疾人事业发展特别需要残疾人社会工作理论的支撑;特别需要用它来加强残疾人工作干部队伍建设和宏大的基层残疾人工作者队伍建设,提高其为残疾人服务的能力;特别需要发挥其应有的感召力、影响力和说服力,提高社会公众支持残疾人事业和理解、尊重、关心、帮助残疾人的意识。因此,深入探讨残疾人社会工作理论的本质及其框架体系具有重要的理论价值和实践价值。

恩格斯说:"一个民族想要站在科学的最高峰,就一刻也不能没有理论思维。"[①]这话同样适用于残疾人事业和残疾人社会工作的理论思维。

那么,何谓残疾人社会工作理论? 如前所述,残疾人社会工作是指残疾人社会工作者以习近平新时代中国特色社会主义思想为指导,运用社会工作理论和方法,为残疾人提供各种服务而进行具有专业性或职业性活动的一门应用学科。这个定义表明:一是残疾人理论工作者和实际工作者既是为发展中国特色的残疾人社会工作理论的贡献者,又是为残疾人提供各种服务的忠实代言人;二是正

---

① 《马克思恩格斯选集》第 3 卷,人民出版社 1972 年版,第 467 页。

确地认识残疾人现象和解决残疾人贫困问题,是残疾人社会工作的重点;三是残疾人社会工作理论是一种专业理论及其体系,是一门相对独立的学科。它围绕关于残疾人现象和如何解决残疾人问题所阐述的各种观点,通过一定的原则和一系列特有的范畴进行理论论证和逻辑论证,从而形成自己特有的理论体系。

第二节　中国残疾人社会工作理论

一、中国残疾人社会工作理论研究的现状

综观中国残疾人社会工作理论研究的现状,可发现理论研究主要集中在残疾人社会工作的含义、内容、方法及人道主义思想和现代文明社会残疾人观等方面的理论阐述。特别是 2007 年华夏出版社出版的"残疾人口与发展研究丛书",研究内容集中涉及残疾预防、康复与需求,残疾人的社会保障、教育、婚姻、就业、民族地区残疾人问题,以及老年、妇女残疾人和残疾儿童的状况等多方面的内容。这套丛书是第二次全国残疾人抽样调查研究课题成果的集纳汇编,是一批具有相当水平的研究成果,极大地丰富了残疾人社会工作的学科内容。至于残疾人社会工作理论体系究竟由哪些部分所构成的问题,学界至今没有统一的界说,其理论体系尚处在不断的探索和发展过程中。

如前所述,在残疾人社会工作理论体系构架问题上的众说纷纭,是这门学科从不成熟走向成熟过程中的必然现象。我们深究一下,主要有以下几个原因:第一,中国残疾人社会工作虽有悠久的历史,但从学科意义上来说,它还是一门很年轻的学科,人们对它的范畴及其体系有一个逐步认识、选择、确定的过程。第二,专业社会工作介入残疾人事业和残疾人社会工作时间并不长,社会学和社会工作学者对此还缺乏足够的心理、思想和精神准备,也缺乏必要的范畴准备和理论准备。第三,与上述两点相联系,在理论阐述中,对一些范畴内涵的理解并不一致。这种表述不一致的现象,是任何学科在发展进程中普遍存在的客观现象,何况残疾人社会工作是一门很年轻又是新兴的学科,这应看作是学术活跃的可喜现象。同时也表明,该学科的范畴的制定和诠释、理论体系的形成和发展,是一个回避不了的基本问题。第四,专业社会工作者深入残疾人群体中调查不足,如何使残疾人社会工作的某项理论或对策转化为具体现实活动的工作模式也显得不足。第五,对残疾人社会工作的指导理论缺乏系统深入的研究。现在进入新时代,我们坚信,在中国残疾人联合会的引领下,残疾人社会工作者将更加自觉地坚持以习近平新时代中国特色社会主义思想为指导,以实际行动加快专业

社会工作介入中国残疾人事业的步伐,中国残疾人社会工作理论研究必将出现一个崭新的局面。

二、中国残疾人社会工作理论的构架及其意义

(一)中国残疾人社会工作理论的构架

建设中国特色残疾人事业和残疾人社会工作理论,这是残疾人社会工作学科建设的一项重要任务。1989 年 12 月,继浙江残联组织编写我国第一部教材性著作《残疾人工作概论》之后,1990 年 10 月,邓朴方主席又在给浙江残联组织编写的我国第一部学术性著作《残疾人社会学》一书作的"序"中明确提出:"中国残疾人事业的持续发展,离不开马克思主义的指导。同样地,也离不开这项事业自身理论的指导。"这个观点对我们颇有启迪作用。

中国残联成立 30 周年来,随着中国残疾人事业理论与实践的发展,我们对残疾人社会工作理论,经历了一个由知之不多到知之较多、由不完善到比较完善的过程。事实表明,残疾人社会工作是中国特色残疾人事业的一个重要组成部分。我们在认真研究中国残疾人事业和残疾人社会工作的内在联系和学科建设的基础上,力图把残疾人社会工作与残疾人事业放在一个统一的理论框架体系里阐释。现在,我们根据残疾人社会工作学科发展和建设的需要,把残疾人社会工作理论增设为五个层次的理论内容,即由中国残疾人社会工作的指导理论、基础理论、专业理论、法律法规政策理论和历史理论所构成的一种框架体系。换句话说,中国残疾人社会工作理论体系是对残疾人社会工作的指导理论、基础理论、专业理论、法律法规政策理论和历史理论之间的内在联系所做的一种概括和总结。这样就会使这些理论在残疾人社会工作学科化建设中充分发挥各自独特的作用。兹分述如下。

1. 残疾人社会工作的指导理论

广大残联干部和残疾人工作者都很明白,我们建设中国特色残疾人事业和构架残疾人社会工作理论,必须坚持以习近平新时代中国特色社会主义思想为指导。这是因为,"习近平新时代中国特色社会主义思想是对马克思列宁主义、毛泽东思想、邓小平理论、'三个代表'重要思想、科学发展观的继承和发展,是马克思主义中国化最新成果,是党和人民实践经验和集体智慧的结晶,是中国特色社会主义理论体系的重要组成部分,是全党全国人民为实现中华民族伟大复兴而奋斗的行动指南,必须长期坚持并不断发展"①。

---

① 《中国共产党章程》,人民出版社 2017 年版,第 5-6 页。

广大残联干部和残疾人社会工作者都必须坚持党对一切工作的领导,承担起新时代发展残疾人事业的重任和使命。

2.残疾人社会工作的基础理论

残疾人社会工作的基础理论,包括关于倡导"平等·参与·共享"理念、关于树立现代文明社会残疾人观、关于发扬人道主义思想等,这些理论是中国残联在科学总结中国残疾人事业发展经验和借鉴国际残疾人运动经验的基础上而提出来的。①

(1)关于倡导"平等·参与·共享"理念。"平等·参与·共享"是中国残联在科学总结中国残疾人事业发展经验和借鉴国际残疾人运动经验的基础上而提出的残疾人事业发展的崇高目标,是现代文明社会残疾人观的核心内容,并成为社会宣传和残疾人自我激励的行动口号。

"平等",是指残疾人在政治、经济、文化、社会和家庭生活等方面,享有同其他社会成员平等的权利,这种权利受宪法和法律保护,不得因残疾等原因而受到限制或排斥。在社会生活中,残疾人的平等权利常常表现为要求机会均等。

"参与",是指残疾人参与社会生活和发展,包括参与经济和社会的发展,同时获得自身的发展。"参与"是残疾人对环境和社会的积极意识和行为。残疾人通过积极地参与,使自己融入社会主流,消除边缘化状态。

"共享",是指残疾人与其他社会成员共同负担社会义务,共同创造财富,同时共同分享由经济社会发展带来的物质和精神成果。

在"平等·参与·共享"三者关系中,"平等"是核心和基础,"参与"是手段,"共享"是结果。

(2)关于树立现代文明社会残疾人观。现代文明社会残疾人观,既是对残疾人现象的看法和如何解决残疾人所遇问题的理论概括,也是对现代文明社会残疾人观基本内容的科学总结。它是人类先进思想文化的一个组成部分,也是社会主义核心价值观的一个本质体现。因而,它具有鲜明的时代特征和时代精神。这种现代文明社会残疾人观的建立,为我国残疾人事业和残疾人社会工作的发展奠定了理论基础,为我们正确认识残疾人和解决残疾人问题提供了行动指南,对于推动社会文明进步也具有重要意义。

(3)关于人道主义思想。人道主义是残疾人事业的旗帜,也是残疾人事业和残疾人社会工作的基础理论之一。

人道主义是起源于欧洲文艺复兴时期的一种思想体系。14—16 世纪,欧洲

---

① 本书编写组:《〈中共中央 国务院关于促进残疾人事业发展的意见〉学习辅导读本》,华夏出版社2008 年版,第 175-176 页。

文艺复兴时期的先进思想家，为了摆脱经院哲学和宗教统治的束缚，举起了人道主义的旗帜，提倡关怀人、尊重人、以人为中心的世界观，反对禁欲主义，宣传个性自由，他们的活动形成了一种思想文化运动。18世纪法国资产阶级革命时期，启蒙运动的思想家们进一步把人道主义原则具体化为"自由""平等""博爱"的口号，要求充分实现发展人的天性的权利。因此，人道主义在反封建的资产阶级革命中起了很大的动员作用。学术界还有一种看法，人道主义泛指一切强调人的价值，维护人的尊严和权利的学说。

综合邓朴方同志的研究成果，我们认为，人道主义是指一种以人为本，强调人道，尊重人的权利、尊严和价值的先进思想体系。[①] 这种学说倡导社会公平正义，倡导和谐、友爱、互助的社会关系，倡导人人怀有一份爱心，尊老爱幼，扶弱济困，为社会上需要帮助的人提供服务。因此，人道主义是人类优秀的思想体系和道德标准，是社会的基础思想之一，它凝聚着社会的爱心与良知，对于破除陈腐思想，树立崭新的文明观念，推进社会的发展与进步，具有积极作用。

3.残疾人社会工作的专业理论

中国残联经过30年来的努力，使残疾人社会工作的专业理论日趋规范化和专业化。例如，对关于残疾、残疾人、残疾预防的定义，关于残疾人社会工作的定义，关于残疾人社会工作的定义、内容及其体系，关于残疾人康复、教育、就业、社会参与、扶贫工作、文化体育工作、社区残疾人工作、服务业工作、信访工作、信息化建设工作、残疾人工作者队伍建设工作、残疾人组织建设工作、残疾人社会保障体系和服务体系建设工作、残疾人无障碍环境建设工作等方面的内容，都做了规范化、专业化的规定和阐释。

此外，还有在关于残疾人国际交流与合作，关于残疾人事业与残疾人社会工作关系，关于残疾人与健全人的关系，关于残疾人与残联的关系，关于残疾人、残疾人家庭与残疾人社会工作者的关系，关于残疾人社会工作者角色形象、价值观及其职业道德，关于维护残疾职工、残疾青年、残疾妇女、残疾儿童、残疾老人的合法权益，关于残疾人的两性问题，关于残疾人的婚姻家庭问题，关于残疾人的伙伴关系问题，以及大数据在残疾人工作中的运用等方面内容上，都有一定程度的研究与阐释。所有这些理论的规范与阐释，都极大地丰富了残疾人社会工作的专业内容。当然，这些理论研究的成果都离不开残疾人社会工作的基础理论的指导，也离不开广大残疾人理论工作者和实际工作者的积极贡献。

---

① 奚从清：《现代文明社会残疾人观价值体系与实践意义探讨》，《残疾人研究》2013年第3期，第11页。

4.法律法规政策理论

残疾人社会工作的法律法规政策理论①,是残疾人事业的一个有机的重要组成部分。残疾人事业的迅速发展,必然要求残疾人社会工作者在法律法规政策理论研究方面与其相适应。

2018年12月12日国务院新闻办公室发表的《改革开放40年中国人权事业的发展进步》白皮书指出,残疾人权益保障机制日益健全。逐步实现残疾人权益保障法治化,制定残疾人保障法,截至2018年4月,直接涉及残疾人权益保障的法律有80多部,行政法规有50多部。将残疾人事业纳入国家发展战略,先后颁布7个残疾人事业五年发展规划,对残疾人权益保障工作做出总体部署,设立残疾预防日。各级政府完善残疾人工作机制,统筹推进残疾人事业发展。截至2017年,全国设立残疾人法律援助工作站2600余个,建成法律援助便民服务窗口2500余个,各级残疾人联合会建立残疾人法律救助工作站1746个。残疾人事业财政支持大幅增长,2017年,中央预算内投资比上一个五年增长458%,残疾人服务设施达到3822个。②

中国残联成立30年来,中国残疾人事业的不断开拓着更为广泛的应用领域,残疾人事业和残疾人社会工作有关法律法规政策理论研究也日益凸现出来。

《"十三五"加快残疾人小康进程规划纲要》为我们研究残疾人社会工作的法律法规政策理论提供了丰富的内容及启示,诸如:关于涉及残疾人相关政策法规的定义与内容的研究,关于涉及相关残疾人政策与法规的关系及其价值的理论研究,关于加快残疾人保障法配套行政法规立法进程的研究,关于开展残疾人社会福利、教育、盲人按摩、反残疾歧视等立法研究,关于促进地方残疾人权益保障立法和优惠扶助政策制定的研究,关于建立残疾人权益保障法律、法规、规章信息公开系统的研究,关于加快残疾人保障法配套行政法规立法进程的研究,关于涉及残疾人政策的参与者及其调节的理论研究,关于提高残疾人工作者对法律法规政策的执行力、创新力和公信力的理论研究,关于协作解决各项残疾人政策之间的关系的理论研究,关于残疾人政策执行的重要经验的理论研究,以及关于残疾人政策在执行过程中的监督与评价、体制与机制的理论研究,关于开展残疾人学法用法专项行动,提高残疾人对相关法律法规政策的知晓度和维权能力的研究,关于支持残疾人专门协会和村(社区)残疾人协会开展服务残疾人和维护残疾人合法权益的研究等。相比之下,在学术界,残疾人社会工作的法律法规政

---

① 奚从清:《残疾人社会工作理论探讨》,《残疾人研究》2012年第1期,第63页。现在作者在《残疾人社会工作》第二版修订时,重新做了补充阐释,如法律法规政策理论,敬请读者谅解。

② 国务院新闻办公室:《改革开放40年中国人权事业的发展进步》白皮书,新华社2018-12-12。

策理论研究就显得不足,是一块明显的短板,迫切需要残疾人理论工作者、实际工作者与法律工作者携手合作,加强残疾人社会工作的法律法规政策理论研究,使有经验的同志尽快整理自己的工作经验,使之带上原则性,从而使广大残疾人干部和社会工作者不断提高法律法规政策水平。

5.残疾人社会工作的历史理论

现代意义的社会工作首先发端于西方社会,距今已有100多年的历史。残疾人社会工作是社会工作的一个有机组成部分,是现代社会工作的一个分支学科。

残疾人社会工作的发展史,是研究残疾人社会工作产生、形成和发展的科学。就国内而言,它不仅要探讨中国残疾人社会工作产生的原因和背景,而且要分析研究残疾人社会工作的各种理论和法律法规政策产生的经济、政治、文化和社会条件,还要厘清各级残联组织与残疾人在各种社会条件下和发展阶段上所开展的各种活动,以及残疾人与健全人之间共存、互动的过程,从而对残疾人社会工作发展的历史过程和具体规律给以理论说明。目前学界对中国残疾人史的研究还显得薄弱,有待进一步加强。

中国是一个有着五千年悠久历史的文明古国。中华民族深受儒家仁爱思想、道家善恶思想、佛教慈悲思想的影响,素有扶助贫弱、帮困扶危、尊老爱幼、慈善助残的优良传统。在这样的文化背景下,中国残疾人社会工作,大体上经历了中国古代、近现代和新中国成立后若干阶段的发展历程,特别值得关注的是中国特色残疾人事业及社会工作的发展历程。

综上所述,本书在总结我国残疾人事业实践和借鉴国际残疾人运动经验的基础上,将残疾人社会工作理论分为五个层次的理论内容,提供一个参考性的理论构架,以便引起大家深入探讨,进一步认识残疾人社会工作理论的本质及其发展的具体规律。

在残疾人社会工作的理论构架中,这五个理论层次的地位和作用是各不相同的。残疾人社会工作的指导理论是核心,是统领;残疾人社会工作的基础理论是重点,是支撑;残疾人社会工作的专业理论是骨骼,是依托;残疾人社会工作的法律法规政策理论是应用,是准则;残疾人社会工作的历史理论是历程,是趋势。同时,残疾人社会工作的这五个层次的理论既相互区别,又相互联系,有共时性和共在性,即在时间和空间上是共同存在和共同发展的。如果忽视或抛弃残疾人社会工作理论构架中的任何一个层次或部分内容,都将会使其失去科学性、完整性和合理性。

(二)研究中国残疾人社会工作理论研究的意义

当前,研究中国残疾人社会工作理论,具有重要的理论意义和实践意义。

1. 理论意义

(1)有助于把握残疾人社会工作理论与残疾人事业的结合点。残疾人社会工作理论与残疾人事业二者是内在统一的,这不仅在于残疾人社会工作理论是残疾人事业的有机组成部分,更为重要的是在于二者的结合点。这种结合点可由下述假定表达:第一,凡有残疾人事业的地方,就存在着残疾人社会工作,这是普遍存在的现象。第二,残疾人社会工作理论与残疾人事业发展中每一要素都会促进社会和谐、稳定和持续发展,这是必然存在的现象。第三,残疾人社会工作理论与残疾人事业发展都是以共同价值观念为基础,其核心内容是"平等·参与·共享",这是共同存在的现象。不论是国际残疾人事业的发展,还是中国残疾人事业的发展,都一再证明,"平等·参与·共享"是残疾人事业和残疾人工作发展的先进理念,尤其是人道主义对于破除陈腐的思想观念,树立先进的文明观念,推进社会的进步发展,具有积极作用。如果不是在改革开放的时代背景下大胆提出并实践人道主义和"平等·参与·共享"的现代文明社会残疾人观,中国残疾人事业和残疾人社会工作就不可能有今天这样的发展规模和成就。而且,只有遵循"平等·参与·共享"的价值理念,才有真正学科意义上的残疾人社会工作理论的构建与阐释。否则,如堕烟海,找不到中心,也就找不到解决残疾人所遇到的社会问题的科学方法,这正是研究二者结合点的真谛所在。

(2)有助于促进中国残疾人社会工作理论的吸收借鉴。中国残疾人社会工作有自己特有的理论形态,这与它继承和吸收中华文化的优秀成果、吸收和借鉴国际残疾人运动的有益经验是分不开的。博大精深、源远流长的中华文明,是中华民族的宝贵财富。助人为乐、扶残助残,是中华民族的传统美德。因此,继承和吸收中华文化的优秀成果,对于构建中国残疾人社会工作理论具有重要意义。同时,吸收和借鉴国际残疾人运动的经验,是构建中国残疾人社会工作理论框架不可或缺的一个重要方面。如果我们系统地查阅20世纪中后期联合国关于残疾人的文书就会发现,那些先后出台的文书对残疾人问题的一些提法,都会反映在中国先后出台的文书和残疾人社会工作理论之中,例如,关于"平等·参与·共享"的观点、关于人道主义的观点、关于残疾人应享有各种权利的观点、关于残疾人回归社会主流的观点等等。不仅如此,而且还可以发现,那些先后出台的文书对残疾人问题的提法,也是逐步明确、逐步到位的,反映了人们对这个问题的认识是逐步明确、逐步到位的。正是因为这样,中国残疾人社会工作理论在吸收和借鉴国际残疾人社会工作的优秀成果时,体现了"主观和客观、理论和实践、知和行的具体的历史的统一"。

2. 实践意义

(1)有助于理解残疾人社会工作理论的实践基础。30年来,中国残疾人事业发展的实践赋予中国残疾人社会工作理论以活力和动力。残疾人社会工作理论是以实践为基础,为实践服务,并依靠实践来检验和发展的。

毛泽东说:"理论的基础是实践,又转过来为实践服务。判定认识或理论之是否真理,不是依主观上觉得如何而定,而是依客观上社会实践的结果如何而定。真理的标准只能是社会的实践。"①英国的迈克尔·奥利弗、鲍勃·萨佩说:"理论应当以实践为基础,依靠实践向理论反馈。但是,如果实践者已经在主观上接受了一种不适当的工作模式,那就必然会招致灾难。其结果将会使个体型残疾在理论水平上得到加强。"②这是一方面。另一方面,中国残疾人社会工作理论为了防止学院式的研究,主张理论指导实践,变主观的东西为客观的东西。例如,把人道主义由一种思想、一种理念变为一种具体政策,变为实实在在的东西,即变为残疾人幸福民生的东西,这是一种质的飞跃。事实证明,只有把残疾人社会工作理论与实践有机地结合起来,才能真正发挥它的应有作用。

(2)有助于把握残疾人社会工作的具体规律。恩格斯说:"自由不在于幻想中摆脱自然规律而独立,而在于认识这些规律,从而能够有计划地使自然规律为一定的目的服务。"③规律是事物或现象的本质的、必然的、稳定的联系。在残疾人社会工作过程中,怎样才能使理论指导实践呢?怎样才能把握残疾人社会工作的具体规律呢? 这需要通过一系列环节和步骤的努力。第一,在实践过程中取得大量感性经验,经过周密思考和研究,经过大脑的加工改造,形成理性认识,把客观存在的具体规律转化为科学认识的具体规律。第二,把获得的科学认识的具体规律再变成计划、方针和政策以付诸实践。第三,在尊重客观规律的基础上,充分发挥主观能动作用。应当看到,在理论指导实践的过程中,要做好残疾人社会工作,必然会受到客观事物和主体条件的种种限制。但是,只要按照残疾人社会工作的具体规律办事,并充分发挥主观能动性,就一定能够达到预期的目的。

(3)有助于提高为残疾人服务的水平和能力。研究中国残疾人社会工作理论,有助于进一步充分调动和激发广大残联干部和残疾人工作者的积极性、主动性、创造性,提高为残疾人服务的水平和能力。

2018年(新华社北京5月20日电),近日,中共中央办公厅印发《关于进一步激励广大干部新时代新担当新作为的意见》,对于深入贯彻习近平新时代中国

---

① 《毛泽东选集》(合订本),人民出版社1966年版,第273页。
② [英]迈克尔·奥利弗、鲍勃·萨佩:《残疾人社会工作》(第二版),高巍、尹明译,中国人民大学出版社2009年版,第273页。
③ 《马克思恩格斯选集》第3卷,人民出版社1972年版,第153页。

特色社会主义思想和党的十九大精神，紧紧围绕统筹推进"五位一体"总体布局和协调推进"四个全面"战略布局，教育引导广大残联干部和残疾人社会工作者充分发挥积极性、主动性、创造性，不断提高自身的专业化水平，培养专业能力，弘扬专业精神，提高为残疾人服务的水平和能力，为决胜全面建成小康社会、夺取新时代中国特色社会主义伟大胜利、实现中华民族伟大复兴的中国梦不懈奋斗，具有十分重要的意义。

三、中国残疾人社会工作理论研究的视角

研究残疾人社会工作理论，其目的就在于揭示残疾人社会工作的具体规律及其发展趋向，并且针对其存在的问题提出对策建议，促进残疾人与社会的良性互动，以更好地为残疾人服务，为残疾人事业服务。基于这种理念，我们确立残疾人社会工作理论研究的视角如下。

（一）综合研究的视角

残疾人社会工作理论研究是一个多学科研究领域，它广泛涉及历史学、人类文化学、社会学、经济学、管理学、政治学、法学、心理学、民族学、民俗学、宗教学等学科的理论和方法。而新的"综合研究"，即学科之间的交叉、渗透和融合，越来越成为当今学术研究的普遍趋势。当今国际国内的学术界，残疾人社会工作理论研究很热门，受到众多学科的关注与介入，并涌现出很多的研究成果，提出了很多的相关理论。因此，我们要以综合研究的视角，对残疾人社会工作理论进行跨学科研究，否则就难以深刻认识残疾人社会工作的具体规律，也难以揭示残疾人社会工作的演进历程及其未来走向。

（二）互动研究的视角

社会互动是个人和社会相互作用的起点，它提供了对个人和社会动态分析的基础。在社会互动中，显示了个人与社会、个人与群体、群体与社会、群体与群体，以及个人与个人之间相互影响、相互作用的关系，以及个人行为与社会运行之间相互依存、相互制约的统一过程。

残疾人社会工作理论告诉我们，残疾人是残疾人事业的主体，是中国社会弱势群体中困难最多、问题最突出的群体。习近平总书记指出："残疾人是一个特殊困难的群体，需要格外关心、格外关注。"正是在这种特殊的社会互动中显示着残疾人的生命价值，显示着残疾人社会工作的真正价值。丁启文说："残疾人是残疾人事业的主体，但他们同时是社会成员，他们的进步不但靠自己，更靠社会——这也是一种互动。所以，残疾人事业的进步，不能只从残疾人、残联这个

小圈子找原因,而应着眼于大局,着眼于社会,着眼于全球。"①

由此可知,互动研究正是残疾人社会工作理论研究的一个重要视角,而且是本书微观分析与宏观分析的一个中心内容。若是无视或离开互动研究的视角,残疾人社会工作理论就说不清,道不明。因此,残疾人,特别是政府、社会各界、残联、残疾人社会工作者要更加重视,努力实践。

（三）比较研究的视角

我们认识一个事物是借助于与其他事物的比较来实现的。因为只有比较,才有鉴别;只有鉴别,才有认识。在实际的理论应用中,残疾人社会工作理论离不开比较研究。道理很明白,残疾人社会工作的服务对象——残疾人是生活在每个国家、民族、地域或社区之中,而每个国家、民族、地域或社区的社会、政治、经济和文化的发展是不平衡的,残疾的类型和程度是有差异的,残疾人的现实状况也是各不相同的。残疾人社会工作的比较研究,例如,城市与农村的残疾人比较研究、东南沿海地区与中西部地区的残疾人比较研究、城市社区的残疾人比较研究,以及农村发达地区与不发达地区的残疾人比较研究等,只有通过这些比较研究,才能具体而深入地认识残疾类型的差异和产生的原因以及残疾人的现实状况。同时,在实际的比较研究中,要充分运用单项比较与综合比较、横向比较与纵向比较、求同比较与求异比较和定性比较与定量比较等。只有通过对残疾人相关问题的比较研究,才能真正找出其共同点和不同点。这样,才能更好地知道其所以然,以达到取长补短、共同发展的目的。

（四）创新研究的视角

在残疾人社会工作理论研究上,国内外学者往往从许多方面进行创新研究的探索,这对于我们进行后续研究是大有裨益的。但这并不意味着该研究已经取得了相当可观的成果就可以停滞不前了。恰恰相反,近些年来,残疾人事业的发展无论是在规模、质量,还是影响力上,都出现了前所未有的新现象、新情况,正在挑战着当前的残疾人社会工作理论。因此,残疾人社会工作必须紧密结合工作实践,进行理论创新。这就是说,要对这些新现象、新情况进行实地周密调查研究,从中找出规律性的东西,在此基础上,进一步探究其演变的过程与未来的趋势,并运用相关的残疾人社会工作理论来阐释,以指导残疾人社会工作的实践活动。通过实践基础上的理论创新,来推动残疾人社会工作的模式创新、制度创新、文化创新、管理体制和机制创新及其他各方面的创新。

（五）实证研究的视角

实证性研究作为一种研究范式,目前在国内外残疾人社会工作理论研究中

---

① 丁启文:《人性·人道·人权》,华夏出版社 2008 年版,第 93 页。

同样受到了前所未有的重视。残疾人社会工作理论十分重视田野考察、实地调查,注重原始资料的发掘和整理。其实,在残疾人社会工作理论研究的过程中,同样需要通过大量的实证调查,获取丰富而实际的第一手资料。包括问卷测验残疾人群体有关问题和直接观察残疾人生活状况,来评定他们自身所处的现状,深入了解他们的需求,进而加以验证相关理论假设,达到对所研究问题的规律性认识。通过对残疾人的个别访谈和深度访谈,具体收集残疾人群体的典型人物事例,深入了解残疾人对经济、文化、教育及社会生活等方面的贡献,并针对他们存在的主要问题,提出建设性的对策和办法。总之,残疾人社会工作者在实证研究的基础上,在提炼和建构中国残疾人社会工作理论方面必将发挥积极作用。

四、残疾人社会工作理论的功能

功能在社会学上的含义,指的是一个社会现象对它所隶属的那个系统的客观结果。残疾人社会工作理论的功能主要包括下面这些:

（一）认识功能

残疾人社会工作理论的认识功能,即指所认识到特殊而困难的群体的本质和为残疾人服务工作的规律。掌握残疾人社会工作理论知识,就能帮助我们树立现代文明社会残疾人观,理解、尊重、关心、帮助残疾人,并且遵循残疾人社会工作固有的规律,充分发挥主观能动性,做好本职工作。而要认识这些首先就要了解。了解有两种方式:经验性的了解和因果性的了解。经验性的了解是通过实证研究,获取丰富而实际的感性经验资料,主要说明这个现象是什么。因果性的了解是借助概念、判断和推理形式进行理论抽象,将感性认识上升到理性认识,从中发现因果联系,并对这个现象的形成、发展及其过程做出科学的解释,主要说明这个现象是为什么产生。残疾人社会工作理论为我们经验性的了解和因果性的了解提供了科学的认识工具,帮助我们深入社会现象的内部,对其变化发展的因果关系进行分析和说明,进而抓住社会现象的本质,从中认识和把握事物的规律。这有助于加强残疾人社会工作者队伍建设,提高为残疾人服务的水平和能力。

（二）导向功能

残疾人社会工作理论的导向功能,即指所引导的工作方向和努力方向。从社会方面来说,引导社会关心残疾人,服务残疾人,认清这是社会文明进步的重要标志,是残疾人社会工作理论的中心内容。中国残联成立 30 年来,国家采取了一系列重大举措,包括加强残疾人事业法律法规政策理论研究,加强残疾人社会工作干部队伍建设,加强基层残疾人社会工作者队伍建设,使我国残疾人事业由救济为主的社会福利工作逐步发展成为以"平等·参与·共享"为目标,以康复、教育、就业、扶贫、社会保障、权益保障、文化体育、无障碍环境建设和残疾预防为主要内容,领域广阔的综合性事业。我国残疾人事业所取得的辉煌成就与残疾人社会工作理论的导向作用有着密切关系。

从残疾人方面来说,引导残疾人做一名对自己、对别人、对社会有用的人。丁启文说:"在这种情况下,怎样进一步发挥残疾人在残疾人组织中的作用,怎样引导而不代替、放手而不撒手、信任而不放任,坚持依法办事,坚持依民主程序办事,真是要重新学习、要更加重视的。"①当然,"总会有少数残疾人因为残疾程度过重而难以成为'对社会有用的人'。对于他们要以收养为主。不过要注意的是,这里说的'收养',与在旧残疾人观指导下的'给口饭吃'不同,与居高临下的恩赐也不同。不同在于,这是从新残疾人观出发,从尊重生命、关爱生命、尊重人权、尊重人格尊严出发。出发点不同,态度、做法、效果会很不同"②。

（三）激励功能

残疾人社会工作理论的激励作用,即指对残疾人与健全人所起着的激励作用。残疾人社会工作理论倡导人道主义,倡导"平等·参与·共享",倡导全社会理解、尊重、关心、帮助残疾人,激励着广大残疾人自尊、自强、自立,广泛参与社会生活。同时,通过残疾人先进事迹和残疾人事业发展成就,激励着广大公民以实际行动来支持和发展残疾人事业。

（四）操作功能

残疾人社会工作理论的操作功能,即指为人们所提供的科学的工作方法及具体技术和工具。残疾人社会工作有一套有别于其他学科的工作方法,如残疾人个案工作方法、小组工作方法和社区工作方法,以及其他具体技术和工具,为人们正确了解残疾人的需求,解决残疾人的问题提供了可靠的手段。因此,残疾人社会工作者学会掌握和应用残疾人社会工作的方法及具体技术和工具,为他们的干预提供了适当的理论。但是,现在最值得注意的问题是:有的由于培训不够或培训课程内容不足,不能充分掌握有关残疾的知识,自感不能胜任残疾人社会工作;有的缺乏责任感和使命感,没有全身心投入残疾人工作。这种状况必须尽快改变。

（五）预测功能

残疾人社会工作理论的预测功能,即指所要揭示将来的工作状态的发展趋势。残疾人社会工作理论能帮助人们从既成的社会事实出发,描述它的状况,找出它的原因,预测未来的变化。它是在实证研究详细占有历史和现实的资料的

①　丁启文:《人性·人道·人权》,华夏出版社 2008 年版,第 92 页。
②　丁启文:《人性·人道·人权》,华夏出版社 2008 年版,第 85 页。

基础上,依据正确的相关理论和研究程序,运用严格的科学方法,对工作状态的发展趋势做出科学的预测。残疾人工作者的任务就是根据对残疾人工作未来的预测为决策部门提供决策方案,编制发展纲要,提出奋斗目标,描绘发展蓝图。这正是残疾人社会工作理论和其他相关理论所要发挥的预测的重要作用。我们深信,中国残疾人事业《"十三五"加快残疾人小康进程规划纲要》一定能够取得预期结果,各项工作稳步推进。

第三节　国外残疾人社会工作理论

一、国外残疾人社会工作的理论

由于各国、各民族、各地区的经济、政治、社会和文化发展的条件和状况不同,残疾人社会工作有各种不同理论。按照残疾的发生及残疾人与社会互动的过程,我们从各种不同理论中分为三个方面进行叙述。

(一)残疾的发生与预防理论

1.残疾的发生理论

(1)残疾的个人责任论和社会责任论

英国的迈克尔·奥利弗、鲍勃·萨佩在《残疾人社会工作》一书中提出个体型残疾和社会型残疾的观点,与之对应的是个人责任论和社会责任论,而这两种不同的认识,对残疾人生活、工作等都产生着巨大的影响。

残疾的个人责任论认为,残疾现象的出现是由个人因素造成的,残疾人所经受的问题是他们自身伤残的直接结果。所以,专业工作人员的主要任务是使残疾人适应残疾后的特殊条件,包括身体康复调整和心理认识调整两个方面。这种个人责任论主张,残疾人应当承认自身缺陷和承担重大损失,因为致残的原因和责任在于个人。结果,个体型残疾这一社会观,不仅使残疾人产生了抑郁沮丧情绪,而且使残疾人被多种社会活动排除在外。由此,这种残疾的个人责任论受到了广泛批评。正如迈克尔·奥利弗、鲍勃·萨佩在《残疾人社会工作》一书中所指出的:

第一,这些理论的潜台词是,残疾人残疾的情况不同,残疾只能通过几次心理学机制的调整,或者通过几个一定阶段的调整,才能逐渐获得康复。第二,调整更主要地被认为是个人现象,是一个残疾人的个人问题,其结果忽视了家庭关系和广泛的社会情况。第三,心理学机制调整的解释模式与有些残疾人的实际经历不相符,他们既不自怨自艾,也不需要经过一系列所谓的调整阶段。①

残疾的社会责任论认为,残疾现象的出现主要是由社会因素造成的,是社会使身体损伤的人成为残疾,残疾是强加在损伤之上的东西。社会型残疾由关注个人自身的局限转变为社会或环境设施对个人的局限,认为需要调整的不是残疾人,而是不友好的社会本身。

自从社会型残疾理论建立以来,尽管它正逐渐成为主流理论,但是也存在着许多批评意见。克劳(Crow,1996)呼吁在社会型残疾理论发展中,加入有关器官机能障碍的内容:

我们需要重新审视社会型残疾模式,并且学会将各种复杂因素整合在一起。这其中特别重要的是,我们认识到那些可将残疾和器官功能障碍协同处理的方式。社会型残疾模式从来没有认为残疾就是问题的全部,也没有认为损伤就是在维持各自的损伤经历,并且不能将它们与我们的公共政策分析相协调时而产生的一种简单印象。②

(2)残疾人的标签理论

标签理论(labelling theory)是解释某些偏差行为何以产生的理论,也是反对那些不正确地制造偏差行为的做法的理论。这一由美国社会学家贝克(Howard Becker)提出的理论认为,在美国社会,某些人的行为被认为是偏差行为,是社会上有权势的人给弱势者贴上标签的结果。本来,这些弱势群体的行为站在自己的立场上看是无可指责的,但是在那些有权势的人看来这些行为则不合规范,从而给这些行为加上"偏差""不正常"的标签。又由于这些人具有权势,经过宣传或某些社会程序,这些加在弱势群体头上的"偏差""不正常"的标签逐渐被社会所广泛接受。然而对于提出标签理论的社会学家来说,有些弱势者的"偏差"或"不正常",与其说是真正的偏差,倒不如说是有权势者给弱势群体妄加标签的结果。有权势者的妄加标签使那些可能并不属于偏差的行为成为"偏差行为",而且这种妄加标签可能真的会产生促成弱势者出现偏差行为的后果。③

王思斌在其主编的《社会工作概论》转引上述标签理论后,提出了一连串的问题:这一理论应用到残疾现象就是,哪些人被认为是残疾人? 他们为什么会被认定是残疾人? 当他们被认为是残疾人之后受到了哪些不公正的待遇? 这种不公正的待遇对残疾人的行为与生活又产生何种影响? 等等。因此他"反对轻率、

---

①　[英]迈克尔·奥利弗,鲍勃·萨佩:《残疾人社会工作》(第二版),高巍、尹明译,中国人民大学出版社 2009 年版,第 13 页。

②　[英]迈克尔·奥利弗,鲍勃·萨佩:《残疾人社会工作》(第二版),高巍、尹明译,中国人民大学出版社 2009 年版,第 19 页。

③　周晓虹:《现代社会心理学史》,中国人民大学出版社 1993 年版,第 391-394 页。

不负责任地给某些人加上'残疾人'的标签,以避免这种妄加给这些人带来不利的影响"①。例如,在20世纪前在西方占主导地位的医学理论分析框架把残疾看作是"功能丧失",即无法独立和有效地完成他人所能完成活动的能力,残疾人则是偏离"常模"(标准)的人。很显然,这种来自医学模型的残疾标签具有消极的负面影响而导致残疾人,尤其是精神残疾人的自尊丧失。

现实生活表明,许多残疾人经受并顶住残疾或残疾标签观念的不幸打击,更加热爱生活,珍惜生活,身处逆境却奋然向上,勇于同命运搏斗。他们往往锻炼出了更坚强的毅力和意志。

2.残疾的预防理论

如果我们查阅20世纪联合国关于残疾人的文书就会发现,残疾的预防不仅受到高度重视,而且形成了一套残疾的预防理论。例如,《关于残疾预防的利兹堡宣言》《残疾预防与康复——世界卫生组织残疾预防与康复专家委员会报告》《关于残疾人的世界行动纲领》《第58届世界卫生大会关于"残疾,包括预防、管理和康复"的决议(WHA58.23号决议)》《关于实施决议:残疾,包括预防、管理和康复(WHA58.23号决议)的进展报告》,以及《世界卫生组织残疾与康复行动计划(2006—2011年)》等部分重要文献,都对残疾预防做出了专项规定。1982年12月3日,经联合国大会第37届会议通过的《关于残疾人的世界行动纲领》,第一章目标、背景和概念,在"A.目标"中明确指出:

1.《关于残疾人的世界行动纲领》的宗旨是要推行有关残疾预防和康复的有效措施,促进实现以下目标:使残疾人得以充分参与社会生活和发展,并享有平等地位,也就是说具有与全体公民同等的机会,平等分享因社会和经济发展而改善的生活条件。对所有国家来讲,无论其发展水平如何,这些概念所适用的范畴都是一样的,也都同样是刻不容缓的。

在第一章"D.残疾预防"中明确指出:

13.残疾预防战略对于减少缺陷和残疾的出现极为重要。

14.应该采取措施及早发现缺陷的症状,立即进行治疗或补救,这样就可以预防残疾,或者至少大为减轻残疾的程度,而且往往可以避免造成持久性残疾。

在第二章当前情况"B.残疾预防"中明确指出:

52.预防缺陷的活动正在日益增多,例如:改善卫生、教育和营养条件,改进食品供应和妇幼保健;提供有关遗传和产前保健的咨询服务;免疫、控制疾病与感染;预防事故;改善环境。

53.大多数发展中国家还有待于通过定期健康检查(特别是对孕妇、婴幼儿)

---

① 王思斌主编:《社会工作概论》,高等教育出版社2003年版,第253-254页。

以建立及早发现和预防缺陷的制度。

54.1981 年 11 月 12 日《关于残疾预防的利兹堡宣言》和国际上一些科学家、医生、卫生行政人员和政治家呼吁，注意残疾预防的实际措施。

55.人们越来越清楚地认识到，实行预防缺陷和保证缺陷不致发展成为更为严重的残疾方案，要比以后不得不照料残疾人，使社会付出的代价小得多。

(二)残疾人的社会扶助理论

1.供养理论

在国外，对于残疾人，特别是失去劳动力的残疾人，起初社会认为最好的办法是把他们供养起来，以表示对残疾人的责任和爱护。英国的迈克尔·奥利弗、鲍勃·萨佩在《残疾人社会工作》一书中介绍了这种供养的情况，并做了一定的评述。①

(1)膳宿关怀。在英国，在隔离的慈善设施——膳宿关怀中心，为残疾人提供膳宿与护理条件。残疾人住进膳宿关怀中心，其最常见的原因是家庭破裂，或是家庭料理者不愿再继续负责护理。阿尔弗·莫里斯说："值得高兴的是越来越多的人认识到，将残疾人(包括严重残疾人)送到膳宿关怀中心去，并不是令人愉快的事情。他们需要的是增加在社区里会面的机会。"

迈克尔·奥利弗、鲍勃·萨佩认为，历经多年的实践，针对包括残疾人在内的各种群体的膳宿关怀受到了激烈批评。从社会性残疾模式的观点来看，膳宿中心模式无疑加剧了损伤的程度。

(2)膳宿关怀的替换模式。由于膳宿关怀中心受到许多批评，继而改变替换模式，即残疾人村、混居住宅、福库斯住宅、英国住宅协会方案、终生住宅和个人扶助计划。对此，迈克尔·奥利弗、鲍勃·萨佩逐一介绍其具体情况，并且认为，这种收养制度所产生的多种替代模式也有些缺陷。

《关于残疾人的世界行动纲领》指出："不少残疾人不但被排斥于其社区的正常社会生活外，而且实际上是被拘囿于安养机构之中。""残疾人不应与他们的家庭和社区隔离。""残疾人往往带头使人们进一步理解机会平等的过程。他们自己倡导了把残疾人融合到社会中去。"

2.正常化理论

正常化(normalisation)是帮助某些特殊的社会群体(特别是精神病患者及其他伤残人士)的理论，一般含有以工作对象为本和为受助者提供与平常人相似的生活环境的内涵。

---

① ［英］迈克尔·奥利弗、鲍勃·萨佩：《残疾人社会工作》(第二版)，高巍、尹明译，中国人民大学出版社 2009 年版，第 71—81 页。

在社会工作领域中,以工作对象为本的价值理念认为,以往把某些工作对象（如残疾人）的行为视为异常并用某些所谓"正常"的方法去治疗,实际上是有失偏颇的,因为被社会工作者视为不正常的行为,在工作对象群体看来完全是正常不过的,因此问题出在社会工作者的标定（加标签）上。正常化就是为受助者提供与平常人相似的生活环境,包括使他们回归平常社会,过常人的生活。英国倡导和推行的社区照顾就包含了这种意义。

（三）残疾人的社会参与理论

1.回归社会主流理论

由回归社会到回归社会主流,是国外残疾人社会工作在认识深化上的具体表现。对前者,人们论述较多;对后者,人们论述其少。因此,我们着重对后者进行具体阐明。①

（1）回归社会主流的提出。回归社会主流作为口号提出,并成为一项社会运动,则起始于第二次世界大战之后。丁启文说:"残疾人解放浪潮则与许多功勋卓著的反法西斯战士在'二战'中受伤了残疾了,战后要求受到公平待遇、要求参加社会生活、要求回归主流社会密切相关。"②

社会主流的概念,最早是由美国残疾人为争取参与生活的机会平等的权利时提出来的。第二次世界大战之后,美国争取人权的社会运动此起彼伏,虽然黑人争取平等权利的斗争一直是这一时期人权运动的主流,但这种斗争的策略被残疾人工作者和残疾人所采纳和仿效。

尤其是社会上留下的许多反法西斯的残疾军人,他们不但被排斥在社会和文化生活之外,而且实际上是被拘囿于安养机构之中。真可谓"众多因素造成残疾人数日益增多并把残疾人排挤到社会的边缘"。为了获得参与生活的机会平等的权利,他们强烈要求回归战后"社会主流"中去。从此,这个口号就被国际社会的残疾人为争取自身的权益而广泛使用,并成为一项社会运动。

马良在《新残疾人观念的变迁》和《中国残疾人社会工作的历史、现状和发展趋势》两篇论文中认为,残疾人运动起源于美国,20世纪60年代,在种族运动和妇女解放运动两大民权运动之后,残疾人也开始了争取权利的运动,特别是在20世纪60至70年代"去机构化"（deinstitutionalization）的社会运动及其所产生的立法的影响下,残疾人的声音才逐渐被人们"听见",迫使每个人反思关于残疾的观点和社会给残疾人造成的障碍。这种运动使得残疾人开始朝着"过着正常生活的正常人"的目标迈进。

---

① 奚从清编著:《残疾人问题研究》,杭州大学出版社1994年版,第47-50页。
② 丁启文:《人性·人道·人权》,华夏出版社2008年版,第83页。

正如《关于残疾人的世界行动纲领》所指出的:"残疾人往往带头使人们进一步理解机会平等的过程。他们自己倡导了把残疾人融合到社会中去。"又指出:"社会应该充分调动他们的才能投入社会变革,而不是提前给他们退休金或资助。"还指出:"在世界各地,残疾人已经着手组织起来,呼吁自己的权益。残疾人组织对于残疾人参与社会生活具有极其重大的意义,必须给予大力支持。"

(2)回归社会主流的含义及其措施。回归社会主流,是指残疾人充分参与社会生活和社会建设,平等分享因社会和经济发展而改善的生活条件的过程。

对于残疾人回归社会主流的问题,联合国《关于残疾人的世界行动纲领》高度关注,并提出了不少富有创新性的建议和措施,归纳起来,主要是:

第一,促进对残疾人权益的理解,避免加深传统陈腐观念及偏见。"在许多国家,实现世界行动纲领宗旨所规定的各项目标的先决条件是:经济和社会的发展、向全体人民提供广泛的人道主义服务、重新分配资源和收入,以及提高人民的生活水平。如果不采取有效的行动,残疾人问题所产生的后果将会对发展造成更多的障碍。因此,各国在拟定总体发展规划时,应该包括种种刻不容缓的措施,预防残疾的形成,促进残疾人的康复,并使残疾人得以享有机会平等,这是至关重要的。"同时,"应该寻求所有大众宣传媒介的合作,针对公众及残疾人本身进行宣传,以促进对残疾人权益的理解,避免加深传统陈腐观念及偏见"。

第二,充分认识残疾人参与正常生活的潜在力量。"社会对残疾人的态度可能是残疾人参与社会和取得平等权益的最大障碍。我们看残疾人,应该着重看残疾人所具备的能力,而不是他们的残疾。""会员国确保残疾人有机会充分发挥他们创造性的、艺术上的和智慧方面的潜力,这不仅是为了他们本身的利益而且也是为了造福社会。为此目的,应确保他们享有文化活动。必要时,应做出特别安排,满足心智或感官受损者的需求,如聋人助听器、盲人点字印刷书籍和盒式录音带,以及适应个人智力的阅读材料等。文化活动的领域包括舞蹈、音乐、文学、戏剧和造型艺术等。"

第三,消除妨碍残疾人充分参与社会生活的种种障碍。"这些残疾人应该享有同其他人一样的权利、同等的机会。但是往往由于社会上一些物质的和社会的阻碍,残疾人无法充分参与社会生活,因而他们的生活就处于不利地位。""许多残疾人之所以不能积极参与社会活动,是由于诸如门口过于狭窄,轮椅不能通过;建筑物、公共汽车、火车和飞机的台阶无法登上;电话和电灯开关够不着;卫生设备无法使用。其他障碍也同样可把他们排除在外,诸如听觉有缺陷者无法与人交流;视觉有缺陷者无法阅读书籍。这类障碍是由于无知和缺乏关心造成的;尽管其中多数障碍只要通过仔细规划,花费不大的代价就可以避免,但却仍然存在。"

第四,政府和社会负有让残疾人充分参与社会生活的责任。"社会一般来讲仅仅适合于那些身心完好无损的人。但是必须认识到,尽管有了各种残疾预防的措施,总还会有许多人有缺陷、有残疾。因此,社会有必要认清和消除妨碍这些人充分参与社会生活的各种障碍。各国政府有责任保证有残疾公民也分享到发展计划所带来的好处。每个社会的综合规划和行政结构中都应包括为此目的而制订的各种措施。""无论在什么地方,处理致残后的种种后果的最终责任,都要由各国政府来承担。政府应该担当领导责任,促使人民认识到,让残疾人参与社会、经济和政治生活的各个领域,每个个人和整个社会都能得到好处。政府还应保证,那些因重残而确实不能自立的人也有机会取得与其他公民相同的生活水平。非政府组织可以采取不同的方式来协助政府,可以提出残疾人的各种需求,可以建议适当的解决方法,也可以提供一些服务来辅助政府所进行的各种服务。"

2. 增能理论

"增能"一词是社会福利界的用语,是从"empowerment"翻译过来的,又可译作"充权"或"赋权",意思是让人有更强、更多的责任感,有能力去做自己应该做的事。"增能"一词的使用可以追溯到 20 世纪 70 年代,当时美国哥伦比亚大学学者所罗门(Solomon)提出对被歧视的美国非洲裔黑人增能的工作,从而把增能注入了社会工作甚至社区工作的议程。20 世纪 90 年代以来,增能已成为社会工作领域提倡的重要价值观念和工作模式之一。

增能理论是以人的潜能发展为基础,关注人的基本价值实现的理论。许多关于残疾人、老人的供养及照顾理论在把服务对象看作是脆弱的一群时,忽视了人是有潜能的、是可以改变的这一社会工作的基本价值观念。增能理论则站在人的发展的立场上,认为通过一定的方法,残疾人可以在一定程度上恢复他失去的机体的、社会的功能,并有助于他们进入一般的、正常的社会生活。增能理论不但能增强残疾人原来丧失的机体的功能,而且可以增强他们对生活的信心,甚至可以减轻他们对社会的"拖累"。按照增能理论的理解,增能的方式也是多种多样的。比如,康复可以使残疾人已丧失的功能得以恢复,教育和训练可以发掘他们的潜能,外界生活、活动条件的改善可以减少他们表现自己能力的障碍,等等。由上可知,增能理论对于社会工作实践的指导具有重要意义。

二、国外残疾人社会工作理论的简评

邓朴方同志在加拿大温哥华国际残疾人组织"独立 92"大会上的发言中明确指出:"在我们这个星球上,生活着几亿残疾人。残疾人作为人,在政治、经济、文化和社会生活的各个方面,享有同其他公民平等的权利。历史和现实表明,残疾人有充分参与社会生活的能力,他们同样是物质文明和精神文明的创造者,是推动人类文明和社会进步的力量。荷马的史诗、爱迪生的发明、贝多芬的音乐、孙膑的兵法、司马迁的《史记》,就是残疾人对人类文明做出杰出贡献的证明。如果歧视或者忽视占世界人口十分之一的残疾人,就意味着不尊重人权,不尊重人的价值和意义。"这是对国际残疾人社会工作理论的价值观念最精辟的概括和总结。

社会工作成为一种专业或学科,在西方社会已经有一百多年的发展历程。就世界而言,各国残疾人社会工作各有其不同的起源与发展过程。在这个发展过程中,真正起到直接推动作用的有两个:一是残疾人观念的变迁;二是各国保障残疾人权益的立法。

残疾人观念的变迁,即由个体型残疾向社会型残疾的转变。对此,英国的迈克尔·奥利弗、鲍勃·萨佩在《残疾人社会工作》一书中提出个体型残疾和社会型残疾的观点,与之对应的是个人责任论和社会责任论,前面已做说明。应当看到,由个体型残疾向社会型残疾转变的观点,其进步意义是十分明显的。王思斌主编的《社会工作概论》做了评述:"残疾或者是直接由社会因素造成的,或者是由于社会因素的参与造成的。显而易见,残疾的社会责任论是人们对残疾的多种原因有了较多了解,对个人权力和社会责任有较深刻认识的产物。虽然把残疾的责任完全归结于社会因素并不一定适当。但这一理论把人当作社会的人,认为社会负有改善人的生存条件的观点有益于人的健康发展,这无疑是一种进步。"

各国保障残疾人权益的立法从 20 世纪初开始出现,第二次世界大战后逐步发展,到 70 年代在发达国家已经基本形成了一套比较完备的法律制度,为残疾人的社会福利提供了保障。为此,联合国在保障残疾人权益方面发挥了促进作用。这从联合国关于残疾问题的机制和文书概述中得到了很好的说明(参见执行《关于残疾人的世界行动纲领》A/62/157,秘书长的报告)。

1982 年 12 月 3 日联合国大会第 37 届会议通过的《关于残疾人的世界行动纲领》,强调残疾人有权享有与其他公民同样的机会,并且平等分享因社会和经济发展而改善的生活条件,并且还首次从残疾人与其环境之间的关系角度界定了"障碍"的定义。它为国际社会提供了一个全面的政策框架,借此,可以进一步预防残疾,促使残疾人康复并实现残疾人充分参与社会生活和国家发展的目标及平等的目标。在满足残疾人的需要方面,《关于残疾人的世界行动纲领》与只注重康复问题的传统办法截然不同。它是第一部尝试对残疾问题同时采用发展办法和注重权利的办法的国际文书。

1993 年 12 月联合国大会第 48 届会议通过的《残疾人机会均等标准规则》

（简称为《标准规则》），是利用了联合国残疾人十年（1983—1992 年）期间获得的经验。该《标准规则》由 22 项规则组成，它们涉及残疾人生活的方方面面，并提供了对所有残疾人享有均等机会至关重要的一整套干预措施。自通过以来，该《标准规则》在为全世界编制残疾问题国家政策和做法的工作提供信息方面，发挥了非常重要的作用。人们普遍认为，该《标准规则》所示各项原则的应用极大地促进了残疾人机会均等最佳做法的传播。

2006 年 12 月 13 日联合国大会第 61 届会议通过了《残疾人权利公约》，强调残疾人是人类多样性的有机组成部分，与普通人一样拥有个人的尊严和自主，应该有平等的机会切实地参与和融入社会，为社会的进步做出贡献。

2018 年 9 月 16 日，邓朴方同志在中国残联第七次全国代表大会闭幕式上的讲话中深情地说："我们聚精会神地做好国内工作，开拓了中国特色残疾人事业发展的道路；我们以开放的胸怀参与国际残疾人运动，推动了联合国《残疾人权利公约》的缔结，引领和参与了许多重大国际行动。中国残疾人事业的成就经验得到了国内外的普遍赞誉。"

总之，在国际残疾人运动中，由于各国、各民族、各地区的经济、政治、文化和社会发展的条件和状况不同，残疾人社会工作理论与实践的发展水平也是各不相同的。

● **本章习题**

1. 如何理解残疾人社会工作理论的含义？

2. 从哪些视角研究残疾人社会工作理论？

3. 残疾人社会工作理论有哪些功能？

4. 中国残疾人社会工作包括哪几个层次的理论？如何正确理解中国特色？

5. 中国残疾人社会工作的基础理论包括哪些内容？

6. 试述人道主义的含义、特点及其对残疾人社会工作的影响。

7. 国外残疾人社会工作有哪些理论？

8. 试述残疾的个人责任论和社会责任论的内容及其对残疾人社会工作的影响。

【参考文献】

1. 本书编写组.《中共中央　国务院关于促进残疾人事业发展的意见》学习辅导读本.北京：华夏出版社，2008.

2. 邓朴方.人道主义的呼唤.北京：华夏出版社，1999.

3. 丁启文.人性·人道·人权.北京：华夏出版社，2008.

4. 迈克尔·奥利弗，鲍勃·萨佩.残疾人社会工作（第二版）.高巍，尹明，译.北京：中国人民大学出版社，2009.

5.王思斌.社会工作概论.北京:高等教育出版社,2003.

6.马洪路.残障社会工作.北京:高等教育出版社,2007.

7.王辅贤.残疾人社会工作.北京:北京大学出版社,2008.

8.张福娟.残疾人社会工作案例评析.上海:华东理工大学出版社,2010.

9.奚从清.人道主义与中国残疾人事业.杭州:浙江大学出版社,2018.

10.中国残联残疾人事业发展研究中心,道略残疾人事业研究院.中国残疾人发展与社会进步年度纵览(2018).北京:求真出版社,2019.

<<< **第六章**

残疾人社会工作的方法

残疾人社会工作者努力学习和运用残疾人社会工作方法,提高为残疾人服务的能力,是其素质与职责的应有之义。残疾人社会工作是社会工作的一个重要组成部分。传统上指的社会个案工作、社会小组工作和社区工作,也是残疾人社会工作的主要方法。本章分三节阐述其含义、内容及意义。

第一节　残疾人个案工作

一、残疾人个案工作的含义

残疾人个案工作是以残疾个人或家庭为对象的社会工作方法,是一种直接服务方法。残疾人社会工作者通过运用专业知识与工作对象进行面对面的沟通,帮助案主解决或预防困难和问题,为案主提供社会服务,增强其适应社会生活和周围环境的能力,以改善和增进残疾个人或家庭的福利。

二、残疾人个案工作的内容

(一)以残疾个人为对象的个案工作内容

残疾人个案工作是针对残疾个人状况与需求而实施的一种工作方法。残疾人社会工作者通过实地调查,广泛收集一些案主有关资料,特别是他们提出的各种具体要求,必须认真分析,做好社会诊断。针对残疾人在基本生活、医疗卫生、康复、教育、就业、社会参与等方面存在的问题与需求,提供个案辅导、帮助与服务。

例如,

浙江省宁波市海曙区残联副理事长、共产党员王延勤同志全身心扑到残疾人事业上,赢得了残疾人的普遍尊重。王延勤去世后,人们在整理遗物时,发现了他从 1992 年开始记录的 30 本工作笔记。每个笔记本都以时间为序做了编号。笔记本上更多记着的是区里困难群众的情况。哪些残疾人家里碰到了难事儿,哪些残疾人急着找工作,敬老院有哪些老人需要慰问,儿童福利院有哪些孩子要去看望,这些看似琐碎的事情都成了王延勤心中的"大事"。更为可贵的是,王延勤运用个案工作方法,帮助不少残疾人解决了就业等问题。他默默奉献,不图虚名,不计得失,不求回报,几十年如一日做好自己的工作。

又如,

湖北省鄂州市残联工作人员、十八大代表苏柳英 30 年来先后帮助了 1000 多名残疾人就业、创业,牵线搭桥帮 30 多名残疾人喜结连理,8 次带队参加全省残疾人运动会夺得 63 枚金牌,接待处理残疾人信访案件 2000 多件,出色地应用以残疾个人为对象的个案工作方法。

"看到残疾人一天天过上好日子,看到他们露出开心的笑脸,我感到非常满足。"苏柳英说,残疾人是一个可亲可敬的特殊群体,你只给他们一点帮助,他们就能记住你一辈子。"我要感谢我的残疾人朋友,是他们使我的工作特别有意义,使我的人生特别有价值。"

志愿者助残活动往往与残疾人个案工作相联系。近几年来,各地各级残疾人联合会牵头,依靠社会各方面力量,大力开展志愿者助残活动。助残活动采取"一帮一""众帮一""单位包扶",以及"助养""助医""助学""结对共建"等形式,对重残无业人员和低收入困难残疾人给予帮助,形成了"有钱出钱,有力出力"的帮困助残的良好社会风尚。

(二)以残疾人的家庭为对象的个案工作内容

残疾人个案工作又是针对有残疾人的家庭状况与需求而实施的一种工作方法。残疾人社会工作者针对有残疾人的家庭在心理适应、家庭关系、医疗卫生、康复训练等方面存在的问题与需求,提供个案辅导、帮助与服务。

老年人抚养残疾子女型家庭,是当前助残帮困活动中比较突出的问题,也是贯彻残疾人保障法的一个重要课题。2000 年初,上海市人大常委内司委会同市民政局、市残疾人联合会,对全市老年人抚养重残子女型家庭进行深入调研,在《关于全市老年父母抚养单身重残子女的家庭情况调研报告》上,确定全市有这类困难的家庭 7259 户。同年 4 月 29 日,市政府常务会议听取汇报后,将切实解决全市老年人抚养重残子女型家庭的特殊困难列入全市社会保障和残疾人工作的重要内容,并决定由市、区(县)、街道(乡镇)三级财政按比例分担。根据市政府常务会议精神,市文明办、市民政局、市残疾人联合会经过反复论证,联合制定了《上海市志愿者"7259"帮老助残行动实施方案(草案)》,并于 2000 年 12 月起

在三个区的街道（镇）进行试点，受到了残疾人家庭的欢迎、居民的称赞和街道的支持。

自 2002 年以来，上海市相继推出了"上海市志愿者'7259'帮老助残行动""智障人士阳光之家""精神病人社区康复日间照料"和"残疾人机构养护"等服务项目，为本市"老养残"家庭、重残无业人员等提供居家养护、日间照料和机构养护等服务项目，有效缓解了这些"老养残"家庭的困难，取得了良好的社会效果。

目前，上海市 3.7 万余名重残无业人员中，有近万名居住在家中的重残无业人员有居家养护服务需求，为满足其需求，进一步提高其生活质量，上海市府决定为这部分人群提供居家养老服务，并与"上海市志愿者'7259'帮老助残行动"结合，进一步完善以上海市残疾人机构养护、日间康复照料和居家养护为主要内容的残疾人养护服务体系。

实践证明，上海市以有残疾人的家庭为对象的个案工作做得相当出色，成绩显著，为全国广大残疾人工作干部、残疾人工作者和志愿工作者树立了良好榜样。

三、残疾人个案工作的程序

有关残疾人个案工作的程序，有各种说法。我们依据我国台湾地区学者徐震、林万亿合著的《当代社会工作》一书中提出的"社会个案工作的过程"及其论述，并结合残疾人实际情况，将残疾人个案工作的程序大致分为如下五个步骤：①

（一）申请与接案

这是残疾人个案工作程序中的第一个步骤。当一个残疾人案主（或案主的亲友，或案主的关系人，或其他"转案"的机构）前来机构申请帮助时，个案工作者与案主就开始建立一种专业关系，进行初次会谈。访谈时，个案工作者须以纯熟的会谈技巧，获得案主需要帮助的主要问题、个人史、家庭史及对于问题的看法等资料。由于接案工作人员是案主进入机构的第一位接触者，所以他们和善的工作态度、纯熟的会谈技巧及耐心的服务精神都是必备条件，从而使案主在充满信任和安全的气氛下接受机构所安排的各项处理程序。

（二）资料收集与分析研究

这是残疾人个案工作程序中对案主提供服务、进入协助的第二个步骤。在协助残疾人案主解决问题之前，当然须先对问题有充分了解，才能"对症下药"。

---

① 徐震、林万亿合著：《当代社会工作》，五南图书出版公司 1982 年版，第 134-142 页。

因此,第二个步骤的主要工作就是收集有关资料及对问题的分析研究。其方法与途径,是深度访谈,而且在前面初次会谈的基础上拟出深度访谈提纲,以达到资料收集与分析研究的目的。为此,个案工作者通过对案主本人、案主家人的深度访谈,获得他们对问题的看法和诉求更为重要。除此而外,通过与案主关系人(亲友、邻居、学校老师、单位同事和有关部门人员等)的访谈,获取一些相关资料也很重要。因为这些资料使接案工作人员对案主和他的问题有更多的了解,即使这些资料中不是完全客观的描述,也可以当作参考之用。而且接案工作人员应强调的是对案主本人的了解以及案主对自己问题的看法。

(三)诊断与服务计划

这是残疾人个案工作程序中关键性的一个步骤。这里所说的诊断,是不同于一般的医学诊断的"社会诊断"。所谓社会诊断,是依据个案工作的观点,将由会谈、访视或其他方式所得到的有关案主的人格特质、发展情形、家庭、社会情况及案主对于问题的看法等资料,以客观的态度,经过综合分析与比较研究,确定案主的问题所在与问题的成因,以便对症施药,对案主问题提供最有效的帮助。[1] 通过社会诊断,确定了残疾人案主的主要问题、成因及其需求,还要弄清解决案主问题的条件和需要排除的障碍。

诊断是设计服务计划的必要准备,设计服务计划是诊断的必然结果。因此,二者关系密不可分。当对残疾人案主的问题性质、成因及影响因素充分了解后,就须设计一个完整且"对症下药"的服务计划(例如,某位残疾人康复服务计划、扶贫开发服务计划或法律援助服务计划等),然后在下个步骤中付诸实行。在设计服务计划时,若可能的话,应由个案工作者与残疾人案主共同研究与拟定,以尊重残疾人案主的意见为原则,共同商讨出一套合理的解决及处理问题的方案。服务计划的内容,包括服务或治疗的范围、目标、进度、措施、步骤、方法及运用的资源等。计划的最终目标在于促进残疾人案主的社会生活的适应和社会功能的发挥,并有综合性和动态性的改变。

(四)服务与治疗过程

这是残疾人个案工作程序中最重要的一个步骤。这也是个案工作者根据服务计划,为残疾人案主提供有效的服务与治疗的工作过程。有关服务与治疗的内容,因人因事而异。主要包括生理治疗、心理治疗、经济或法律援助、教育、就业服务等。有关服务与治疗的方式,亦因人因事而异。主要包括直接处理方式和间接处理方式。前者通过残疾人案主和个案工作者的直接接触,运用两人建

立的专业关系,由个案工作者协助案主调适并发展自我人格,发挥案主自尊、自信、自强、自立精神及运用潜能以解决问题;后者则是从环境着手,由改善或创设环境的方式来发展个人,包括各种改善案主环境的措施,如经济救助、无息贷款、就业辅导、免费施医等。在服务与治疗过程中,对不同的残疾人案主服务对象须使用不同的个案工作方法和技术。不过,在整个服务与治疗过程中,个案工作者应尊重残疾人案主处理问题的态度和采取的步骤,把握良好专业关系,力争实现专业目标。

（五）结案与评估

这是残疾人个案工作程序中最后的一个步骤。当案主的问题解决了或者案主已具有能力应付和解决他自己的问题时,就可以结案。结案时,要认真总结经验,肯定案主解决问题的进步与成效,坚定其自我发展的信心,并指出其以后继续努力的方向和应注意的事项。同时,个案工作者对自己所做的服务与治疗工作进行评估。评估的主要内容包括整个工作的目标是否达到,社会工作的服务方式和方法是否恰当,社会工作者与服务对象的相互配合及其相互关系是否密切等,以作为自己日后工作的参考,从而促使自己在专业上取得更大的进步。

四、残疾人个案工作的意义

（一）有助于了解残疾人案主存在的问题与需求

在整个残疾人个案工作的过程中,个案工作者应以和善的态度、深厚的情感、纯熟的技巧及耐心的精神对待申请帮助的残疾人案主,根据他们存在的问题与需求,提供切实有效的个案辅导、帮助与服务。

（二）有助于与残疾人案主建立良好的专业关系

在整个残疾人个案工作的过程中,只要个案工作者与残疾人案主始终建立良好的专业关系,他们之间的互动就会持续地进行着。互动的方向依次有下列三种:①来自案主对工作员的互动。②来自工作员对案主的互动。③再由案主对工作员的互动。[1]

（三）有助于建立残疾人个案工作的原则

在整个残疾人个案工作的过程中,个案工作者应遵守为案主保密的原则、承认接纳的原则、互相沟通的原则、个别差异的原则、案主参与自决的原则、情感转移的原则。同时,应以客观的、辩证的、全面的发展观点对待案主的问题以及结案与评估的结论意见。

---

[1] 徐震、林万亿:《当代社会工作》,五南图书出版公司1982年版,第137页。

第二节　残疾人小组工作

一、残疾人小组工作的含义

小组工作，又称团体工作。残疾人小组工作是以残疾人团体或组织为对象的社会工作方法，是一种直接服务方法。残疾人小组工作多种多样，如智障青少年小组、康复小组、书法小组、蘑菇种植小组、水产养殖小组等。前面提到的优秀的残疾人工作者苏柳英，在她的感召下，鄂州市成立了30个"苏姐爱心助残小组"，为残疾人开展身体康复、生活救助、就业扶持等多项服务。还有助残志愿者团队和"爱心小院"等。例如，最近中央电视台新闻联播连续报道了河北省滦南县洼里村农村妇女高淑珍接收39名残疾孩子，14年里为他们免费提供吃住和帮助学习的感人故事。节目播出后反响强烈，社会各界爱心人士纷纷以不同方式关注着"爱心小院"，对他们伸出援手。不少身患残疾或重疾的儿童在爱心团体的帮助下得到康复。而且来自全国各地的志愿者免费为孩子们支医、支教，尽可能地给孩子们一个健康、幸福的成长生活环境。

人类之所以组成群体，是因为人类生于群、长于群、属于群，不但在生存发展上需要互依，而且在心理情绪上需要互赖。残疾人是一个特殊而困难的群体，与健全人群体相比，他们更有思群、依群、合群的趋向。因此，在残疾人群体中，运用残疾人小组工作方法不仅有着深厚的群众基础，而且能够促进小组工作目标的实现。

二、残疾人小组工作的程序

有关残疾人小组或团体工作的程序，有各种说法。结合残疾人实际情况，我们赞同将残疾人小组工作的程序表述为如下五个阶段。

第一阶段：小组筹备期

小组筹备期又称为小组前期，是指在残疾人小组工作正式开始之前（此时小组成员是未知的、未曾整合的），残疾人小组的发起人在社会工作者的配合和协助下为筹备小组所进行的各项准备工作阶段。这包括：通过会谈、个别了解，在自愿基础上，决定组成小组的成员；确定小组名称、性质、对象及负责人；确定小组发展理念、目标、工作方案或计划和行为规则；小组建立后，进行第一次聚会，小组负责人宣布小组正式成立，阐述小组发展理念、目标、工作方案或计划和行为规则，小组成员面对面互动，充分发表各自意见，以便做好小组工作。

第二阶段：小组初期

在这期间，小组尽可能给成员提供参与各种活动的机会，增进相互认识和熟悉，建立初步的信任关系。残疾人社会工作者是小组活动的主要设计者和组织者，需要创建可信赖的环境，帮助组员建立信任关系，促进组员间相互了解。同时，帮助小组整合和利用社会资源，克服各种困难。

第三阶段：小组中期

有的称之为团体（小组）的整合、分化与再组时期。随着小组活动次数的增加，相应的小组成员之间的情感交流和成员对小组的目标、性质的认识也在增强，从而逐步建立起亲密关系，趋向于整合。与此同时，小组成员由于各种原因，彼此之间的摩擦也在增多。小组成员之间和成员与残疾人社会工作者之间的冲突开始产生。在这种情境下，残疾人社会工作者保持清醒头脑，想方设法，运用交谈、澄清与对质技巧，处理小组成员间的共同障碍和矛盾冲突，促进小组目标的实现。例如，针对有问题的组员，帮助其在情绪、行为、态度和价值观等方面回复到原来状态，鼓励其实现社会价值；针对违反社会秩序、道德规范或侵犯他人利益的"问题"组员，帮助其学习社会规范，与他人建立和谐的人际关系。只要深入细致地做好思想政治工作和心理疏导工作，并非所有小组都会发生分化与再组现象，有些小组可以顺利跨过这个阶段。

第四阶段：小组后期

有的称之为小组维持期、小组工作期或小组成就期。在这个阶段，小组成员达到较为理想的沟通状态，彼此之间的了解更深入，成员对小组有较高的认同感和归属感。在小组更趋向于整合的情境下，残疾人社会工作者运用激励机制，让成员更加投入与参与，以确保小组持续不断地做出成效。与此同时，残疾人社会工作者应协助小组负责人解决某些明显或潜伏的问题。

第五阶段：小组结束期

有的称之为团体（小组）结案期。结案是指小组结束，结案可分成结案前的准备工作与结案后的追踪工作。小组结束有两种情形：当小组目标实现、任务达成时；或者约定的时间已经到了，任务没有实现时，小组面临着结束。不论是哪种情形，都要做好小组结束工作。

台湾地区学者徐震、林万亿在其合著的《当代社会工作》一书中提出：团体结案后，工作员应将每次之聚会记录整理成团体总结记录。过程记录包括：[1]

（1）机构名称，团体名称，团体活动的日期、时间和地点。

（2）出席成员姓名与缺席成员姓名。

---

[1]　徐震、林万亿：《当代社会工作》，五南图书出版公司 1982 年版，第 206-207 页。

（3）自上次活动以来成员接触情形。

（4）团体活动内容与程序。包括器材、安排、操作等。

（5）成员的参与情形,包括讨论、活动、特殊行为表现。

（6）分析本次活动的经验。

（7）评价本次活动的效果与有意义的发现。

（8）计划下次活动的决策与预备。

在小组结束期,残疾人社会工作者应协助小组与原先建立关系的社会团体、社区组织及有关机构保持联系,以确保结案后做好应做的工作。

三、残疾人小组工作的意义

（一）有助于残疾人参与小组活动

残疾人通过参与小组活动,可以做到:促使自我概念的转变或确立;促使个人社会化与再社会化;促使个人身份、动机、态度与关系的改变或形成;促使个人价值与行为的修正或建构;促进个人归属感与支持感的认同;促使个人教育与学习机会的获取;等等。

（二）有助于残疾人培育团队观念

残疾人通过参与小组活动,可以在参与小组活动的过程中:促使自己培育团队观念;促使自己提高合作共事,解决问题的能力;促使自己发挥小组工作积极性、主动性和创造性;促使自己克服小组困难,增强社会责任感;等等。

（三）有助于残疾人促进制度变迁

残疾人借助小组活动,必然与有些社会团体、社区组织及有关机构发生这样或那样的联系,并且以一定的组织力及影响力,促进一些具体的社会制度发生变迁,以满足社区残疾人组织或残疾个人的需求。

第三节　社区残疾人工作

一、社区残疾人工作的兴起及其背景

在我国,具有时代特色的社区建设兴起于 20 世纪 90 年代初期,它是改革开放的产物,是我国社会经济发展的产物。随着我国城市基层社会管理体制改革的不断深入,社区建设在全国全面推开,必将对我国残疾人工作产生积极而深远的影响。

目前,我国有 8500 万残疾人生活在城市社区和农村社区。他们是一个特殊

而困难的群体,需要社区给予特别的扶持和帮助,保证平等地充分参与社会生活,共享物质文化成果。因此,做好社区残疾人工作,对于提高残疾人生活质量,推动残疾人事业发展,加强社会主义精神文明建设,维护安定团结的大好局面,具有十分重要的现实意义。

社区残疾人工作作为一种社会工作方法,在社区残疾人工作中得到广泛应用。1999年,国家在26个城区开展了社区建设实验区工作,与此同时,各地相继进行了积极探索。"十五"期间,社区建设在全国城市全面推开,社区残疾人工作成为残疾人事业发展的一项重要任务。

为不失时机地推动社区残疾人工作,中国残联将此项工作列入2000年工作要点,并提出具体要求。2000年8月29日,民政部会同教育部、公安部、司法部、劳动保障部、建设部、文化部、卫生部、国家体育总局、中央文明办、全国总工会、共青团中央、全国妇联、中国残联等14个部门共同签发《关于加强社区残疾人工作的意见》。为加强社区残疾人工作,要按照社区组织建设的要求,依托社区居民委员会,建立社区残疾人组织。

2016年8月3日,国务院《关于印发〈"十三五"加快残疾人小康进程规划纲要〉的通知》(国发〔2016〕47号,以下简称《纲要》)明确指出:"加快发展残疾人服务业。完善落实残疾人服务业的市场准入、用地保障、投融资、人才引进等扶持政策。着力推动残疾人辅助器具、康复护理、托养照料、生活服务、无障碍产品服务等产业发展,使残疾人康复护理、托养照料和生活服务产业形成一定规模。"显而易见,这离不开一定的社区和社区残疾人工作。同时,《纲要》(国发〔2016〕47号)明确指出:"支持省、市、县级残疾人康复实施和市、县级残疾人托养设施建设;尚未建设残疾人综合服务实施的县(市、区),可随着康复和托养设施配建县级残疾人综合服务设施。"

例如,杭州市残疾人托管中心,就建在杭州市江干区丁桥镇沿山村山羊坞。笔者于2019年1月8日上午做了专题调查,现将该中心王亦霖同志整理的这份资料摘登如下:

杭州市残疾人托管中心(以下简称中心)为杭州市残联直属、财政补助的正处级事业单位,是国内首家以成年重度智(精)残疾人为主要对象,以"托养、托管"为主要形式,集康复、医护、教育、培训、辅助性就业等功能于一体的专业托养机构。

一、中心概况

智力、精神残疾人是残疾人群体中最特殊、最困难的一类。他们康复难度大、生产能力弱、就业可能小,导致整个家庭长年生活在经济的困顿和精神的无望中。怎么样让这部分人得到更好的托养和照护,让他们的家庭得到一定程度的解放,是这类群体及其家属的迫切愿望,也是经济发展、社会进步必须解决的课题。

2006年,在杭州市委、市政府的高度重视、省残联的具体指导以及市直单位的大力支持下,在省、市人大代表和社会各界的积极推动下,中心正式立项,投资概算1.46亿元,并作为杭州市破解"七难"问题、建设"生活品质之城"重点实施的20项举措之一,列入政府"十大工程"重点建设项目。2008年12月29日中心正式动工,2011年8月竣工并投入试运行,2012年5月17日正式启用。

中心占地100亩,建筑面积2.2万平方米,共有11幢单体建筑,包括综合楼、食堂、风雨操场以及8幢宿舍楼,另外还有室外田径场和面积达40亩的种植园。其中综合楼设有三大功能区,分别为医疗区、康复区及行政服务管理区。中心设施齐全,能满足500位重度智(精)残疾人的养护、康复、医疗、培训及教育等多种需求。

二、四大服务品牌

中心以"亲情化护理、个性化康复、专业化培训、标准化管理"四大服务品牌为抓手,以创建国内一流的残疾人"托安养"品牌为目标,努力打造一座集"家园、花园、学园、乐园、康园"五园为一体的现代化残疾人托管机构。亲情化护理,用爱守护幸福,是以实现"亲情化、人性化、细致化"服务为目标,规范基础护理流程,全面落实护理责任制,深化护理专业内涵,以优质护理服务来提升养护人员幸福感与社会满意度。个性化康复,用心赢得口碑,是以实现"科学化、规范化、系统化"服务为目标,为养护人员个性定制符合其认知年龄、行为特点的康复计划,帮助他们恢复功能、愉悦身心、提升生活品质。专业化培训,务实缔造优秀,是以"专业化、多元化、实用化"培训为目标,开展形式多样、内容丰富的理论学习和职业培训,加强实用型专业化人才队伍建设,提高员工整体素质。标准化管理,规范铸就品牌,是以"统一化、通用化、动态化"管理为目标,建立标准统一的机制流程,实现了机构运行、康复护理、医疗保障、社会延伸等重点工作的标准化管理,构建和运行具有中心特色的标准化体系。

三、标准化管理成效

中心立足打造杭州样本、填补全国空白,以服务的视角、标准化的理念来思考、设计,进而指导、推动智精残疾人托养服务工作。2014年11月,中心率先在全国参与起草出台首个智精残疾人托养机构护理服务地方规范——《DB 3301/T0046—2014智精残疾人托养机构护理服务规范》。此后,为进一步向国内一流"托安养"品牌目标努力,推进行业标准化建设进程,中心在2015年初向国家标准化管理委员会提出公共服务综合标准化试点建设的申请。在历经两年时间的辛勤创建之后,中心在2017年6月高分通过国家智精残疾人托养服务标准化试点终期验收。

为持续维护中心与入托残疾人家属的良好沟通机制,中心成立家属委员会,并以每年定期召开家属座谈会的方式,加强中心与残疾人家庭及家属的联系。座谈会上,入托残疾人家属纷纷感谢政府对重度智精残疾人的关爱,并对中心的标准化管理和优质的托养服务赞叹不已。有的家属激动地说:"中心对养护人员全心全意服务,护理员就像我们的亲姐妹一样,我们家属很放心!"

中心的智(精)残疾人托养服务标准化管理的创建和应用,为杭州留下了一份独特的创新成果,既促进了杭州市残疾人服务体系建设,也引领了全国智精残疾人托养服务行业发展。

又如,樊培仁为本地社区做了许多令人感动的"最美助残人"的事迹。

樊培仁,浙江省缙云县人,现任浙江省扬帆控股集团公司董事长、总裁。他曾荣获"全国新长征突击手""中国民营科技企业家""改革开放三十年30位杰出浙商""最美助残人"荣誉称号,中国企业联合会授予其"中国最具社会责任示范单位"等荣誉称号。自1995年开始实施"助残轮椅工程",每年向丽水残联捐赠200辆轮椅帮助有需要的人员,至今已连续捐赠24年,累计捐赠轮椅6000余辆,惠及丽水地区各市县残疾人员。同时,在丽水市残联建立200万元的助学基金,用来帮助残疾学生和残疾人子女入学。20多年来,集团用于公益捐献累计近3000万元,受助人员达2万多人次。

二、社区残疾人工作的含义

社区残疾人工作是以社区残疾人为对象的社会工作方法,是一种直接服务方法。通过建立以社区居民委员会为核心、社区残疾人组织为纽带、社区服务机构为基础的适应现代化城市管理的社区残疾人工作机制,帮助残疾人参与社区建设,调动社区资源,解决社区问题,促进残疾人平等参与社会生活,使社区在社会发展中发挥更好的作用。

三、社区残疾人工作的程序

有关社区工作的程序,不少学者专家在其著作中做了各式各样的划分。台湾地区学者徐震、林万亿合著的《当代社会工作》一书中提出的"社区组织工作的过程",分为建立关系、情境估量、发展计划、社区行动及成效评估五个步骤。[①]邓伟志主编的《社会学辞典》则提出一般社区工作程序为进行社区调查、制订社区计划、建立社区机构、解决社区问题和实施社区评价。[②] 相比起来,我们认为,后一种更贴近社区工作,故将社区残疾人工作的程序分为以下五个步骤。

(一)进行社区调查

通过社区调查,可以:掌握残疾人的基本状况,建档立卡;了解残疾人的实际需求,协调有关方面,为残疾人提供具体服务;密切联系残疾人,反映其呼声,维护其合法权益;激励残疾人发扬自强精神,积极参与社区建设和社会生活。社区卫生服务机构要及时了解、掌握社区人群残疾发生情况及残疾人的康复需求,建档立卡;组织、指导残疾人开展以家庭为基础的康复训练;做好健康教育,普及康复知识;开展残疾预防,建立并实行儿童残疾发生报告制度,做到"早期发现、早

① 徐震、林万亿:《当代社会工作》,五南图书出版公司1982年版,第267-278页。
② 邓伟志主编:《社会学辞典》,上海辞书出版社2009年版,第482页。

期诊断、早期干预"。对于在社区无法满足的康复需求,要向设康复科的上级综合医院或康复服务机构进行转诊。

（二）制订社区计划

有效的社区残疾人发展计划应遵循以下要旨:

(1)有效的社区残疾人发展计划必须依据有关文件的精神与要求。各级政府要高度重视社区残疾人工作,在规划和部署社区建设工作时,将残疾人工作列入总体规划,纳入社区建设的内容之中,并将社区残疾人工作作为有关部门工作考核的重要评价指标。地方各级政府社区建设协调领导机构,要吸收同级残联为成员单位,发挥残联在社区建设中的作用。各级民政部门,在推进社区建设工作中要听取残联的意见,把社区残疾人工作列入社区建设工作计划,给予具体指导。各级教育、公安、司法、劳动保障、建设、文化、卫生、体育、文明办、工会、共青团、妇联等部门、组织,要把社区残疾人工作纳入各自的社区建设工作领域,兼顾特性,同步实施。各级残联要在党委、政府领导下,积极参与社区建设,与各有关部门密切合作,做好社区残疾人工作。要将社区残疾人工作纳入自身职责,加大工作力度,采取切实措施,发挥综合、协调、服务作用,并及时总结、交流经验,推动社区残疾人工作深入健康发展。据此,要制订相应的社区残疾人工作计划,努力开展工作。

(2)有效的社区残疾人发展计划必须依据社区全体残疾人的愿望与要求。为此,应邀请各方代表、包括残疾人代表参与,集思广益。同时,计划必须强调并重视残疾人群体的利益。

(3)有效的社区残疾人发展计划必须包括如下的内容:指导思想、总体目标、具体指标、实施办法等。社区发展计划,一般以 3 年为宜。

(4)有效的社区残疾人发展计划必须考虑政策的选择与决定。基于这种需要,故应考虑其适合性、可行性及可受性。

（三）建立社区机构

社区残疾人工作如何运作,很大程度上取决于社区残疾人组织。在社区建立残疾人组织,是社区组织建设的一项内容和做好社区残疾人工作的必然要求。

要按照社区组织建设的要求,依托社区居民委员会,建立社区残疾人组织。社区残疾人组织名称为"社区残疾人协会",主席由社区居民委员会成员担任,副主席由优秀残疾人或残疾人亲友担任。社区残疾人协会在社区居民委员会指导下开展工作。社区残疾人组织的主要职责是配合社区居民委员会做好本社区的残疾人工作:密切联系残疾人,代表其利益,倾听其呼声,反映其需求,维护其合法权益;联系有关方面,为残疾人提供切实服务;倡导"自尊、自信、自强、自立"精

神,团结、教育、带领残疾人参与社区建设和社会生活,为社会主义现代化建设贡献力量。

（四）解决社区问题

这里所说的解决社区问题,其中一个重要方面,就是为残疾人的衣、食、住、行、康复、文化、教育、就业、娱乐等提供服务,及时解决残疾人需要解决的各种问题,保障残疾人的基本生活。

发展家庭服务业,乃是解决社区问题的举措之一。近年来,我国家庭服务业发展较快,年营业额达1600亿元。目前,大致有20多个门类,200多种服务项目,涉及家务劳动、家庭护理、维修服务、物业管理等人们日常生活的各个方面。家庭服务业已经成为服务业中一个规模较大并极具发展潜力的重要领域。不仅如此,家庭服务业发展水平是一个国家现代化程度的重要标志。发展家庭服务业付出的资源环境代价较小,获得的经济社会效益较高,有利于促进经济发展方式加快转变,保持经济平稳较快发展。家庭服务业可以成为最大的就业容纳器,加快发展家庭服务业,能够提供较多的劳动岗位,有利于扩大社区居民就业（包括解决残疾人就业及其需要解决的各种问题）,把我国人口多的压力转化为人力资源丰富的优势。

（五）实施社区评价

在这个阶段,实施社区评价,就是依据社区残疾人发展计划的既定目标,检查其实施的工作过程,衡量其达到的效果程度,从而提出改进的对策建议。台湾地区学者徐震、林万亿在合著的《当代社会工作》一书中提出六个评估的原则[①],可供参考。

（1）在设计社区行动方案时,就应将未来评估的对象与方法纳入考虑。因此,在目标的陈述上须是具体明确,最好是可运作化、数量化。

（2）在进行评估之前,须选定适切的方法,对代表工作成效的指标,亦须加以确立。

（3）测定社区变迁,须兼顾社区正式及非正式领导者、地方官员、工作参与者与各阶层民众的反应。

（4）衡量社区变迁,须包括组织的、权力的、经济的、社会的、心理的、文化的等各层面的因素。

（5）对于社区工作的评价,应了解社区中成年人态度的改变以及专业人员与一般民众的观点改变的状况。

---

① 徐震、林万亿:《当代社会工作》,五南图书出版公司1982年版,第277-278页。

(6)对于社区工作的评价模式或方案的选择,应向行为专家或方案评价专家寻求咨询。

三、社区残疾人工作的意义

(1)有助于深入了解社区残疾人的基本状况,为社区残疾人工作制订发展计划。残疾人生活在社区,需求在社区,服务靠社区,需要社区给予他们特殊的关心、扶持和帮助。应用残疾人社区工作的方法,可以摸清社区残疾人的基本状况,更好地制订社区残疾人工作的发展计划。

(2)有助于改变社区成员对残疾人的不公正态度,为残疾人提供平等参与社会生活的机会。我们深入社区不难发现,有不少社区成员和有残疾人的家庭不能以公正态度对待残疾人。因此,加强社区残疾人工作,努力宣传现代文明社会残疾人观,消除他们歧视残疾人的观念,为残疾人平等参与社会生活创造出良好的物质条件和精神环境。

(3)有助于夯实残疾人事业的基础,促进残疾人事业可持续发展。残疾人事业的基础在基层,在社区。加强社区残疾人专职委员队伍建设,是社区残疾人工作一个新举措,为基层残疾人组织实现纵向到底、横向到边,覆盖到每一个残疾人的组织网络,为促进残疾人事业可持续发展奠定坚实基础。

(4)有助于面向残疾人,充分发挥基层残联组织的作用。基层残疾人组织是党和政府联系残疾人的桥梁和纽带,是做好残疾人工作的关键环节,是全面建成小康社会和构建和谐社会的重要组成部分。事实表明,机构健全规范、队伍稳定实干、服务功能完善的基层残疾人组织网络已在全国各地逐步形成,并发挥其应有的作用。

(5)有助于推动社区建设,促进社区"两个文明"建设。残疾人不仅在康复、教育、就业、基本生活保障、文化生活等方面需要得到社区的帮助,同时在参与民主生活,行使民主权利,展示自己才能,实现人生价值,创造社会物质与精神文明成果等方面,也要通过社区来实现。因此,加强社区建设,对于提高残疾人的生活质量,促进残疾人平等参与社会生活,促进社区"两个文明"建设具有重要意义。

● **本章习题**

1.什么是残疾人个案工作?有何意义?

2.简述残疾人个案工作的程序。

3.什么是残疾人小组工作?有何意义?

4.简述残疾人小组工作的程序。

5.试述社区残疾人工作的涵义及其重要意义。

【参考文献】

1.2006 年 8 月 29 日,民政部会同 14 个部委共同签发《关于加强社区残疾人工作的意见》.

2.王思斌.社会工作概论.北京:高等教育出版社,2003.

3.何肇发,黎熙元.社区概论.广州:中山大学出版社,1991.

4.奚从清.社区研究——社区建设与社区发展.北京:华夏出版社,1996.

5.奚从清,林清和.社区残疾人工作.杭州:杭州大学出版社,1996.

6.王辅贤.残疾人社会工作.北京:北京大学出版社,2008.

7.江苏省残疾人事业发展研究会,南京大学残疾人事业发展研究中心.中国特色残疾人事业概论.北京:华夏出版社,2017.

<<< **第七章**

残疾人社会工作者及其角色

全面建成小康社会,发展中国特色残疾人事业,这不仅需要各级党委、政府和社会各界的共同努力,而且对广大残疾人工作者提出了新要求。面对新时代新担当新作为,残疾人社会工作者担当的责任更加重大,由此对其应具备的基本素质与角色形象也提出了更高要求。本章主要论述残疾人社会工作者的基本素质、角色形象及其队伍建设。

第一节　努力建设一支高素质的残疾人社会工作者队伍

一、增强建设残疾人社会工作者队伍的责任感和使命感

党的十八大以来,在以习近平同志为核心的党中央坚强领导下,各级党委和政府高度重视,各级残联、专业服务机构、社会各界及广大社区组织共同努力,已初步建设成一支具有较高素质的残疾人社会工作者队伍。

2006年10月11日,中国共产党第十六届中央委员会第六次全体会议通过的《中共中央关于构建社会主义和谐社会若干重大问题的决定》提出:"建设宏大的社会工作人才队伍。造就一支结构合理、素质优良的社会工作人才队伍,是构建社会主义和谐社会的迫切需要。建立健全以培养、评价、使用、激励为主要内容的政策措施和制度保障,确定职业规范和从业标准,加强专业培训,提高社会工作人员职业素质和专业水平。制订人才培养规划,加快高等院校社会工作人才培养体系建设,抓紧培养大批社会工作急需的各类专门人才。充实公共服务和社会管理部门,配备社会工作专门人员,完善社会工作岗位设置,通过多种渠道吸纳社会工作人才,提高专业化社会服务水平。"

2008 年 3 月 28 日,《中共中央 国务院关于促进残疾人事业发展的意见》(中发〔2008〕7 号)强调指出:"加强残疾人工作干部队伍建设。抓好残疾人专职、专业和志愿者队伍建设。选好配强各级残联领导班子,将残联干部队伍建设纳入干部队伍和人才队伍建设整体规划,加大培养、使用和交流力度,从政治上、工作上、生活上关心爱护,造就一支恪守'人道、廉洁、服务、奉献'职业道德的高素质残疾人工作干部队伍。……加快培养高素质残疾人事业专业技术人才。培养基层残疾人工作者队伍,提高为残疾人服务的能力。广泛动员社会力量,发展壮大助残志愿者队伍。"

2017 年 10 月 18 日,习近平总书记在党的十九大报告中明确提出:"发展残疾人事业,加强残疾康复服务。"他强调指出:"建设高素质专业化干部队伍。""注重培养专业能力、专业精神,增强干部队伍适应新时代中国特色社会主义发展要求的能力。"2018 年 5 月 20 日,据新华社报道,中共中央办公厅印发《关于进一步激励广大干部新时代新担当新作为的意见》,并发出通知,要求各地区各部门结合实际认真贯彻落实。该意见及通知强调,各级党委(党组)要大力加强干部思想教育,引导和促进广大干部强化"四个意识",坚定"四个自信",切实增强政治担当、历史担当、责任担当,努力创造属于新时代的光辉业绩。

以上这些重要论述,不仅成为加强残联干部队伍建设的基本遵循和行动指南,而且为残疾人社会工作者队伍建设指明了政治方向和具体路径。

二、残疾人社会工作者队伍建设的现状分析

(一)党和政府高度重视发展残疾人事业,为残疾人社会工作者队伍建设营造了良好环境

2008 年 3 月 28 日,《意见》(中发〔2008〕7 号)指出:"党和政府历来十分关心残疾人,高度重视发展残疾人事业,特别是改革开放以来,采取了一系列重大举措,推动残疾人事业不断发展壮大,残疾人参与社会生活的环境和条件明显改善,生活水平和质量不断提高,我国残疾人事业发展在国际上赢得广泛赞誉。"当前,以人为本、科学发展、融合发展、高质量发展已经深入人心,成为新时代的主旋律。这为广大残疾人社会工作者充分发挥聪明才智、服务于残疾人营造了浓厚的社会氛围,为残疾人社会工作者队伍建设营造了良好的社会环境。

(二)残疾人事业发展的总体要求为残疾人社会工作者队伍建设提供了强大动力

2008 年 3 月 28 日,《意见》(中发〔2008〕7 号)首次明确提出促进残疾人事业发展的总体要求:"促进残疾人事业发展,必须高举中国特色社会主义伟大旗帜,以邓小平理论和'三个代表'重要思想为指导,深入贯彻落实科学发展观,紧紧围

绕全面建设小康社会奋斗目标,着眼于解决残疾人最关心、最直接、最现实的利益问题,坚持政府主导、社会参与,国家扶持、市场推动,统筹兼顾、分类指导,立足基层、面向群众,完善促进残疾人事业发展的法律法规和政策措施,健全残疾人社会保障制度,加强残疾人服务体系建设,营造残疾人平等参与的社会环境,缩小残疾人生活状况与社会平均水平的差距,实现残疾人事业与经济社会协调发展,努力使残疾人同全国人民一道向着更高水平的小康社会迈进。"从现在到2020年,是全面建成小康社会决胜期。而决胜全面建成小康社会,就是开启全面建设社会主义现代化国家的新征程。这就为残疾人社会工作者队伍建设指明了前进方向,提供了强大动力。

(三)残疾人社会工作的自身发展为残疾人社会工作者队伍建设奠定了良好基础

中国残联成立30年来,在党中央、国务院的领导下,在中国残联和政府各有关部门的努力推动下,残疾人事业发展取得了显著成就。那些热心于残疾人事业的残疾人干部队伍、残疾人社会工作者队伍、残疾人事业专业技术人才队伍和志愿者队伍都奋战在各自岗位上;那些"横向到边,纵向到底"的数量众多的基层残疾人工作者队伍活跃在最基层;那些高等院校社会学、社会工作专业一些毕业生选择残疾人社会工作和教学工作岗位;还有那些全国各省市关注残疾人事业理论研究的队伍正在发展壮大。同时,广大残疾人社会工作者在实践中自觉运用社会工作方法为残疾人服务,积累了丰富经验,取得了显著成效。随着《社会工作者国家职业标准》《社会工作者职业水平评价暂行规定》和《助理社会工作师、社会工作师职业水平考试实施办法》,以及国家关于社会工作者的评价制度和考试制度相继出台,全社会对残疾人社会工作的认知度、认可度必将逐步提高。

三、残疾人社会工作者队伍建设面临的困难和挑战

任何事物都是一分为二的。中国残联成立30年来,我国残疾人社会工作者队伍建设虽然取得了很大成绩,迎来了宝贵的发展机遇,但是也面临着诸多问题和挑战。对此,我们必须保持清醒的认识。

(一)残疾人社会工作者的思想素质问题

中国残联成立30年来,发扬优良传统,努力加强残联干部队伍和残疾人社会工作者队伍建设。正如邓朴方所说:"打造了一支政治坚定、律己严格、工作上能打硬仗、全心全意为残疾人服务的队伍。"但是,"不可否认,由于长期执政、市场经济环境等多种原因,我们的党风受到前所未有的挑战,这是关系生死存亡的问题。残联也不例外,外部的冲击、内部的松懈,一直破坏着、腐蚀着我们的队

伍。抓好队伍建设刻不容缓。对此,我们的态度是非常坚决的"①。他一再强调,要牢牢把握好残联作为人民团体的定位和群团组织的特点,残联绝不能成为官僚机构,要真正成为残疾人信得过、靠得住、离不开的温暖的家。②

邓朴方尖锐地指出:"随着残疾人事业的发展,我们的队伍不断壮大,掌握的财力比以前多了,手中的权力比以前大了,残联干部社会地位提高了,工作条件改善了,级别也升高了。这都是好事情,它使我们有条件更好地为残疾人服务。但事物都有两面性,所有这些好的方面,在一定程度上都会对我们的干部队伍产生负面影响。毋庸讳言,现在,我们有少数人开始变了,脱离群众者有之,高高在上者有之,斗志衰退者有之,甚至贪污腐败者也有之,许多残疾人对残联的一些干部是不满意的,也有极端的人对残联系统不满意,这些都是危险的信号。对残联系统这些消极败坏的因素如果不加重视,不加消除,残联就会变成高居群众之上的官僚机构。"③

(二)残疾人社会工作者的专业素质问题

应当看到,一些残疾人社会工作者缺乏专业素质、能力素质的训练,不能完全适应残疾人社会工作发展的需要,如:有的还不善于运用残疾人工作理论指导残疾人社会工作实践,解决残疾人实际问题的能力不强;有的不能将社会工作专业的理论、原则、方法和技巧应用于残疾人社会工作实务中,工作效果不佳;有的不能运用社会化管理方式开展工作,动员社会力量力度不足;有的不能紧密联系残疾人,工作作风不扎实;等等。这些问题的存在直接影响着残疾人社会工作整体水平的提高。

(三)残疾人社会工作者的培养使用问题

目前,我国有200多所高校开设社会工作专业,每年培养的社会工作专业人才近万人。按照社会发展的需求,这些人才远远不能满足。但是,实际的情形是,真正选择社会工作的大学毕业生是少数人。不少从事残疾人社会工作的人员缺乏专业培训和专业素质,因此他们的专业水平、职业技能水平就难以保证。例如,有的没有掌握现代社会工作专业理论、知识、方法和技能,就难以对需要帮助的残疾人、残疾人家庭和残疾人群体提供有效的专业服务,至于要对有关残疾人社会工作立项进行策划、申请、执行、督导、评估和研究就显得越加困难。但是,现实生活也给了我们一个深刻的启示,不少残疾人社会工作者奋战在为残疾人服务的第一线,在干中学,在学中干,边干边学,成了优秀的残疾人社会工作者。

---

①　邓朴方:《人道主义的呼唤选编》,华夏出版社2016年版,第311页。

②　邓朴方:《在中国残联第七次全国代表大会闭幕式上的讲话》,2018年9月16日。

③　邓朴方:《人道主义的呼唤选编》,华夏出版社2016年版,第286页。

(四)残疾人社会工作者的体制机制问题

目前,一些地方政府社会管理体制和运行机制还不健全,政府购买社会服务的体制机制还没有完全形成,扶持发展民办社会服务机构的社会政策体系还不完善,政社分开改革和政府职能转变还不彻底,社会服务类事业单位改革还不到位,有些残疾人组织管理体制机制还不健全,残疾人民间组织还不发达,残疾人社会工作者的专业培训和教育活动还不经常,等。这些因素的存在或多或少地制约了残疾人社会工作者队伍建设和发展的进程。

第二节　残疾人社会工作者的基本素质和角色形象

一、素质的含义

素质是一个综合概念。在现实生活中,人们都会深切地感受到,人的进步与发展是多种素质综合作用的结果。无数事实表明,个体素质水平的高低,往往会影响其生存状态、成长路径、工作绩效、关系处理等方面强弱的状况。为了培养高素质的残疾人社会工作者,首先要弄清素质概念的内涵。

"素质"概念受到教育理论界关注始于 20 世纪 80 年代初。经过较长期的讨论和分析,人们逐步倾向于素质的含义有狭义和广义之分。狭义的素质是指生理学和心理学意义上的素质概念,即"遗传素质"。《辞海》写道:"素质是指人或事物在某些方面的本来特点和原有基础。在心理学上,指人的先天的解剖生理特点,主要是感觉器官和神经系统方面的特点,是人的心理发展的生理条件,但不能决定人的心理内容和发展水平。"广义的素质是指教育学意义上的素质概念,即"人在先天生理的基础上在后天通过环境影响和教育训练所获得的、内在的、相对稳定的、长期发挥作用的身心特征及其基本品质结构,通常又称为素养。主要包括人的道德素质、智力素质、身体素质、审美素质、劳动技能素质等"。

陈志尚、陈金芳在《关于人的素质的两个理论问题》一文提出,人的素质可分为三个层次:第一层次是自然素质。主要是指人生来就有的生理素质和心理素质。第二层次是社会素质。是指人在自然素质的基础上,进一步通过后天的学习与实践而形成的素质。其中包含思想政治道德素质、科学文化素质、身体素质、审美素质、情感素质和劳动实践素质六个方面。第三层次是职业素质(或专业素质)。是指人在自己所从事的职业,即完成自己所承担的专业工作中,作为实践主体所表现出来的活动质量和水平。包括完成任务所必须具备的专业知识和技能、职业道德、职业审美、职业情感,有些专业还要求从业人员必须具备特殊

的政治素质或身心素质,此外还有职业转换的适应能力,等等。因此,不能把职业素质理解为只是完成任务所需的专业知识和技能的水平,那是片面的,职业素质是包含德、智、体、美、情、劳等素质在内的全面的综合素质。①

二、残疾人社会工作者应具有的基本素质

张海迪说:"在残疾人事业发展中,残疾人工作者是残联工作活动的主体。残联工作的成败得失、有效程度和创造活力,取决于残疾人工作者的素质和能力,为此,这个队伍的建设直接影响残疾人事业的发展。"②她又说:"这些年,我一直强调,残疾人事业也是一门科学,要不断提高干部的专业化水平,培养专业能力,弘扬专业精神。"③

探讨残疾人社会工作者应具有的基本素质,不是从概念出发,而是从现实出发。30年来,我国各级残联在培养和提高残疾人社会工作者素质方面积累了丰富经验。现结合残疾人工作者的实际,从以下几个主要素质来说明。

(一)政治思想素质

(1)要坚持以习近平新时代中国特色社会主义思想为统领,深入学习贯彻习近平总书记关于残疾人事业的重要论述,紧跟时代主题,增强"四个意识",坚定"四个自信"。为了推动新时代残疾人事业发展,必须牢牢把握韩正同志提出的"五个必须",即必须坚持树立正确的价值理念、必须坚守弱有所扶、必须完成决胜全面建成小康社会的关键任务、必须促进残疾人全面发展和共同富裕、必须把残疾人事业当作分内责任。

(2)要热爱残疾人和残疾人事业,进一步激励残疾人社会工作者在新时代新担当新作为的征程中,不断增强社会责任感,充分发挥自己的积极性、主动性和创造性,认真贯彻执行党的基本路线和残疾人事业的法律、法规、方针和政策。

(3)要努力学习与弘扬适应新时代要求的专业精神,即:树立公仆思想,发扬全心全意为残疾人服务精神;捧出赤诚的心,弘扬人道主义精神;树立坚定理想,发扬鞠躬尽瘁精神;不忘初心使命,发扬艰苦奋斗精神;带着深厚情感,发扬无私奉献精神;深入调查研究,发扬基层首创精神。

(4)要积极宣传、践行人道主义思想,树立现代文明社会残疾人观,代表残疾

---

① 陈志尚、陈金芳:《关于人的素质的两个理论问题》,《北京大学学报(哲学社会科学版)》2000年第4期,第46-53页。

② 张海迪:《残疾人工作者要做高尚的、擎着火把为残疾人照亮生活道路的人》,《华夏时报》2017年12月30日。

③ 张海迪:《残疾人工作者要做高尚的、擎着火把为残疾人照亮生活道路的人》,《华夏时报》2017年12月30日。

人共同利益,把残疾人满意与否作为检验残疾人工作绩效的标准。

(5)要恪守"人道、廉洁、服务、奉献"的职业道德,增强服务意识,强化职业素质,使残联组织和残疾人社会工作者真正成为残疾人信得过、靠得住、离不开的娘家人、贴心人。

(二)专业素质

(1)要自觉坚持政府主导、社会参与、残疾人组织充分发挥作用的工作机制,营造良好的扶残助残社会环境。

(2)要努力学习社会工作专业理论知识,积极参加社会工作者的培训、考试和选拔,取得社会工作者职业资格证书,真正使自己成为合格的社会工作师和助理社会工作师等。

(3)要认真学习哲学、心理学、社会学、政治学、管理学、教育学、社会调查理论与方法等学科知识,以及相关的法律、法规和政策知识,自觉维护残疾人的合法权益。

(4)要具备一专多能的才干,能熟练地运用个案社会工作、小组社会工作、社区社会工作的方法,以及社会化管理的工作方式,帮助残疾人克服困难,解决问题,发挥潜能。

(5)要具有"团结、务实、开拓、高效"的工作作风,深入基层社区,与广大残疾人交朋友,倾听残疾人的呼声,反映残疾人的需求。

(三)能力素质

1.责任能力

提高解决残疾人问题的责任能力,始终把维护好残疾人的切身利益作为开展工作的首要前提和基本依据。

2.悟性能力

通过对残疾人及其社会工作的感悟,充分认识和发掘残疾人的潜能,努力把握残疾人工作的规律,提高自觉性,避免盲目性。

3.调研能力

深入残疾人中进行调查研究,成为政府与残疾人之间的联系的纽带,努力解决残疾人的实际问题,落实党和政府对残疾人的各项政策。

4.协调能力

善于协调各种关系,调动各方面的积极因素,最大限度地整合利用各种资源,充分动员社会力量以人力物力财力支持残疾人事业。

5.创新能力

不断学习积累,认真总结经验,寻求工作规律,总结出具有基础性、时代性、

创新性的残疾人工作模式与方法,使之不断普及和推广。

6.运用大数据能力

张海迪提出:"新时代残疾人工作不能再采取一般化、粗放型的方式方法,残联干部要成为残疾人工作的专家和行家里手,在新的征程中,提升服务水平要立足于大数据的运用和前瞻性研究。"[①]

（四）心理素质

残疾人社会工作者首先自己要心理健康,充满关爱。加强人文关怀和心理疏导,引导人们正确对待自己、他人和社会,促进各类残疾人的心理和谐,促进健全人与残疾人的心理和谐,努力做好各项服务工作。

（五）身体素质

残疾人社会工作者要有比较健壮的体质和健康的心境,有经得住繁重工作磨炼的意志,有充沛的工作热情。唯有如此,才能实现好、维护好、发展好残疾人的利益。

上述残疾人社会工作者五个方面的素质是一个有机的整体,其中政治思想素质是最重要的素质,而且随着残疾人事业和残疾人社会工作的发展,它还会不断充实新的内容。因此,在实际工作中,应当注重残疾人社会工作者的整体素质的全面提高。只有这样,才能培养高素质的残疾人社会工作者。

三、残疾人社会工作者的角色和角色形象

（一）角色的含义

人们在交往过程中形成了现实的人际关系或工作关系,总是以角色的某种面目或角色形象出现的。因此,正确理解角色和角色形象的含义就很有必要。

角色是指个人在社会关系中处于特定社会地位、并符合社会期待的一套行为模式。换句话说,角色是一定社会关系所决定的个体的特定地位、社会对个体的期待,以及个体所扮演的行为模式的综合表现。例如,残联组织的理事长与工作人员、企业中的经营者和生产者、学校里的教师和学生、部队里的干部和战士、家庭里的父亲和儿子等不同的角色,就表明了他们在不同的社会关系中所处的社会地位,反映了社会、组织或群体、他人对个体的期待和要求,这些个体采取与他们特定社会位置相关联的、符合社会要求的行为模式。

角色形象是指角色扮演者的精神面貌、个性特点、行为风格、言行习惯、思想品德、文化素养、价值观念、生活方式及身体条件等方面的总和。这个"总和"中

---

① 张海迪:《残疾人工作者要做高尚的、擎着火把为残疾人照亮生活道路的人》,《华夏时报》2017年12月30日。

既包括内在的方面,又包括外在的方面。其中内在的方面,如精神面貌、思想品德、价值观念等是矛盾的主要方面。毛泽东说:"矛盾着的两方面中,必有一方面是主要的,他方面是次要的。其主要的方面,即所谓矛盾起主导作用的方面。事物的性质,主要地是由取得支配地位的矛盾的主要方面所规定的。"①

邓朴方同志深刻地指出:"我们做残疾人工作离不开一个大的思想,就是人类解放,残疾人解放就是人类解放。我想残疾人是所有社会人群中最困难的一个群体,如果我们能把残疾人解放这件事情做好,就在人类解放的历程中迈出了巨大的一步。所以无论是我们共产党人为人类解放而奋斗一生的理想,无论是我们遵循全心全意为人民服务的根本宗旨,还是我们人民政府为人民的基本思想,从哪方面来说,我们做好残疾人工作都是值得的,特别作为一个共产党人,做好残疾人工作更为值得。"②

(二)残疾人社会工作者应具有的角色形象

邓朴方同志、张海迪同志一再要求残联干部、残疾人工作者"做一个合格的残疾人工作者"。"合格"两字,这是对残疾人工作者应具有的角色形象的基本要求,其内涵非常丰富。

1. 以人为本,弘扬人道主义思想的实践者

人道主义,就是讲人道,以人为本,尊重人的权利、尊严和价值。人道主义的核心是爱,倡导人人怀有一份爱心,尊老敬幼,扶弱济困,为社会上需要帮助的人提供服务。人道主义是人类优秀的思想体系和道德标准,是社会主义核心价值观的重要组成部分,是残疾人事业的一面旗帜。

中国残联在党和政府的领导下,特别是党的十八大以来,以习近平新时代中国特色社会主义思想为指引,团结带领广大残疾人兄弟姐妹共奔美好小康生活,弘扬人道主义精神,在全社会大力营造和谐、友爱、团结、互助的文明风尚,推动了中国特色残疾人事业的发展,取得了举世瞩目的成就。

以人为本,对残疾人事业来说,就是坚持以残疾人为本,保障残疾人各项权利,创造条件和机会让残疾人实现自身价值。以残疾人为本,要求残疾人社会工作者坚持全心全意为残疾人服务,始终把实现好、维护好、发展好广大残疾人的根本利益作为我们一切残疾人工作的出发点和落脚点,做到发展为了残疾人、发展依靠残疾人、让残疾人共享发展成果;以残疾人为本,要求把残疾人拥护不拥护、赞成不赞成、高兴不高兴,作为检验一切残疾人工作得失成败的根本标准;以残疾人为本,要求事业的发展与工作的推进始终围绕维护残疾人的利益和保障

---

① 《毛泽东选集》(合订本),人民出版社1966年版,第310页。

② 邓朴方:《人道主义的呼唤选编》,华夏出版社2016年版,第175页。

残疾人的权益来展开;以残疾人为本,要求尊重残疾人的知情权、参与权、表达权、监督权,自觉接受广大残疾人的监督;以残疾人为本,要求牢记邓朴方同志关于"残联不是官僚机构、永远不要变成官僚"的教诲,防止官僚主义,克服形式主义,讲实效,谋真情,干实事,使残联组织真正建成一个健康和谐、充满朝气的组织。

2.艰苦奋斗,促进残疾人事业的开拓者

残疾人事业是崇高的事业,它不同于一般的所谓积德行善、做好事,而是要从根本上改变一个特殊困难的巨大群体的生存状况,让他们参与社会文明进步的建设,并且共同享受这种文明进步的成果。这是一项要永远延续下去的宏大工程,所以,它需要一种艰苦奋斗的精神、无私奉献的精神,需要一大批品德高尚,把这项事业当作自己终生使命的人。邓朴方同志深情地说:"我们有些老同志兢兢业业,竭心尽力,把工作生涯的最后一段时光完全奉献给了残疾人事业,起了重大作用。现在更多同志还在默默无闻地奉献着自己。"[①]正是有了这些同志,中国残疾人事业才有了今天这样大好的局面。

中国残联成立 30 年来,国家实施了六个发展残疾人事业的五年纲要,即《中国残疾人事业"八五"计划纲要》(1991 年—1995 年)、《中国残疾人事业"九五"计划纲要》(1996 年—2000 年)、《中国残疾人事业"十五"计划纲要》(2001 年—2005 年)、《中国残疾人事业"十一五"发展纲要》(2006 年—2010 年)、《中国残疾人事业"十二五"发展纲要》(2011 年—2015 年)、《"十三五"加快残疾人小康进程规划纲要》(2016 年—2020 年)。对此,郭春宁做了十分清晰的描述和概括:所有残疾人事业五年规划均有对小康目标的描述,从"八五"提出"残疾人的温饱问题初步解决","九五"提出"残疾人的温饱问题基本解决","十五"提出"经济发达地区残疾人生活基本达到小康,欠发达地区稳定解决温饱","十一五"提出"残疾人基本生活总体初步达到小康","十二五"提出"残疾人生活总体达到小康,参与和发展状况显著改善","十三五"时期是全面建成小康社会的决胜阶段,党中央、国务院非常重视残疾人事业的发展。习近平总书记要求"全面建成小康社会,残疾人一个也不能少"。李克强总理强调"全面建成小康社会,不能让残疾人掉队"[②]。

事实上,每一个五年纲要,都是中国残疾人事业发展中的一座里程碑,都与残疾人根本利益息息相关。面对全面建成小康社会的决胜阶段,广大残疾人社

---

① 转引自张海迪:《努力建设残疾人事业的好队伍》,《残疾人研究》2013 年第 3 期,第 4 页。

② 以上引文详见郭春宁:《帮助残疾人和全国人民共建共享全面小康社会的新蓝图——学习〈"十三五"加快残疾人小康进程规划纲要〉》,《残疾人研究》2016 年第 3 期,第 3 页。

会工作者一定要坚定理想信念,继续发扬艰苦奋斗、无私奉献的精神,承担起历史赋予的重任。

3.甘于奉献,维护残疾人权益的服务者

全心全意为残疾人服务,是每一个残疾人社会工作者应具有的素养。正是这种甘于奉献的精神,使成千上万来自五湖四海的工作人员投身于人道主义事业,成为合格的残疾人社会工作者,组成庞大的残疾人社会工作者队伍。30 年来,依靠这支队伍的奉献、开拓和探索,我国残疾人事业取得了举世瞩目的成就。实践证明,中国残联这支队伍是甘于奉献,维护残疾人权益的好队伍。

丁启文说:"残联、残疾人工作者必须首先对残疾人平等而不是居高临下,不是以'官'自居,才能帮助残疾人拨亮'心中那盏灯'。"[1]这给了我们很大的启迪。首先,要明确残联是残疾人的群众组织,属于人民团体,不是政府部门,残联干部不是官员而是服务者。其次,要理解尊重残疾人,热爱残疾人。残疾人为社会的进步和发展承担了人类最大的痛苦,付出了人类最大的代价。从道义上、感情上、心底里应该理解他们,尊重他们。残疾人在生活、学习、工作和参与社会生活等方面存在诸多障碍,残疾人社会工作者就要深入残疾人中,了解他们的疾苦和要求,在与残疾人的交往中升华自己的道德情操,坚定全心全意为残疾人服务的信念。最后要认真接受残疾人监督,真正把残疾人满意不满意作为工作的出发点和落脚点。此外,还要真心接受社会监督(包括舆论监督),认真听取各方面的批评意见,自觉改正自己工作中的不足之处。

4.重视伦理,恪守"人道、廉洁、服务、奉献"职业道德的倡导者

残疾人社会工作者应该遵循的职业道德是:"人道、廉洁、服务、奉献。"残疾人社会工作者要弘扬人道主义思想,遵纪守法,清正廉洁,乐于奉献;要全心全意为残疾人服务,提高为残疾人服务的能力,依法维护残疾人合法权益;要热爱残疾人事业,对残疾人有爱心、真心和实心,成为残疾人的贴心人。

加强残疾人工作者的职业道德建设是适应新形势,保证残疾人事业发展的客观要求,是建设一支适应新时代残疾人事业发展需要的高素质残疾人社会工作者队伍的必要举措。目前中国各级残联专职工作人员达到 11.3 万人,残疾人专职委员已达到 59 万人,基层残疾人组织基本实现全覆盖。

长期以来,广大残疾人工作者发扬爱岗敬业、顽强拼搏、无私奉献的精神,不仅为残疾人事业的快速发展和残疾人状况的逐步改善做出了重大贡献,而且在实际工作中总结出富有创新的工作方法,涌现出许多深受广大残疾人爱戴的基

---

[1]　丁启文:《人性·人道·人权》,华夏出版社 2008 年版,第 69 页。

层残疾人工作者。2018年8月24日,在浙江省残联第七次代表大会上,由省残联编印并发给每位代表的《梦想的翅膀》一书,就真实地记录了一个个鲜活的基层残疾人工作者和助残工作者的感人事迹!

5.面向社会,实行社会化管理工作方式的社会活动家

我国残疾人联合会的性质和残疾人社会工作的特点,决定了我国残疾人事业必须实行社会化管理的工作方式,残疾人社会工作者必须成为一个社会活动家。

实行社会化管理与单位管理相结合,逐步以社会化管理为主,是目前我国党和国家对社会保障事业、残疾人事业所倡导的一种工作方式。社会化管理的基点在于动员社会力量,开发社会资源,在国家政策的引导和扶持下,实现社会事业的自身调节。在我国残疾人工作发展过程中,政府各部门按其职能分口管理各项残疾人工作,企业单位和乡镇、街道、村居(社区)等基层组织也承担了大量的残疾人工作,社会团体及群众组织积极开展为残疾人服务的工作,残疾人家庭承担了残疾人的生活保障工作,从而形成了一个国家集体、基层组织、家庭和个人相结合的残疾人社会化工作体系。

随着我国经济社会的发展和国际交流的增加,我国的社会状况已经发生很大变化,社会资源多元化的趋势将更加明显,残疾人事业社会化程度日渐提高。残疾人社会工作的舞台是社会,残疾人社会工作者要真正扮演好自己担当的角色,必须走出办公室,面向社会,宣传社会,动员社会,争取更多支持,寻求更多合作,挖掘更多资源,开发更多潜力。我们的残疾人社会工作者只有成为一个自觉的社会活动家,才能真正适应残疾人事业发展的需要。

总之,我们研究残疾人社会工作者角色形象的重要意义,就在于:有助于把自我形象和公开形象结合起来;有助于把角色义务和角色权利统一起来;有助于把角色行为和角色规范联系起来。①

2019年是贯彻落实党的十九大精神开局之年,国务院批复《中国残疾人联合会改革方案》,并召开中国残联改革工作部署会,明确了"讲政治、强基层、转作风、广代表、专兼挂、助小康、信息化、聚主业"八大任务。② 这必将成为新时代残疾人事业发展的内在动力,是凝心聚力推进残联干部队伍改革建设的重要举措,从而为广大残疾人带来翘首以盼的福音。同时,中国残联改革的"八大任务",也将对建设一支高素质的残疾人社会工作者队伍产生广泛而深远的影响。

综上所述,建立一支高素质的残疾人社会工作者队伍,是一项长期而艰巨的

---

① 奚从清:《角色论:个人与社会的互动》,浙江大学出版社2010年版,第202-203页。
② 转引自中国残联党组书记、理事长周长奎《深入学习习近平总书记重要论述,努力开创新时代残疾人事业发展新局面——在第三十三次全国残联工作会议上的讲话》。

工作,同时也是一项意义重大、影响深远的工作。只要按照党中央、国务院的统一部署,各省、自治区、直辖市党委、政府和改革办高度重视,将中国残联改革工作纳入当地改革的整体部署,确保与中国残联改革整体联动,就会形成一个上下共推、相互促进、良性互动、协调发展的生动局面。

● **本章习题** ··

1.什么是素质?

2.简述残疾人社会工作者应具有的基本素质。

3.联系实际,试述残疾人社会工作者提高政治思想素质的学习体会。

4.如何理解角色和角色形象的含义?

5.简述残疾人社会工作者应具有哪些角色形象?

6.试述残疾人社会工作者队伍建设的有利条件。

7.试述《中国残疾人联合会改革方案》提出的"八大任务"的具体内容及其重要意义。

【参考文献】

1.党的十六届六中全会:《中共中央关于构建社会主义和谐社会若干重大问题的决定》(2006 年 10 月 11 日)

2.中共中央、国务院关于促进残疾人事业发展的意见(2008 年 3 月 28 日).

3.邓朴方.怎样做一个合格的残疾人工作者? //人道主义的呼唤选集.北京:华夏出版社,2016.

4.张海迪.努力建设残疾人事业的好队伍.残疾人研究,2013(3).

5.王思斌.社会工作概论.北京:高等教育出版社,2003.

6.马洪路.残障社会工作.北京:高等教育出版社,2007.

7.王辅贤.残疾人社会工作.北京:北京大学出版社,2008.

8.卓彩琴.残疾人社会工作.广州:华南理工大学出版社,2008.

9.奚从清,俞国良.角色理论研究.杭州:杭州大学出版社,1991.

10.奚从清.角色论:个人与社会的互动.杭州:浙江大学出版社,2010.

11.江苏省残疾人事业发展研究会,南京大学残疾人事业发展研究中心.中国特色残疾人事业概论.北京:华夏出版社,2017.

第八章

残疾人社会工作发展的历程

残疾人社会工作的发展史,是研究残疾人社会工作产生、形成和发展的科学。本章分别叙述国外和中国残疾人社会工作的发展历程,着重论述中国特色残疾人事业及其社会工作发展的历程,不仅要介绍其产生的原因和背景,而且要分析各种理论和政策产生的经济、政治、文化和社会条件,还要厘清中国残联组织与残疾人在各种社会条件下和发展阶段上所开展的各种活动,从残疾人社会工作发展的历史过程中得到有益的启示。

第一节 国外残疾人社会工作发展的历程

残疾人问题,是人类社会的一个共性问题。残疾人社会工作,也是国际社会和各国政府关注的一个共性问题。纵观人类社会发展史,国际残疾人社会工作是在经济发展的基础上,在先进思想理论的指导下,伴随着人类社会文明的进程而逐步形成和发展起来的。国际残疾人社会工作的发展历程,大体上经历了萌芽时期、初创时期、发展时期、立法时期和快速发展时期。

一、萌芽时期

国外残疾人社会工作的萌芽时期是 16 世纪至 18 世纪中期。

在人类历史的早期,由于生产力落后,科学作为宗教的婢女还被禁锢在上帝的圣坛中,蒙昧的传统观点认为,残疾人对于社会安定和经济利益是一个威胁。因此,导致了在世界上许多地方抛弃甚至消灭残疾人的野蛮行为。"黑暗的中世纪抬高神而贬低人,使人的尊严受到损害,使人的发展受到压抑。"①在这种背景下,残疾人成为被人嘲笑、冷落和歧视的对象,过着极其悲惨低下的生活。到了文艺复兴时期,人道主义的出现,"自由、平等、博爱"口号的提出,对提高残疾人的社会地位起了积极作用,并把残疾人应得到特殊关怀视为尊重人权的表现。当时,医学、解剖学、精神病学等自然科学的发展,也强烈地冲击着宗教所鼓吹的"宿命论"的观点。

孟繁玲在主编的《聋人与社会》一书中认为,真正的聋人教育实践起源于提倡人道主义哲学思想的文艺复兴时期。② 西班牙的修道士、聋教育家庞塞(1520—1584)采用自己设计的选择性刺激方法来训练聋童开口说话,并取得了良好的效果。聋教育家包耐特(1579—1629)在聋人教学方法中加入了手语的成分,还注重研究和总结聋人教育家的经验。约翰·瓦利斯(1616—1703)在他的著作中阐述聋人学习语言的观点,并探讨了聋人学语中的诸多问题。这些思想和行动可视为残疾人工作思想的最早萌芽。在此之后,作者又列举了18世纪和19世纪许多史事,阐述了西方聋人教育发展历程。

二、初创时期

国外残疾人社会工作的初创时期是18世纪60年代至19世纪末。

社会对残疾人的态度改变,即关心残疾人的权益保障,是在工业革命以后开始产生的,这是残疾人社会工作的初创时期。这一改变主要是在残疾人特殊教育服务与生活福利服务领域内开展的。

18世纪的英国出现了从事聋童教育的专业教师,并有了专门的聋童教育机构。

亨利·贝克尔(1698—1774)是英国第一位专业聋人教师。

1760年,英国聋童教师托马斯·布雷渥在爱丁堡建立了英国第一所聋童教育机构,1773年移至伦敦,并创办了第一所聋童学校。1812年,巴尔的摩市开办了第一所盲校。

1768年,德国海尼克在艾本道夫建立了德国第一所聋人训练学校,1778年迁至莱比锡。

1780年,瑞士人奥比(Orbe)创立了第一家为残疾人服务的机构。这时的残疾人工作主要是福利性的,即针对残疾人的健康及生活起居进行护理,可以称之为最初的残疾人工作。

① 王思斌主编:《社会工作概论》,高等教育出版社2004年版,第3页。
② 孟繁玲主编:《聋人与社会》,郑州大学出版社2010年版,第11-12页。

1816年,古根默斯在意大利的哈里斯特建立了专门的弱智学校。

1817年,在美国康涅狄格州的哈特福德建立了第一个专为失聪人士开设的永久性学校——美国失聪人士学校。

1820年,第一个同时为残疾人提供服务和教育的残疾人之家在德国慕尼黑成立。在它的带动下,欧洲和美国各地纷纷建立起各种招收残疾儿童的公立和私立学校。1848年,第一个为智障人士服务的居家式公共机构在美国的波士顿建立。

1869年,第一个轮椅专利在美国专利局登记注册。

三、发展时期

国外残疾人社会工作的发展时期是从20世纪初期至20世纪60年代。

20世纪初期以来,国际人权事业的发展,人道主义的传播,残疾人特别是第二次世界大战以后的伤残人员强烈要求回归主流社会,这一时期成为残疾人社会工作的发展时期。

1919年,被全世界公认的为残疾人提供服务的先驱者组织——美国复活节邮章社,在俄亥俄州的一个小镇上诞生了。经过80多年的演变,美国残疾人事业的重点也从最初的以提供福利为主转变为在日常生活、经济和社会等各个方面为残疾人创造与健全人享有同等机会的条件。

1921年,美国医务社会工作专家蒲爱德(Pruit)在北京协和医院创立社会服务部,把医务社会工作思想导入中国,促进了残疾社会工作的发育。

1922年,第一个为残疾人服务的国际组织"国际康复会"成立,对推动各国政府开展残疾人康复工作发挥了重要作用。

1951年,世界聋人联合会(World Federation of the Deaf,WFD)成立,是一个与联合国经社理事会、联合国教科文组织、国际劳工组织和世界卫生组织有正式关系的国际性非政府组织。其宗旨是造福于世界各国聋人,捍卫聋人的权利,帮助聋人康复。该会总部设在意大利罗马,每四年举行一次大会。中国聋人协会是其正式会员。

1957年,世界聋人联合会根据欧洲各国聋人组织的倡议,决定1958年9月28日为第一个国际聋人节,并规定以后每年9月的第四个星期日为国际聋人节。其意义在于对社会进行宣传,引起社会对聋人工作的重视,提高聋人的社会地位。

四、立法时期

国外残疾人社会工作的立法时期是20世纪60年代至80年代。

进入20世纪中叶,随着人权运动在世界范围内迅速发展,残疾人反对歧视、争取平等权利的运动空前活跃。第二次世界大战以后,国际社会和各国政府纷纷通过立法保护残疾人权益,可称为残疾人社会工作的立法时期。

马洪路在主编的《残障社会工作》一书中认为,各国保障残疾人权益的立法从 20 世纪初开始出现,第二次世界大战后逐步发展,到 70 年代在发达国家已经基本形成了一套比较完备的法律制度,为残疾人的社会福利提供了保障。联合国有关组织和机构的积极工作,对许多国家的残疾人立法保障起了一定促进作用。目前,已有 130 多个国家和地区制定了有关残疾人的法律。

(一)世界各国相继制定法律

世界各国相继制定维护残疾人合法权益的各项法律。

1893 年,英国颁布了第一部有关残疾人特殊教育需求的法律《初等教育法》,这是保障对盲聋儿童提供特殊教育的法律。1944 年颁布《残疾人就业法》。1986 年颁布《英国残疾人法》等。1886 年,德国颁布了《重度残疾人加入劳动、工作和社会保障法》,1993 年该法做了修改。1975 年,法国通过了《残疾人方针法》等。1935 年,美国实施了《社会安全法案》,1963 年制定了《职业教育法》,1973年公布了《残障者康复法》,1968 年,美国国会通过了《建筑无障碍法》,1990 年制定了《美国残疾人法案》等。其他各国,如意大利、荷兰、瑞典、加拿大、日本、苏联、澳大利亚,以及东欧、北欧诸国,残疾人立法起步也较早。印度、泰国、巴基斯坦、蒙古国、孟加拉国、土耳其、伊朗、叙利亚、沙特、约旦、巴林、巴西、哥伦比亚、刚果、坦桑尼亚、乌干达等一些发展中国家也相继立法。

(二)联合国决议及国际立法

1948 年 12 月 10 日,联合国大会第 217A(Ⅲ)号决议通过并颁布的《世界人权宣言》规定:残疾人有接受社会保障的权利。以后有关残疾人的专门宣言里都特别重申了《世界人权宣言》所载的各项原则。这期间联合国公布的有关残疾人的重要文件有:1969 年《禁止一切无视残疾人的社会条件的决议》、1970 年《弱智人权利宣言》、1971 年《智力迟钝者权利宣言》、1971 年《精神发育迟滞者权利宣言》、1975 年《残疾人权利宣言》、1977 年《聋盲者权利宣言》。还包括一些重要文件:《社会进步和发展宣言》《消除对妇女一切形式歧视公约》《关于残疾人恢复职业技能的建议书》《残疾预防及残疾人康复的决议》《开发残疾人资源的国际行动纲领》等。值得注意的是,1975 年公布的《残疾人权利宣言》,规定残疾人有基本生活权利、政治权利、康复权利、劳动权利、受教育权利,以及人格尊严、平等待遇的权利。这被认为是继种族解放、妇女解放、民族解放之后人类的又一次解放运动。

五、快速发展时期

国外残疾人社会工作的新的发展时期是 20 世纪 80 年代以后至今。

20 世纪 80 年代以后,"平等·参与·共享"成为国际残疾人社会工作的新的理念,国际残疾人社会工作进入了一个新的发展时期。

伴随着"和平与发展"的世界主流,经济飞速发展,现代化进程加快,各国间多边联系和交往加强。与此相联系的是,国际残疾人组织更加壮大,各国残疾人组织的交往和合作日渐增多,在联合国的作用下,国际残疾人社会进入到了一个快速发展时期,建立了统一的残疾人的世界性组织,形成了国际残疾人社会工作体系及其共同行动。

1981 年残疾人的世界性组织——残疾人国际(Disabled People's International, DPI)成立并得到联合国的承认与支持,其宗旨是呼吁各国政府采取切实措施,并动员、帮助残疾人以平等的权利和机会参与社会生活。保护残疾人合法权益,改善残疾人生活质量,是国际社会的共同职责。

联合国确定 1981 年为"国际残疾人年"。1982 年 12 月 3 日,联合国大会第 37 届会议通过了《关于残疾人的世界行动纲领》,宣布 1983—1992 年为"联合国残疾人十年",12 月 3 日为"世界残疾人日",确立了"充分参与、同等机会、平等分享"社会生活的崇高目标。该行动纲领的实施,是国际残疾人工作空前发展的一个重要里程碑。1983 年第 69 届国际劳工大会通过了具有约束力的《残疾人职业康复和就业公约》。1993 年 12 月,联合国大会第 48 届会议通过了《残疾人机会均等标准规则》,其宗旨是确保残疾人作为公民,能够行使与其他人同样的权利和义务,并要求各国承担坚定的道义和政治责任,在残疾人机会均等方面采取行动。在联合国秘书处系统,主要由经济与社会的事务部的社会政策与发展司主管残疾人事务,该司内设残疾人股。

当人类社会进入 21 世纪时,国际残疾人运动已经进入一个新的发展阶段。邓朴方认为,通过"联合国残疾人十年"等全球性活动,残疾人人权保障意识不断提高,各国更加重视残疾人事务,通过发展残疾人事业,促进了残疾人的"平等·参与·共享"等权益保障。然而,对于残疾人这一弱势群体,虽然联合国有了《关于残疾人的世界行动纲领》和《残疾人机会均等标准规则》,但是缺乏有法律约束力的国际文书,比如说一部《残疾人权利公约》,"这不能不说是联合国在推动残疾人事务方面的一大缺憾"[1]。

为了唤起国际社会对残疾人问题的关注,并采取相应行动,残疾人国际、融

---

[1]　邓朴方:《人道主义的呼唤》(第三辑),华夏出版社 1996 年版,第 90 页。

合国际、康复国际、世界盲人联盟、世界聋人联盟等国际残疾人组织的领导人和中国等一些国家的残疾人组织的高层代表,于 2000 年 3 月聚会北京,一致通过了《新世纪残疾人权利北京宣言》,强烈呼吁国际社会制定《残疾人权利公约》,使其对各国具有法律约束力,使保障残疾人权利成为义不容辞的责任和义务,以加强联合国《关于残疾人的世界行动纲领》和《残疾人机会均等标准规则》的权威性。邓朴方说:"我在这里再一次郑重重申这一呼吁,提请国际社会、联合国、各国政府及非政府组织给予充分关注和有力支持,尽快启动制定《残疾人权利公约》的程序和进程。"

为了保障残疾人的合法权益,确保所有残疾人充分和平等地享有一切人权和基本自由,2001 年 11 月联合国大会第 56 届会议决定成立特设委员会,研究制定《残疾人权利公约》。特设委员会先后召开了 8 次会议,最终就《残疾人权利公约》内容达成一致意见。

2006 年 12 月 13 日,联合国大会第 61 届会议审议并通过了具有里程碑意义的《残疾人权利公约》,2008 年 5 月 3 日生效。中国已于 2007 年 3 月 30 日签署《残疾人权利公约》,是首批签署国家之一。2008 年 6 月,中国第十一届全国人大常委会第三次会议批准了《残疾人权利公约》,同年 9 月《残疾人权利公约》对中国正式生效。中国认真履行《残疾人权利公约》规定的义务。截至目前,全世界已有 177 个国家批准了《残疾人权利公约》。

2012 年 6 月 6 日,在"消除障碍,促进融合"国际论坛上,时任中共中央政治局委员、国务院副总理、国务院残疾人工作委员会主任回良玉发表了《保障残疾人平等权利 促进残疾人融合发展》的重要讲话,第十一届全国政协副主席、第十一届国务院残疾人工作委员会副主任、中国残联名誉主席邓朴方发表了《弘扬人道主义思想,保障残疾人人权》讲话,中国残疾人联合会主席张海迪发表了《让残疾人沐浴爱的阳光》讲话,中国残疾人联合会党组书记、理事长王新宪发表了《全面履行〈残疾人权利公约〉,促进残疾人平等、参与、共享》讲话(详见《残疾人研究》2012 年第 3 期),以及中国政府代表团团长、国务院残疾人工作委员会秘书长王乃坤在联合国国际残疾人权利委员会审议中国首次履约报告会议上的陈述性发言(详见《残疾人研究》2012 年第 4 期)。这些讲话,是从理论与实践相结合的高度,阐明《残疾人权利公约》基本原则与崇高目标的重要文献。总之,中国残疾人事业对国际影响进一步扩大。中国残疾人联合会主席邓朴方荣获联合国人权奖。

2015 年 10 月 29 日,国务院总理李克强在亚欧会议框架下残疾人合作暨全球辅助器具产业发展大会开幕式上发表致辞。他说:"残疾人事业的发展是一国人民生活水平提高、人权事业进步和社会文明程度的重要体现。中国高度重视

残疾人事务,正与各国共同努力,落实 2030 年可持续发展议程中有关残疾人事业发展的内容。我们经过几十年不懈努力,在残疾人事业领域中走出一条既体现国际先进理念,又符合中国国情的可持续发展道路。中国要在 2020 年全面建成小康社会,需要进一步健全残疾人权益保障制度,完善残疾人公共服务体系,大幅增加公共产品和公共服务供给,帮助残疾人共享经济社会发展成果,决不让残疾人'掉队'。"

2016 年 8 月 3 日,《"十三五"加快残疾人小康进程规划纲要》(国发〔2015〕7号)明确提出:"广泛传播《残疾人权利公约》的理念。"

中国残疾人事业国际影响力不断扩大,开展了更广泛的国际交流合作。中国认真履行联合国《残疾人权利公约》规定的义务。我国在残疾人扶贫、无障碍环境建设等方面取得的成就受到国际社会的充分肯定。2012 年在北京举办了"消除障碍·促进融合"国际论坛,联合国秘书长潘基文发来贺词,论坛通过的《北京宣言》呼吁国际社会加强合作,促进残疾人融合发展。我国政府推动实施了第三个"亚洲残疾人十年",中国残联主席张海迪荣获联合国"亚太残疾人权利领袖奖"。推动将残疾人事务纳入联合国《2030 年可持续发展议程》。推动建立了亚太经合组织、亚欧会议、中国—东盟等框架下的残疾人事务区域合作机制。积极开展"一带一路"残疾人领域合作。成功举办 2013—2022 年亚太残疾人十年中期审查高级别政府间会议,"亚太残疾人十年"由中国首倡、在北京发起,已成为残疾人事务区域合作的典范。2014 年,张海迪当选康复国际主席,几年来应邀出席联合国社发大会、人权理事会社会论坛、亚太经社会会议、全球残疾人事务高峰会议等,与很多国家和地区分享了中国残疾人事业发展的经验,在国际社会有了更多的话语权。中国残疾人权益保障成就得到了国际社会的普遍赞誉。

2017 年 11 月 27 日至 12 月 1 日,2013—2022 年亚太残疾人十年中期审查高级别政府间会议在北京举行。国务委员王勇出席开幕式,宣读中国国家主席习近平致会议的贺信并致词。

习近平在贺信中指出,残疾人是人类大家庭的平等成员。在全球范围内推进可持续发展,实现"一个都不能少"的目标,对残疾人要格外关心、格外关注。随着联合国《残疾人权利公约》和《2030 年可持续发展议程》实施,保障残疾人平等权益、促进残疾人融合发展越来越成为国际社会和各国的普遍共识和共同行动。"亚太残疾人十年"由中国首倡、在北京发起,对推动亚太国家和地区在发展残疾人事业上互学互鉴起到了重要作用,成为残疾人事业区域合作的典范。

习近平强调,改革开放以来,中国残疾人事业取得举世瞩目的成就。党的十九大提出,中国坚持以人民为中心,坚持在发展中保障和改善民生。中国将进一步发展残疾人事业,促进残疾人全面发展和共同富裕。中国将一如既往推动包括亚太地区在内的国际残疾人事业共同发展。希望本次会议为增进本地区残疾人福祉做出新的贡献。

总之,这一时期,国际残疾人社会工作的理念日益成熟,保障残疾人权益的法律体系日益完善,各国政府残疾人社会工作日益加强,各国残疾人组织活动日益活跃,残疾人社会工作专业化日益显现。

第二节 中国古代慈善救济与近现代残疾人社会工作

中国是一个有着五千年悠久历史的文明古国。中华民族深受儒家仁爱思想、道家善恶思想、佛教慈悲思想的影响,素有扶助贫弱、帮困扶危、尊老爱幼、慈善助残的优良传统。在这样的文化背景下,中国残疾人慈善救济工作和社会工作,大体上经历了中国古代、近现代和新中国成立后三个阶段的发展历程。

一、中国古代的慈善救济

溯本求源,中国残疾人社会工作思想的萌芽产生于中国古代的慈善救济制度及其活动,但作为一门具有专业性质的社会工作,那是以后才有的。

中国的慈善思想源远流长,不仅先秦时期的诸子百家对此有过精辟的论述,而且先秦时期传统的社会慈善救济制度已经初步形成。西周时期官方就设立专门负责社会保障事务的官职,建立救灾备荒的荒政制度,提出"保息"六政,实行普遍社会救济。《周礼·地官司徒》"大司徒"的职责中说:"以保息六养万民,一曰慈幼,二曰养老,三曰振穷,四曰恤贫,五曰宽疾,六曰安富。"《礼记·礼运大同篇》记述了孔子提出的社会福利主张:"大道之行,天下为公。选贤与能,讲信修睦。故人不独亲其亲,不独子其子。使老有所终,壮有所用,幼有所长,鳏寡孤独废疾者皆有所养……"《管子·入国》主张推行"九惠之教"的社会福利政策:"入国四旬,五行九惠之教。老老、慈幼、恤孤、养疾、合独、问疾、通穷、赈困、接绝。"孔子的"大同思想"对于加强我国社会工作有着重要的借鉴作用。

自秦汉开始,中国进入了封建大一统时期,专制主义的中央集权制度得以确立。出于巩固统治的需要,历代王朝均制定并实施了各种维护社会安定的政策措施。为了保证子孙对父祖克尽赡养之义务,还规定对有老人、残疾人的家庭减免征税。《礼记·王制》记载:"凡三王养老皆引年。八十者,一子不从政;九十者,其家不从政;废疾非人不养者,一人不从政。"这里"不从政",就是不服劳役。杨团、葛道顺在其主编的《中国慈善发展报告(2009)》中这样写道:后世的历代统治者和思想家,也从"民为邦本"的指导思想出发,强调赈贫恤患、救助老幼孤寡的重要性。管仲辅佐齐桓公时,为达到笼络民心的目的,提出"兴德六策"和"九惠之教"。兴德六策指"匡其急""赈其穷""厚其生""输之以财""遣之以利"及"宽其政"。其中,"匡其急"是指"养长老""慈孤幼""恤鳏寡""问疾病""吊祸丧";"赈其穷"则包括"衣冻寒""食饥渴""匡贫窭""振罢露""资乏绝"等内容。九惠之教指"老老""慈幼""恤孤""养疾""合独""问疾""通穷""振困"和"接绝"等九项惠民之政。管仲认为,实行上述政策,百姓就能得其所欲,接受统治者的统治,使各项政策落到实处。也就是说,慈善事业的施行,与国家的治理振兴有直接的关系。管仲相齐达 40 年之久,这些主张显然得到了很好的贯彻执行。齐国之所以能称霸诸侯,当与管仲推行的以慈善救济为主要内容的爱民、惠民政策密不可分。

两汉时期的救助对象主要包括"高年、鳏、寡、孤、独及笃癃,无家属不能自存者"等社会弱势群体。救助内容和措施有蠲免徭役、赋税,减轻刑罚,赈济生活用品,问医施药,掩埋遗骸等。东汉颁布的诏书中,更将"笃癃"列为专门救助对象。汉成帝刘骜在位期间规定:孤、独、盲者及侏儒,官方不得擅自征召,凡有狱讼,不得缚绑、拘执。

魏晋南北朝时期,魏文帝曾下诏书,"赐天下男子爵二级;鳏寡笃癃及贫不能自存者赐谷"。南北朝时期还出现了专门收容孤疾之人的设施"六疾馆"。北宋初建,即在京师建立名为福田院的机构,"以收养老幼废疾"。神宗熙宁九年(1076)又下诏:"凡鳏寡孤独、癃老、疾废、贫乏不能自存应居养者,以户绝屋居之;无,则居以官屋,以户绝财产充其费,不限月。"

隋唐时期实行的义仓以赈济为职能,特别是唐代规定对病残者,政府不课税:"老及笃疾、废疾者,人四十亩,寡妻妾三十亩……若老及男废疾、笃疾、寡妻妾……不课。"①唐代贞观二年(628)建立官方的救济机构"养济院",收养赈济贫困和伤残者。

宋元时期对残疾人实行收养。12 世纪初,南宋政府在江西南昌设立"运司养济院",在景德镇以及洪州、饶州各地设立养老育孤、扶残济贫的院所,由当地官员捐款收容赈济无家可归的病人和残疾人。② 元代颁布法律,救济鳏寡孤独废疾者。元初,大臣刘秉忠在书中建议:"鳏寡孤独废疾者,宜设孤老院,给衣粮以为养。"③忽必烈采纳了他的建议,下诏赈济天下鳏寡孤独废疾者。元朝还设立相关法律,以确保收养政策的有效实施,"诸鳏寡孤独,老弱残疾,穷而无告者,

---

① 《新唐书·食货志一》,中华书局 1980 年版。
② 《新唐书·食货志一》,中华书局 1980 年版。
③ 《元史》卷 105,中华书局 1976 年版,第 2690 页。

于养济院收养。应收养而不收养，不应收养而收养者，罪其守宰，按治官常纠察之。"①"鳏寡孤独，老弱残疾，不能自存，寄食养济院，不行收养者，重议其罪。"②

明清时期重视"鳏寡孤独残"的生存问题，颁布法律，如《大明律》《大明令》《大清律例》和《大清会典》，对他们的生活救助有所规定。王卫平在《明清时期残疾人社会保障研究》一文中引用文献，并做了专门论述。下面，我们摘引了该文有关资料和论述。

全国各省府州县普遍设立养济院（明初一度称为孤老院），从事收养。明太祖朱元璋出身寒微，早年流落民间，遍尝生活艰辛，对民间疾苦有切身的体会，因此在建立明王朝后不久，即对鳏寡孤独之人表露出同情和关切，要求"鳏寡孤独废疾不能自养者，官为存恤"③。并在洪武五年（1372），"诏天下郡县立孤老院"。为了保证这一决定的实施，将它著之于律，在《大明律》中专门规定："凡鳏寡孤独及笃疾之人贫穷无亲属依倚不能自存，所在官司应收养而不收养者杖六十。若应给衣粮而官吏克减者以监守自盗论。"需要指出的是，明代养济院是收养"以处孤贫残疾无依者"的设施，其收养对象，并非社会上所有鳏寡孤独贫病之人，而是指那些"贫穷无亲属依倚不能自存"的"鳏寡孤独及笃疾之人"，尤其是"笃废疾"之人。所谓"笃废疾"者，按照《大明律》卷一"名例"律的解释："废疾谓一目、折一肢之类，笃疾瞎两目、折两肢之类。"这种规定在建文帝以后进一步明确，建文元年（1399）二月诏曰："鳏寡孤独贫不能自存者，岁给米三石，令亲戚收养。"并无由养济院收养的规定。而对于"笃废残疾者"，则明确要求"收养济院，例支衣粮"。其后历代皇帝，也曾多次加以强调。虽然各地在收养孤贫过程中，执行情况不尽一致，但可以知道，收养贫困无依的残疾人始终是官府关注的重点，如浙江省石门县养济院，"凡民之笃废残疾茕独鳏寡不能自存者，皆收养于此"④。

清朝建立以后，沿袭了明代的做法，统治者也极为重视养济院建设，顺治五年（1648）十一月发布诏书，要求"各处养济院，收养鳏寡孤独及残疾无告之人，有司留心举行，月粮依时给发，无致失所。应用钱粮，察照旧例，在京于户部、在外于存留下动支"。⑤　其后康熙、雍正、乾隆诸帝均曾颁诏，要求各地恢复、设立养济院，收容孤贫废疾，官为存养，如乾隆元年（1736）四月丁丑："谕各省府州县皆有养济院，以收养贫民。此即古帝王哀矜茕独之意。朕闻归化城地方，接壤边关，人烟辏集，其中多有疲癃残疾之人，无栖身之所，日则乞食街衢，夜则露宿荒

① 《元史》卷105，中华书局1976年版，第2640页。
② 《元史》卷105，中华书局1976年版，第2641页。
③ 《明会要》卷五一《民政二》。
④ 光绪《石门县志》卷三。
⑤ 《清实录》顺治五年十一月辛未。

野,甚可悯恻。彼地旧有把总官房三十余间,可以改为收养贫民之所。"①由于皇帝重视,加上乾隆以前政治清明、经济发展,故养济院在全国得到广泛普及,据星斌夫对地方志的统计,江苏、浙江、安徽、江西、湖南、福建、广东7省132个县中,明确记有养济院的达130个县,其普及率达98.5%。② 一般来说,每县一所,但在有些地方甚至有一县二所的现象。

陆德阳与日本的稻森信昭在合著的《中国残疾人史》中写道:"残疾现象的出现带来的影响不仅仅限于残疾者本身及其家庭,而且波及社会,形成严峻的社会问题。任何一个朝代的统治者,只要他所掌握政权的国家机器在正常地运转着,他们就不能完全无视这个特殊的社会群体,总会或多或少地对残疾者采取一些相应的措施,制定一些抚恤政策,以维护自己的统治和社会的安定。"他们根据众多文献的记载,论述了中国历代王朝对残疾人所实行的抚恤政策,并且做了评述。同时,他们还介绍了地方社会和宗教对残疾人的慈善救济观念及其活动。

二、中国近现代的慈善救济与社会工作实践

现在,学术界倾向于把1840年至1949年一百年间的历史,统称为"中国近代史"。但是,由于学科建设、学术习惯的关系,不少论者仍把1919年至1949年的历史称为"中国现代史"。因此,我们拟了"中国近现代的慈善救济与社会工作实践"这个题目。

清道光二十年(1840),英国侵略者向古老的中国发动了第一次鸦片战争。鸦片战争以后,中国开始由独立的封建社会逐步变成半殖民地半封建社会,中华民族开始了一百多年屈辱、苦难、探索、斗争的历程。

(一)晚清时期的慈善救济

鸦片战争以后,清政府将大笔军费和巨额赔款,全部转嫁给劳动人民。在这种剧烈的社会动荡中,清政府已经无力拿出财力实施社会救助,从此改变了自秦汉以来形成的以政府为主导的官方慈善救济模式,逐步转入以民间为主导的慈善救济模式。

中国真正的近代特殊教育的开端是与西方思想的传入分不开的。1871年,英国人穆威廉来到中国。为了向中国的盲人传道,他于清朝同治十三年(1874)在北京建立了第一所盲童学校。名为"启明瞽目院"。美国传教士查理梅尔斯夫于清朝光绪十三年(1887)在山东登州(今蓬莱市)建立了第一所聋校,名为"启喑

---

① 《钦定大清会典事例》卷三六九《户部·蠲恤》。
② 参见星斌夫:《清代の养济院、普济堂の展开とその相互关系》,载《明清时代社会经济史の研究》,国书刊行会1989年版。

学馆"。1898年,该校迁到烟台,改名为"启音学校",即今天"烟台市聋哑学校"的前身。随着洋务势力的发展,传教士在通商口岸及内地兴办了育婴堂、孤儿院、盲童学校、聋哑学校、诊所、医院等教会慈善机构,对中国近代慈善事业产生了重要作用。

（二）太平天国残疾人政策的新设想

太平天国(1851—1864)是清朝后期的一次由农民起义创建的农民政权。陆德阳与日本的稻森信昭在合著的《中国残疾人史》中认为,太平天国政权提出残疾人政策的新设想,主要有两个方面内容:其一,兴跛盲聋哑院,主张"有财者自携资斧,无财者善人助乐,请长教以鼓乐书数杂技,不致为废人也"[1]。此策上眉批说"是"。其二,鼓励、奖励民办跛盲聋哑院,发挥社会及全民的作用,"倘民有美举,如医院、礼拜堂、学馆、四民院、四疾院等,主张亲临以隆其事,以奖其成,若无其举,则诏瑜宣行,是厚风俗之法也"[2]。此策上眉批说"钦定此策"是也。后因太平天国运动失败未能实现。

（三）民国时期的慈善救济与社会工作实践

1.民国时期的慈善救济

王俊秋在《中国慈善与救济》一书中认为:"民国时期是我国历史上最混乱的时期之一。在短短三十多年的历史发展中经历了南京临时政府、北洋军阀统治和南京国民政府三个时期。"这一时期社会动荡不安,军阀混战长年不已,日本帝国主义发动侵华战争,蒋介石发动全面内战,自然灾害肆虐横行,社会矛盾与自然矛盾相互交织,天灾人祸相互影响。这种情况:一方面造成了民不聊生,社会需要救济的群体增大,另一方面政府财力严重不足,造成政府救济能力的衰减。20世纪40年代前后,社会上也曾出现过"中国盲民福利会",做了一些慈善工作。其间,民间也自发组织过"中华聋哑协会"。但由于得不到政府支持,不久就夭折了。同时,民国时期的盲聋哑教育十分落后,发展缓慢。至1948年,中国仅有盲聋哑学校42所,学生2380人,教职员360人。学校不仅数量少,而且多设在大城市,为有产者服务,广大劳动人民和农村群众的盲聋子女无法受到教育。所以,在民国时期,残疾人读书无门,就业无路,受人歧视,生活凄惨。

尽管国民政府先后颁布了不少法律和法规来规范社会救济,例如,相继颁发了《各地方救济院规则》(1928年)、《社会救济法》(1943年)等,但对残疾人实施的救济政策和措施均处于落后的地步。陆德阳与日本的稻森信昭在合著的《中国残疾人史》中认为,从历史的角度来看,仍有三个方面是值得注意的。第一

---

[1]　洪仁玕:《资政新篇·法法类》。
[2]　洪仁玕:《资政新篇·风风类》。

方面,在救济院中将残废所与其他救济设施区分开来,将残疾人单独列为一类,不再与其他人员混为一谈,不加区分。国民政府内政部颁发的《各地方救济院规则》规定:各省区、各特别市、各县市政府,为教养无自救能力之老幼残废人,并保护贫民健康、救济贫民生计,于各该省区、省会、特别市政府及县、市政府所在地,应按规定设立救济院,各县乡区村镇人口较繁处所,亦得酌量情形设立之;救济院有养老所、孤儿所、残废所、育婴所、施医所、贷款所等多种类型。① 第二方面,残废所普遍建立,不仅有地方行政机构设立者,还有慈善团体设置者。国民政府内政部调查了江苏、浙江、江西、湖北、湖南、云南、福建、广东、河南、河北、山西、辽宁、吉林、黑龙江、热河、绥远、察哈尔、新疆等18个地区的救济院以及旧有慈善团体所设立的救济事业,其中隶属于救济院的残废所有70所,属旧有慈善团体之中的残废所有45所。② 第三方面,比较详细而全面地介绍各国的残疾人政策、措施。随着时代发展、文明进步,西方的文明也逐渐介绍到中国。太平天国时期,洪仁玕在《资政新篇》中对西方的残疾人政策也作了一些介绍。譬如同书"法法类"说,在美国,"跛盲聋哑鳏寡孤独各有书院,教习各技。更有鳏寡孤独之亲友,甘心争为善事者,愿当众立约保养"。至民国时期,西方残疾人政策的介绍更为多见。陈凌云所作《现代各国社会救济》一书,分别介绍了意大利、德国、波兰、苏联、比利时、丹麦、法国、英国、美国、日本等国的社会救济事业,残疾人事业也是其中的一个重要组成部分。对中国的残疾人事业颇有学习、借鉴之重要作用。

2.民国时期的社会工作实践

20世纪初,一些传教士在中国的大学开始讲授社会学、社会服务等课程,一些大学的师生开始从事社会服务活动。1921年,在美国医务社会工作专家蒲爱德(Pruit)的领导下,北平协和医院首先创立社会服务部。1930年,济南鲁大医学附设医院设立社会服务部。1931年,南京鼓楼医院、上海红十字医院、仁济医院、重庆仁济医院先后成立社会服务部,开展医务社会工作。1932年,南京中央医院设立社会服务部,且派员到北平协和医院实习。很显然,在这个特殊的历史阶段,医务社会工作仅仅是初步的,处于萌芽状态。

20世纪30—40年代,一些在西方受过正规教育同时受西方文化影响的知识分子为了救国救民也从事农村发展活动,其中以由著名教育家、社会学家晏阳初(1890—1990)倡导并极力推行的河北定县平民教育实验区的运动,为乡村建设人员讲授农村社会学,开展农村社会调查最为典型。晏阳初将中国农村的问

---

① 邓云特:《中国救荒史·历代消极之救荒政策》,商务印书馆1998年版。
② 邓云特:《中国救荒史·历代消极之救荒政策》,商务印书馆1998年版。

题归为"愚、穷、弱、私"四端,主张以文艺、生计、卫生、公民"四大教育"分别医治之,以造就"新民",并主张在农村实现政治、教育、经济、自卫、卫生和礼俗"六大整体建设",从而达到强国救国之目的。主要著作有:《平民教育的真义》(1928)、《农村运动的使命》(1935)、《十年来的中国》(1937)等。对此,王思斌在主编的《社会工作概论》做了这样的评述:"这是中国知识界施行的、具有一定专业性质的社会工作实践活动。虽然因战争等原因,这些实践活动并没有取得预期的结果,但它在世界社会工作发展史上仍有重要意义。"

第三节　中国特色残疾人事业及其社会工作的发展

2018 年 12 月 18 日,习近平总书记在《在庆祝改革开放 40 周年大会上的讲话》中指出:"建立中国共产党、成立中华人民共和国、推进改革开放和中国特色社会主义事业,是五四运动以来我国发生的三大历史性事件,是近代以来实现中华民族伟大复兴的三大里程碑。"(下文简称《讲话》)[①]

一、新中国残疾人事业及其社会工作经历两个阶段

新中国成立后,残疾人事业及其社会工作经历了初创起步与严重挫折两个阶段。

（一）初创起步阶段（1949 年 10 月—1966 年 4 月）

在半殖民地半封建的旧中国,由于帝国主义、封建主义、官僚资本主义的统治和奴役,广大残疾人生活在社会最底层,饱受欺凌、压迫和歧视,过着沿街乞讨、朝不保夕的生活。

1949 年 10 月 1 日,中华人民共和国的成立,标志着中国人民受奴役受压迫的半殖民地半封建时代已经过去。我们党在迅速医治战争创伤、恢复国民经济基础上,创造性地进行社会主义改造,建立起社会主义基本制度。广大残疾人和全国人民一起获得了政治权利和基本生活权利。中国残疾人事业及其社会工作起步并得到一定的发展,奠定了初步发展的基础。[②]

1.保障残疾人民主权利

1949 年 9 月 29 日,中国人民政治协商会议第一届全体会议通过了《中国人

---

① 习近平:《在庆祝改革开放 40 周年大会上的讲话》,人民出版社 2018 年版,第 4 页。
② 下文中许多文献资料摘录华夏出版社 2008 年出版的《中国残疾人事业大事编年（1949—2008）》,特表感谢!

民政治协商会议共同纲领》,简称"共同纲领"。它在1954年《中华人民共和国宪法》颁布前,起"临时宪法"的作用。[1] "共同纲领"第三章军事制度第二十五条规定:"革命烈士和革命军人的家属,其生活困难者应受国家和社会的优待。参加革命战争的残废军人和退伍军人,应由人民政府给以适当安置,使能谋生立业。"虽主要针对残疾军人,但这些规定也为新中国成立后发展残疾人福利事业确立了最基本的法律依据,故可将其视为残疾人事业的初创标志。[2]

1950年12月11日,内务部公布实施《革命残废军人优待抚恤暂行条例》《革命工作人员伤亡褒恤暂行条例》和《民兵民工伤亡抚恤暂行条例》。

1951年11月,周恩来总理签发《关于改革学制的决定》,"各级人民政府应设立聋哑、盲目等特种学校,对生理上有缺陷的儿童、青年和成人施以教育"。

1953年5月,教育部在北京召开聋校代表会议,研究教学改革和聋校发展方向,讨论手语教学和教育计划,决定开展教学改革并委托北京、上海、哈尔滨三地四校进行实验。

残疾人的民主权利、人身权利同健全人一样,得到法律保障。1954年9月20日通过的《中华人民共和国宪法》规定:劳动者在年老、疾病或丧失劳动能力的时候,有获得物质帮助的权利;国家举办社会保险、社会救济和群众性卫生事业,以保证劳动者享有这种权利。一些政策中也对保障残疾人权益做出规定。

1956年6月,第一届全国人大第三次会议通过的《高级农业生产合作社示范章程》,规定农业生产合作社对于缺乏劳动力或者完全丧失劳动力、生活没有依靠的老、弱、孤、寡、残疾的社员,在生产上和生活上给以适当的安排和照顾。

2.残疾人组织相继建立

1953年3月,中国第一个残疾人福利组织——中国盲人福利会在北京成立。宗旨是:协助政府关心、扶助广大盲人群众,为盲人福利服务。中国盲人福利会由政务院内务部部长谢觉哉兼任主任委员、副主任委员为伍云甫、黄乃(盲人),总干事为张文秋。

1954年1月,毛泽东主席的亲家张文秋,当时被安排到盲人福利会工作,张文秋起初有点想不通。当时她和毛主席谈到这个问题,想换个工作。毛主席说:"盲人是世界上最痛苦的人。你既然是为被压迫的人谋解放才出来革命的,为什么不去解放这些最痛苦的人呢? 我劝你去,你要为他们解决困难,谋福利。"

---

[1] 《辞海》(政治法律分册),上海辞书出版社1978年版,第132页。
[2] 转引自江苏省残疾人事业发展研究会、南京大学残疾人事业发展研究中心编著:《中国特色残疾人事业概论》,华夏出版社2017年版,第105页;参见郑功成:《中国社会保障论》,中国劳动社会保障出版社2009年版,第52页。

1956 年 2 月,中国聋哑人福利会在周恩来总理关怀下在北京成立,宗旨是:协助政府联系广大聋哑人群众,为聋哑人福利服务。

1958 年 7 月,中国聋人手语改革委员会成立。

1960 年 5 月 20 日,中国盲人福利会、中国聋哑人福利会合并。中国盲人聋哑人第一次全国代表会议在北京召开。周恩来、朱德、邓小平、李先念等党和国家领导人接见代表。余益庵作《关于盲人聋哑人工作的报告》。会议讨论了工作报告,通过了《中国盲人聋哑人协会章程》,选举产生中国盲人聋哑人协会领导机构。随后,中国盲人聋哑人协会广泛联系盲聋哑人群众,积极开展工作。

3. 开展社会救济和就业工作

政府建立了福利机构,无依无靠的重残人、残疾孤儿、残疾老人、伤残军人得到收养或安置,生活困难的残疾人得到救济。农村残疾人分得土地和生产工具,城市建立福利工厂。1960 年起开始在农村建立五保制度,即在生活上给以适当照顾,做到保吃、保穿、保烧(燃料)、保教(儿童和少年)、保葬,使他们的生养死葬都有保障。

1958 年 8 月 1 日,新中国第一个由中央政府举办的盲人医疗按摩单位——"北京盲人按摩训练班实习诊所",在北京西城区宝产胡同 7 号成立,隶属内务部。这是北京按摩医院的前身。

4. 发展残疾人文化、教育、体育

1952 年政府组织盲人和语言专家制定汉语盲文,1953 年向全国推行,从而统一了全国盲文文字,并沿用至今。

1954 年 3 月,中国盲人福利会主办的机关刊物、中国第一份残疾人读物《盲人月刊》在北京创刊。

当《盲人月刊》创刊号送到毛泽东手中,他很感兴趣,闭上眼睛,双手触摸着密密麻麻的凸点字,说:"我第一次看到盲文,一个字也不认识。"当了解到盲文 6 个凸点的变化特点,毛泽东很高兴地说:"中国汉字很复杂,用 6 个凸点就代表了全部汉字,这个凸点真是变化无穷啊!"

1958 年 7 月,中国聋人手语改革委员会成立,拟定聋人汉语手语方案。

1958 年 9 月,新中国第一个盲文印刷所成立,出版盲文读物,满足盲人学文化、学习按摩的需求。

至 1964 年,全国各地为盲人聋人建立了不少的社会福利生产单位,使有劳动能力的盲人聋人参加了自己力所能及的劳动,盲人按摩事业有了良好发展,全国已办起了 70 个按摩诊所,全国各大中城市设立了盲、聋哑学校。为了使成年盲人聋人有学习的机会,各地采取措施:还建立了盲人聋人业余学习班(组)和学

校,出版了盲校课本、课外读物共 7 万多册;进行了汉语拼音盲字方案、盲文政治学习常用词连写法、盲文分词连写法和数理化符号的研究;制定与出版了四辑聋人通用手势语草图与汉语手指字母方案;卫生部门深入农村山区开展了治盲,使不少盲人重见光明。1964 年 4 月,盲文版《毛泽东选集》翻译出版工作启动。残疾人教育得到较快发展,举办了盲人、聋人运动会和文艺会演等。

1953 年 6 月 15 日,广西聋哑人关三标参加南宁水上运动会获 3 米跳板跳水冠军,成为残健同场竞赛第一个获胜的残疾人运动员。

4.开展残疾预防工作

开展了计划免疫、盲聋防治、地方病防治等工作。1956 至 1958 年在 54 个县对盲人、聋哑人状况进行了抽样调查。1958 年卫生部主持召开第一次全国精神卫生工作会议,制订 1958—1962 年精神卫生工作五年计划,提出"积极防治、就地管理、重点收容、开放治疗"的精神卫生工作原则。1959 年成立了中国耳聋防治委员会筹备会。卫生部门组织人员深入农村山区开展了治盲,使不少盲人重见光明。1960 年 5 月 20 日,中国盲人福利会、中国聋哑人福利会合并。中国盲人聋哑人第一次全国代表会议在北京召开。1964 年 7 月,第二届全国盲人聋哑人代表大会在北京召开。之后,积极开展工作。

这一时期中国残疾人事业及社会工作处于初创起步阶段,残疾人的生活状况与新中国成立前相比,发生了质的变化。但是,由于受到当时经济、历史、文化发展条件的局限,残疾人事业及残疾人工作主要侧重于对残疾人的扶助、收养和救济,保障水平不高,工作比较分散。

(二)严重挫折阶段(1966 年 5 月—1976 年 10 月)

1966 年 5 月至 1976 年 10 月的"文化大革命",给我们党、国家和全国各族人民带来深重的灾难,残疾人也遭厄运,留下了极其惨痛的教训。新中国成立后形成的尚不完善的社会保障制度和残疾人组织遭到重创,人道主义遭到践踏,残疾人事业及残疾人工作遭到严重破坏。

1968 年内务部撤销,所属中国盲人聋哑人协会停止活动。我国盲聋哑事业遭受极左路线的干扰和"福利主义"大棒的摧残,许多盲聋哑生产单位被迫合并、搬迁和撤销。盲聋哑学校和其他福利设施,有的被迫停办,有的移交,有的解散,遭到严重破坏。这些协会组织被加上种种莫须有的罪名,如上海市盲人聋哑人协会被污蔑为"全民福利"修正主义的产物,应立即取消,由革命造反派接管。协会房屋、财产、设备等被占用。不少协会干部被揪斗、游街,有的致残,甚至有的致死。有些盲人聋哑人群众也惨遭迫害,我国盲聋哑事业大伤元气。

习近平总书记在《在庆祝改革开放 40 周年大会上的讲话》中深刻地指出:

"以毛泽东同志为主要代表的中国共产党人,把马克思列宁主义基本原理同中国革命具体实践结合起来,创立了毛泽东思想,团结带领全党全国各族人民,经过长期浴血奋斗,完成了新民主主义革命,建立了中华人民共和国,确立了社会主义基本制度,成功实现了中国历史上最深刻最伟大的社会变革,为当代中国一切发展进步奠定了根本政治前提和制度基础。在探索过程中,虽然经历了严重曲折,但党在社会主义革命和建设中取得的独创性理论成果和巨大成就,为在新的历史时期开创中国特色社会主义提供了宝贵经验、理论准备、物质基础。"[1]

二、中国特色残疾人事业及其社会工作的发展

(一)恢复和快速发展阶段(1978—2012)

习近平总书记在《在庆祝改革开放 40 周年大会上的讲话》中说:"1978 年 12 月 18 日,在中华民族历史上,在中国共产党历史上,在中华人民共和国历史上,都必将是载入史册的重要日子。这一天,我们党召开十一届三中全会,实现新中国成立以来党的历史上具有深远意义的伟大转折,开启了改革开放和社会主义现代化的伟大征程。"[2]他又说:"党的十一届三中全会是在党和国家面临何去何从的重大历史关头召开的。当时,世界经济快速发展,科技进步日新月异,而'文化大革命'十年内乱导致我国经济濒临崩溃的边缘,人民温饱都成问题,社会百业待兴。党内外强烈要求纠正'文化大革命'的错误,使党和国家从危难中重新奋起。邓小平同志指出:'如果现在再不实行改革,我们的现代化事业和社会主义事业就会被葬送。'"[3]中国特色残疾人事业及社会工作是在邓小平同志亲手制定的党的十一届三中全会路线指引下,伴随着我国经济社会的发展而逐步发展起来的,也是在十年动乱的废墟中重新恢复和快速发展起来的。

1. 中国盲人聋哑人协会恢复活动

残疾人的命运,始终和祖国的命运紧紧连在一起。改革开放给中国残疾人事业及社会工作带来了新的春天。1981 年邓小平与美国前总统卡特谈话明确表示:"中国需要改进对残疾人的服务。"

1978 年 8 月 13 日,国务院批准《关于恢复中国盲人聋哑人协会组织和工作的报告》。1980 年先后两次召开中国盲人聋哑人第三、第四届全国代表大会。恢复了《盲人月刊》,创办了《中国聋人》杂志,而且协助政府有关部门开展盲人聋人社会救济、残疾防治、职业培训、文化体育、社会宣传和国际合作工作。

---

[1]　习近平:《在庆祝改革开放 40 周年大会上的讲话》,人民出版社 2018 年版,第4-5页。

[2]　习近平:《在庆祝改革开放 40 周年大会上的讲话》,人民出版社 2018 年版,第1-2页。

[3]　习近平:《在庆祝改革开放 40 周年大会上的讲话》,人民出版社 2018 年版,第2-3页。

中国盲人聋哑人协会恢复以来的 10 年里,各级协会在当地党政领导下,遵循代表会议的精神,克服种种困难,开展了许多工作,在盲人聋哑人就业安置工作、盲人按摩事业、盲症聋症防治与康复工作、盲聋哑教育事业、盲聋哑职工教育工作、盲文和手语的研究工作、伤残人盲人文体活动、协会干部参加的残疾人抽样调查和协会筹集资金的工作、立法工作、社会宣传工作、国际交往活动等方面都取得了显著成绩。

2.中国残疾人福利基金会成立

1984 年 3 月 15 日,中国残疾人福利基金会在北京正式成立,这标志着我国社会福利事业的新发展。"基金会是中国政府批准的全国性的社会福利团体,它将本着爱国主义和社会主义人道主义的精神,为中国残疾人服务。基金会的宗旨,是贯彻中华人民共和国宪法精神,使中国残疾人得到社会尊重和帮助,以平等的权利参与社会生活。基金会的任务是,呼吁社会关心残疾人的劳动、生活、康复、教育,争取有关方面制定相应的法律和规定,全面发展残疾人事业,筹集、管理和使用残疾人福利基金,开展残疾预防的宣传教育,开展与港澳同胞、海外华侨、国外友好团体和人士,以及国际残疾人组织的友好往来和相互合作。"①1988 年 10 月,中国残联创办了"中国康复研究中心",这是集医疗、教育和研究为一体的残疾人服务中心,其中社会康复工作由专业社会工作者实施。

在中国残疾人福利基金会成立 30 周年纪念会上,邓朴方说:"没有改革开放的大背景,没有解放思想、生动活泼的政治局面,没有人道主义思想的发扬光大,没有改革开放奠定的物质基础,就不可能有基金会的成立,就算成立了,也不会有众多人才汇聚,不会有各方面的突破,不会有事业的蓬勃发展。"②

3.中国残疾人联合会正式成立

中国残疾人联合会是由中国各类残疾人代表和残疾人工作者组成的全国性残疾人事业团体,简称中国残联,1988 年 3 月 11 日在北京正式成立。它是在中国盲人聋哑人协会和中国残疾人福利基金会的基础上组建而成的。中国残疾人联合会的组建标志着中国残疾人事业进入了一个"政府更加重视,社会更加关注,残疾人组织更广泛、更全面"的新的发展阶段。

乔石代表党中央、国务院向大会表示祝贺并讲话。邓朴方在向大会所做的《团结奋斗,开创残疾人事业新局面》报告中指出:"十一届三中全会以来的十年,是我国残疾人事业取得较大进展的十年,是我国残疾人事业崛起的十年。"③他

---

① 邓朴方:《人道主义的呼唤》(第一辑),华夏出版社 2006 年版,第 19 页。
② 邓朴方:《人道主义的呼唤选编》,华夏出版社 2016 年版,第 313 页。
③ 《中国残疾人事业重要文献(1978—2018)》(上),华夏出版社 2018 年版,第 429 页。

说：'崛起'这两个字，讲的实际上就是一个开创过程。"①而且邓朴方在报告中提出，在这个阶段，必须执行讲求实效、打好基础的战略。这个战略的基本要求是，扎扎实实地为残疾人办事，使他们得到实惠，而且明确提出，在组织体系、事业体系、政策法律体系和思想理论体系等方面打好基础，为今后的大发展创造条件。② 邓朴方首次提出这个发展战略的构想和理念，绝不是偶然的，而是在前期从事中国残疾人福利基金会实践和 1987 年首次对我国残疾人状况进行抽样调查基础上逐步形成的，并且经过多年的努力，才逐步形成一个组织体系、事业体系、政策法规体系和思想理论体系。

4. 快速发展的主要标志

邓朴方说，这个阶段跟我国的第二步战略相吻合，到 20 世纪末，"这个阶段，是一个快速发展时期"③。他又说：这阶段的"主要特征是丰富、完善、深化残疾人事业的体系。这一个阶段仍然是一个快速发展的阶段，仍然是一个打基础的时期，所以'讲求实效，打好基础'这 8 个字仍然是我们的基本方针"④。

(1)组织体系。经过恢复和快速发展，中国特色残疾人事业在服务残疾人的残疾人组织方面"形成了一个从中央到地方，横向到边，纵向到底的完整服务体系"⑤。这就是说，全国建立了从中央到基层的残疾人组织的完整体系。从国务院到县(甚至乡镇)，各级政府都建立了残疾人工作委员会，领导残疾人工作，研究协调相关事宜。各级残联还根据残疾种类建立了盲人、聋人、肢体残疾人、智力残疾人及亲友协会和精神残疾人及亲友协会。截至 2018 年，全国(除新疆生产建设兵团、黑龙江垦区外)共成立残联组织 4.2 万个。中国残联专门协会有中国盲人协会、中国聋人协会、中国肢残人协会、中国智力残疾人及亲友协会、中国精神残疾人及亲友协会。截至 2018 年，全国共有残疾人组织 2562 个，全国共建立省、地(市)、县三级五类残疾人专门协会 1.6 万个。全国各级残联专职工作人员有 11.3 万人，残疾人专职委员有 59 万人，基层残疾人组织基本实现全覆盖，为残疾人服务的水平和能力有着明显的提高。

(2)事业体系。经过恢复和快速发展，中国特色残疾人事业在社会事业上走出了一条适合中国国情的道路，形成了一个多学科、跨部门、业务广泛、综合性很强的社会事业体系，即建立健全以生活照料、医疗卫生、康复、教育、就业、社会保障、扶贫开发、宣传文化、体育、维权、信息化建设、无障碍建设等为主要内容的残

① 邓朴方：《人道主义的呼唤选编》，华夏出版社 2016 年版，第 165 页。
② 《中国残疾人事业重要文献(1978—2018)》(上)，华夏出版社 2018 年版，第 432 页。
③ 邓朴方：《人道主义的呼唤选编》，华夏出版社 2016 年版，第 166 页。
④ 邓朴方：《人道主义的呼唤选编》，华夏出版社 2016 年版，第 167 页。
⑤ 邓朴方：《人道主义的呼唤选编》，华夏出版社 2016 年版，第 312 页。

疾人服务体系。

（3）法律法规体系。《残疾人保障法》（1990年12月28日第七届全国人民代表大会常务委员会第十七次会议通过，2008年4月24日第十一届全国人民代表大会常务委员会第二次会议修订，2008年7月1日起施行）旨在维护残疾人的合法权益，发展残疾人事业，保障残疾人平等地充分参与社会生活，共享社会物质文化成果，是根据宪法而制定的法规，它确定每年5月的第3个星期日为"全国助残日"。此后，围绕这一基本法律，为使残疾人的各项权益落到实处，各相关法规及行政规章相继出台。同时，深入开展法制宣传，进一步增强了残疾人的维权意识和全社会依法维护残疾人权益的观念。残疾人"平等·参与·共享"的环境不断改善。

经过改革开放40年、中国残联成立30年，我国已经基本形成以《残疾人保障法》为核心，以残疾人教育条例、残疾人就业条例、残疾预防和残疾人康复条例、无障碍环境建设条例等为支撑的法律法规体系。"截至2018年4月，直接涉及残疾人权益保障的法律有80多部，行政法规有50多部。"①

（4）理论体系。第一，江泽民、胡锦涛两位总书记为现代文明社会残疾人观奠定了理论基础。2001年4月16日，邓朴方同志在第十五次全国残联工作会议上说："我们在上世纪80年代初提出了很多理论上的东西，那么在第二阶段，我们的理论基本上形成了体系，特别是江泽民总书记为《自强之歌》写的序言，我们的理论体系基本得到了反映。"②1997年5月，第二次全国自强模范暨扶残助残先进集体和个人表彰大会在京举行。江泽民总书记在为汇集本次表彰的"自强与助残"先进事迹的《自强之歌》一书所作的序言（节选）③中指出：

自有人类，就有残疾人。残疾，是人类发展进程中不可避免要付出的一种社会代价。我们国家现有6000多万残疾人，涉及全国近五分之一的家庭。关系到这么多人的重要社会问题，必须解决好，而不能回避。

残疾人，有人的尊严和权利，有参与社会生活的愿望和能力。历史和现实表明，他们同样是社会财富的创造者。因此，残疾人的问题也是关系到充分实现公民权利和生产力解放的问题，必须始终重视，而不容忽视。

人道主义，是处理人与人之间关系的一个道德规范。人权保障，是国家的责任。对残疾人这个社会脆弱群体给予帮助，是社会文明进步的标志。我们共产党人是以人类解放为最高宗旨，我们的社会主义国家是以实现全体人民的富裕

---

① 国务院新闻办公室：《改革开放40年中国人权事业的发展进步》白皮书，新华社2018-12-12。
② 邓朴方：《人道主义的呼唤选编》，华夏出版社2016年版，第166页。
③ 参见中国残疾人联合会编：《残疾人工作基本知识读本》，华夏出版社2009年版，第2页。

幸福为建设的根本目的,更应尊重残疾人的公民权利和人格尊严,保护其不受侵害。同时,对这个特殊而困难的群体还应给予特别扶助,通过发展残疾人事业使他们的权利得到更好的实现,使他们以平等的地位和均等的机会,参与社会生活和国家建设,共享社会物质文化的成果。

残疾人事业是崇高的事业,是我们社会主义事业的一部分。我国是一个发展中国家,由于历史原因和生产力水平的制约,残疾人事业还滞后于经济社会发展。各级党委和政府要高度重视这一事业,给予更多的关心和支持。全社会要继续发扬扶残助残的良好风尚,为残疾人送去更多的温暖。

2003年9月7日,第三次全国自强模范暨扶残助残先进集体和个人表彰大会在京举行。胡锦涛总书记在为汇集本次表彰的"自强与助残"先进事迹的《自强之歌》一书写的序言(节选)①中指出:

残疾人事业是崇高的事业,是中国特色社会主义事业的重要组成部分。我国广大残疾人的同社会主义祖国的命运紧密相连。祖国的繁荣发展给广大残疾人带来福祉。改革开放二十多年来,我国残疾人事业取得了举世瞩目的成就。国家颁布了保障残疾人的法律,各级政府成立了残疾人工作协调机构,制定并实施了发展残疾人事业的工作计划,残疾人自身素质不断提高,生活状况明显改善,扶残助残的良好社会风尚进一步形成。我国政府和残疾人组织积极参与国际残疾人事务,在国际人权和社会发展领域发挥着重要作用。我国残疾人事业取得的成就得到了国际社会的广泛赞誉。

残疾人,有人的尊严和权利,有参与社会生活的愿望和能力,是建设中国特色社会主义事业的一支重要力量。我国6000万残疾人是一个特殊的困难群体。

在我国贫困人口中,残疾人占的比重很大。满腔热情地关心残疾人,切实尊重残疾人公民权利和人格尊严,给他们以平等的地位和均等的机会,让他们共享社会物质文化发展的成果,是我国社会主义制度的本质要求。各级党委和政府要从贯彻落实"三个代表"重要思想的高度,重视和支持残疾人事业的发展,把残疾人事业纳入实施全面建设小康社会的规划,根据残疾人的特殊需要,在康复、教育、就业、福利、社会保障、文化生活、无障碍环境等方面制定扶助政策,采取相应措施。残联组织要努力工作,切实履行职责,为残疾人奔小康铺路搭桥,团结广大残疾人一起开拓残疾人事业的新局面。社会各界要进一步发扬理解、尊重、关心、帮助残疾人的良好风尚,大力弘扬人道主义思想,进一步形成平等友爱的人际关系和团结互助的社会环境,人人动手,个个关心,努力为残疾人办好事、办实事,让残疾人切实体会到社会主义社会的温暖。

---

① 中国残疾人联合会:《残疾人工作基本知识读本》,华夏出版社2009年版,第3页。

长期以来,我国广大残疾人大力培育爱国主义、集体主义、社会主义思想,自尊自爱,自强不息,以超人的毅力和不懈的拼搏,克服常人难以想象的困难,创造了可歌可泣的业绩。广大残疾人要继续发扬自尊、自信、自强、自立精神,热爱祖国,热爱生活,积极投身全面建设小康社会的伟大实践,同全国人民一起创造我们的幸福生活和美好未来。

胡锦涛总书记不仅科学地阐明现代文明社会残疾人观是中国特色残疾人事业的理论基础,而且明确地提出,残疾人事业是中国特色社会主义事业的重要组成部分,并且首次写进中共中央、国务院的文件之中。2008年3月28日,《意见》(中发〔2008〕7号)是党中央、国务院在全面建设小康社会的关键时期做出的促进残疾人事业发展的重大部署,是指导今后一个时期残疾人事业发展的纲领性文件,是残疾人事业发展史上的一个光辉里程碑。

第二,邓朴方构建人道主义的科学的思想理论体系。

笔者为了撰写《邓朴方的新贡献:构建人道主义的科学的思想理论体系》一文,用了两年多时间仔细阅读他著的《人道主义的呼唤》(第1至4辑)与他的《人道主义的呼唤选编》。在此基础上,撰写成这篇长文分为(上)(下)两部分(详见奚从清著《人道主义与中国残疾人事业》,浙江大学出版社2018年版)。

邓朴方说:"我们在上世纪80年代初提出了很多理论上的东西。"对此,我们记忆犹新:1989年,具有改革开放意识的浙江省残联理事长林清和率先成立"浙江省残疾人问题理论研究会",组织杭州大学和社会部门的学者和专家编写出版《残疾人工作概论》(奚从清、沈赓方主编,杭州大学出版社1990年出版)、《残疾人社会学》(奚从清、林清和、沈赓方主编,华夏出版社1993年出版)。中国残联主席邓朴方为这两本书拨冗作序,即《探索具有中国特色的残疾人事业理论》和《开创残疾人社会学》,邓朴方不仅充分肯定《残疾人工作概论》这本教材渗透了人道主义精神和新的残疾人观,框架新颖,内容充实,而且希望理论工作者与实际工作者携起手来,为发展具有中国特色的残疾人事业的理论做出贡献。同样地,邓朴方在充分肯定《残疾人社会学》这一著作的基础上,还提出一些论题需要深入研究,并且首次提出"中国残疾人事业的持续发展,离不开马克思主义的指导。同样地,也离不开这项事业自身理论的指导""理论研究还要超前""为此,我再次希望有更多的理论工作者和实际工作者携起手来,为发展具有中国特色的残疾人事业及其理论不断做出贡献"等一些重要观点。

当时杭州大学领导很重视对残疾人大学生的招生与培养。1994年10月6日,《浙江日报》第7版《身残志不残,努力能成才》,报道杭州大学招进了几十名残疾大学生。文中提到的就读于哲学社会系社会工作专业的肢体残疾人丁豪,现已是杭州市残疾人就业服务中心副主任,就读于数学专业的聋人姑娘杨洋,现在成为中国残联理事、中国聋人协会主席。

原杭州大学党政领导十分重视与浙江省民政厅签订合作办学协议。杭州大学哲学社会学系招了95、96两届社会工作与管理专业的专科生共49人。原杭州大学党委书记郑造桓亲自聘请具有政治理论素质和实践经验丰富的浙江省民政厅领导为学生讲授救灾学,深受学生欢迎。在学生实践期间,该系社会学教研室组织95届学生到绍兴县残联调查和撰写10多位残疾人的先进事迹。之后,在邓朴方"两个序言"的激励下,在浙江省残联的支持下,组织人员分别到杭州、宁波、温州、绍兴、嘉兴、湖州等城市、乡镇残联调查残疾人康复、教育、劳动就业、家庭、文化生活、社会保障、合法权益、残疾人组织等状况。在此基础上,奚从清、林清和主编的《社区残疾人工作》由杭州大学出版社1996年出版。

第三,中国残联采取各种有效措施,切实加强理论研究。

①增设中国残联研究室。它的职责是:"调查研究残疾人问题及与残疾人利益密切相关的经济、政治、社会问题,研究残疾人事业发展的理论、政策,提供决策依据和建议",2002年4月,研究室正式挂牌成立。它作为中国残疾人事业理论研究的牵头和协调部门而存在,之后,改为中国残联残疾人事业发展研究中心。

②成立中国残疾人事业发展研究会。中国残疾人事业发展研究会是经国务院批准,于2008年12月1日,在北京成立的第一个全国性残疾人事业发展研究社团,主管单位为中国残疾人联合会。它的主要任务是:弘扬人道主义思想,开展残疾人事业政策理论与实践研究和学术交流,推动残疾人事业科学发展。中国残联副理事长程凯任会长。

④成立残疾人事业发展研究中心、研究院和研究所。2007年7月13日,中国人民大学与中国残联、北京市残联共同发起、联合成立的高层次、实体性的残疾人事业发展研究院,"是发挥高校和残联两个优势,积聚高等院校人才和致力于残疾人事业发展研究的一个创举,对残疾人事业的政策理论研究和人才培养具有重要影响和示范意义"①。全国人大常委会委员、中国人民大学校委会副主任郑功成教授担任研究院院长。

除了浙江大学社会保障研究中心残疾人研究所早已成立(1998年10月)之外,2007年之后,我国一些高校相继成立残疾人事业发展研究中心、研究院和研究所。例如,中国人民大学残疾人事业发展研究院(2007年6月)、山东大学残疾人事业发展研究中心(2007年6月)、北京大学残疾人事业发展研究中心(2008年7月)、吉林大学残疾人事业发展研究中心(2009年6月)、南京大学残

---

①　邓朴方:《人道主义的呼唤》(第四辑),华夏出版社2012年版,第212页。

疾人事业发展研究中心（2010 年 5 月）、南京特殊教育学院残疾人事业发展研究所（2010 年 7 月）、郑州大学残疾人事业发展研究中心（2012 年 12 月）、武汉理工大学残疾人事业发展研究中心（2012 年 12 月）、四川大学残疾人事业发展研究中心（2014 年 7 月）、南开大学残疾人事业发展研究中心（2015 年 5 月）、复旦大学中国残疾问题研究中心（2015 年 12 月）、清华大学无障碍发展研究院（2016 年 4 月）、安徽大学残疾人事业发展研究中心（2017 年 5 月）等。每年中国残疾人事业发展研究会与一所大学的中国残疾人事业发展研究中心密切联系实际，确定研讨主题，召开学术研讨会，颇受学界欢迎。这使人道主义思想和残疾人事业理论与实践不断得到加强。迄今为止，总共举办了十二届中国残疾人事业发展论坛，据不完全统计有近 3600 多人与会研讨，涌现出许多残疾人事业理论研究的优秀人才。实践证明，邓朴方同志关于"发挥高校和残联两个优势"的观点是有远见卓识的！

④2011 年创办《残疾人研究》杂志，第十一届全国政协副主席、中国残联名誉主席邓朴方亲笔题写刊名。通过创办该刊物，构建一道弘扬人道、传播文明的阵地，培育一个吸引著名专家、学者建言献策和发现、培养年轻理论工作者的事业讲坛的初衷得到实现。

⑤理论研究成果丰硕。中国残联"2004—2005 年度残疾人事业理论与实践研究课题"结题而成的三卷本论文集《中国残疾人事业理论与实践研究》，第一卷"战略卷"、第二卷"综合卷"、第三卷"人道卷"，由华夏出版社 2007 年出版发行。邓朴方主席为该书题词：重视实际工作，加强理论研究。

2006 年至 2007 年我国进行第二次全国残疾人抽样调查。课题的成员主要来自全国数十所高校和社会的、政府的研究机构，一些残联同志也参与其中。2007 年 11 月 14 日，第二次全国残疾人抽样调查国家级招标课题结题评审会在北京大学举行，26 项国家课题顺利结题。最终理论研究成果为由华夏出版社 2008 年出版的颇有影响的"残疾人口与发展研究丛书"。邓朴方主席为丛书作序。

在这一时期，许多专家学者撰写文章和出版著作。《中国残疾人》杂志 2007 年发表丁启文的文章《一个群体的新纪元——读新版〈人道主义的呼唤〉》，总结介绍邓朴方在人道主义实践中一以贯之的五个意识：残疾人意识、大局意识、创新意识、危机意识和社会化意识。2012 年，继中州大学特殊教育学院孟繁玲主编的《聋人与社会》教材之后，南京特殊教育师范学院许巧仙撰写的由江苏人民出版社出版的《聋人与主流社会融合研究》，是在她博士论文基础上修改而成的。这不仅是聋人研究领域不可或缺的重要选题，而且是她自觉地提炼出的适合中国需要的聋人社会工作理论的融合发展观点。

5.国际交流与合作

邓朴方说:"这一阶段,我们在思想理论上接受了《关于残疾人的世界行动纲领》,确定了'平等·参与·共享'的目标"[1],而且响应《关于残疾人的世界行动纲领》,积极参与"联合国残疾人十年"(1983—1992)和"亚太残疾人十年"(1993—2002)行动。参与了各大残疾人国际组织,与50多个国家(地区)进行了残疾人事业领域的交流与合作。

(二)全面和科学发展阶段(2012—2020)

2012年11月15日,党的十八届一中全会选举习近平为中央委员会总书记,决定习近平为中央军委主席。习近平总书记在十九大报告中明确指出:"从现在到二〇二〇年,是全面建成小康社会的决胜期。"

1.习近平总书记全面地、科学地规划和打赢脱贫攻坚战的重大部署

党的十八大以来,以习近平同志为核心的党中央把残疾人事业、残疾人脱贫攻坚工作纳入"五位一体"总体布局和"四个全面"战略布局,对打赢脱贫攻坚战做出一系列重大部署,采取了一系列超常规的举措,构筑了全党全社会扶贫的强大合力。

(1)从宏观层面上来说,党中央和国务院高度重视脱贫攻坚的重要意义

习近平在党的十九大报告中指出:"从全面建成小康社会到基本实现现代化,再到全面建成社会主义现代化强国,是新时代中国特色社会主义发展的战略安排。""坚决打赢脱贫攻坚战。让贫困人口和贫困地区同全国一道进入全面小康社会是我们党的庄严承诺。要动员全党全国全社会力量,坚持精准扶贫、精准脱贫,坚持中央统筹省负总责市县抓落实的工作机制,强化党政一把手负总责的责任制,坚持大扶贫格局,注重扶贫同扶志、扶智相结合,深入实施东西部扶贫协作,重点攻克深度贫困地区脱贫任务,确保到2020年我国现行标准下农村贫困人口实现脱贫,贫困县全部摘帽,解决区域性整体贫困,做到脱真贫、真脱贫。"国务院于2015年1月20日印发的《国务院关于加快推进残疾人小康进程的意见》(国发〔2015〕7号)首次写进:"残疾人是一个特殊困难群体,需要格外关心、格外关注。""没有残疾人的小康,就不是真正意义上的全面小康。""保障和改善残疾人民生,加快推进残疾人小康进程,是深入贯彻党的十八大和十八届二中、三中、四中全会精神,全面深化改革、全面推进依法治国的重要举措,是全面建成小康社会、实现共同富裕、促进社会公平正义的必然要求。"

2018年6月11日上午,在北京举行打赢脱贫攻坚战三年行动电视电话会

---

[1]　邓朴方:《人道主义的呼唤选编》,华夏出版社2016年版,第165页。

议。中共中央政治局委员、国务院扶贫开发领导小组组长胡春华出席会议并讲话。首先传达了习近平重要指示和李克强批示,安排部署今后三年脱贫攻坚工作。有关省区负责同志在会上发言:

习近平指出,打赢脱贫攻坚战,对全面建成小康社会、实现"两个一百年"奋斗目标具有十分重要的意义。行百里者半九十。各级党委和政府要把打赢脱贫攻坚战作为重大政治任务,强化中央统筹、省负总责、市县抓落实的管理体制,强化党政一把手负总责的领导责任制,明确责任、尽锐出战、狠抓实效。要坚持党中央确定的脱贫攻坚目标和扶贫标准,贯彻精准扶贫精准脱贫基本方略,既不急躁蛮干,也不消极拖延,既不降低标准,也不吊高胃口,确保焦点不散、靶心不变。要聚焦深度贫困地区和特殊贫困群体,确保不漏一村不落一人。要深化东西部扶贫协作和党政机关定点扶贫,调动社会各界参与脱贫攻坚积极性,实现政府、市场、社会互动和行业扶贫、专项扶贫、社会扶贫联动。

中共中央政治局常委、国务院总理李克强作出批示指出,实现精准脱贫是全面建成小康社会必须打赢的攻坚战,是促进区域协调发展的重要抓手。各地区各部门要全面贯彻党的十九大精神,以习近平新时代中国特色社会主义思想为指导,认真落实党中央、国务院关于打赢脱贫攻坚战三年行动的决策部署,进一步增强责任感紧迫感,坚持精准扶贫精准脱贫基本方略,聚焦深度贫困地区和特殊贫困群体,细化实化政策措施,落实到村到户到人,加强项目资金管理,压实责任,严格考核,凝聚起更大力量,真抓实干,确保一年一个新进展。要注重精准扶贫与经济社会发展相互促进,注重脱贫攻坚与实施乡村振兴战略相互衔接,注重外部帮扶与激发内生动力有机结合,推动实现贫困群众稳定脱贫、逐步致富,确保三年如期完成脱贫攻坚目标任务。

《中共中央 国务院关于打赢脱贫攻坚战三年行动的指导意见》(中发〔2018〕16号,下文简称《指导意见》)指出:"党的十九大明确把精准脱贫作为决胜全面建成小康社会必须打好的三大攻坚战之一,作出了新的部署。从脱贫攻坚任务看,未来3年,还有3000万左右农村贫困人口需要脱贫,其中因病、因残致贫比例居高不下,在剩余3年时间内完成脱贫目标,任务十分艰巨。特别是西藏、四省藏区、南疆四地州和四川凉山州、云南怒江州、甘肃临夏州(以下简称'三区三州')等深度贫困地区,不仅贫困发生率高、贫困程度深,而且基础条件薄弱、致贫原因复杂、发展严重滞后、公共服务不足,脱贫难度更大。从脱贫攻坚工作看,形式主义、官僚主义、弄虚作假、急躁和厌战情绪及消极腐败现象仍然存在,有的还很严重,影响脱贫攻坚有效推进。必须清醒地把握打赢脱贫攻坚战的困难和挑战,切实增强责任感和紧迫感,一鼓作气、尽锐出战、精准施策,以更有力的行动、更扎实的工作,集中力量攻克贫困的难中之难、坚中之坚,确保坚决打赢脱贫这场对如期全面建成小康社会、实现第一个百年奋斗目标具有决定性意义的攻坚战。"

2019 年 3 月 7 日，习近平参加了十三届全国人大二次会议甘肃代表团审议。习近平指出：

现在距离 2020 年完成脱贫攻坚目标任务只有两年时间，正是最吃劲的时候，必须坚持不懈做好工作，不获全胜，决不收兵。要坚定信心不动摇。党的十八大以来，党中央从全面建成小康社会全局出发，把扶贫开发工作摆在治国理政的突出位置，全面打响脱贫攻坚战。党的十九大之后，党中央又把打好脱贫攻坚战作为全面建成小康社会的三大攻坚战之一。这些年来，脱贫攻坚力度之大、规模之广、影响之深前所未有，取得了决定性进展。取得这样的成绩实属不易，谱写了人类反贫困历史新篇章。今后两年脱贫攻坚任务仍然艰巨繁重，剩下的都是贫中之贫、困中之困，都是难啃的硬骨头。脱贫攻坚越到紧要关头，越要坚定必胜的信心，越要有一鼓作气的决心，尽锐出战、迎难而上，真抓实干、精准施策，确保脱贫攻坚任务如期完成。

要咬定目标不放松。脱贫攻坚的标准，就是稳定实现贫困人口"两不愁三保障"，不愁吃不愁穿，义务教育、基本医疗、住房安全有保障。

在脱贫标准上，既不能脱离实际、拔高标准、吊高胃口，也不能虚假脱贫、降低标准、影响成色。要把握脱贫攻坚正确方向，确保目标不变、靶心不散，聚力解决绝对贫困问题，加大对非贫困县、贫困村内贫困人口的支持，严格执行贫困县退出标准和程序，确保脱贫成果经得起历史检验。

要整治问题不手软。脱贫攻坚工作中存在的形式主义、官僚主义现象，影响脱贫攻坚有效推进。对群众反映的"虚假式"脱贫、"算账式"脱贫、"指标式"脱贫、"游走式"脱贫等问题，要高度重视并坚决克服，提高脱贫质量，做到脱真贫、真脱贫。

行百里路半九十，不要搞那些急功近利、虚假政绩的东西。现在就要敲打，防患于未然，防微杜渐。

要落实责任不松劲。脱贫攻坚是一场必须打赢打好的硬仗。各级党委和政府要坚决把责任扛在肩上，着力抓重点、补短板、强弱项。要强化领导体制和工作机制，坚持大扶贫格局，贯彻精准脱贫方略，加强扶贫同扶志扶智相结合，对返贫人口和新发生贫困人口要及时予以帮扶。贫困县摘帽后，也不能马上撤摊子、甩包袱、歇歇脚，要继续完成剩余贫困人口脱贫问题，做到摘帽不摘责任、摘帽不摘政策、摘帽不摘帮扶、摘帽不摘监管。

要转变作风不懈怠。脱贫攻坚任务能否完成，关键在人，关键在干部队伍作风。要把全面从严治党要求贯穿脱贫攻坚全过程，强化作风建设，确保扶贫工作

务实、脱贫过程扎实、脱贫结果真实。要及时纠正脱贫攻坚中反映的干部作风问题,深化扶贫领域腐败和作风问题专项治理,完善和落实抓党建促脱贫制度机制,加强贫困地区农村基层党组织建设,加强对一线扶贫干部关爱和保障。

由上可知,习近平总书记再三"叮嘱":一定要牢牢地树立高度的责任感、使命感和紧迫感,催人奋进,发人深省。

(2)从中观层面上来说,充分发挥东西部扶贫协作和对口支援的重要作用

2016 年 7 月 20 日,习近平总书记在宁夏银川主持召开东西部扶贫协作座谈会并发表重要讲话。参加座谈会的包括有帮扶任务的东部 9 个省市和 9 个城市的党委书记,接受帮扶的西部 12 个省区市的党委书记,京津冀协同发展对口帮扶的河北省委书记,中央和国家机关有关部门负责同志。

习近平强调,东西部扶贫协作和对口支援,是推动区域协调发展、协同发展、共同发展的大战略,是加强区域合作、优化产业布局、拓展对内对外开放新空间的大布局,是实现先富帮后富、最终实现共同富裕目标的大举措,必须认清形势、聚焦精准、深化帮扶、确保实效,切实提高工作水平,全面打赢脱贫攻坚战。

他说,西部地区城乡居民收入大幅提高、基础设施显著改善、综合实力明显增强的同时,国家区域发展总体战略得到有效实施,区域发展协调性增强。这在世界上只有我们党和国家能够做到,充分彰显了我们的政治优势和制度优势。东西部扶贫协作和对口支援必须长期坚持下去。他又指出,扶贫开发到了攻克最后堡垒的阶段,所面对的多数是贫中之贫、困中之困,需要以更大的决心、更明确的思路、更精准的举措抓工作。要坚持时间服从质量,科学确定脱贫时间,不搞层层加码。要真扶贫、扶真贫、真脱贫。

(3)从微观层面上来说,认真仔细地做好精准扶贫、精准脱贫各项工作

《指导意见》(中发〔2018〕16 号)指出:强化到村到人精准帮扶举措。创举了十个方面:①加大产业扶贫力度;②全力推进就业扶贫;③深入推动易地扶贫搬迁;④加强生态扶贫;⑤着力实施教育脱贫攻坚行动;⑥深入实施健康扶贫工程;⑦加快推进农村危房改造;⑧强化综合保障性扶贫;⑨开展贫困残疾人脱贫行动;⑩开展扶贫扶志行动。所有这些强化到村到人精准帮扶举措,是史无前例的。

2019 年 2 月 10 日,《浙江日报》报道:《向贫困地区捐赠"扶贫苗"的安吉黄杜村农民党员——千里之外传喜讯》。2013 年 4 月 9 日,习近平同志来到浙江省安吉县溪龙乡黄杜村调研,对黄杜村白茶产业予以肯定,村民们深受鼓舞。如今全村白茶种植经营户已经达到 325 户,拥有茶园 4.8 万亩,年产值达 6 亿余元。村集体经济收入超过 300 万元,村集体资产已逾 2 亿元,农民人均纯收入达 4.5 万元。

2018年,盛阿伟在一次党员大会上发出了向贫困地区捐赠茶苗的倡议。倡议得到了大家的一致赞同,20名党员作为代表,郑重地写下了一封饱含"饮水思源、致富不忘党恩"的信,寄给习近平总书记。此时,盛阿伟带队外出调查研究,终于确定适合种植白茶的三省四县。

不久后,习近平总书记通过中共中央办公厅转达了对他们的问候,充分肯定这种为党分忧、先富帮后富的精神,勉励大家把帮扶困难群众这种事做实做好做出成效,带动更多人为脱贫攻坚贡献力量。

2018年10月18日起,黄杜村陆续将1350万株沾着新鲜泥土的"白叶一号"装进冷藏车,运送至湖南省白丈县、四川省青川县、贵州省普安县沿河县进行移栽。目前白茶的存活率高达95%。全村党员下定决心要给予帮扶地区群众持续的指导,教技术包销路,不带富不放手,进而增强他们的内生动力和自我发展能力。

2019年1月15日,作为安吉农民党员群体的代表,宋昌美登上了省人民大会堂"最美浙江人·浙江骄傲"颁奖台。当被问到"把这么多优质茶苗送出去,担心不担心培养起'竞争对手'"时,宋昌美笑着说:"不担心,有了'竞争对手'是好事情,这就意味着我们整个产业做大做强了,更多人有了赚钱的机会,可以共同富起来啦!"

2.坚持以习近平新时代中国特色社会主义思想为指导,以贫困残疾人精准脱贫为重点,坚决打赢贫困残疾人脱贫攻坚战

中国残联认真贯彻落实《指导意见》(中发〔2018〕16号),召开全国残联系统贫困残疾人脱贫攻坚推进会,加快农村贫困残疾人脱贫步伐。接着会同教育、民政等部委制定《着力解决因残致贫家庭突出困难的实施方案》,出台实施《助盲就脱贫行动实施方案》。与扶贫办、民政部共同召开贫困重度残疾人托养照料现场会。与扶贫办、住建部定期比对精准识别,加快贫困残疾人家庭危房改造进度。会同民政部完善农村贫困残疾人兜底保障政策,残疾人"两项补贴"信息管理系统在全国上线运行。

国务院新闻办公室于2019年7月25日发表《平等、参与、共享:新中国残疾人权益保障70年》白皮书。其中指出:产业扶贫助推贫困残疾人就业增收。制定《农村残疾人扶贫开发计划(2001—2010年)》《农村残疾人扶贫开发纲要(2011—2020年)》。2011年以来,中国扶持近1300万残疾人发展生产,其中676万贫困残疾人摆脱贫困。国务院扶贫办、国家发展改革委、中国残联等26部门制定《贫困残疾人脱贫攻坚行动计划(2016—2020年)》,并制定了电子商务助残扶贫行动、产业扶持助残扶贫行动等配套实施方案。加大金融资金投入,2011年至2018年,中央财政累计安排康复扶贫贴息贷款53亿元,35万贫困残

疾人受益。实际精准扶贫战略以来,政府将600多万残疾人纳入贫困户建档立卡范围,截至2018年,建档立卡贫困残疾人人数已减少到169.8万。

张海迪主席在中国残联七代会的报告中提出,做好今后五年的主要任务:首先是"坚决打赢贫困残疾人脱贫攻坚战,织密筑牢残疾人民生保障安全网"。2018年9月15日,张海迪在中国残联第七届主席团第一次全体会议发表讲话——《努力开创新时代残疾人事业发展新局面》。她说:"解决贫困残疾人脱贫问题是当务之急,这是一个硬任务,是一场硬仗。习近平总书记提出,2020年实现全面小康,残疾人一个也不能少。2020年,我们怎样实现这一目标?目前我们还有280万建档立卡贫困残疾人,我们要配合相关部门,推进实现精准扶贫和精准脱贫。"为此,坚决实施《贫困残疾人脱贫攻坚行动计划(2016—2020年)》(残联发〔2016〕77号),并且采取切实有效措施:

(1)在精准扶贫上,精准掌握贫困残疾人脱贫返贫动态信息,开展贫困残疾人脱贫攻坚专项行动落实情况调查,精准掌握当前残疾人脱贫需求和困难,及时向党委和政府及有关部门反映,推动落实因户因人、贫困重度残疾人的帮扶措施。

(2)在扶贫目标上,注重扶贫同扶志、扶智相结合,确保做到2020年我国现行标准下农村贫困人口(包括贫困残疾人)实现脱贫。

(3)在扶贫政策上,坚持普惠、特惠与优惠相结合,推动有条件地区提高残疾人"两项补贴"标准,扩大政策覆盖面。

(4)在照料扶贫上,通过最低生活保障,集中托养、日间照料、邻里照护,加快发展农村贫困重度残疾人社会化托养照料。

(5)在义务教育上,重视特事特办,"一人一案"解决未入学残疾儿童少年义务教育问题。

(6)在整合资源上,努力为贫困残疾人提供康复医疗、教育培训、辅助适配、无障碍改造等服务。

(7)在协作关系上,积极配合民政部门推进扶贫开发与农村低保衔接,加大贫困重度残疾人兜底保障力度。

(8)在扶贫项目上,加强农村残疾人扶贫基地建设和东西部残疾人扶贫协作工作,推动贫困残疾人享受资产收益扶贫项目。

(9)在扶贫宣传上,大力宣传贫困残疾人脱贫解困奔小康的先进典型,激发残疾人内生动力和自我发展能力。

(10)在作风建设上,认真做好定点工作,切实加强残疾人扶贫的作风建设,做到脱真贫、真脱贫。

采取上述切实有效的措施和方法,其主要目的就在于:织密筑牢残疾人民生保障安全网。为此,我们必须坚持以人为本的发展理念,以"全面建成小康社会,残疾人一个也不能少"为目标,以一般性制度安排与专项性制度安排相结合、普惠性政策与特惠性政策相结合、兜底保障与就业增收相结合以及政府扶持、社会帮助与残疾人自强自立相结合为原则,以残疾人最低生活保障制度、基本养老保险制度、基本医疗制度和基本福利制度为基础,以残疾人教育、就业、康复和残疾预防为重点,以慈善事业、商业保险为补充,形成多层次、广覆盖、保基本、可持续的保障格局,从而进一步织密筑牢残疾人民生保障安全网,谱写人类反贫困史上的辉煌篇章。

3.浙江残联充分发挥理论工作者与实际工作者重视残疾人事业实践与理论研究的优秀传统,为加快推进残疾人小康进程做贡献

如前所述,浙江是习近平总书记治国理政新理念新思想新战略的重要萌发地。在浙江省委、省政府的直接领导下,在浙江省残联的关心和支持下,浙江省残疾人事业的理论工作者与实际工作者紧紧围绕当前残疾人工作的中心任务,继续发扬重视残疾人事业实践与理论研究的优秀传统,为尽快缩小浙江省残疾人状况与社会平均水平的差距,让残疾人和全省人民共同迈入全面建成小康社会而做出应有的贡献。

2016年1月,浙江大学社会保障研究中心主任何文炯教授当选中国残疾人事业发展研究会副会长,并兼任残疾人社会保障专业委员会主任。他与陈玉国、张翔、肖丽琴、吕明晓、杨一心、刘庆箐等完成的《中国残疾人津贴制度研究》获得中国残疾人联合会优秀科研成果一等奖,此项研究为国务院《关于全面建立困难残疾人生活补贴和重度残疾人护理补贴制度的意见》(国发〔2015〕52号)提供了学理基础[见《残疾人研究》2012年第1期、第2期发表《中国残疾人津贴制度研究》(上)(下)篇]。此外,浙江大学人口与发展研究所姚引妹副研究员于2009—2015年开始承担历年"浙江省残疾人全面小康实现程度研究";何文炯教授团队从2015年开始承担历年"浙江省残疾人基本服务状况和需求信息数据动态更新分析研究"、从2017年开始承担历年"浙江省残疾人收入状况监测调查"和"浙江省残疾人全面小康实现程度研究"。

(三)现代化的发展阶段(2020—2050)

习近平总书记在党的十九大报告中指出:综合分析国际国内形势和我国发展条件,从2020年到本世纪中叶可以分两个阶段来安排。

第一个阶段,从2020年到2035年,在全面建成小康社会的基础上,再奋斗十五年,基本实现社会主义现代化。

第二个阶段,从2035年到本世纪中叶,在基本实现现代化的基础上,再奋斗十五年,把我国建成富强民主文明和谐美丽的社会主义现代化强国。

● **本章习题**

1.简述国际残疾人社会工作的发展历程。

2.简述中国特色残疾人事业及社会工作经历哪几个发展阶段？

3.您对中国特色残疾人事业的组织体系是如何理解的？如何使其进一步完善？

4.请您结合工作实际,谈一谈在残疾人脱贫奔小康工作过程中一些深切的体会。

5.请您谈一谈对织密筑牢残疾人民生保障安全网的体会。

6.请您结合工作实际,试述改革开放以来中国特色残疾人事业及残疾人社会工作取得的伟大成就及其原因。

【参考文献】

1.习近平在庆祝改革开放40周年大会上的讲话(2018年12月18日).

2.习近平在解决"两不愁三保障"突出问题座谈会上的讲话(2019年4月16日).

3.中国残联本书编写组.《中共中央 国务院关于促进残疾人事业发展的意见》学习辅导读本.北京:华夏出版社,2008.

4.邓朴方.新时期残疾人事业的四个发展阶段.//人道主义的呼唤选编.北京:华夏出版社,2016.

5.《人道主义的呼唤》第四辑编写组.学习贯彻十八大精神,开拓中国特色残疾人事业的新局面——第四辑编后(上)(下).残疾人研究,2013(1～2).

6.中国残疾人事业大事编年(1949—2008).北京:华夏出版社,2008.

7.陆德阳,[日]稻森信昭.中国残疾人史.上海:学林出版社,1996.

8.陈新民.中国残疾人事业发展现状及特点.//葛忠明,臧渝梨.中国残疾人研究(第一辑).济南:山东大学出版社,2008.

9.马洪路.残障社会工作.北京:高等教育出版社,2007.

10.江苏省残疾人事业发展研究会,南京大学残疾人事业发展研究中心.中国特色残疾人事业概论.北京:华夏出版社,2017.

11.邱观建,于娣.理念、实践、道路:中国残疾人事业发展的四十年.残疾人研究,2018(3).

12.中国残联维权部.国外残疾人立法选编.北京:华夏出版社,2008.

<<< **第九章**

健全残疾人工作的领导体制和工作机制

本章依据当前中国残疾人事业发展的新情况、新问题和新经验,在着重阐述健全党委领导、政府主导、社会参与、残疾人组织充分发挥作用的残疾人工作领导体制和工作机制内涵的同时,具体论述问题导向、残疾预防、权益保障、议事协调、廉洁自律、监督管理、激励先进和长效发展等工作机制。这些机制既相互区别,又相互联系,是一个有机联系、协调运转的整体,其中问题导向机制起着引领作用。最后,阐明健全残疾人工作的领导体制和工作机制的重要意义。

第一节 健全残疾人工作的领导体制和工作机制的客观依据

2018 年 9 月 14 日,中共中央政治局常委、国务院副总理韩正受习近平总书记委托,代表党中央、国务院,向中国残疾人联合会第七次全国代表大会的致词中指出:"各级党委和政府要高度重视残疾人事业,健全党委领导、政府负责的残疾人工作领导体制,完善政府主导、社会广泛参与、残疾人组织充分发挥作用的工作机制。"

张海迪主席在中国残疾人联合会第七次全国代表大会上的报告中阐述始终坚持从五个方面推进中国残疾人事业发展。首先指出:"坚持党的领导。残疾人工作必须紧紧依靠党的领导,健全党委领导、政府负责的领导体制,坚持政府主导、社会参与、残疾人组织充分发挥作用的工作机制。"

这些重要论述为健全党委领导、政府负责的领导体制和工作机制,努力开创残疾人工作新局面奠定了坚实的理论基础。

一、健全党委领导、政府负责的残疾人工作领导体制,必须把握三个要义

中国共产党是中国特色社会主义事业的领导核心。办好中国的事情,关键在于坚持党的领导。推进中国特色残疾人事业健康发展,必须充分发挥党的领导核心作用。因此,在健全残疾人工作的领导机制和工作机制问题上,必须自觉地把握三个要义。

(一)健全党委领导、政府负责的残疾人工作领导体制的基本内涵

2008年3月28日,《中共中央 国务院关于促进残疾人事业发展的意见》(中发〔2008〕7号)明确指出:"各级党委和政府要高度重视残疾人事业,把残疾人工作列入重要议事日程,进一步完善党委领导、政府负责的残疾人工作领导体制。党委和政府要分别明确一位领导同志联系和分管残疾人工作,定期听取汇报,认真研究部署。"

党委领导,是指各级党委在残疾人事业发展中发挥领导作用,主要体现在:明确一位领导同志联系和分管残疾人工作,把残疾人工作列入重要议事日程,定期听取残疾人工作汇报,做到政治上重视、工作上支持、政策措施上保障;指导残疾人组织贯彻落实党的方针政策,支持残疾人组织充分发挥自身特点和优势,创造性地开展工作;选好配强各级残疾人联合会领导班子,将残联干部队伍建设整体规划,统一安排、培养和交流;加大残疾人干部的选拔、培养力度;按照中央加强人民团体工作的有关要求,加强各级残联组织建设,为残疾人工作提供有力的组织保障。①

党的十九大报告提出:"坚定不移全面从严治党,不断提高党的执政能力和领导水平。"这就为提升各级残联组织党建水平、发挥党的领导核心作用提出了新要求,提供了新契机。各级残联必须认真贯彻落实党的十九大精神,把全面从严治党具体化为全面从严推进残联党组织建设,牢固树立"四个意识",努力把残联党组织建设成政治过硬、充分发挥引领和凝聚作用、善于发挥残疾人事业体制机制优势、勇于攻坚克难的坚强战斗堡垒。

政府负责,是指各级政府在残疾人事业发展中发挥主导作用。《意见》(中发〔2008〕7号)明示"坚持政府主导"。政府的主导作用主要体现在:将残疾人事业纳入国民经济和社会发展的总体规划、相关专项规划和年度计划,统筹安排,同

---

① 本书编写组:《〈中共中央 国务院关于促进残疾人事业发展的意见〉学习辅导读本》,华夏出版社2008年版,第113页。

步实施;将残疾人事业经费列入各级财政预算,逐步增加,稳定保障;制定落实发展残疾人事业的政策措施,及时研究解决残疾人事业发展中遇到的困难和问题;政府主要负责同志主动关心残疾人工作,分管残疾人工作的领导同志要亲自抓,定期听取汇报,认真研究部署;加强政府残疾人工作委员会的建设,充分发挥其作用;政府有关部门将残疾人工作纳入职责范围,密切配合,为残疾人提供切实有效的公共服务。[1]

(二)完善政府主导、社会广泛参与、残疾人组织充分发挥作用的工作机制

《"十三五"加快残疾人小康进程规划纲要》(下文简称《纲要》)指出:"坚持政府主导与社会参与、市场推动相结合。既要突出政府责任,确保残疾人公平享有基本民生保障和基本公共服务,依法维护好残疾人平等权益,又要充分发挥社会力量、残疾人组织和市场机制作用,满足残疾人多层次、多样化的需求,为残疾人就业增收和融合发展创造便利化条件和友好型环境。"

(1)完善政府主导,是各级政府要切实履行职责,发挥主导作用,把促进残疾人事业发展作为政府公共服务和社会管理的重要内容,将残疾人事业纳入经济社会发展大局之中统筹考虑,整体推进。只有完善政府主导,才能更好地发挥政府主导的优势。因为"政府是社会事务的管理者,负有保障社会公平、维护社会正常运转的责任。政府又掌握相应的资源和手段,比如财政政策、税收政策、社会保障、社会资源的二次分配等。残疾人事业是一项社会事业,残疾人是社会弱势群体,对残疾人和残疾人事业,政府负有义不容辞的责任"[2]。

(2)社会广泛参与,是要坚持走社会化的道路,广泛动员社会,有效整合社会资源,鼓励和引导社会组织、企事业单位和志愿者等社会力量参与支持残疾人事业发展,形成促进残疾人事业发展的合力。

(3)全国各级残疾人联合会是党和政府联系广大残疾人的桥梁和纽带。"在全国基本建立'横向到边、纵向到底'较为完善的残疾人工作组织网络体系,使残疾人在残疾人组织更加活跃,残疾人组织在基层更加活跃,残疾人和残疾人组织在社会更加活跃。"[3]

事实证明,只有完善政府主导、社会广泛参与、残疾人组织充分发挥作用的工作机制,才能真正形成齐抓共管、各负其责、密切配合的生动局面,才能真正实行《纲要》所提出的政府实行四个"基本原则",即坚持普惠与特惠相结合,坚持政

---

① 本书编写组:《〈中共中央 国务院关于促进残疾人事业发展的意见〉学习辅导读本》,华夏出版社2008年版,第114页。

② 邓朴方:《人道主义的呼唤》(第二辑),华夏出版社2006年版,第241页。

③ 本书编写组:《〈中共中央 国务院关于促进残疾人事业发展的意见〉学习辅导读本》,华夏出版社2008年版,第114页。

府主导与社会参与、市场推动相结合,坚持增进残疾人福祉和促进残疾人自强自立相结合,坚持统筹兼顾与分类指导相结合,才能进一步保障和改善残疾人民生,增进残疾人民生福祉,促进残疾人全面发展,帮助残疾人和全国人民一道共建共享全面小康社会。

（三）残疾人工作的领导体制和工作机制的关系

健全党委领导、政府负责的领导体制,必须有与此相适应的一套有机联系、协调运转的工作机制。残疾人工作的领导体制和工作机制之间的关系又是怎样的关系呢?

我们认为,残疾人工作的领导体制与工作机制的关系,归根到底,是领导者正确处理领导者与被领导者之间的关系。为此,必须牢固地树立全心全意为人民服务的宗旨意识。在向着更高水平的小康社会迈进中,党委和政府既是领导者,又是服务者,残疾人既是被领导者,又是受益者、参与者和建设者。除此之外,还有社会广泛参与、残疾人组织充分发挥作用,都与残疾人工作的领导体制与工作机制有着千丝万缕的联系。

残疾人工作的领导体制与工作机制的实践表明,在残疾人工作的领导体制与工作机制的诸种互动关系中,互动与管理不能截然分开,互动中需要管理,管理中需要服务。只有把二者有机地结合起来,才能真正使领导者与被领导者达到良性互动、协调发展的目的。

为此,我们引证《意见》(中发〔2008〕7号)一段精辟的论述:"促进残疾人事业发展,有利于维护残疾人合法权益,促进社会公平正义,实现全体人民共享改革发展成果;有利于调动残疾人的积极性、主动性和创造性,发挥残疾人在促进改革发展稳定中的重要作用,实现经济社会又好又快发展;有利于促进我国人权事业全面发展,体现社会主义制度的优越性,树立我国良好的国际形象。各级党委和政府要从坚持立党为公、执政为民的高度,从全面建设小康社会、构建社会主义和谐社会的高度,充分认识发展残疾人事业的重要意义,进一步增强责任感和使命感,切实采取有力措施,促进残疾人事业在新的起点上加快发展。"

我们再引证《纲要》一段精辟的论述:"'十三五'时期是全面建成小康社会的决胜阶段。残疾人是一个特殊困难群体,需要格外关心、格外关注。残疾人既是全面小康社会的受益者,也是重要的参与者和建设者。没有残疾人的小康,就不是真正意义上的全面小康。'十三五'时期,必须补上残疾人事业的短板,加快推进残疾人小康进程,尽快缩小残疾人状况与社会平均水平的差距,让残疾人和全国人民共同迈入全面小康社会。"

由上可知,健全残疾人工作的领导体制和工作机制的重要意义就在于,党委和政府自觉坚持和完善残疾人工作的领导体制和工作机制,充分发挥党委领导在残疾人工作中的领导核心作用,充分发挥政府在强化社会管理职能中的主导作用。同时,各级残联要充分发挥作为党和政府联系残疾人的桥梁和纽带作用。只有这样,才能正确处理领导者和被领导者之间的关系,才能充分发挥领导者和被领导者的两个积极性,才能确保领导行为过程的实践性、科学性和群众性的有机统一。无数事实证明,只要残联干部以及广大残疾人工作者自觉地依靠残疾人,充分发挥残疾人的聪明才智,密切和残疾人群众的血肉联系,切实为残疾人解难题、办实事、谋福祉,就一定能够开创新时代中国特色残疾人事业的新局面。

二、健全残疾人工作的工作机制

(一)何谓机制? 何谓残疾人工作的工作机制?

郑杭生教授在其主编的《社会学概论新修》一书中认为,"机制"一词的基本含义有三个:一是指事物各组成要素的相互联系,即结构;二是指事物在有规律性的运动中发挥的作用、效应,即功能;三是指发挥功能的作用过程和作用原理。把这三者综合起来,更概括地说,机制就是"带规律性的模式"。[①]

笔者认为,机制是指事物及其组成要素在其发展的过程中所要协调的诸多关系、工作方式及其发挥的作用,是合乎规律性的过程。[②]

残疾人工作的工作机制,是指党委和政府紧紧围绕全面建成小康社会奋斗目标,着眼于解决残疾人最关心、最直接、最现实的利益问题,自觉协调各种关系、运用各种方式、充分发挥社会参与、残疾人组织和市场推动作用的过程。在这个良性互动的系统中,一方面各级党委、政府积极引导社会参与,依靠残疾人组织,实行市场推动,认真贯彻《纲要》精神,为协调各种关系而发挥着核心、主导作用,另一方面充分发挥社会参与、残疾人组织和市场推动作用。例如,充分发挥市场机制作用,有效承接政府购买残疾人服务责任。请大家注意,郭春宁在《帮助残疾人和全国人民共建共享全面小康社会的新蓝图》一文中所说的,"当贫困发生率在3%以下时贫困县就摘帽了,但这3%中可能大部分是残疾人。所以,残疾人扶贫是一场持久战,要不断跟踪问效、巩固成果"。这种分析是实事求是的。但是,我们还应当清醒地看到,扶贫攻坚到了一定时期,真正沉底的就是那些无劳动能力、无扶养人或者扶养人不具备扶养能力、无生活来源的残疾人。怎么办? 这就要按照《残疾人保障法》第49条规定,地方各级人民政府"按照规定予以供养"。在这种情况下,政府购买服务,发挥市场机制作用就显得尤为迫切和重要。这些都为协助政府统筹规划,发展残疾人事业的各项工作,协调各种

① 郑杭生主编:《社会学概论新》(第三版),中国人民大学出版社2004年版,第33页。
② 奚从清:《人道主义与中国残疾人事业》,浙江大学出版社2018年版,第88页。

关系而发挥着重要作用。因此,上述这两个方面缺一不可。这清楚地告诉我们,既要坚持两点论,又要坚持重点论。

(二)残疾人工作的工作机制的内容

1.问题导向机制

《纲要》充分肯定,"十二五"时期特别是党的十八大以来,残疾人权益保障制度不断完善,基本公共服务体系初步建立,残疾人生存发展状况显著改善。同时指出,目前我国仍有相当数量的农村贫困残疾人、近200万城镇残疾人生活还十分困难,残疾人就业还不够充分,城乡残疾人家庭人均收入与社会平均水平差距仍然较大。康复、教育、托养等基本公共服务还不能满足残疾人的需求,残疾人事业城乡区域发展还很不平衡,基层为残疾人服务的能力尤其薄弱,专业服务人才相当匮乏。残疾人平等参与社会生活还面临不少困难和障碍。残疾人群体仍然是全面建成小康社会的难中之难、困中之困。

《纲要》提出问题导向机制,合理延伸出目标导向、任务导向、制度导向和政策导向。这充分体现了共产党人求真务实的科学态度,展现了马克思主义者的坚定信仰和责任担当。郭春宁认为,《纲要》的主要特点是:主题的鲜明性、理念的先进性、调查的实证性、要素的结合性和机制的实施性。这种概括很有新意!

2.残疾预防机制

长期以来,国家有关部门和各级残联为建立健全残疾预防机制做出了积极贡献,使残疾预防取得了很大成绩。

《纲要》提出,强化残疾预防。制定实施国家残疾预防行动计划。加强残疾预防工作组织领导,加大残疾预防人才培养、设施设备和工作经费投入力度。广泛开展以社区和家庭为基础、以一级预防为重点的三级预防工作。

为贯彻落实《意见》(国发〔2015〕7号),加强三级预防工作,探索和创新残疾预防工作模式,减少残疾发生,减轻残疾程度,"十三五"期间,中国残联、国家卫生计生委、公安部、国家安全监管总局、全国妇联于2016年6月27日发文,决定联合开展创建全国残疾预防综合试验区试点工作,并公布《全国残疾预防综合试验区创建试点工作实施方案》。该方案确定,在全国选择100个县(市、区),试点建立残疾预防综合试验区,实现以下目标:建立健全残疾预防组织管理体系、工作机制;实施残疾预防综合干预,有效控制残疾发生发展;建立残疾报告制度,形成统一的残疾信息管理体系;健全残疾预防技术手段,完善技术规范、标准。这个实施方案如期实现,中国残疾预防必将取得更大成就。

3.权益保障机制

中国不断推进残疾人事业,残疾人权益保障机制日益健全。逐步实现残疾人权益保障法治化,制定《残疾人保障法》,截至2018年4月,直接涉及残疾人权益保障的法律有 80 多部,行政法规有 50 多部。将残疾人事业纳入国家发展战略,先后颁布七个残疾人事业五年发展规划,对残疾人权益保障工作做出总体部署,设立残疾预防日。各级政府完善残疾人工作机制,统筹推进残疾人事业发展。截至 2018 年,全国设立残疾人法律援助工作站 2600 余个,建成法律援助便民服务窗口 2600 余个,各级残疾人联合会建立残疾人法律救助工作站 1814 个。2014 年至 2018 年,共为 31.2 万残疾人提供法律援助,法律援助机构组织为残疾人提供法律咨询共计 124.2 万人次。残疾人社会保障权得到有效落实。

4. 议事协调机制

议事协调是指通过联席会议、工作例会、现场办公等形式,为实施残疾人事业某项政策或工作方案而促使各有关部门沟通联系,协调关系,通力合作,解决问题。这体现在党委领导、政府主导的残疾人工作领导体制之中;体现在多个单位需要完善议事协调机制之中;体现在发挥残疾人联合会“代表、服务、管理”三种职能之中;体现在动员社会各界、凝聚加快残疾人小康进程的合力之中;体现在发挥市场机制作用的过程之中等方面。

5. 廉洁自律机制

《纲要》提出,残疾人组织是推进残疾人小康进程不可或缺的重要力量。各级残联要按照《中共中央关于加强和改进党的群团工作的意见》的要求,进一步加强自身建设,切实增强政治性、先进性、群众性,自觉防止机关化、行政化、贵族化、娱乐化,依法依章程切实履行“代表、服务、管理”职能。鲁勇说:“按照推进国家治理体系和治理能力现代化要求,认真研究落实涉及残疾人治理体系和治理能力现代化的具体措施。提高残疾人工作者素质,建设恪守‘人道、廉洁、服务、奉献’职业道德、‘信念坚定、为民服务、勤政务实、敢于担当、清正廉洁’的专兼职工作者队伍。”[1]

6. 监督管理机制

为了加强残疾人组织服务与管理工作,省、市、县残联及基层残疾人组织要建立健全监督管理机制,以保证其各项工作符合国家有关政策法规的规定,最大限度保障残疾人的合法权益。为此,要认真贯彻执行《残疾人保障法》和相关法律法规,加强执法监督检查。要充分保障残疾人的平等权益,尊重残疾人对相关立法和残疾人事务的知情权、参与权、表达权、监督权,拓宽残疾人组织民主参与渠道。建立残疾人法律救助体系,做好残疾人法律服务、法律援助、司法救助工作。同时,进一步加大残疾人保障法等保障残疾人权益法律法规的实施力度,加大对侵害残疾人合法权益案件的查处力度。积极配合各级人大、政协开展执法

---

[1]　鲁勇:《以改革创新精神推进中国特色残疾人事业发展》,《人民日报》2014 年 2 月 10 日第 8 版。

检查、视察和调研,依法维护残疾人合法权益。建立健全残联系统人大代表、政协委员服务工作机制,充分发挥残疾人组织和残疾人代表在国家政治、经济、社会、文化生活中的民主参与、民主管理和民主监督作用。

7. 激励先进机制

党和政府历来重视激励先进机制建设,使之制度化、规范化和机制化,例如,定期举行全国自强模范暨助残先进集体和个人表彰大会进行表彰等。又如,《纲要》提出,确保农村贫困残疾人如期脱贫。省级以上人民政府残疾人工作委员会在"十三五"中期和期末对《纲要》实施情况进行考核、绩效考评,并将结果向社会公开,对先进典型予以表彰。再如,中央3台《向幸福出发》节目,经常播出残疾人艰辛创业、创作、与健全人建立和谐婚姻家庭关系,以及家庭、社会关爱残疾儿童的感人故事。这不仅大大激发了广大残疾人的自强精神,而且大大激励了亿万观众的奋发自立精神。

8. 长效发展机制

长效发展机制的关键,首先在于制度建设。鲁勇认为,推动以保障残疾人健康权、生存权、发展权为主要内容的制度创新,包括两个重要方面。一是完善和发展覆盖包括残疾人在内的全体人民的普惠制度,诸如国家的经济、政治、文化、社会、生态文明制度和法律体系,以及建立在这些制度基础上的各种体制等。二是完善和发展针对残疾人特殊情况的特惠制度,包括残疾预防与残疾人基本医疗制度、残疾人基本社会保障制度、残疾人基本康复服务制度、残疾人特殊教育保障制度、残疾人无障碍融入社会的基本公共服务制度、有就业愿望和能力残疾人的基本就业促进制度、残疾人公民基本权利保障制度等。通过制度完善和发展,可以为广大残疾人自尊、自立、自强、自信地融入社会、参与社会、贡献社会创造良好的条件和环境。[①] 其次是制度落实。制度一旦建立,就必须采取措施,加以落实。康复国际主席张海迪说:"保障残疾人人权就要从满足残疾人的实际需求做起,当残疾人获得了康复和便利的生活条件,人权保障这句话才有真正的力量。"

综观上述研究可以看出:第一,各级党委和政府高度重视残疾人事业,为健全党委领导、政府负责的残疾人工作领导体制,完善政府主导、社会广泛参与、残疾人组织充分发挥作用的工作机制做了不懈努力。第二,残疾人工作发展的诸多工作机制,既相互区别,又相互联系,是一个有机联系、协调运转的整体,其中问题导向机制起着引领作用。第三,残疾人工作的领导体制和工作机制与中国政治制度相适应、与中国改革开放进程相适应、与中国优秀文化传统相适应、与

---

① 鲁勇:《以改革创新精神推进中国特色残疾人事业发展》,《人民日报》2014年2月10日第8版。

中国全面建成小康社会相适应。因此，这是符合中国特色的科学表述，是深化中国残疾人工作体制机制的理论与实践研究的必然结果。

第二节 健全残疾人工作的领导体制和工作机制的重要意义

一、健全残疾人工作的领导体制和工作机制，是把自己联系的群众最广泛最紧密地团结在党的周围，坚定地走中国特色残疾人事业发展道路的必然要求

2015 年 7 月 6 日，习近平总书记在中央党的群团工作会议上发表重要讲话。他从巩固党执政的阶级基础、群众基础的战略高度，从党和国家事业长远发展的全局高度，深刻阐明了党的群团工作的一系列重大理论和实践问题。他指出："群团组织要始终把自己置于党的领导之下，在思想上政治上行动上始终同党中央保持高度一致，自觉维护党中央权威，坚决贯彻党的意志和主张，严守政治纪律和政治规矩，经得住各种风浪考验，承担起引导群众听党话、跟党走的政治任务，把自己联系的群众最广泛最紧密地团结在党的周围。"因此，我们要学会深入把握党的群团工作规律，自觉坚持残疾人工作的领导体制和工作机制，更好地发挥残联群团组织的重要作用，使广大残疾人与全国人民一道更加紧密地团结在党的周围，汇聚起实现"两个一百年"奋斗目标、实现中华民族伟大复兴中国梦的强大正能量。

二、健全残疾人工作的领导体制和工作机制，是残联组织切实提高组织治理和自治能力，充分发挥作为党和政府联系残疾人的桥梁和纽带作用的内在要求

鲁勇从国家治理体系的高度，深刻地阐明了推进国家治理体系、治理能力建设与坚持残疾人工作的领导体制和工作机制的内在联系。他说："国家治理体系是在党领导下管理国家的制度体系，国家治理能力是运用国家制度管理社会各方面事务的能力。推进国家治理体系和治理能力现代化，要求残联组织切实提高组织治理和自治能力，充分发挥党和政府联系残疾人的桥梁和纽带作用。"同时，他还提出，根据残疾人工作的领导体制和工作机制的要求，"自觉把残疾人事业有效融入国家发展大局之中，有效承担代表、服务、管理残疾人职能，有效承

接政府购买残疾人服务责任"①。在他看来,只有通过有效增强履行管理职能的体系建设、机制建设和能力建设,才能自觉把残疾人事业有效融入国家发展大局之中,为广大残疾人自尊、自立、自强、自信地融入社会、参与社会、贡献社会创造良好的条件和环境,从而使残疾人工作的领导体制和工作机制愈加焕发出蓬勃的生机和活力。

三、健全残疾人工作的领导体制和工作机制,"全面建成小康社会,残疾人一个也不能少",是努力实现广大残疾人和全国人民共同迈入全面小康社会的迫切要求

习近平总书记指出:"2020 年全面建成小康社会,残疾人一个也不能少。"李克强总理强调:"全面建成小康社会,不能让残疾人掉队。要让残疾人的生活更加殷实、更有尊严。"全面建成的小康社会是包括 8500 万残疾人的小康社会。实现残疾人与全国人民同步小康,是党中央、国务院提出的明确要求,是广大残疾人和全国人民的迫切要求,也是广大残疾人亲属的热切期盼。因此,实现全面建成小康社会的宏伟目标,与我们党的宗旨、社会主义的本质是完全一致的。习近平总书记指出:"让广大残疾人安居乐业、衣食无忧,过上幸福美好的生活,是我们党全心全意为人民服务宗旨的重要体现,是我国社会主义制度的必然要求。"

● **本章习题**

1.如何正确认识健全残疾人工作的领导体制和工作机制的客观依据?

2.简述健全党委领导、政府负责的残疾人工作领导体制的基本内涵。

3.简述完善政府主导、社会广泛参与、残疾人组织充分发挥作用的工作机制。

4.什么是机制? 何谓残疾人工作机制?

5.简述残疾人工作的领导体制和工作机制的关系。

6.残疾人工作有哪些机制? 你学习体会最深的是哪个机制?

7.试述健全残疾人工作的领导体制和工作机制的重要意义。

【参考文献】

1.习近平:决胜全面建成小康社会,夺取新时代中国特色社会主义伟大胜利——在中国共产党第十九次全国代表大会上的报告(2017 年 10 月 18 日)

2.中共中央 国务院关于促进残疾人事业发展的意见(中发〔2008〕7 号).

3.国务院关于加快推进残疾人小康进程的意见(国发〔2015〕7 号).

4.2018 年 9 月 14 日,中国残疾人联合会第七次全国代表大会在北京人民大会堂开幕。韩正代表党中央、国务院发表了题为《在新时代的伟大征程中创造残疾人更加幸福美好的新

---

① 鲁勇:《以改革创新精神推进中国特色残疾人事业发展》,《人民日报》2014 年 2 月 10 日第 8 版。

生活》的致词。

5. 2018 年 9 月 14 日,中国残联主席张海迪在中国残联第七次全国代表大会上做了题为《以习近平新时代中国特色社会主义思想为指导,团结带领残疾人兄弟姐妹共奔美好小康社会生活》的报告。

6.中国残联党组书记、理事长周长奎:深入学习习近平总书记重要论述,努力开创新时代残疾人事业发展新局面——在第三十三次全国残联工作会议上的讲话(2019 年 1 月 9 日).

第十章

残疾人社会保障工作

　　社会保障是社会发展的稳定器,已成为我国百姓最为关注的民生问题之一。党和国家历来高度重视社会保障制度建设,为全体公民构筑稳定、可预期的安全网。残疾人是社会保障的重点对象,而智力、精神及重度残疾人更是社会保障的重点对象,迫切需要开展托养服务。本章探讨残疾人社会保障、托养服务的含义、构成与内容,回顾残疾人社会保障、托养服务的发展历程和取得的成就,梳理残疾人社会保障、托养服务的现行政策及其执行中存在的主要问题,从发展路径、支持条件和保障措施等方面提出工作思路及对策建议。

第一节　残疾人社会保障工作概述

一、残疾人社会保障的含义

　　社会保障,是指在政府的管理下,按照一定的法律和法规,通过国民收入的再分配,以社会保障金为依托,为保障人民生活而提供物质帮助和服务的社会安全制度。在中国,社会保障则是各种社会保险、社会救助、社会福利、军人福利、医疗保障、福利服务及各种政府或企业补助、社会互助等社会措施的总称。社会保障是一种制度安排,其产生原因是市场和社会可能存在失灵的风险。以养老为例:家庭成员多而自然延续的家庭,一般通过子女尽孝实现养老;财产富裕的家庭,其老人也可通过购买养老服务实现养老。然而,家庭成员多子女多未必能确保子女都具备孝心,而有钱也可能买不到养老服务,或即使买得到养老服务也不能确保质量及其权益。医疗等其他社会保障也有类似的制度生成原因。当然,应当指出的是,社会保障制度具有其功效的同时,也付出了一定的制度成本,如社会保障机构运行和人员经费就是其中的典型。社会保障制度也存在失灵现象，如社保资金存在被挪用等风险。在救助资源有限的条件下，收入核查不实或人情保，不该救助的人得到救助而真实贫困和需要的人得不到救助，等等。社会保障制度的生成、发展与国情国力、政治制度、经济发展水平、人口特征乃至人们的文化观念等密切相关，因而具有不同的模式、流派，比如在西方国家，存在国家干预主义、经济自由主义、中间道路三大社会保障理论流派。它们在不同的时代、不同的政府中都起了重要的指导作用。一个国家或地区一旦选择某一社会保障模式——特别是社会保障待遇基本一般只能提高不能降低，只能增加不能取消——就会形成路径依赖，改变、调整社会保障模式基本不大可能。

残疾人社会保障，是指由国家依据一定的法律和法规，为保障残疾人的基本生活权利和提供足够的物质帮助而建立起来的一种保障制度，是属于整个社会保障制度的一个重要组成部分。具体地说，残疾人社会保障是在国家社会保障体系的总体框架下，按照重点保障和特别扶助的原则，通过政府补贴、专项津贴和特殊救助等多种方式，实行普惠保障和专项保障相结合的制度安排。从残疾人社会保障的定义可以看出，社会保障制度的生成原因之一，是社会成员因为残疾而导致生活乃至生命的不可持续。残疾人需要社会保障的原因，不仅是社会成员的残疾，还有因残疾等原因导致的贫困、失业、疾病等各类困难。其主要功能，是建立以社会化为标志的生活安全网，来消除市场化过程中产生的各类风险以及社会不公平因素。

残疾人社会保障具有源远流长的发展历史。对于残疾人的扶助理念，早在春秋战国就有，是古代大同理想社会的有机构成，孔子就曾说，"使老有所终，壮有所用，幼有所长，鳏、寡、孤、独、废疾者皆有所养"。随着人道主义思想、现代社会文明观念、残疾人运动的兴起和发展，残疾人社会保障已经成为国家制度的有机构成和现代社会政策的重要构成。

二、残疾人社会保障体系的构成与内容

残疾人社会保障制度由一系列制度安排构成，是一个有机的整体，也称残疾人社会保障体系。因此，残疾人社会保障体系是指国家和社会针对残疾人的特殊困难和特殊需求建立的保障残疾人基本生活的各项法律、法规、规章和政策的有机整体。当前，残疾人社会保障体系主要以社会保险、社会救助、社会福利为基础，以基本养老、基本医疗、最低生活保障制度为重点，以慈善事业、商业保险为补充，形成"多层次、广覆盖、保基本、可持续"的保障格局。近年来，随着社会保障制度的完善和健全，"广覆盖"还积极向"全覆盖"迈进，确保"全面建成小康社会，残疾人一个也不能少"，整个社会保障制度的公平性、可持续性也得到进一步提升。

（一）社会保险及残疾人参加社会保险

社会保险，是一种为丧失劳动能力、暂时失去劳动岗位或因健康原因造成损失的人口提供收入或补偿的一种社会和经济制度。社会保险制度由政府举办，强制某一群体将其收入的一部分作为社会保险税（费）形成社会保险基金，在满足一定条件的情况下，被保险人可从基金获得固定的收入或损失的补偿。它是一种再分配制度，它的目标是保证物质及劳动力的再生产和社会的稳定。社会保险主要包括养老保险、医疗保险、失业保险、工伤保险和生育保险等。

残疾人参加社会保险，从政策层面来看，主要是在基本养老保险、基本医疗保险方面有扶持政策。在失业保险、工伤保险和生育保险方面，与健全人参保基本没有两样。这也就是说，目前我国还没有专门面向残疾人的社会保险政策和项目。

残疾人参加基本养老保险得到补贴，有以下几种情况。第一种是残疾人作为个体工商户个人缴纳基本养老保险，得到财政补助。第二种是残疾人在企业或集中使用残疾人就业的企业工作，有两种补贴方式：一是对企业给予基本养老保险支出方面的补助；二是直接对残疾人个人缴费部分进行补助。第三种是城乡居民养老保险，对残疾人个人缴费部分给予全额或部分补助。第四种是一些地方对残疾人辅助性就业机构等庇护服务对象参加基本养老保险补贴给予适当补助。总体而言，有补机构、补个人两种途径，都着眼于减轻机构和残疾人个人的负担，让残疾人多缴、长缴基本养老保险，退休后领取更多待遇。关于残疾人提前退休领取养老金，虽然每年全国"两会"都有相关的提案议案，但目前没有从法规政策上突破并予落地。

残疾人参加基本医疗保险，采取的也是和基本养老保险差不多的补助政策，即为残疾人参加基本医疗保险个人承担的费用给予补助。长期以来，在城镇且具有正规就业的残疾人，参加的是城镇职工基本医疗保险；未被职工基本医疗保险覆盖的其他城镇残疾人居民，参加的是城镇居民基本医疗保险；在农村且未参加城镇职工基本医疗保险的残疾人，参加的是新型农村合作医疗保险。随着医疗保险制度的改革，目前城镇居民基本医疗保险和新型农村合作医疗保险已经整合成为城乡居民基本医疗保险。

（二）社会救助及残疾人家庭受助

社会救助，是指国家和其他社会主体对于遭受自然灾害、失去劳动能力或者其他低收入公民给予物质帮助或精神救助，以维持其基本生活需求，保障其最低生活水平的各种措施。由于残疾人因为残疾而导致家庭支出的增加和收入的减少,残疾人家庭收入整体不高,贫困残疾人数量较多,残疾人因此成为社会救助的主要对象之一。残疾人社会救助主要包括以城乡最低生活保障制度为核心的基本生活救助、以残疾学生和残疾人家庭子女助学等为代表的教育救助、就业援助、医疗救助、康复救助、住房救助、信息化救助、权益救助(法律援助)、社保参保救助、无障碍救助、临时救助如灾害救助等,其主要特征是作为保障对象的残疾人应当以贫困或低收入的家计调查为前提,残疾人获得的是现金、实物或有关服务。社会救助是兜底保障,残疾人是最常受益的对象之一。

基本生活救助,也称生活困难补助,是社会救助体系的主体和基石,其对象是城乡低保家庭、低收入家庭中的全部或部分成员,部分地方政策拓展到非贫困的特定对象,如一般家庭中的重度残疾人、智力残疾人和精神残疾人。资金发放的标准一般有全额低保金或补助金、差额低保金或补助金、定额补助。一般按月发放,要求通过银行卡发放。

除了基本生活救助,其他的多数都是属于专项救助,如教育救助、医疗救助、康复救助、住房救助、信息化救助、权益救助、社保参保救助、无障碍救助、交通救助等等。如果这类救助对残疾人家庭收入有要求,那属于社会救助;如果对收入没有要求,则倾向于成为一种社会福利。当前,在中西部地区和大多数农村,残疾人社会救助仍然严格限定于贫困及低收入对象。在我国东部地区的许多城市,呈现的是社会救助福利化,即部分残疾人社会救助项目受益对象扩大到所有或部分持证残疾人。还有一个趋势,就是部分专项救助,资金补助直接到所在服务或经办机构,或者通过购买服务的方式直接结算,这样的好处是避免残疾人家庭拿到救助资金却无法享受专项救助服务。

临时救助主要是针对自然灾害、交通事故、突发重病等原因造成的生活困难,一般由政府每年按照当地发生临时困难家庭的概率和数量,预留一定的资金并专款专用,用于发放给困难对象,残疾人也是最常受益的对象之一。

(三)社会福利

社会福利,是指国家依法为所有公民普遍提供旨在保证一定生活水平和尽可能提高生活质量的资金和服务的社会保障制度。社会福利制度具有层次性,当覆盖对象为全体国民时,就成了公共品。目前的社会福利制度主要覆盖对象是某一类群体或某几类群体中的特定人员。比如,一些地方对旅游门票、公共交通的减免范围是:1.3 米以下的儿童、70 岁以上的老人、一定教龄的教师、军人、残疾人、献血达到一定数量的人员等等。这就是说,残疾人享有的某一项社会福利,其他群体可能且可以同时享有。

残疾人社会福利的主要特征,是不以家庭经济的贫困或低收入为限制,一般所有或部分残疾人都能获取福利性质的现金或服务。残疾人社会福利属于最高

层次的残疾人社会保障。

随着经济社会的发展,目前残疾人社会福利的项目不断增多,如针对智力、精神残疾人和其他各类重度残疾人的托养、庇护、照料服务,如以重度残疾人为对象的交通福利、旅游福利,如以视力、听力、言语残疾人为主要受益对象的通信优惠政策,以重度肢体、视力、听力残疾人为主要受益对象的无障碍环境改造政策和手语翻译服务。目前,全国范围内发放残疾津贴还没有做到,在东部部分城市地区,对所在辖区所有持证残疾人发放一定额度的资金,已经具有残疾津贴的形式,但在政策上还没有与国际接轨,称为"残疾津贴"。

慈善事业是一种有益于社会与人群的社会公益事业,是政府主导下的社会保障体系的一种必要的补充,是在政府的倡导或帮助、扶持下,由民间的团体和个人自愿组织与开展活动的,对社会中遇到灾难或不幸的人,不求回报地实施救助的一种无私的支持与奉献的事业。残疾人往往也是慈善事业的主要受益对象。残疾人社会慈善,主要是企业、非营利机构、个人等向残疾人提供的帮助和救济,以及面向残疾人的志愿服务。

值得一提的是,由于社会救助、社会保险、社会福利的相关概念范畴存在广义与狭义,容易产生多义乃至歧义,残疾人社会保障的相关概念及分类并没有达成共识。比如,一些学者将残疾人社会保障与服务都归为社会福利的一部分,统称残疾人福利。比如,残疾人社会保险其实也并非纯粹的残疾人社会保险,给予残疾人参保或领取待遇的优惠其实质是一种社会救助。这不利于准确定位残疾人社会保障并更好地惠及残疾人,迫切需要明晰残疾人社会保障的范畴及构成,并在政策中予以体现。

第二节　残疾人社会保障工作的发展成就、存在问题和目标任务

一、我国残疾人社会保障工作取得的成就

(一)残疾人社会保障的法规政策不断健全,更加全面地融入国家发展大局

在我国《宪法》中,明确规定了残疾人社会保障的总体原则。《宪法》强调:中华人民共和国公民在年老、疾病或者丧失劳动能力的情况下,有从国家和社会获得物质帮助的权利。《宪法》要求:国家和社会帮助安排盲、聋、哑和其他有残疾的公民的劳动、生活和教育。

《中共中央 国务院关于促进残疾人事业发展的意见》(中发〔2008〕7号)第

三部分即为保障残疾人基本生活的有关内容。主要内容为:(七)做好残疾人生活救助工作。按照重点保障和特殊扶助的要求,研究制定针对残疾人特殊困难和需求的社会保障政策措施。进一步完善城乡居民最低生活保障、农村五保供养等生活救助政策,保证符合条件的贫困残疾人能够享受城乡居民最低生活保障和有关生活救助待遇。着力解决好重度残疾、一户多残、老残一体等特殊困难家庭的基本生活保障问题,做好低收入残疾人家庭生活救助。安置和照顾好伤残军人。加快实施农村贫困残疾人家庭危房改造项目,城市廉租住房政策和农村危房改造计划优先照顾贫困残疾人家庭。(八)完善残疾人社会保险政策。加强监督检查,确保城镇残疾职工按照规定参加基本养老、失业、工伤和生育保险。落实城镇贫困残疾人个体户参加基本养老保险补贴政策,鼓励并组织个体就业残疾人参加社会保险。已开展试点的地区帮助农村残疾人参加农村社会养老保险。(九)发展残疾人社会福利和慈善事业。完善残疾人社会福利政策,逐步扩大残疾人社会福利范围,适当提高残疾人社会福利水平。重点做好残疾老人和残疾儿童的福利服务。各级政府要按照彩票公益金的使用宗旨,逐步加大彩票公益金支持残疾人事业的力度。鼓励社会捐赠,支持发展残疾人社会福利和慈善事业。

《残疾人保障法》对残疾人社会保障工作提出了明确要求。第六章是有关社会保障的具体规定,即第 46 条到第 51 条。

《国务院关于加快推进残疾人小康进程的意见》(国发〔2015〕7 号)第二部分为"扎实做好残疾人基本民生保障",强调指出:要进一步完善社会保障制度体系,强化各项保障制度在对象范围、保障内容、待遇标准等方面的有效衔接,在切实保障残疾人基本生活的同时,解决好残疾人的特殊需求和特殊困难。共有四个方面的内容,分别为:(一)加大残疾人社会救助力度。(二)建立完善残疾人福利补贴制度。(三)帮助残疾人普遍参加基本养老保险和基本医疗保险。(四)优先保障城乡残疾人基本住房。首次提出要"建立困难残疾人生活补贴制度和重度残疾人护理补贴制度"。

《国务院关于全面建立困难残疾人生活补贴和重度残疾人护理补贴制度的意见》(国发〔2015〕52 号)是第一个从国家制度的高度建立的残疾人社会保障政策项目,建立两项补贴制度也纳入了《关于深化收入分配制度改革若干意见的通知》(国发〔2013〕6 号)、《中央全面深化改革领导小组 2015 年工作要点》、2015 年政府工作报告等。困难残疾人生活补贴主要补助残疾人因残疾产生的额外生活支出,对象为低保家庭中的残疾人,有条件的地方可逐步扩大到低收入残疾人及其他困难残疾人。

《国务院关于印发"十三五"加快残疾人小康进程规划纲要的通知》(国发

〔2016〕47号），第一项任务即是保障残疾人基本民生，从提高残疾人社会救助水平、建立完善残疾人基本福利制度、确保城乡残疾人普遍享有基本养老保险和基本医疗保险、优先保障残疾人基本住房、加快发展残疾人托养照料服务等方面入手。通知提出，"十三五"末困难残疾人生活补贴目标人群覆盖率＞95％。

为贯彻党中央、国务院决策部署和推动法规政策落实，民政部、人力资源社会保障部、卫健委、住建部、财政部等部委会同中国残联，以社会救助为重点，出台了一系列政策措施，并要求省市县三级贯彻落实。在社会保险、社会福利方面，主要还是由省级政府及厅局出台并实施政策。比如，在国家两项补贴基础上，浙江首次在省级层面建立"广覆盖、高标准、动态调整、衔接有序"的浙江特色残疾人四项福利补贴制度，分别是困难残疾人生活补贴、重度残疾人护理补贴、康复补贴和社会保险补贴，覆盖近80％的持证残疾人，164万残疾人受益。

近年来，残疾人社会保障越来越多地融入乡村振兴规划、基本公共服务均等化行动计划、社会保障体系建设、就业优先战略、"健康中国"战略等大局，体现普惠基础上的特惠，贫困残疾人"两不愁、五保障"（不愁吃、不愁穿，基本医疗、义务教育、住房安全、基本康复、家庭无障碍有保障）基本实现。

（二）残疾人社会保障的理念不断深入，政府加大投入，社会更加理解，残疾人及其家庭更加注重权益维护

残疾人社会保障的成就，一方面得益于国家经济发展以及社会保障制度的建设，一方面得益于残疾人事业的深入发展。改革开放40年特别是党的十八大以来，我国社会保障体系建设取得举世瞩目的成就，实现由城镇职工的"单位保障"向统筹城乡的"社会保障"根本性转变，覆盖城乡居民的多层次社会保障体系基本建立，民生保障网不断织密筑牢，走出一条中国特色社会保障道路。目前，我国养老保险覆盖人数已经超过9.25亿人，基本医疗保险覆盖人数已经超过13.5亿人，基本实现全民参保，社会保险待遇水平稳步提高，起到家庭增收节支作用；社会救助的覆盖面扩大、应急能力显著增强，截至2017年年底，全国有城市低保对象741.5万户、1261.0万人。全年各级财政共支出城市低保资金640.5亿元。2017年全国城市低保平均标准540.6元/人·月，比上年增长9.3％；全国有农村低保对象2249.3万户、4045.2万人；慈善事业蓬勃发展，2017年全年共接收社会捐款754.2亿元。这些成就，残疾人自然而然地、优先特惠地受益。残疾人事业发展与改革开放密切关联，和中国残联成立30周年的发展历程同步同向，残疾人事业成为我国人权事业和民生保障的亮点，为改革开放历史性成就增色添彩，同时改革开放为残疾人事业发展提供坚强保障和注入强大动力。特别是全社会文明程度的提升，政府依法行政的提升，让残疾人社会

保障的正当性、合理性和社会可接受性,都显著加强。在这样的背景下,社会共识进一步凝聚,社会氛围进一步改善,政府加大对残疾人社会保障的投入,残疾人社会救助覆盖面和标准提高,残疾人社会保险参保补贴提高,残疾人社会福利项目不断推出,成为政府施政的常态。残疾人权利意识的觉醒,也让残疾人及其家庭成员更多地争取残疾人社会保障更好更优的利益。

(三)残疾人兜底保障体系不断完善,受益范围不断拓展,补助标准动态提高,为残疾人构筑起全方位的安全网

党的十九大报告提出:按照兜底线、织密网、建机制的要求,全面建成覆盖全民、城乡统筹、权责清晰、保障适度、可持续的多层次社会保障体系。这一工作要求,在残疾人社会保障中具有最直观的体现。根据民政部的通报,2017年,困难残疾人生活补贴人数1019.2万人,重度残疾人护理补贴人数1053.7万人。中国残联年度统计报告显示,截至2018年年底,城乡残疾居民参加城乡社会养老保险人数2561.2万,595.2万60岁以下参保的重度残疾人中,有576.0万得到政府的参保扶助,代缴养老保险费比例96.8%。有298.4万非重度残疾人享受了全额或部分代缴养老保险费的优惠政策。1024.4万残疾人领取养老金。2013年,有401.4万城镇残疾人参加了城镇居民社会养老保险,参保率65.1%。在60岁以下的参保残疾人中有77.9万重度残疾人,其中73.1万得到了政府的参保扶助,代缴补贴比例达到93.8%。有56.8万非重度残疾人也享受了全额或部分代缴的优惠政策。领取养老金待遇的人数达到162.0万人。可见,这6年中残疾人社会保障的受益范围不断拓展。

在浙江省,2017年,全省残疾人参加基本医疗保险的比例为99.4%,参加基本养老保险的比例为90.6%。截至2017年年底,全省困难残疾人生活补贴惠及40.7万名残疾人,重度残疾人护理补贴惠及45.3万名残疾人。城乡残疾居民参加城乡社会养老保险人数为63.4万名,13.6万名参保的60岁以下重度残疾人中,有13.2万名得到政府的参保扶助,代缴养老保险费比例达97.0%。有15.6万名非重度残疾人享受了全额或部分代缴养老保险费的优惠政策。有28.1万残疾人领取养老金。

残疾人社会保障待遇,呈现逐年提高态势,主要是得益于社会保障本身的动态调整机制,比如最低生活保障逐年提高,养老金逐年提高,医疗保险和养老保险补贴参保随着固定比例而提高。同时,部分地区对于残疾人救助、福利的标准支出,呈现较大幅度增长。如2018年11月,嘉兴市人力社保局、市财政局、市残联联合发布了《关于残疾人参加基本养老(医疗)保险个人缴费补贴的指导意见》,该《指导意见》对不同参保群体做了详细规定。其中,对于符合参加城乡居

民基本养老保险条件的持证残疾人,若选择 500 元/年的缴费标准,政府给予个人缴费全额补贴;若选择其他缴费标准的,按照个人缴费总额的 65％标准给予补贴。对于符合参加城乡居民基本医疗保险条件的持证残疾人,其个人缴费部分由当地政府承担。对于法定劳动年龄段参加灵活就业人员职工基本养老保险的持证残疾人,按当年度最低缴费基数缴费额的 40％给予个人缴费补贴。到法定退休年龄时,职工基本养老保险缴费年限未满 15 年,按相关政策进行补缴或延缴的,给予个人缴费额的 40％补贴,补贴年限为至每月领取养老金为止,累计补贴年限不超过 15 年。对于法定劳动年龄段参加灵活就业人员职工基本医疗保险的持证残疾人,以当年度职工基本医疗保险缴费标准的 40％给予补贴,退休后职工基本医疗保险缴费年限不足一次性补缴的,按一次性补缴额的 40％给予补贴。参加职工基本医疗保险累计补贴年限(含一次性补缴年限)男不超过 25 年、女不超过 20 年。该市补助标准在全国范围内,也算是较高标准,惠及嘉兴市 10000 余名参加城乡居民基本养老(医疗)保险的持证残疾人和 5600 余名法定劳动年龄段参加灵活就业人员社会保险的持证残疾人。

在残疾人住房救助方面,主要有三种形式,在农村是危旧房改造,在城镇则是提供廉租房或经济适用房。浙江省政府规定,优先保障城乡残疾人基本住房,为符合住房保障条件的城镇残疾人家庭优先提供公共租赁住房或发放住房租赁补贴;探索建立农村困难残疾人家庭危旧房改造补助办法,制定实施分类补助标准等措施,对无自筹资金的家庭给予倾斜照顾,完成存量危房改造任务,确保残疾人危旧房发现一户、解决一户。有条件的地方,可组织实施残疾人宜居、亮居工程,进一步改善困难残疾人的住房条件。2018 年起,浙江省慈善总会投入数千万元,实施慈善助残危房改造项目。

在残疾人医疗救助方面,施策主体是县级民政部门、残联组织,以宁波市北仑区为例,该区对残疾人在享受社会基本医疗保险、总工会职工医疗互助、合作医疗大病统筹和医疗救助及区民政、慈善分会医疗救助后的个人自负医疗费用部分给予救助。家庭人均年收入在低保标准 150％以内的,给予自负剩余有效医疗费用 50％的救助,每人每年救助不超过 2 次,救助金额不超过 2 万元;其他家庭残疾人自负剩余有效医疗费用超过 5000 元的,给予超过部分 40％的补助,全年救助金额不超过 2 万元。这能有效减少残疾人家庭因病致贫现象。

在残疾人教育救助方面,浙江省执行十多年的助学政策覆盖对象是残疾学生和残疾人家庭子女,许多地方已经不局限于贫困家庭。残疾学生和残疾人家庭子女考上大学的,还有奖励。2016 年,浙江省残疾人联合会、浙江省教育厅联合下发了《浙江省残疾人大学生学费和住宿费减免暂行办法》(浙残联发〔2016〕23 号),对象是入学前为浙江省户籍,持有浙江省颁发的第二代《中华人民共和国残疾人证》(以下简称残疾人证),在中国境内各高校注册就读的全日制普通本专科学生和纳入国家招生计划的全日制研究生,包括硕士研究生和博士研究生,按学生实际缴纳的学费和住宿费进行补助,学费补助每人每学年最高不超过 2 万元,住宿费补助每人每学年最高不超过 2000 元。

浙江省在残疾人福利方面的探索走在全国前列,有的福利项目与发达国家和地区接近,但总体来说仍然处于起步阶段,在"十三五"期间残疾人福利项目有所拓展。杭州市规定,2018 年 3 月 1 日起,杭州市持证残疾人均可免费乘坐市内公共交通工具。非杭州市户籍、持有效期内《中华人民共和国残疾人证》的重度残疾人(残疾等级一级和二级的各类残疾人)也可免费乘坐市内公共交通工具。范围包括地铁、市内普通公共汽电车和水上巴士,并经市交通运输部门统一编码,确认纳入免费乘车范畴的市内公共交通线路。在旅游方面,主要是实行政府定价、政府指导价的景区给予残疾人免费或减免。在通信方面,各地积极贯彻落实《中国残联、工业和信息化部关于支持视力、听力、言语残疾人信息消费的指导意见》,要求通信企业给予残疾人资费减免等优惠。另外的一项福利是残疾人团体人身意外伤害保险,由政府或残联通过招标采购的方式购买,残疾人身故或遭受伤害,可从保险公司获得赔付。另外,在辅助器具适配等方面,一些地方对于部分国产、经济型配置的辅助器具基本实现按需供应。

二、残疾人社会保障存在的主要问题

(一)贫困残疾人脱贫攻坚任务仍然十分艰巨

贫困残疾人脱贫攻坚仍面临着人口数量多、贫困程度深、致贫原因复杂、脱贫难度大等突出困难和问题,任务艰巨,形势严峻,是打赢脱贫攻坚战的重点和难点所在。2018 年 3 月有关数据显示,我国农村持证贫困残疾人仍有 413.5 万人,占建档立卡贫困人口总数的 8% 左右。

(二)残疾人社会保障不能完全抵消残疾导致的减收增支,残疾人家庭收入与社会平均水平存在一定的差距

2017 年度浙江省残疾人全面小康实现程度主要数据公报表明,2017 年,全省城镇残疾人家庭人均可支配收入为 32388 元,比上年增长 11.2%,扣除价格因素,实际增长 8.9%,为全省城镇常住居民人均可支配收入 51261 元的 63.2%。2017 年农村残疾人家庭人均可支配收入为 21524 元,增长 10.1%,扣除价格因素,实际增长 7.9%,为全省农村常住居民人均可支配收入 24956 元的 86.2%。残疾带来的减收增支效应十分明显,而残疾人社会保障具有的增收减支功能,从数量、时效上都远未达到完全补偿残疾人家庭的目的。

（三）残疾人社会保障区域之间、类别之间不平衡比较突出

北京、上海、深圳、杭州等地残疾人保障程度较高，比如一个在杭州城区的一级残疾人，全年增加收入 37020 元，全年减少支出 11771.7 元，即使考虑当地消费水平和生活成本因素，在中西部地区也是不可能实现的。总体来说，不同残疾类别之间也有差别，在东部地区和城市，智力、精神残疾人获得的保障较多，盲人、聋人得到的保障较少。一些地方低保家庭残疾人集中获取了较多保障资源，而低收入或低收入边缘家庭残疾人因没有得到保障、救助，反而比低保家庭生活更困难。

（四）部分残疾人社会保障项目存在短板

残疾津贴制度，在全国范围内仍然未成为制度性安排。残疾人提前退休领取养老金，在法律上尚未取得突破。部分地区成年智力、精神残疾人无法单独列户并获取低保金。贫困地区农村残疾人危旧房存量还比较多，旧的危旧房未得到及时修缮改建而增量危旧房持续增加。部分罕见病没有纳入医保、康复定点和医疗救助、康复救助，一些地方残疾儿童抢救性康复因为补助标准低，导致家庭很容易快速陷入贫困。一些地方的残疾人交通等福利项目局限于本地户籍残疾人。

（五）残疾人社会保障工作机制存在薄弱环节

一些保障项目存在多头管理现象，有的出现部门间责任推诿现象，残疾人凡是有困难都到残联组织寻求帮助，工作机制不顺畅。部分残疾人社会保障项目的待遇没有逐年动态提升的机制。残疾人困难需求未能及时有效地得到采集、回应，基层人情保等现象时有发生，而残疾人家庭往往是受害者。有的住房、医疗、康复等救助项目报销前需要残疾人先行大额资金垫付而非即时结算或部分先行拨付。

三、残疾人社会保障工作的发展方向

（一）进一步融入国家社会保障发展大局

党和政府以人民为中心，党的十九大报告中提出：幼有所育、学有所教、劳有所得、病有所医、老有所养、住有所居、弱有所扶，残疾人必将是社会保障体系建设的制度红利重点受益对象。

（二）加快残疾人脱贫攻坚，兜住底

《贫困残疾人脱贫攻坚行动计划（2016—2020 年）》要求，提高扶贫的精准度，到 2020 年，稳定实现贫困残疾人及其家庭不愁吃、不愁穿，义务教育、基本医疗、住房安全有保障，基本康复服务、家庭无障碍改造覆盖面有效扩大。确保现

行标准下建档立卡贫困残疾人如期实现脱贫。主要措施是"七个一批",即:通过全面落实农村低保等社会救助政策和困难残疾人生活补贴、重度残疾人护理补贴等保障制度兜底脱贫一批;通过减少医疗康复费用刚性支出并改善残疾人身心功能状况缓解一批;加快实施农村危房改造和易地扶贫搬迁工程,推动贫困残疾人家庭住房安全解困一批;加大职业教育和实用技术培训力度赋能一批;产业带动、资产收益折股量化等多种方式帮带一批;深入开展基层党组织和党员干部助残扶贫行动结对帮扶一批;动员社会各界力量参与贫困残疾人扶贫帮助一批。

(三)既要扩大覆盖面,又要注重均等化,促进残疾人社会保障平衡发展

我国社会保障制度建设的一大目标是从制度覆盖到人群覆盖,而残疾人往往是人群覆盖的盲点所在,特别是一些自愿参保的社会保险,如果残疾人缴不起费,而当地政府又没有及时地通过免费参保、参保补贴等方式提高残疾人参保率,残疾人就会成为人群全覆盖缺失对象。强制参保的社会保险险种,残疾人也可能处于弱势地位而无法维护自身权益,一些企业让残疾人"自愿"不参保逃避责任。

另外,医疗保险对残疾人没有提高报销比例等特惠措施,对残疾人参保的吸引力可能不足。因此,一是加强不同档次参保补助,让已就业和未就业的残疾人都能广泛参加社会保险,促进多缴长缴。二是以生活救助为核心,以专项救助为支柱,按照哪里有困难哪里就有保障的原则开展残疾人救助。要扩大残疾人低保覆盖面,将符合城乡低保条件的残疾人家庭及时纳入最低生活保障范围,实现应保尽保。对依靠家庭供养的成年重度残疾人和成年三、四级精神、智力残疾人可按照单人户纳入低保范围,并享受与低保家庭同等的和个人直接相关的专项社会救助政策及其他优惠待遇。落实低收入残疾人家庭生活用水、电、气等基本生活支出优惠和补贴政策。实施困难残疾人生活补贴,对家庭人均收入在低保边缘以下的残疾人或本人收入在低保边缘以下的劳动年龄段残疾人,按照当地低保标准的一定比例发放生活补贴。将困难残疾人纳入惠民殡葬政策范围。健全对因灾、因病及意外伤害等特殊困难残疾人家庭临时救助制度,简化救助程序,加大救助力度。在各类保障的待遇标准方面,应当与物价上涨、人工成本等相衔接,建立起动态调整机制。

(四)鼓励先行先试,探索推动残疾人社会救助向福利型制度转化

救助的施策主体是政府,而福利的主体是残疾人自身的权利,残疾人获得的社会保障不应当是怜悯施舍性质的,而是基于自身的权利,哪怕是身患残疾但是不贫困的残疾人,也应当在社会保障领域有所体现。基于此,要尽快修订法律,让残疾人能提前退休领取养老金。要在地方试点的基础上,努力做到全国制度

层面发放残疾津贴等普惠型福利项目。各类残疾人专属享受的福利政策,应当明确不同残疾类别、等级及家庭状况下残疾人福利享有情况。与其他群体共同享有的福利政策,应当明确享有福利残疾人的细类及享有的待遇标准。通过一段时间努力,建立起覆盖全体、门类综合、需求多样、分级分类、差序待遇的残疾人福利体系。

(五)大力提升残疾人社会保障工作的管理服务水平

一是要适应大数据时代,加强信息化管理,让数据多跑路,残疾人少跑腿,提升社会保障的可及性。二是通过转移支付、统一标准等方式,调和各地残疾人社会保障经费投入,改变残疾人社会保障按照户籍管理的属地性,加强区域协调,特别是要避免"隔路隔待遇""隔河隔待遇"等现象的发生,引发残疾人上访等事件。上级应当加强管理和指导,纠偏城区间残疾人社会保障待遇攀比现象,促进残疾人社会保障在项目、标准等方面的相对平衡。三是应当适应人口流动的需求,逐步健全流动人口的社会保障机制,通过提高统筹层次、异地结算报销、异地网上办理等方式,提高残疾人社会保障工作机制的灵活性,让身在外地的残疾人能不回老家就享受社会保障待遇,让外地流动残疾人口在居住地享受一定的社会保障待遇,努力提高残疾人社会保障的可及性和可携性。四是各级残联组织、公安、民政、人力社保、健康委、住房建设、通信、教育等部门应加强信息共享,避免残疾人重复享受或政策遗漏,强化动态管理,提高残疾人社会保障制度的公平性。五是多渠道筹措资金,残疾人社会保障所需资金保障,可以从财政、残疾人就业保障金、福彩公益金、慈善资金及具有爱心的企业和社会机构捐赠等渠道列支,中央、省、市、县四级政府应当健全完善资金分担机制和转移支付机制,加强资金的调剂和转移支付,让地区间残疾人社会保障更加统筹、合理、公平。财政、审计、纪检监察等部门应当加强资金管理和监督,认真执行财政预算、政府采购、绩效评估等规定,确保残疾人社会保障资金运行在阳光下。

第三节　残疾人托养服务

残疾人托养服务很大程度上是残疾人社会保障的内容,同时也是残疾人公共服务的重要构成。

一、残疾人托养服务的概念、类型及必要性

(一)残疾人托养服务的概念

残疾人托养服务,也称残疾人托养照料服务,有的也称照护服务、养护服务,

是指为符合条件的智力、精神和重度肢体残疾人,提供基本生活照料和护理、生活自理能力训练、社会适应能力辅导、职业康复和劳动技能训练、运动功能训练等方面的社会服务。

残疾人托养服务,与养老服务、幼托服务等具有相似的性质。托养服务的需求出发点在于,残疾人特别是智力、精神和重度残疾人,具有一定程度的生活自理能力缺失,需要通过经济资源来委托专业、专门的机构或个人,通过专业化托养服务,帮助残疾人提高生活自理能力、社会适应能力和价值创造能力,改善残疾人生存发展条件,促进残疾人共享经济社会发展成果。

(二)残疾人托养服务的类型及需求

为残疾人提供托养服务,与残疾人自身具备的生活自理能力密切相关,呈反向关系,即:生活自理能力越全面,越不需要托养服务;生活自理能力越弱,需要托养服务的内容越多、要求越高。

生活自理能力,是指人们在生活中自己照料自己的行为能力。一般分为完全具备生活自理能力、部分丧失生活自理能力、完全丧失生活自理能力三类,一般依据以下 6 项指标综合评估:(1)自主吃饭;(2)自主穿衣;(3)自主上下床;(4)自主如厕;(5)室内自主行走;(6)自主洗澡。6 项指标全部达到的,可以视为具备生活自理能力(全自理);有 3 项以下(含 3 项)指标不能达到的,可以视为部分丧失生活自理能力(半护理);有 4 项以上(含 4 项)指标不能达到的,可以视为完全丧失生活自理能力(全护理)。托养人员的生活自理能力应当在卫健委、民政部门的指导下定期开展评估。

不同残疾类别的残疾人,在托养服务需求方面还有一定的特殊性,应当分类满足。比如,精神残疾人需要服药的管理服务。这就要求托养机构和服务人员具备相应专业知识技能及场所、物资。

当前,根据托养场所、服务时长、服务内容的不同,残疾人托养服务主要有三种形式,一是机构托养,二是日间照料,三是居家安养。

残疾人托养机构,是指经政府和有关部门批准的,由基层政府、残联组织或社会力量举办的为残疾人提供托养服务的专门机构或有关社会福利机构。主要有三种机构,一是在敬老院开辟残疾人托养专区,二是专门托养残疾人的机构,三是其他零散托养残疾人的有关社会福利机构。

残疾人日间照料,主要是智力、精神和其他残疾人在工作日的白天集中在日间照料机构,接受机构的照料服务,早晚一般由家属接送,周末由家属在家照料。日间照料机构主要是残疾人辅助性就业机构(含企业办工疗车间)以及没有就业项目的其他阳光家园。

从生涯覆盖即不同年龄的角度来看,有托养服务需求的残疾人,从特教幼儿

园到特教学校,再到就业年龄段的辅助性就业机构或托养服务机构,最后到养老服务机构,为残疾人提供覆盖终身的服务。目前,结合残疾类别,成年智力、精神和重度残疾人是残疾人托养服务的重点对象。老年残疾人由于老残一体或因老自然致残,可纳入普通养老服务范畴。

有关调查显示,近 1/7 的持证成年残疾人具有托养照料需求,2007 年,浙江省残疾人托养服务需求满足率仅在 10% 左右,托养人数仅为 6000 人,经过十年努力,基本满足残疾人托养服务需求。

(三)残疾人托养服务的必要性和重要性

开展残疾人托养服务,能提高残疾人生活质量,提高康复效果,维护身心健康。对于得到补贴或纳入公共托养的残疾人家庭,能极大地解放残疾人家庭生产力,缓解照料压力、经济压力,最终形成托养一人、解放一家、平安一方的良好局面,应当且已经成为残疾人社会保障体系和公共服务体系的重要支柱,是社会主义制度的必然要求,是全面建成小康社会不可或缺的重要内容。

二、我国残疾人托养服务工作的发展历程

长期以来,智力、精神和重度残疾人的照料服务及经济压力,已远远超出家庭承担的义务,理应由国家和社会予以分担,减轻残疾人家庭压力,提高残疾人生活质量,解放残疾人家庭生产力。在全国,较早开展残疾人集中托养的是广州市,广州市残疾人安养院成立于 1996 年,最初是一间民办非企业机构,2000 年收归政府。

在浙江,杭州市从 1978 年开始探索工疗站,即一种社区精神病防治康复模式,主要是将社区慢性精神病人集中起来,采取集中管理的方式,同时对精神病人开展有利于社会心理康复的"三疗一教育",即药疗、娱疗、工疗和教育相结合,促进精神病人全面康复和回归社会。杭州仁爱托管中心由杭州市智力、精神残疾人亲友会承办,成立于 2003 年 1 月,是浙江省首家为智力、精神残疾人建立的民办公共的社会福利机构,集托管托养、教育培训、治疗康复于一体,实行半开放式规范化管理,属全日制托管机构,托管残疾人数量为 30 多名。宁波市江东区阳光驿站性质为日间工疗康复托养机构,于 2006 年年底开始探索,主要对象为智力残疾人,接纳 16 岁至 45 岁处于就业年龄段的智力残疾人和轻度精神残疾人,通过康复和劳动技能培训,提高他们的生活自理能力和社会适应能力,使他们尽早融入社会。

2007 年 7 月,中国残联在广州召开全国残疾人托养服务工作会议,残疾人托养服务工作正式纳入残联业务工作,但全国普遍底子薄弱。2007 年 10 月和 2008 年 8 月,中央主要领导同志亲自视察上海市残疾人"阳光之家"和北京市残

疾人"温馨家园"。2008年在新修订的《残疾人保障法》中规定"对生活不能自理的残疾人,地方各级人民政府应当根据情况给予护理补贴。地方各级人民政府对无劳动能力、无扶养人或者扶养人不具有扶养能力、无生活来源的残疾人,按照规定予以供养。国家鼓励和扶持社会力量举办残疾人供养、托养机构"。《意见》(中发〔2008〕7号)规定:要"依托社区开展为重度残疾人、智力残疾人、精神残疾人、老年残疾人等提供生活照料、康复养护、技能培养、文化娱乐、体育健身等公益性、综合性服务项目,推广'阳光之家'经验。鼓励发展残疾人居家服务,有条件的地方建立残疾人居家服务补贴制度"。这为推动残疾人托养服务提供了强大支撑和法规依据。

2007年12月21日,浙江省政府常务会议研究决定,在全省范围内实施残疾人共享小康工程,其中一项为重度残疾人托(安)养工程。《浙江省重度残疾人托(安)养工程实施办法(试行)》(浙残联教就〔2008〕46号)规定:具有浙江省户籍并持有《中华人民共和国残疾人证》,残疾等级为一级且生活不能自理的重度残疾人,为重度残疾人托(安)养工程的实施对象;明确了审批程序和服务标准,集中托养费用为每人每年7500元;日间照料和居家安养费用为每人每年3750元。后来该标准又数次提高,形成与生活保障待遇、护理工资标准、物价水平上涨等衔接的动态调整机制。

2009年,借着2008年残奥会召开、国家4万亿元投入拉动内需的良好时机,中国残联积极协调财政部对残疾人托养服务工作予以补贴,2009年8月,中国残联办公厅和财政部办公厅共同下发了《关于印发〈阳光家园计划〉的通知》,明确从2009年至2011年,中央财政每年安排2亿元,共6亿元专项资金,支持各地开展智力、精神和重度残疾人托养服务。

2010年5月11日,浙江省残疾人联合会、浙江省财政厅、浙江省人力资源和社会保障厅、浙江省国家税务局联合出台了《关于印发〈浙江省残疾人小康·阳光庇护中心计划实施方案〉的通知》(浙残联教就〔2010〕35号),将以劳动年龄段的智力、精神残疾人和其他各类重度残疾人为服务对象的残疾人托养服务机构纳入扶持范围,省财政对省级"残疾人小康·阳光庇护中心"按照不同规模给予每家20万～30万元一次性资金补助,实现两年内建设100家省级残疾人小康·阳光庇护中心的目标。

2011年《中国残疾人事业"十二五"发展纲要》中明确将托养服务作为一部分写入纲要,这是托养服务工作首次写入五年纲要,同年民政部、财政部和中国残联共同并发布了《残疾人托养服务工作"十二五"实施方案》,托养服务正式成为残联组织的一项业务。

2012年,中国残联、发改委、民政部、财政部、人社、国土资源部、人民银

行、税务总局共同制定《关于加快发展残疾人托养服务的意见》（残联发〔2012〕16号），提出投资主体多元化、服务层次多样化、城乡发展一体化的残疾人托养服务格局目标，要求推动残疾人托养服务规范化、专业化发展，实行残疾人托养服务动态化监督和行业化管理，逐步建立残疾人托养服务评价体系，从财政、土地、税收、价格、金融、慈善和志愿服务、技术、标准、信息等方面予以扶持，极大地促进了残疾人托养服务发展。

2013年12月31日，中国残联印发了《残疾人托养服务基本规范（试行）》（中残联发〔2013〕20号），标志着残疾人托养服务走向了规范化。

2015年，《"十三五"残疾人托养服务工作计划》的亮点在于：建立残疾人托养服务补贴制度。国务院印发的《关于全面建立困难残疾人生活补贴和重度残疾人护理补贴制度的意见》（国发〔2015〕52号）提出，重度残疾人护理补贴主要补助残疾人因残疾产生的额外长期照护支出，对象为残疾等级被评定为一级、二级且需要长期照护的重度残疾人，有条件的地方可扩大到非重度智力、精神残疾人或其他残疾人，逐步推动形成面向所有需要长期照护残疾人的护理补贴制度。长期照护是指因残疾产生的特殊护理消费品和照护服务支出持续6个月以上时间。这为重度残疾人托养服务提供了长效的资金保障。

截至2018年年底，全国残疾人托养服务机构已有8435个，其中寄宿制托养服务机构2639个，日间照料机构4099个，综合性托养服务机构1697个，为22.3万残疾人提供了托养服务。接受居家服务的残疾人有88.8万人。

三、残疾人托养服务存在的问题及对策建议

（一）存在的主要问题

一是残疾人托养服务还远远不能满足现实需求，许多残疾人家庭不能有效反映合理诉求并得到回应。

二是重度残疾人护理补贴标准比较低，远不能补偿家庭支出成本，也不能有效购买护理服务。

三是多数残疾人托养服务机构的硬件设施和服务质量还偏低。

四是残疾人集中托养机构数量比较少，公办残疾人托养机构建设和运营成本较高，床位供不应求。民办残疾人托养机构参差不齐，有的过于注重投资回报，收费较高而服务较差。

五是残疾人托养护理人员综合素质偏差，无证上岗、无培训经历的较多，专业化、标准化建设滞后。

六是残疾人托养服务工作的区域差异较大，城乡差距较大，不平衡现象十分突出。

（二）有关对策建议

一是国家继续加大对残疾人托养服务的投入力度,将残疾人托养和幼托、养老等服务体系并列,作为政府公共服务体系建设的重要范畴,切实保障残疾人托养照料基本权益。特别是对于欠发达地区,以及发达地区的贫困残疾人,应将其作为福利型支出予以保障。同时,进一步完善不同护理需求残疾人的分类补贴机制。

二是政府与市场结合,既要发展公办托养机构进行保基本,又要大力发展民营、民办公助等多类型、多层次的托养服务体系,加大政府购买服务的力度,扶持各类社会组织承接残疾人托养、护理服务,关键要做好资源共享、核心辐射的文章,鼓励残疾人大型托养机构发挥培训、辐射等效应,带动区域残疾人托养服务水平高质量发展。资源共享的另一方面是各类幼托、康复教育机构、社会福利机构、养老服务机构、精神病院等,也可以发展残疾人托养服务业务,建立起衔接生涯、转介有序、特色鲜明的残疾人托养照料体系。

三是要加强残疾人托养服务标准体系建设,推进机构标准化建设,提高托养服务人员和残疾人家属的护理水平。要建立评估考核体系,对残疾人托养、护理等进行绩效评价,并与补助资金挂钩,避免出现只拿补助资金不提高护理质量的局面。

四是要注重安全管理,将安全作为提高安全感的底线,对于各类残疾人托养服务机构、日间照料机构,特别要重视安全生产,经常性开展消防等培训及设施配备,切实保障托养残疾人的生命财产安全。重视信息化技术手段的应用,加强实时监控,避免虐待残疾人等现象发生。

● **本章习题**

1.如何理解残疾人社会保障的含义?

2.残疾人社会福利的主要特征是什么?

3.残疾人社会保障不平衡不充分发展的表现有哪些?

4.残疾人托养服务的类型有哪些?

5.浅述残疾人托养服务的必要性和重要性。

【参考文献】

1.中共中央 国务院关于促进残疾人事业发展的意见(中发〔2008〕7号).

2.国务院关于印发"十三五"加快残疾人小康进程规划纲要的通知(国发〔2016〕47号).

3.关于加快发展残疾人托养服务的意见(残联发〔2012〕16号).

4.吕明晓.浙江省残疾人托养照料模式:评估、比较与展望.社会保障研究,2010(5).

<<< **第十一章**

残疾人康复工作

康复是帮助残疾人恢复或补偿功能、提高生存质量、增强社会参与能力的重要前提和途径,是残疾人的迫切需求。残疾人康复工作是残疾人事业的一个重要组成部分。本章主要阐述康复、残疾人康复工作的含义、内容,并分别叙述各类残疾人康复工作。在此基础上,进一步论述社区康复的含义、目标、特点、内容和方法,以及残疾人社会工作在康复中的地位与作用。最后,从"健康中国"战略的高度出发,总结残疾人康复工作取得的成效、存在的问题,并提出发展建议。

第一节 康复与残疾人康复工作概述

一、康复的含义

康复是译自英文"rehabilitation"的词语,意为使康复对象"复原""重新获得能力""恢复良好的状态"等。

1981 年,世界卫生组织给康复下了一个定义:综合利用各种有效的科学理论、方法和技术手段,促使身心障碍者最大限度地恢复或重建其活动能力、生活自理能力及职业劳动等社会参与能力;社会要为他们创造无障碍的环境条件,不断满足他们物质生活和精神生活的特殊需求,以利于他们更好地融入不断发展变化的人类社会。

在工作实践中,康复有狭义和广义之分。狭义的康复仅指医学康复。广义的康复是指在残疾发生后综合应用医学、教育、职业、社会、心理及辅助技术等措施,以减轻残疾人的功能障碍,增强其自立能力,促进其融入社会。

中国康复医学著名专家卓大宏根据 20 世纪 80 年代以来国际上对康复的不

同表述,归纳出康复内涵的五个要素:①康复的对象;②康复的领域;③康复的措施;④康复的目标;⑤康复的提供。①

二、残疾人康复工作的含义及其内容

(一)残疾人康复工作的含义

残疾人康复工作是指采用医学的、心理的、教育的和社会的等各种手段,使残疾人的功能恢复到尽可能好的水平,以便在身体、精神、教育、就业、社会活动等方面的能力得到最大程度的发挥,从而最大限度地回归社会。②

(二)残疾人康复工作的内容

残疾人康复工作的内容主要包括医疗康复、教育康复、职业康复和社会康复。这与残疾人的多种康复需求相对应,是现代康复医学多学科协同作用模式的具体表现。

1.医疗康复

医疗康复是指综合应用医学的技术和方法,结合心理学、社会学、工程学的手段,对残疾人进行功能障碍的预防、诊断和康复治疗,帮助其实现康复的目标。医疗康复是全面康复的基础和开始,是实现康复目标的根本保证。医疗康复要求充分运用运动疗法、物理疗法、作业疗法、心理疗法、营养疗法,结合传统医学康复疗法,达到恢复残疾人的身体、精神和社会生活功能的目的,并要求充分调动残疾人的主观能动性,挖掘自身康复潜力,促进残疾人尽快康复,重返社会。

2.教育康复

残疾人教育康复主要包含两个方面:一是包括残疾儿童在内的适龄儿童都应当入学接受国家规定的九年制义务教育;二是针对视力残疾、听力残疾、智力残疾等残疾儿童举办的盲人学校、聋人学校、特教学校等特殊学校,保证这些残疾儿童也能接受教育。对于残疾儿童来说,教育康复是一个重要的起点,因为残疾儿童接受教育的程度将直接决定他们未来能否参与社会生活,能否适应社会节奏,跟上社会前进的步伐。

3.职业康复

职业康复可使残疾人在功能改善和生活自理能力提高的前提下重新参与社会生活,它是使残疾人自立于社会的根本途径。职业康复的中心内容是协助残疾人妥善选择能够发挥其潜在能力的最佳职业,帮助他们适应和胜任某项工作,

---

① 参见本书编写组:《〈中共中央 国务院关于促进残疾人事业发展的意见〉学习辅导读本》,华夏出版社 2008 年版,第 156 页。

② 中国残疾人联合会编:《残疾人工作基本知识读本》,华夏出版社 2009 年版,第 58 页。

取得独立的经济能力并贡献社会。职业康复主要包括职业咨询、职业评价、职业训练、就业指导等。

4. 社会康复

社会康复涉及面广，内容丰富，并与地域文化、社会制度和经济发展水平密切相关。其目的是通过采取各种有效措施为残疾人创造适合其生存、发展，能实现自身价值的环境，并使残疾人能享受与健全人同等的权利，广泛而全面地参与到社会生活中去。社会康复的内容主要包括：用法律、法规和各种政策帮助残疾人保护自身合法权益免受侵犯；广泛开展弘扬社会主义人道主义的各种活动，消除社会对残疾人的歧视和偏见，促进社会形成理解、尊重、关心、帮助残疾人的良好风尚；帮助残疾人获得经济自立能力或得到社会保障；建立无障碍环境；等。

三、残疾人康复工作的基本原则[①]

(1)以残疾人的基本需求为重点。从残疾人基本康复需求出发，兼顾多样性康复需求，紧紧围绕覆盖面广、时效性强、残疾人迫切需求的康复项目开展工作。

(2)坚持政府主导和社会参与相结合的社会化工作方式。以政府为主导，有关部门各负其责、密切配合、齐抓共管；鼓励和引导社会力量广泛参与，积极探索社会主义市场经济体制下做好康复工作的有效方式，共同推进残疾人康复工作。

(3)实施重点工程与提供普遍服务相结合。选择残疾人迫切需要又有可能做到的康复项目，实施一批重点工程。推行社区与家庭康复，推广实用、易行的康复方法，普及康复服务，使残疾人普遍得到康复服务。

(4)因地制宜，开拓创新。适应经济和社会的发展，注意结合当地实际情况开展工作。拓展康复内容，增加服务项目，注重高新技术在康复领域的应用，提高服务能力和水平。

第二节　各类残疾人康复工作

一、视力残疾康复

(一)视力残疾的定义和分类

视力残疾是指由于各种原因导致双眼视力障碍或视野缩小，通过各种药物、手术和其他疗法而不能恢复（或暂时不能恢复）视觉功能者，以致不能进行一般

---

① 《国务院办公厅转发卫生部等部门关于进一步加强残疾人康复工作意见的通知》（国办发〔2002〕41号）。

人所能从事的工作、学习或其他活动。

视力残疾分为盲和低视力两类，具体可表现为白内障、青光眼、低视力等形式。

（二）视力残疾的康复治疗和训练

1.白内障的康复治疗

（1）白内障定义。眼睛在正常的情况下，瞳孔后方有一透明而富有弹性的凸透镜样结构，叫作晶体。若透明的晶体变混浊，就称为白内障。白内障能引起失明。

（2）康复治疗。手术是目前治疗白内障的唯一有效方式。手术的基本方式是摘出混浊的晶状体，植入透明的人工晶体，其主要目的是增视。

2.青光眼的康复治疗

（1）青光眼定义。青光眼是一系列令视神经受到永久性破坏的眼疾统称，情况严重者可导致失明。青光眼引起的视力受损一般从视野两旁开始，视力会逐渐收窄。

（2）康复治疗。青光眼的治疗包括药物治疗、激光治疗和手术治疗。不同形态的青光眼有着不同的治疗方法，但一般均先采用药物控制，当药物不能完全控制时，再用激光或手术治疗。部分患者在手术后仍需辅以药物治疗才能控制病情。

3.低视力康复训练

（1）低视力定义。低视力是指好眼的最佳矫正视力低于 0.3，且用手术、药物或一般验光镜无法改善的视功能障碍。

（2）康复训练。低视力康复的主要方法是患者配用适合助视器的同时进行相应训练，训练方法主要有认识和注视训练、视觉追踪训练、视觉记忆训练等。

4.盲人定向行走训练

盲人定向行走训练是视力残疾康复工作的一个重要组成部分，其工作的基本内容是训练盲人依靠听力等感官功能，借助辅助工具（主要是盲杖，另外还有导盲犬等）学会独立行走。其中，定向是指盲人依靠自身感官功能，在环境中确定自身的方位以及自身与周围物体之间的位置关系的思维过程。行走是在定向的基础上从一个地方移动到另一个地方的过程。

盲人定向行走训练可以提高盲人生活技能，解决实际行走需要，促使其积极参与社会生活，从而提高生活质量。

二、听力残疾康复

（一）听力残疾的定义

听力残疾是指由于各种原因导致双耳有不同程度的永久性听力障碍，听不到或听不清周围环境声及言语声，以致影响日常生活和社会参与。

（二）听力残疾的康复治疗和训练

1.耳聋的定义和分类

听觉系统的传音、感音功能异常所致听觉障碍或听力减退，概称为耳聋。轻者在一般情况下能听到对方提高的讲话声；重者听不清或听不到外界声音。

耳聋根据耳部病变损害的部位不同可分为传音性耳聋及感音神经性耳聋。由于外耳及中耳的病变从而阻碍声波的传导为传音性耳聋；若接受声波的内耳或由内耳经听神经径路发生问题，影响声音的感受，则为感音神经性耳聋。

2.耳聋的康复治疗

耳聋的治疗通常与耳聋的部位有关。从理论上讲，传导性耳聋都是可以治疗的，但感音神经性耳聋的治疗相对复杂，除与耳聋部位有关外，还与耳聋发生的时间有关。通常治疗越及时，恢复的可能性就越大。

治疗感音神经性耳聋的关键是早发现、早治疗。在听力下降，耳聋发生前，患者一般会有头痛、头晕、耳鸣等症状。一旦发现这些症状，应及时就医。可适当使用一些扩展血管的药物和维生素类药物以及能量合剂，以改善神经的营养。

对于语后聋的患者（7岁以上的聋人），可以通过验配助听器来帮助其改善和增强听力。

对于语前聋的患者（7岁以下的聋儿），可以采取语言康复训练的方法来促使其恢复。聋儿语言康复训练的关键是"三早"，即"早诊断、早配用助听器、早开展听力语言训练"。通过有效的语训，可使聋儿掌握一定语言技能，改善生活能力和社会交往能力。

三、言语残疾康复

（一）言语残疾的定义和分类

言语残疾是指由于各种原因导致的不同程度的语言障碍，经治疗一年以上不愈或病程超过两年者，不能或难以进行正常的言语交往活动（3岁以下不定残）。

言语残疾包括失语、运动性构音障碍、器官结构异常所致的构音障碍、发声障碍（嗓音障碍）、儿童言语发育迟滞、听力障碍所致的语言障碍、口吃等。

（二）言语残疾的康复治疗

1.康复治疗原则

言语残疾的康复治疗是为了促进交流能力的获得与再获得,通常治疗人员给予某种刺激,患者做出反应,治疗人员对正确的反应进行强化,错误的反应加以更正。反复进行,最后形成正确反应,纠正错误反应。

2.康复治疗途径

（1）手术。医学手术有时可以治愈,但很多患者会留下后遗症,需要通过康复训练来改善功能。

（2）训练、指导。是康复治疗的中心,包括听觉的活用,促进语言的理解,口语表达,恢复或改善构音机能,提高语音清晰度等语言治疗。

（3）辅助器具。为了补偿受限的机能,有时需要装配辅助器具。

（4）替代方式。当患者很难达到正常的交流水平时,就要考虑使用替代交流方式,如手势、写字板等。

四、肢体残疾康复

（一）肢体残疾的定义和分类

肢体残疾是指人体运动系统的结构、功能损伤造成四肢残缺或四肢、躯干麻痹（瘫痪）、畸形等而使人体运动功能不同程度地丧失以及活动受限。

肢体残疾包括:（1）脑瘫:四肢瘫、三肢瘫、二肢瘫、单肢瘫;（2）偏瘫;（3）脊髓疾病及损伤:四肢瘫、截瘫、小儿麻痹后遗症;（4）后天性截肢;（5）两下肢不等长;（6）脊柱畸形:驼背、侧弯、强直;（7）严重骨、关节、肌肉疾病和损伤;（8）周围神经疾病和损伤;等。

（二）肢体残疾的康复治疗训练

1.脑瘫的康复治疗

（1）脑瘫定义

脑瘫是指出生前到出生后1个月以内各种原因所致非进行性脑损伤,主要表现为中枢性运动障碍和姿势异常。

（2）康复治疗

①功能训练。躯体训练:主要训练粗大运动,特别是下肢的功能,目的在于改善残存的运动功能,抑制不正常的姿势反射,诱导正常的运动发育,防止肌肉挛缩,纠正关节畸形。机能训练:训练上肢和手的功能,提高生活能力并为日后职业培训工作能力。语言训练:包括语音训练、咀嚼吞咽功能训练,学会用鼻呼吸并训练小儿听力及视力,如听力障碍应及早配置助听器,如视力障碍则及早纠正。

②矫形器的应用。在功能训练中,常常需要使用一些辅助器具来矫正患儿异常姿势,例如行走矫形器可促进足踝骨骼的生理排列,可降低关节周围肌肉的紧张度。合适的矫形器还有抑制反射的作用。

③手术治疗。主要适合痉挛型脑瘫,在 4 岁以前,进行康复训练防止肌肉挛缩及关节畸形的发生,4 岁以后施行选择性脊神经后根切断术解除肌肉痉挛,进一步康复训练半年至一年后,根据情况决定是否施行矫形术,包括肌腱延长术、肌腱转移术及截骨术。

重要的是应先施行选择性脊神经后根切断术,后进行矫形术,否则由于肌肉痉挛始终存在,矫形术所获得的效果往往会随着时间的推移而消失。

2.偏瘫的康复治疗

(1)偏瘫的定义和偏瘫表现

偏瘫又叫半身不遂,是指一侧上下肢、面肌和舌肌下部的运动障碍,它是急性脑血管病的一个常见症状。

轻度偏瘫病人虽然尚能活动,但走起路来往往上肢屈曲,下肢伸直,瘫痪的下肢走一步划半个圈,通常把这种特殊的走路姿势叫作偏瘫步态。严重偏瘫患者往往卧床不起,丧失生活能力。

(2)偏瘫的康复治疗

偏瘫患者康复治疗的内容有:①各种理疗,包括电疗、光疗、水疗、蜡疗,以及中西医结合的电针疗法、超声疗法、穴位磁疗等。②作业疗法,包括衣食住行等日常生活基础动作、职业劳动动作及工艺劳动动作训练等。③医疗体育,是康复医疗的主要方法之一,常用的有现代医疗体操及中医传统体疗,如气功、按摩等。④语言训练,对失语患者施行语言训练,可在一定程度上恢复其说话能力。⑤心理康复,研究患者的心理状态及智力状况,运用心理疗法促使患者心理康复。⑥娱乐康复工程,不但有助于身体功能的改善,还可振奋患者的精神和情绪,避免产生孤独寂寞感,方式有听音乐、练习乐器、绘画等。

实践证明,许多偏瘫患者通过康复训练可以生活自理,甚至恢复工作能力。

3.截瘫的康复训练

(1)截瘫的定义

脊髓的横贯性损害在其平面以下出现运动、感觉及括约肌三大功能障碍,即上运动神经元性质的瘫痪,颈段损害出现四肢瘫即高位截瘫。

(2)截瘫的康复训练和护理

截瘫的康复训练和护理相对来说较为简单,也比较容易掌握,通常有翻身训练、坐起和坐位平衡训练、支撑和减压与床上移动训练、转移和轮椅训练、上下台阶训练、抑制痉挛训练、健侧上肢带动患侧上肢运动、进食训练和穿脱衣物训练等。此外,心理护理也是截瘫病人康复训练的一项重要内容。

4.截肢的康复

（1）截肢者的康复

在对截肢者的康复中,心理康复显得最为重要,截肢者的心理康复不只是专业心理学工作者的任务,也是医生、护士、假肢技师、物理治疗师、社会工作者、截肢者本人和亲朋好友的共同任务。常用方法如下:

①尽早开始心理康复工作,包括对截肢者心理状况（思想、情绪）的全面了解,通过分析和鼓励引导他们能看到希望和前途,能让截肢者懂得实事求是,增强信心,不走极端。

②要让截肢者尽早地了解一些有关假肢装配和截肢者康复的知识,特别是要了解康复的含义不是健康的恢复,而是能力的恢复。

③尽早地安装上临时性假肢,早下地,不仅能防止卧床并发的许多疾病,促进残肢定型,有利于正式假肢的装配,更重要的是对截肢者心理康复十分有利。

④鼓励截肢者积极参加物理治疗、作业治疗、文体活动,能改善截肢者抑郁和焦虑的情绪。

⑤鼓励截肢者积极参加残疾人群体活动。这对激发其自强不息的拼搏精神和帮助其回归社会很有帮助。

5.脊柱侧弯的康复治疗

（1）脊柱侧弯的定义

脊柱侧弯是指人体脊柱的一个或数个节段在横断面上偏离身体中线向侧方弯曲,形成一个带有弧度的脊柱畸形,常伴有脊柱的旋转和矢状面上后突或前突的增加或减少,以及左右肋骨的高低不平、骨盆的旋转倾斜畸形、椎旁的韧带和肌肉的异常等。脊柱侧弯患者的脊柱前后位 X 线照片上通常有超过 $10°$ 的侧方弯曲。

（2）康复治疗

脊柱侧弯的康复治疗有以下几种:

①矫形器的应用。主要用于防止畸形加重,部分矫正畸形,是非手术治疗侧突的主要方法。利用三个侧压点,配合腹部的压力点对腹压的增加,稳固脊柱的旋转和侧突。

②矫正体操。通常在卧位或匍匐位进行,这样可以消除脊柱的重力负荷,放松脊柱关节,增加脊柱活动度。同时利用部分体重做肌力练习的负荷,增加锻炼效果。

动作要求:动作平稳缓慢,充分用力,每一动作历时 2～3 秒,重复 10～30 次或更多。另外,还可用沙袋增加负荷,增强练习效果。矫正操必须动作姿势正确,用力方向恰当,每日可练习 1～2 次,一般坚持到骨成熟。较大曲度的侧突,骨成熟后仍应巩固练习。刚开始佩带时,应循序渐进,从 5～6 小时起,慢慢适应,最后达到每日 23 小时佩带。

每日除脱去矫形器做矫正体操外,还需做矫形器内的矫正体操,以更好地防止肌萎缩和增加矫正效果。

脊柱侧弯的及时矫正和治疗在很大程度上关系到患者的预后及生存质量,其早期发现尤为重要。一旦发现,应尽快就诊,尽早治疗。

五、智力残疾康复

(一)智力残疾的定义

智力残疾是指智力显著低于一般人水平,并伴有相应行为的障碍。

(二)智力残疾的康复训练

1.智力残疾儿童的康复训练

(1)康复训练的内容。智力残疾儿童的康复训练主要包括六大方面:运动能力、感知能力、认知能力、语言交往能力、生活自理能力和社会适应能力。

(2)康复训练。康复训练可以在社区、机构、学校或家庭进行。这里主要介绍在社区和家庭中进行的康复训练。

情境训练:在家庭生活中的自然情景中进行训练是家庭康复中最重要的方式,方法简单,效果好。情境训练的关键是将个别化训练计划中的目标分配到生活自然情景中。如将生活自理的训练目标分配到起床、就餐等生活情境中,家长可以在这些情境中自然而然地训练儿童学会生活。

亲子活动:父母与孩子每天进行多次(每次半个小时左右)训练活动。活动关键是结合孩子和父母的情趣以及生活环境(生活场景),针对个别化计划中的目标来设计适合自己孩子的活动。

社区与家庭中一般采取简单易行的方式进行训练:第一,用口头提示或讲解的方式指导孩子做;第二,如果孩子不会,可以采用给孩子示范的方法,做一遍给孩子看,然后让他做;第三,如果还不会,采用手把手(接触身体)的方法,部分地协助做,直到孩子得到最少量、最需要的协助来做成这件事。在社区和家庭训练中应该采用"最少协助原则",不宜过多地帮助或替代孩子做。

2.成年智力残疾人的康复训练

(1)成年智力残疾人的定义。成年智力残疾一般是指成人(大于等于 18 周岁），由于先天或后天的原因，大脑出现器质性损害，或者由于脑发育不完全，从而造成认识活动持续障碍以及整个心理活动障碍。

（2）康复训练内容。成年智力残疾康复训练的内容主要包括三大方面：生活自理能力训练、社会生活能力训练和就业能力训练。

六、精神残疾康复

（一）精神残疾的定义

精神残疾是指各类精神障碍持续一年以上未痊愈，存在认知、情感和行为障碍，影响其日常生活和社会参与。

（二）精神残疾的康复

精神残疾康复的主要任务是帮助精神残疾者恢复或重塑良好的行为能力并使其重返社会，帮助病人在参与日常生活、社会活动和工作就业等方面做好准备，积极进行有关技能的特殊训练，以便在社区生活中发挥适当的作用。另外还要逐步训练和提高病人的独立自主性，减少他们对医护人员的依赖以及改进社会交往能力。

精神残疾康复训练通常需要综合采用各种方法，以期达到相互补充、共同提高的目的。除了可以使用药物外，还需采用其他措施，这里介绍几种常用的。

1. 心理治疗

心理治疗是应用心理学的理论和技术去治疗和矫正病人的病态心理，消除病理身心状态。常用的心理治疗方法有个别心理治疗、集体心理治疗、心理咨询治疗、催眠和暗示治疗、行为治疗等。

2. 工娱治疗

工娱治疗是通过工作、劳动、娱乐、文体活动转移病人对病态体验的注意力，从而减少和消除精神症状，改善患者的情绪，提高病人对外界的适应能力，建立生活信心。

3. 物理治疗

物理治疗包括电休克治疗、脑波治疗、激光照射治疗、音乐治疗等。

4. 职业康复

职业康复是患者修复或重建职业技能，谋求或维持适当职业的过程。医院、工疗站、农疗站、社区和患者的家庭等都应当承担起对患者的职业康复任务。

第三节 社区康复

一、社区康复的含义

1994年,世界卫生组织、联合国教科文组织、国际劳工组织联合发表的《关于残疾人社区康复的联合意见书》对社区康复的含义作了界定:社区康复是社区发展计划中的一项康复策略,其目的是使所有残疾人享有康复服务,实现机会均等、充分参与的目标。社区康复的实施要依靠残疾人、残疾人亲友、残疾人所在的社区,以及卫生、教育、劳动就业、社会保障等相关部门的共同努力。

目前,我国对社区康复所下的定义为:社区康复是社区建设的重要组成部分,社区康复是指在政府领导下,相关部门密切配合,社会力量广泛支持,残疾人及其亲友积极参与,采取社会化方式,使广大残疾人得到全面康复服务,以实现机会均等、充分参与社会生活的目标。

二、社区康复的目标和特点

社区康复的目标是使所有的康复对象享受康复服务,使残疾人与健全人机会均等、充分参与社会生活。其特点主要如下。

(1)以社区为基地,由社区组织领导、社区参与。社区康复通常由社区负责计划、组织和领导,全社区参与支持,主要依靠社区各类资源开展社区残疾人康复服务。

(2)依靠社区原有的卫生保健、社会保障、社会服务网络,协力开展康复服务。社区康复既是一项社区的卫生保健工作,又是一项社区的民政福利的社会服务工作,要求社区的卫生、民政、社会服务等部门共同参与,密切配合,形成全力,开展工作。

(3)按照全面康复的方针,为社区残疾人提供医疗、教育、职业、社会等方面的康复服务。既充分发挥社区的潜力,又在社区力所能及的范围内,尽量为残疾人进行身心功能训练,帮助上学和就业,促进残疾人回归社会,融入社会。同时,接受各类康复技术指导中心的帮助,尽量使社区的残疾人得到全面康复。

(4)使用社区的康复技术,简便廉效,因地制宜,就地取材。应用简单、方便、易得而又有效的康复技术,适应残疾人在家庭和社区进行康复训练。此外,充分利用中药、针灸、推拿等传统方法促进残疾人功能恢复。

(5)充分发挥残疾人本人、家庭和残疾人组织(如残联、残疾人协会等)在康复中的作用,有针对性地做到"按需康复",解决残疾人的实际困难。

三、社区康复的工作内容和方法

社区康复工作需要多部门各司其职、密切配合、共同推进。通常来说,社区康复工作流程可分为:建立社会化工作体系→制订工作计划→建立工作队伍→培训人员→调查社区康复资源和残疾人康复需求→组织实施→检查评估。

（一）建立社会化工作体系

社区康复工作需要建立并形成政府领导、部门配合、社会参与、共同推进的工作机制,依靠社会化工作体系组织实施。

1. 明确部门职责,实行目标管理

（1）卫生部门。将残疾人社区康复工作纳入城乡基层卫生服务和初级卫生保健工作计划;通过"六位一体"（"六位"是指预防、医疗、保健、康复、健康教育和计划生育六项服务,"一体"是整体的意思）提供直接服务;培训人员,提高社区卫生服务机构人员的康复知识和技能水平;普及康复知识,开展健康教育;提供业务指导和基层服务;开展出生儿残疾信息监测;做好病残儿童鉴定;抓好早期发现,预防残疾。

（2）民政部门。将残疾人社区康复工作纳入社区服务工作计划;开辟场所直接提供服务或转介服务;制定优惠政策,补助贫困康复对象;组织志愿者康复助残。

（3）教育部门。开展在校残疾儿童的康复训练;指导社区和家庭开展残疾儿童康复训练;培训人员,普及知识,教育家长。

（4）妇联。参与残疾妇女、残疾儿童的康复工作;组织康复助残活动;普及知识,宣传教育。

（5）残联。组织制订并协调实施社区康复工作计划,建立技术指导组,督导检查,统计汇总,推广经验,管理经费;组织康复需求调查;建立残疾人康复服务档案;贯彻落实全国残联系统康复人才培养规划,开展人员培训,建立工作队伍;提供直接服务或转介服务;加强残联康复机构建设;普及康复知识,提高残疾人自我康复意识。

2. 建立健全社会化的社区康复服务体系

（1）组织管理

——加强政府领导,完善省、市、县（区）残疾人康复工作办公室。将残疾人"人人享有康复服务"目标纳入经济社会发展规划,列入政府及相关部门工作考核目标,制定康复保障措施,组织制订并实施社区康复计划。

——街道、乡镇残联协调有关单位,统筹考虑残疾人康复需求和康复资源,因地制宜开展残疾人社区康复工作。

——社区居委会、村委会配备专职或兼职的社区康复员,为残疾人提供就近就便的康复服务。

(2)技术指导

——调整和充实各级社区康复技术指导组,在制定相关技术标准、推广实用技术、培训人员和评估康复效果等方面发挥作用。

——建立和完善省级、地(市)级残疾人康复中心,加强规范化管理,不断扩展康复业务,扩大服务领域,发挥技术示范和指导作用。

——整合当地康复资源,县(区)建立康复技术指导中心和残疾人辅助器具供应服务站,为残疾人提供服务,并发挥普及知识、人员培训、社区家庭指导、咨询转介等作用。

(3)社区服务

——将残疾人社区康复纳入城乡基层卫生服务范围,依托社区卫生服务中心(站)和乡镇卫生院、村卫生室开展残疾人康复工作。同时,发挥社区服务中心、企事业单位、残疾人康复站等场所的作用,形成社区服务网。以社区和家庭为重点,为残疾人提供康复服务。

(二)制订工作计划

各级政府都应以国家社区康复计划为依据,结合当地实际情况,制订本地工作计划。为确保工作计划的落实,还要制订年度工作计划,部署工作任务,提出工作要求,检查工作进度,解决发现问题,为下一年工作打好基础。

在制订社区康复工作计划的过程中,应加强与当地有关政府部门和单位的沟通,听取各方意见,认真研究问题,反复修改文稿,形成共识,推动工作开展。

(三)建立工作队伍

为残疾人提供康复服务需要管理人员、技术指导人员、基层康复人员、志愿工作者、残疾人及其亲友密切配合。

管理人员主要有社区康复工作领导小组成员、技术指导中心和康复训练服务机构负责人员、街道和乡镇社区康复工作管理人员、社区居委会和村委会主任、社区康复协调员等。

技术指导人员主要有技术指导组成员,承担训练和服务任务机构的医务人员、教师,以及经培训的相关部门业务人员。

基层康复人员主要指街道、乡镇社区和村卫生中心站的医务人员、学校教师,民政、教育、卫健、妇联等系统的基层工作人员。

除以上人员外,还要充分动员社会力量,组织热心为残疾人服务的志愿工作者、残疾人及其亲友积极参与社区康复工作,对残疾儿童的康复训练要特别强调父母的参与和配合。

(四)培训人员

社区康复人员的培训要遵循实用性原则,采取正确的培训方式。为保证培训的有效性,应注意以下几个方面。

1.制订培训计划

培训计划要根据当地工作人员的管理能力、业务水平和残疾人康复需求等实际情况制订。培训计划应包括培训目标、培训对象、培训时间、培训内容、培训方式、师资与教材及考核办法等。

2.开展分类培训

社区康复工作的培训对象为管理人员、技术指导人员和基层康复人员等。由于他们的职责和承担的任务不同,因此需要选用不同的内容,结合本地区实际,有针对性地开展培训。

3.建立培训工作档案

培训工作档案包括培训计划、课程安排、培训班登记、学员考勤、考核结果、教学效果评估和培训后学员在岗情况等方面的内容。

此外,在培训中还要注意选择合适的师资,培训内容要与工作需求紧密结合等,以不断改进培训工作。

(五)调查社区康复资源和残疾人康复需求

为开展社区康复服务而进行的调查是社区康复服务整体工作中最重要的一环,它可为社区康复服务的开展提供准确客观的依据,是保证社区康复服务科学、有效开展的先决条件。调查内容主要包括以下两方面:

1.社区康复资源调查

要了解和掌握当地现有的康复资源,包括隶属各部门和社会兴办的医院、康复机构、特教学校、幼儿园、福利院和用品用具等单位的数量、分布、业务范围、设备设施、技术人员等情况,以有效利用资源,满足残疾人和其他康复对象对康复训练和服务的实际需要。

2.残疾人康复需求调查

掌握社区残疾人的状况以及家庭和社会对他们的影响,对于开展社区康复十分有必要。

残疾人康复需求调查内容包括以下几部分。

(1)一般资料:包括姓名、性别、年龄、民族、住址、监护人姓名及婚姻状况、文

化程度、主要生活来源、医疗保障等情况。

（2）残疾情况：残疾人的残疾类别、残疾等级、致残原因、生活自理程度等。

（3）康复需求：包括在康复医疗、功能训练、辅助器具、心理服务、知识普及和全面康复所需要的转介服务等方面的需求。

在调查完残疾人康复需求后，对调查资料进行整理和分析，为有康复需求的残疾人普遍建立康复服务档案，是科学制订社区康复计划、动态调整康复服务内容的客观依据。

（六）开展康复训练，提供康复服务

对残疾人进行康复训练主要包括以下几个方面：

1. 进行初次功能评估，制订康复计划

由康复人员在训练前对康复对象进行一般体格检查，各项功能检查，以及必要的专项会诊和检查，确定康复对象的功能水平和生活自理、学习、劳动、社会生活等能力，并以此为据制订切实可行的康复计划。

2. 选择适宜的训练项目

根据初次功能评估结果，因人而异选择一种或几种康复适合的训练项目，才能获得最佳效果。

3. 指导进行康复训练

由基层康复员指导和帮助康复对象进行康复训练并做好记录。训练时要充分调动康复对象的积极性，帮助他们战胜困难。还应力求使训练内容活泼、新颖，注意从易到难，从简到繁，从少到多，循序渐进。通常可把一个复杂动作分解成若干个简单动作，分阶段完成。

4. 定期康复评定

通过定期评定，可以了解训练项目是否合适、是否有效，以及康复对象对训练的态度等。根据评定结果，提出改进意见，必要时对康复计划予以修改。

康复训练效果的评估应采用实用、易操作的方法，主要依据康复对象生活自理能力、活动能力、上学、劳动、交往，以及参与家庭生活和社会生活能力的变化程度。

5. 选用及制作训练器材

根据社区和家庭的实际情况以及康复对象的训练需求购置或制作康复器材，如平行杠、滑轮拉力器等。

6. 辅助器具的信息、供应、维修等服务

在社区条件下，制作普及型假肢等部分辅助器具是可行的。如本社区无条件供应各类残疾人所需辅助器具，康复指导人员应提供有关方面的产品和供应信息。

提供综合性康复服务的内容还包括:康复医疗服务、心理支持服务、知识普及服务,以及咨询、转介服务等。

(七)进行检查评估

1.什么是社区康复评估

社区康复评估是指参照一定的标准,以检查社区康复服务规划目标、策略、行动计划的执行情况和康复对象的康复效果为依据,对社区康复服务的各项工作和康复对象进行客观、科学的鉴定。它包括目标评估、实施过程评估和效果评估三部分内容。

2.评估方法

(1)自我评估。指项目计划管理者、执行者及服务对象对自身工作及康复效果的评估。

(2)相互评估。指不同的计划项目之间、不同康复对象之间进行的交流性评估。

(3)上级评估。指项目计划的上级主管部门和康复服务上级指导者对项目及康复对象的评估。

(4)外界评估。指国外、社区外的组织、团体、个人对项目及康复对象的评估。

3.评估时间

社区康复服务的发展是一个连续的过程,社区康复服务规划总目标的实现需要分阶段逐步完成。因此各阶段的评估既可为本阶段工作做出鉴定,又可改进下阶段工作,为最终实现总目标提供借鉴和依据。

制订计划阶段 ——→ 实施计划阶段 ——→ 计划完成时 ——→ 计划完成后
　(基线调查)　　(阶段评估和中期评估)　(终期评估)　　(远期评估)

(1)月评估。即每月对康复对象的训练情况和社区康复工作进行依次评估。

(2)阶段评估。即每隔一段时间进行的评估。"阶段"时间的长短可灵活掌握,具体视康复工作进展情况而定。

(3)中期评估。项目中期评估必不可少,可称为成败和是否有效的关键。它可发现执行计划的成绩与问题,以决定下半程的计划和行动措施。

(4)终期评估。即项目结束之际进行的评估,它应是最重要、最详尽、最全面的一次评估。

(5)远期评估。有些评估指标,如残疾发生率的变化、各种致残性疾病患病率的变化等,需要较长时间才能显示出社区康复的影响。另外,要想得知社区康复服务是否获得可持续发展,也必须进行远期评估。

4.评估内容

社区康复评估包括对组织管理的评估、实施情况的评估、康复对象康复效果的评估和社会效果的评估四方面。由于社区康复工作涉及中央、省、市、区(县)、街道(乡镇)、居委会(村委会)等不同行政层次,也涉及政府相关部门、社区及康复对象,因此社区康复的评估工作具有全面性、复杂性和社会性。根据我国社区康复实践,评估的主要内容如下:

(1)居委会(村)

①社区居民委员会、村民委员会有专(兼)职人员(即社区康复协调员)管理社区康复工作,要求职责明确,有工作制度和工作记录。

②对残疾人进行康复需求调查,建立康复服务档案,要求做到底数清、情况明、动态掌握。

③根据残疾人的康复需求,组织相关人员提供多种形式的康复服务并如实做好记录。

④依托社区、村卫生站开展残疾人社区康复工作,要求有工作职责和工作制度,备有所需的康复知识普及读物。

⑤社区居民委员会、村民委员会或康复站填写并保存《残疾人康复服务档案》。

(2)街道(乡镇)

①日常工作有残协专人负责,有工作计划、工作制度和会议记录。

②组织相关人员深入社区居民委员会(村民委员会)和残疾人家庭进行残疾人康复需求调查,有调查工作安排,调查人员名单,掌握辖区有康复需求的残疾人数量、分布和对康复服务的需求等情况。

③充分利用街道和乡镇现有机构、设施和人员,为残疾人切实提供康复服务,开展康复训练。要求承担社区康复任务的机构有工作职责、工作制度和服务内容,并至少有一名经培训胜任工作的专(兼)职康复人员。

④普及康复知识,传授训练方法,街道(乡镇)残联和承担社区康复的机构备有所需读物。

(3)市辖区、县(市)

①政府将残疾人社区康复工作纳入当地社区建设规划,制订"社区康复工作实施方案",定期召开会议,部署工作,解决问题,有会议记录。

②发挥残疾人康复工作办公室的作用,有专人负责,有工作计划、工作制度和相关部门职责。

③成立残疾人社区康复技术指导组,配合工作任务,进行技术指导,人员培训,知识普及,提供服务,有成员名单和工作情况记录。

④合理利用现有资源,确定相应机构为社区康复技术指导中心,对外挂牌,有工作制度和工作职责,直接开展对外服务。

⑤组织和指导辖区残疾人康复需求调查工作,掌握辖区有康复需求的残疾人数量、分布和对康复服务的需求情况。

⑥根据残疾人的不同康复需求,规范使用康复训练档案,普及康复知识,推广实用训练技术,因地制宜开展集中、分散、上门指导等多种形式的康复服务。

第四节　残疾人社会工作在康复中的地位与作用

伴随着经济社会的快速发展,我国的残疾人事业也取得了长足进步。在现代文明社会新残疾人观的影响下,残疾人工作的内容有了全方位的拓展,残疾人工作形式也顺应了时代发展潮流,有了不断创新。专业社会工作越来越多地介入康复等各项残疾人工作,便是这一创新的具体体现。

受国际残疾人社会工作理念和实践经验的启迪,在实践层面,社会工作专业介入残疾人事业首先表现在众多的行动主体的参与及大量的新的服务项目和服务机构的出现。表现在康复工作中,主要是残疾人联合会层面的残疾人康复中心和展能中心的出现,残疾人家属层面的民办残疾人康复机构和家长自助组织的出现,社会层面的志愿者组织和活动的出现等。这些服务机构、服务项目和工作人员使用新的专业的社会工作模式和方法,致力于向残疾人授权,带动了残疾人受益人口的扩大,推动了残疾人的平等参与程度的加深,促进了残疾人社会服务理念的改变和工作效能的提升。[①]

随着我国社会工作愈来愈进入专业化快速发展轨道,社会工作介入残疾人康复工作的面正在加宽,程度正在加深,作用正在加大,具体表现在以下三个方面。

一、全面参与残疾人社会化康复服务训练体系建设

我国的残疾人康复工作实行的是政府主导和社会参与相结合的社会化工作方式,依仗社会化康复服务训练体系开展康复工作。社会化康复服务训练体系由组织管理网、技术指导网和康复服务网组成,在这三大网络中,残疾人社会工作都在发挥着作用。

组织管理网由各级政府和各级残疾人康复工作办公室组成,通常负责将残

---

① 卓彩琴主编:《残疾人社会工作》,华南理工大学出版社 2008 年版,第 48 页。

疾人康复工作纳入经济社会发展规划,编制残疾人康复工作发展计划,制定相应政策,实行目标管理,具体组织实施。残疾人社会工作由于最贴近残疾人及其家庭,可以为各级政府和残疾人康复工作办公室提供最翔实的资料、最可靠的依据,使制定的法律法规和编制的规划计划更切合实际,更易于操作,从而更好地保护残疾人的合法权益。

技术指导网由中央和省、市、县(区)级残疾人康复技术指导组构成,指导组的主要组成部分是各级残疾人康复协会、各专项康复技术指导组和其他有关社会技术资源。作为残疾人社会工作主要力量的残疾人社会工作者,很多人本身就是各级康复技术指导组的组成人员,通过自身技术和经验参与制定康复技术标准和规范。另外一部分残疾人社会工作者则可以通过经验总结向技术指导组提供技术标准制定参考,从而使制定的技术标准更专业,同时达到间接服务于残疾人的目的。

康复服务网由各级各类医疗卫生机构、社会服务机构等组成,这也是残疾人社会工作者开展工作的重要场所,残疾人社会工作者正是通过这些机构,为广大残疾人朋友提供着各种各样的康复训练服务。

二、全面利用三大康复基本途径参与残疾人康复工作

康复的基本途径有三种,即机构康复、社区康复和上门服务。这三种途径中,机构康复一般在综合医院的康复科或专门康复机构(如康复医院或康复中心)进行,社区康复主要在基层社区开展,上门服务通常指医疗或康复机构和社区的康复资源为辖区残疾人提供上门康复训练和服务。

由于残疾人社会工作者遍布各类康复机构和基层社区,因此,可以充分利用这三大途径参与残疾人康复工作,这对于促进残疾人康复事业向更高层次发展具有十分重要的意义。

残疾人社会工作者是社会成员的重要组成部分,掌握着较多的社会资源,因此,可以充分调动各方力量,整合各方资源为残疾人康复工作提供帮助,从而有力地推动残疾人康复工作向前发展;残疾人社会工作者分布领域广,掌握着康复医学、心理学、教育学、社会学、工程学等诸多学科的从初级到高级的专业知识,因此,可以运用各自专业技能和专业方法相应地为残疾人提供本专业领域从初级康复到高级康复的各类康复服务,从而有效扩展残疾人康复工作外延,丰富残疾人康复工作内涵;残疾人社会工作者还可以成为残疾人与社会接触的媒介和引导者,通过对残疾人进行生理和心理康复,全面改善残疾人功能缺陷,提升各项技能,并引导其积极参与社会活动,履行公民责任,从而促进残疾人回归社会这一康复工作最终目标的达成。

三、全面参与残疾人康复工作四大领域

如前所述,残疾人康复的内容主要包括医疗康复、教育康复、职业康复和社会康复四大领域。在这四大领域中,残疾人社会工作都可以发挥作用。比如,在医疗康复中,残疾人社会工作者可以运用其专业知识对康复工作的计划、决策、行政、监督与咨询进行指导,协助康复专业人员掌握残疾人的心理和社会动力因素,帮助残疾人寻找必要的社会康复设施或社区资源,鼓励残疾人及其家属增强战胜困难的信心和寻找解决困难的有效途径。而在许多康复项目中,残疾人社会工作者不仅是项目的计划者和促进者,同时也扮演着调解者、管理者、协调者、教育者等多重角色。在教育康复中,社会工作者应大力促进残疾人平等接受教育机会的实现,推动政府和社会各界努力创造条件,帮助更多残疾人接受教育,促进教育形式的多样化,举办各类残疾人教育专业机构,参与对各类残疾人的教育和培训。在职业康复中,社会工作者应致力于促进残疾人工作权利和就业自由的实现。要呼吁政府制定政策和措施并设立各种服务性机构,以保证城乡残疾人均有平等从事有酬劳动的机会。要促进政府和其他相关部门根据残疾人特点,想办法拓宽残疾人接受培训的途径,加强对残疾人的职业培训和就业训练,切实提高残疾人自身的职业能力。还应帮助残疾人寻求更适宜的劳动岗位,帮助他们适应劳动生活,维护他们的正当合法权益。在社会康复方面,最主要的是消除社会对残疾人的歧视和偏见,努力推动适合残疾人生存、发展的社会环境的实现,使残疾人能享受与健全人同等的权利,回归社会,全面参与社会生活,实现自身价值。

社会工作更深更广的介入将使残疾人康复工作的内容进一步拓展,形式进一步发展,内涵进一步丰富,也将有力地推动残疾人康复工作朝着专业化、职业化和规范化方向发展,促使其取得更大进步。

第五节　"健康中国"战略下的残疾人康复工作发展

一、"健康中国"战略对残疾人康复提出了更高要求

《"健康中国 2030"规划纲要》是为推进健康中国建设,提高人民健康水平,根据党的十八届五中全会战略部署制定。由中共中央、国务院于 2016 年 10 月 25 日印发并实施。

2017 年 10 月 18 日,习近平同志在党的十九大报告中指出,实施健康中国

战略,要完善国民健康政策,为人民群众提供全方位全周期健康服务。

《"健康中国2030"规划纲要》认为,健康是促进人的全面发展的必然要求,是经济社会发展的基础条件,是民族昌盛和国家富强的重要标志,也是广大人民群众的共同追求。健康作为人的基本需求,纳入了党和国家执政宏大目标,在"病有所医"的基础上,成为人民群众对美好生活向往的子目标。推进健康中国建设,要坚持预防为主,推行健康文明的生活方式,营造绿色安全的健康环境,减少疾病发生。要调整优化健康服务体系,强化早诊断、早治疗、早康复,坚持保基本、强基层、建机制,更好满足人民群众健康需求。要坚持"共建共享、全民健康",坚持政府主导,动员全社会参与,突出解决好妇女儿童、老年人、残疾人、流动人口、低收入人群等重点人群的健康问题。一方面,推行健康文明的生活方式,对于残疾预防而言,具有更高的站位和更广的视野。另一方面,残疾人的健康问题,是全社会健康的短板,必须在健康中国建设中得到特别关切,给予特惠措施。

从健康中国的目标任务看,没有残疾人的健康,"健康中国"战略就存在短板。同时,应当辩证地指出,健康中国不是完全消灭疾病,也不可能完全消灭残疾现象。同时,实施"健康中国"战略,不仅能提升残疾人康复工作水平,而且有助于发挥残疾预防和康复工作对于全民健康的贡献,让残疾预防和康复工作惠及全民。实施"健康中国"战略,必然将有力提升残疾人群体的健康水平,通过康复等综合措施促进身心健康,加快社会融合。值得一提的是,"健康中国"战略还能与其他国家战略一起共同发挥作用,形成组合拳机制,发挥"1+1>2"的效应,让人民群众实现对美好生活的向往,从这个角度看,残疾人康复工作大有可为、任重道远。健康中国是全社会共建共享才能实现的,同样离不开广大残疾人的积极参与和残疾人工作者的积极贡献。

二、残疾人康复工作取得的主要成就、存在问题与发展建议

（一）残疾人康复工作取得的主要成就

首先,加强残疾人康复、加强残疾预防等工作多次列入党和国家重要决议和国务院在两会的工作报告,让残疾人康复工作得到极大提升,成为治国理政的重要构成。习近平总书记在党的十九大报告中指出"发展残疾人事业,加强残疾康复服务"。2018年国务院总理李克强在做政府工作报告时说:加强残疾人康复服务。2016年,习近平总书记在全国卫生与健康大会的讲话中强调,要坚定不移贯彻"预防为主"方针,坚持防治结合、联防联控、群防群控,努力为人民群众提供全生命周期的卫生与健康服务。努力实现残疾人"人人享有康复服务"的目标。

其次,法规和规划对于残疾预防和残疾人康复工作提出了更高要求和有力保障。国务院发布《残疾预防和残疾人康复条例》,自 2017 年 7 月 1 日起施行,这是残疾人康复工作领域的第一个专门法规,标志着残疾人康复工作的法制化程度迈向一个新水平。2016 年,国务院办公厅印发《国家残疾预防行动计划(2016—2020 年)》。2017 年起,设立全国残疾预防日,是每年的 8 月 25 日,"残疾预防日"宣传教育活动广泛开展,全社会残疾预防意识得到提高。

再次,康复项目医保化、康复救助福利化、儿童康复公共化、辅助器具普及化、康复服务精准化成为残疾人康复工作的五大亮点。29 项残疾人医疗康复项目被纳入基本医疗保险支付范围,9 个省(区、市)建立了残疾儿童康复救助制度,7 个省(区、市)建立了残疾人辅助器具补贴制度。截至 2018 年年底,全国已有残疾人康复机构 9036 个。通过实施残疾人精准康复行动,2018 年,1074.7 万残疾儿童及持证残疾人得到基本康复服务,全年共为 319.1 万残疾人提供各类辅助器具适配服务。在浙江省,2018 年,基本康复服务率达到 96.8%,助听助明助行工程惠及 5.9 万人,辅助器具适配率从 2013 年的 55% 提高到82.3%;残疾儿童康复服务惠及 2.8 万人,实现目标人群政策全覆盖、同标准;符合条件的精神残疾人实现门诊免费服药;建立残疾儿童定点康复机构准入制度;纳入基本医疗保险支付的康复项目从 2013 年的 25 项增加到如今的 38 项;省政府重点建设项目、民生实事工程——浙江康复医疗中心建成投用。

最后,公共卫生服务体系、残疾人康复服务体系和企业、社会组织等康复资源有序衔接、合理分工的体系正在完善形成,康复人才培养大力提升,中国康复大学筹建工作取得积极进展。在各省,强化省级康复医疗机构龙头示范作用,带动市、县两级康复机构建设,构建综合医院康复医学科、康复专科医院、基层医疗卫生机构共同组成的连续性康复医疗服务体系,在社区,完善社区卫生服务中心六位一体的康复功能。康复专业技术人才是康复事业的最宝贵财富,也是最大短板,这些年通过发挥大专院校、国家级和省级康复机构、综合性三甲医院康复相关科室等优质资源的辐射带动效应,推动残疾人康复人才培养和使用,通过事业留人、感情留人、待遇留人,减少康复人才流失,为残疾人康复事业提供坚强的人才保障。

(二)残疾人康复工作存在的问题

一是残疾人康复工作多头管理,工作机制缺位、越位现象并存。在政府领导、政府残工委负责下,卫健委、民政、残联乃至教育等部门,都有一定的康复工作机制,也有较好合作,但不可避免地存在职责不清、界限不明等现象。特别是残联作为群团组织,牵头组织实施残疾人康复工作,有薄弱环节。

二是残疾人康复工作存在不平衡现象。经济发达地区和欠发达地区用于残

疾人康复的补助项目、报销比例,在财政投入方面存在很大差异,远未实现基本康复服务的均等化目标。"人人享有康复服务"目标,在可及性方面存在障碍,在康复服务质量上还有待提升。与此并存的是,一些基层康复机构、社区及社区卫生服务机构中的康复设施设备闲置现象突出,主要是没有配备专业人员或经过培训合格的兼职指导员,具有康复需求的残疾人因为种种原因不信任、不积极参与康复。残疾人自身和家属康复意识不强,缺少相关业务培训。

三是康复人才存在极大短缺。据全国残疾人基本服务状况和需求实名制调查,全国有1300多万持证残疾人和残疾儿童反映需要康复服务。另据测算,约1.3亿慢性病患者有医疗康复需求,约4000万失能、半失能老人有康复需求,而我国康复人才总量严重不足,每年毕业生总数仅约8000人,而且超过七成为专科学历,与需求相比存在严重缺口。康复医学各层次教育的培养模式、课程设置、教学内容、师资条件等缺乏规范标准,存在标准杂、资源散、层次低等问题。另外,护理等康复相关专业往往被学生、家长认为是伺候人而忽视。康复专业人才在职称晋升、工资待遇、职业前景等方面与临床医学等热门专业人才存在差距。

(三)推动残疾人康复工作高质量的建议

一是始终将残疾预防作为减少残疾发生发展、优化康复资源配置的前置环节和全社会基础性的生命教育、健康教育、安全教育的重点范畴,从小抓起,进校园、进企业、进社区、进家庭,普及健康理念和基础康复知识。

二是在"健康中国"战略中凸显康复的地位,将康复和医学作为同等重要、不同分工的支柱,加大财政投入力度,提高康复在公共卫生体系中的地位和作用。

三是融入国家机构改革大局,进一步理顺康复工作机制。强化政府责任,突出卫健委的牵头作用,整合民政、残联等其他部门的康复职责和康复资源,发挥中国康复研究中心的辐射带动效应,支持各省建立起一家康复为特色的省级公办医疗机构并做大做强,根据需求变化情况切实做好康复医疗机构的科学布局布点,完善康复服务体系,共同完善综合医院康复医学科、康复专科医院、社区康复站共同组成的康复医疗服务供给链。

四是推进精准康复,以需求调查和科学评估为前提,确保基本康复服务全覆盖,逐步提高精准康复服务率。精准康复能有效减少康复失误、延误,提高康复质量和效果,但需过硬的康复服务能力和有效的康复资源体系作为支撑。优先开展残疾儿童抢救性康复,做好不同残疾类别、年龄的残疾人康复,加大辅助器具科技创新、研发力度和适配服务水平,通过福利性发放、优惠购买、定点适配、集中采购等各种方式,降低价格,提高质量,形成满足不同层次需求的供给体系,同时辅助器具适配和适配后康复服务有机衔接,提高辅具实用性、舒适性和有效性。

五是以机构能力建设为重点,加强康复人才培养,提高康复业务水平。将医疗和康复作为同等重要的两个方面,统筹和加强康复专业人才培养和使用,在报酬待遇、职称晋升、事业发展等方面同步同等,淡化"康复经济创收"考核评价体系,赋予"康复社会效益"更多分值,让更多专业技术人才乐于、安于从事康复事业。在科研项目、学术研讨等方面给予康复更多资源倾斜,支持大专院校根据康复市场需求开设专业、培育人才并向社会供应。加大财政对康复机构的投入力度,增强公共和公益属性,完善设施设备,为全民提供更加有效、便捷的康复服务。推动更多康复政策落地,推出更多福利型康复项目,让残疾人有钱康复,增强规模经济效应。通过转移支付、对口帮扶、纳入乡村振兴战略规划等措施,加强欠发达地区、农村地区残疾人康复工作发展,改变残疾人康复工作不平衡现象,让残疾人康复服务成为基本公共服务均等化的样板。

● **本章习题**

1.如何理解康复的狭义和广义的含义?

2.残疾人康复工作包含哪四大部分?各自的具体内容是什么?

3.视力残疾具体可以分为哪两类,如何进行康复治疗?

4.言语康复训练的原则是什么?

5.我国对社区康复是如何定义的?

6.简述社区康复的目标和特点。

7.试述残疾人康复的基本途径及其意义。

【参考文献】

1.国务院关于印发"十三五"加快残疾人小康进程规划纲要的通知(国发〔2016〕47号).

2.中共中央,国务院."健康中国2030"规划纲要.2016-12-30.

3.中国残疾人联合会.残疾人工作基本知识读本.北京:华夏出版社,2009.

4.汤小泉,高文铸.社区康复.北京:华夏出版社,2000.

5.全国残疾人康复工作办公室.社区康复工作上岗培训教材(第二版).北京:华夏出版社,2010.

6.卓大宏.中国康复医学(第二版).北京:华夏出版社,2009

7.卓彩琴.残疾人社会工作.广州:华南理工大学出版社,2008.

8.王辅贤.残疾人社会工作.北京:北京大学出版社,2008.

9.奚从清,沈赓方.残疾人工作概论.杭州:杭州大学出版社,1990.

10.江苏省残疾人事业发展研究会,南京大学残疾人事业发展研究中心.中国特色残疾人事业概论.北京:华夏出版社,2017.

<<< **第十二章**

残疾人教育工作

残疾人教育是国家教育事业的一个重要组成部分。残疾人教育是促进残疾人全面发展的前提。只有切实有效地实施残疾人教育,全面提高其素质,才能为残疾人平等地参与社会生活创造条件。本章主要阐述残疾人教育的含义、意义、类型及其发展趋势。

第一节 残疾人教育、特殊教育含义及其发展意义

一、残疾人教育、特殊教育的含义

目前,学界对残疾人教育、特殊教育含义的界定存在诸多阐述。

方俊明主编的《特殊教育学》认为,特殊教育是根据特殊儿童的身心特点和教育需要,采用一般或特殊的教学方法和手段,最大限度地发挥受教育者的潜能,使他们增长知识,获得技能,拥有良好品德,提高适应能力的一种教育。

朴永馨主编的《特殊教育辞典》认为,特殊教育是使用一般的或经过特别设计的框架、教材、教法和教学组织及教学设备,对有特殊需要的儿童进行旨在达到一般的和特殊培养目标的教育。

王辅贤主编的《残疾人社会工作》认为,残疾人教育又叫特殊教育,有特殊教育需求的并不只是特殊儿童,不同年龄阶段的各类残疾人都有一定残疾教育的需求,所以残疾人教育的范围更为广泛,包括残疾人的早期教育、义务教育和义务后教育(即对残疾青年的职业教育、高等教育和对残疾人的成人教育)。

中国残疾人联合会认为,残疾人教育是根据残疾人的残疾类别和接受能力,采取普通教育方式对视力、听力、言语、智力、精神、肢体等残疾的人进行的教育。

它包括学前教育、基础教育、高等教育、职业教育和成人教育。残疾人教育有普通教育和特殊教育两种方式。

特殊教育是对有特殊需求的人实施的教育,在教育过程中,需要有特殊的教具、学具和特殊的教学方式。并且认为,特殊教育有广义和狭义之分。广义的特殊教育是指对身心发展异常者的教育,包括盲、聋及智障、学习障碍、情感障碍、多重障碍、品德不良儿童、智力超常儿童等。狭义的特殊教育是指对有生理或心理发展缺陷者的教育。目前我国特殊教育的对象主要为视力、听力、言语和智力残疾人,有条件的地区已扩大到孤独症等其他类别残疾人。我国特殊教育体系已初步形成,涵盖学前教育、义务教育、高中阶段教育(含普通教育、职业教育)、成人教育各个阶段。[1]

上述对残疾人教育、特殊教育含义的界定都有一定的道理和启发。相比较而言,我们认为,中国残疾人联合会所下的定义及其说明更为清晰和准确。

二、残疾人教育发展的意义

(一)残疾人教育发展符合社会文明、教育发展的趋势

因世界各国经济、政治、文化和社会及地理区位、历史背景等因素的差异,各个不同时空的残疾人教育发展状况各具特性。我国的残疾人教育有着悠久的历史,经历了古代的萌芽阶段、近代的兴起阶段和当代的发展阶段,新中国成立尤其是改革开放后,取得了十分显著的成就。[2] 在这个漫长的历史发展过程中,我们了解到,残疾儿童从被抛弃、歧视和虐待,到受到同情保护、提供孤独院式的教养,再到现代社会残疾儿童被社会接纳,与普通儿童一样接受免费的义务教育。我们认识到,残疾人教育及其特殊教育的发展,是与人类文明进步相始终,伴随着人类思想的解放及人类科学技术的进步而前进。人道主义思想奠定了特殊教育萌生的思想基础,医学、解剖学的发展使人们开始科学认识特殊教育问题。20世纪自然科学和社会科学的发展又使特殊教育走上更为客观的生物、心理、社会医学模式,不仅帮助人们对残疾儿童的生理心理缺陷科学而系统地进行理解,还为特殊儿童的教育提供了许多有效的辅助手段。

伴随着教育的继续向前发展,教育体系的全面成熟,特别是"全纳教育"成为国际教育界的共识,提出教育应当"面向每一个儿童",其含义包含三方面:一是普通学校要接纳所有学生,残疾儿童要与健全儿童共同在普通学校学习;二是

---

① 参见本书编写组:《〈中共中央 国务院关于促进残疾人事业发展的意见〉学习辅导读本》,华夏出版社 2008 年版,第 161 页。

② 赖德胜、赵筱媛:《中国残疾人就业与教育现状及发展研究》,华夏出版社 2008 年版,第 73 页。

残疾儿童同样是普通学校教育的主体和学习的主体;三是教育要有一定的灵活性,必须保证每一个学生都得到充分的发展。残疾少年儿童群体作为受教育群体的一个重要组成部分,也要得到更多的重视和关怀,给予适宜的教育。《国家中长期教育改革和发展规划纲要(2010—2020 年)》对此明确提出:实现更高水平的普及教育。基本普及学前教育;巩固提高九年义务教育水平;普及高中阶段教育,毛入学率达到 90%。对于我国几百万的残疾学龄儿童,如果他们没有受到适当的特殊教育,普及义务教育就是不完整的。特殊教育的发展与普及是衡量一个国家普及教育充分的重要指标。

(二)残疾人教育发展体现了教育公平的内涵

《世界人权宣言》中规定:人人生而自由,在尊严和权利上一律平等。残疾人也理应平等享有教育权利。公平公正是教育发展的内在伦理要求,教育作为一项基础的社会事业,公平公正关系到每一个人的切身利益和社会的永续发展,教育公平最主要的表现是一个受教育群体相对于其他受教育群体在教育权利和教育资源方面所占有的平等份额,也可以理解为教育机会的平等,在教育过程和教育结果方面的公正性,同时在教育资源有限的情况下,政府和社会理应在制度和价值层面做好设计和承诺。其实质即是国家通过合理的制度性安排,使教育资源得到公平而恰当的分配,在尊重个体差异和充分发挥个体潜能的基础上,使每个人都能接受与其相适宜的教育,促进社会成员的全面发展和个性化发展。

我国通过制定出台一系列的法律法规来确保残疾人所享有的教育权利。

——《宪法》中第 45 条宣布:"国家和社会帮助安排盲、聋、哑和其他有残疾的公民的劳动、生活和教育。"在国家的根本大法中写入残疾人教育问题,在我国是空前的,在世界上也属少有。

——《义务教育法》第 19 条宣布:"县级以上地方人民政府根据需要设置相应的实施特殊教育的学校(班),对视力残疾、听力语言残疾和智力残疾的适龄儿童、少年实施义务教育。特殊教育学校(班)应当具备适应残疾儿童、少年学习、康复、生活特点的场所和设施。普通学校应当接收具有接受普通教育能力的残疾适龄儿童、少年随班就读,并为其学习、康复提供帮助。"《义务教育法》的颁布实施,不但明确了特殊儿童、少年的教育是义务教育的一部分,而且使特殊教育的发展与整个教育事业的发展相协调。

——《教育法》明确提出:"国家扶持和发展残疾人教育事业""国家、社会、学校及其他教育机构应当根据残疾人身心特性和需要实施教育,并为其提供帮助和便利。"

——《残疾人保障法》明确了国家、政府对残疾人教育的职责为"国家保障残疾人享有平等接受教育的权利""各级人民政府应当将残疾人教育作为国家教育事业的组成部分,统一规划,加强领导""政府、社会、学校应当采取有效措施,解决残疾儿童、少年就学存在的实际困难,帮助其完成义务教育。"除此之外,此法对残疾人教育的依特性施教、残疾人教育的发展方针、办学渠道、教育方式、成人教育、师资培养、辅助手段等都有明确规定。

——《残疾人教育条例》提出"残疾人教育是国家教育事业的组成部分",明确了国家、政府、机构、社会、家庭等对残疾人教育各自的职责作用,从残疾人的学前教育、义务教育、职业教育、高等教育与成人教育、师资教育与培养、物质条件保障、奖励与处罚等方面做出了详细的规定。

近 20 多年来,中国残疾人教育已经取得了巨大的成就,至 2018 年,全国共有特殊教育普通高中班(部)102 个,在校生 7666 人,其中聋生 5554 人,盲生 2056 人。残疾人中等职业学校(班)133 个,在校生 19475 人,毕业生 4837 人,其中 1199 人获得职业资格证书。全国有 11154 名残疾人被普通高等院校录取,1873 名残疾人进入高等特殊教育学院学习。这充分体现了我国在社会文明认识程度上的重要飞跃,充分体现了党和政府对残疾人教育事业的高度重视。

(三)残疾人教育发展具有良好的经济和社会效益

首先,残疾人教育发展具有良好的经济效益。从社会资本投资理论看,投资教育、提高人口素质一直被认为是经济增长和发展最主要的驱动力之一,是一种能产生长远效益和回报的投资。其主要可以产生两种经济效益:一是个人的经济效益,使受过教育的人具有社会生存能力、适应能力;二是社会的经济效益,受教育的人可以在生产工作中对社会做出回报,产生良好的社会经济效益。社会的经济效益通常是 10 倍于教育的投资。特殊教育的投资也同样具有上述两方面的经济效益。对轻度残疾儿童,可通过合理有效的教育使他们像正常人一样从事工作和生活,成为自食其力的劳动者。对少量中重度的残疾儿童,经过适当的教育和训练,也能成为半自食其力的劳动者,或可以减轻他们对社会和家庭的依赖,从而减少照顾他们的经费。每年投入相当多的资金用于残疾人教育,通过教育,创造了残疾人平等参与社会生活的途径,可以减少国家每年投入的残疾人扶贫和护理资金数百亿元,其经济效益显而易见。联合国教科文组织 1994 年召开的特殊教育世界大会工作文件中指出:"无论是发展中国家还是发达国家的经验都证明,残疾人有可能成为社会中有劳动能力的成员,如果从毕生的观点看问题,即使对那些有明显残疾或学习困难者,教育也是一项有积极意义的投资。"同时,残疾人教育发展具有良好的社会效益。残疾人是社会物质文明和精神文明的建设者和创造者之一,8500 余万残疾人,占我国总人口的 6%,其连带的家庭成员足有 2 亿,他们对社会的稳定和发展具有不可估量的作用,必须高度重视残疾人的教育问题。通过教育,可以帮助残疾人平等自立地参与社会生活,共享经

济社会发展成果,培养他们作为社会一员的公民意识,道德情操和文明的生活行为方式,给社会带来真正的和谐,有力促进社会主义精神文明和社会主义和谐社会的建设。

第二节　残疾人教育的主要类型

20世纪90年代以来,国家制定的一系列针对残疾人教育的法律法规确立了残疾人教育体系。按照类型学的分类方法,从残疾人教育的内涵来看,残疾人教育可以按照三种属性来进行划分:(1)按照残疾类别划分,残疾人教育分为视力残疾人教育、听力残疾人教育、言语残疾人教育等;(2)按照教育途径来划分,残疾人教育分为普通教育机构教育、特殊教育机构教育;(3)按照教育阶段来划分,残疾人教育分为学前教育、义务教育、高中教育、高等教育、职业教育。

在残疾人教育实践中,教育类型的划分方法还是依据教育途径和教育阶段来划分,本节将重点介绍。

一、按照教育途径划分的残疾人教育类型

发展残疾人教育的途径是普通教育与特殊教育相结合,必须坚持:一是要充分发挥普通教育机构在实施残疾人教育中的作用,同时根据实际需要有计划地适当兴建一些特殊教育机构;二是要根据残疾人的残疾类别和接受能力,采取普通教育方式或特殊教育方式对其实施教育。

(一)普通教育机构教育

普通教育是指以升学为目标,以基础科学知识为主要教学内容的学校教育。残疾程度较轻的残疾人,如肢体残疾人、精神残疾人和视力残疾人中的低视力者、听力语言残疾人中的重听者,一般都可以采取普通教育的方式。浙江省有关数据显示,2017年,在校残疾学生在普通学校和特殊教育机构的比例分别是66％和34％。

在普通小学、初中随班就读和附设特教班也是一种方式,2017年,全国普通小学、初中随班就读和附设特教班招收的学生5.66万人,在校生30.40万人,分别占特殊教育招生总数和在校生总数的51.10％和52.52％。

(二)特殊教育机构教育

视力残疾人中的失明者,听力语言残疾人中的失聪者,智力残疾人中的中度、重度者,一般都采取特殊教育方式。2018年,全国为盲、聋、智残少年儿童兴办的特殊教育学校共有2152所。全国共招收特殊教育学生12.35万人,在校生

66.59万人。特殊教育学校共有专任教师5.87万人。计划到2020年,基本实现市
(地)和30万人口以上、残疾儿童少年较多的县(市)都有一所特殊教育学校。

二、按照教育阶段划分的残疾人教育类型

(一)残疾人义务教育及向两头延伸

1.现状

我国残疾人儿童接受义务教育的形式主要有:在普通学校随班就读;在普通
学校、儿童福利机构或者其他机构附设的残疾儿童、少年特殊教育班就读;在残
疾儿童、少年特殊教育学校就读。现有的格局是以随班就读和特教班为主体,以
特教学校为骨干,使我国特殊教育从过去举办特殊教育学校这一单一的办学形
式,转变为多种办学形式,为残疾儿童少年入学提供了更多的机会,大大加快了
残疾儿童、少年义务教育的发展步伐。

残疾儿童、少年特殊教育学校(班)的教育工作,应当坚持思想教育、文化教
育、劳动技能教育与身心补偿相结合;并根据学生残疾状况和补偿程度,实施分
类教学,有条件的学校实施个别教学。残疾儿童、少年特殊教育学校(班)的课程
计划和教学大纲由国务院教育行政部门制定;教材由省级以上人民政府教育行
政部门审定。普通学校应该按照国家有关规定招收能适应普通班学习的适龄残
疾儿童、少年就读,并根据其学习、康复的特殊需要对其提供帮助。随班就读残
疾学生的义务教育,可以使用普通义务教育的课程计划、教学大纲和教材,对其
学习要求可以有适度弹性。

2.“十三五”规划任务目标

《“十三五”加快残疾人小康进程规划纲要》与“十二五”相比,最大的一个特
色在于,对保障残疾人义务教育的基础上,向学前和高中段进行了延伸,提出:

提高残疾人受教育水平。贯彻实施《残疾人教育条例》,依法保障残疾人受
教育权利。为家庭经济困难的残疾儿童、青少年提供包括义务教育、高中阶段教
育在内的12年免费教育。鼓励特殊教育学校实施学前教育。鼓励残疾儿童康
复机构取得办园许可,为残疾儿童提供学前教育。鼓励普通幼儿园接收残疾儿
童。进一步落实残疾儿童接受普惠性学前教育资助政策。继续采取“一人一案”
方式解决好未入学适龄残疾儿童少年义务教育问题。规范为不能到校学习的重
度残疾儿童送教上门服务。加快发展以职业教育为主的残疾人高中阶段教育。
各地要加大残疾学生就学支持力度,对符合资助政策的残疾学生和残疾人子女
优先予以资助;建立完善残疾学生特殊学习用品、教育训练、交通费等补助政策。
大力推行融合教育,建立随班就读支持保障体系,在残疾学生较多的学校建立特

殊教育资源教室,提高普通学校接收残疾学生的能力,不断扩大融合教育规模。完善中高等融合教育政策措施,中等职业学校、普通高校在招生录取、专业学习、就业等方面加强对残疾学生的支持保障服务。制定实施残疾青壮年文盲扫盲行动计划,全面开展残疾青壮年文盲扫盲工作。

巩固特殊教育发展基础。落实好特殊教育提升计划。继续改善特殊教育学校办学条件,依托现有具备条件的特殊教育学校,加强对普通学校实施融合教育的指导和支持。加强残疾人中高等特殊教育职业院校建设。各省(区、市)要在现有编制总量内,落实特殊教育学校开展正常教学和管理工作所需编制,配足配齐教职工。对适合社会力量提供的教学辅助和工勤等服务,鼓励探索采用政府购买服务等方式解决。改革特教教师培养模式,培养一批复合型特教教师。鼓励有条件的师范院校开设特殊教育必修课程,加强高等院校特殊教育专业建设,发挥南京特殊教育师范学院和北京师范大学、华东师范大学的特殊教育院系等骨干特教师资培养作用。完善特教教师收入分配激励机制。深化特殊教育课程改革,组织编写新课程标准教材,提高特殊教育教学质量和水平。提高特殊教育信息化水平,利用网络远程教育资源,为残疾人提供方便快捷的受教育机会。组织实施《国家手语和盲文规范化行动计划(2015—2020年)》,推广国家通用手语和通用盲文,提高手语、盲文信息化水平。支持国家手语盲文研究中心和推广中心发挥作用。开展听力、视力残疾人普通话水平测试工作,加强手语主持研究和人才培养。建立手语翻译培训、认证、派遣服务制度。

(二)残疾人高等教育

1. 现状

我国法律规定:普通高级中等学校、高等院校、成人教育机构必须招收符合国家规定的录取标准的残疾考生入学,不得因其残疾而拒绝招收;拒绝招收的,当事人或者其亲属、监护人可以要求有关部门处理,有关部门应当责令该学校招收。1993年,中国残联与教育部分别在南京试办聋人普通高中、在青岛试办盲人普通高中,实行普通教育与职业教育相结合的双轨制教育。目前,设区的市以上地方各级人民政府根据需要,可以举办残疾人高级中等以上特殊教育学校(班),提高残疾人的受教育水平。

我国现有的特殊高等院校包括南京特殊教育师范学院、长春大学特殊教育学院、天津理工学院聋人工学院、北京联合大学特殊教育学院、山东滨州医学院残疾人临床医学专业、浙江特殊教育职业学院、山东特殊教育职业学院等。

南京特殊教育师范学院的前身是教育部于1982年创办的中国第一所特殊教育师范学校,是中国政府与联合国儿童基金会的合作项目单位。有特殊教育、学前教育、初等教育、音乐教育、美术教育、手语翻译、儿童康复、社区康复、社会工作、艺术设计等 20 个专业 49 个专业方向。

长春大学特殊教育学院成立于 1987 年,面向全国招收盲、聋和肢体残疾学生。现有艺术设计(本科)、针灸推拿学(本科)、会计学(本科)、美术学(专科)、音乐表演专业(专科)。

天津理工学院聋人工学院成立于 1997 年,面向全国招生,招生对象为具有高中毕业或同等学力的聋生或聋人青年,年龄不超过 24 岁,生活可以自理。现设机械制造工艺与设备、计算机应用、服装设计与工程专业,学制三年。

北京联合大学特殊教育学院成立于 2000 年,其中的高等职业教育系和公共管理系面向全国招收残疾学生。高等职业教育系内设艺术设计专业(本科)、装潢广告设计专业(专科)、按摩专业(专科)、办公自动化专业(专科)和园林专业(专科)。

山东滨州医学院医疗二系创办于 1985 年,是全国第一个专门招收肢体残疾学生的大学本科专业,学制五年。

浙江特殊教育职业学院是浙江省唯一一所主要面向残疾人开展中、高等职业教育的特殊教育高等院校,2014 年 4 月经省政府批准正式建立,是专科层次的公办普通高等职业学校,办学规模为 1500 人,由浙江省残联举办。学院设小和山、天城路两个校区,总占地面积 177 亩,规划总建筑面积 86975 平方米。开设工艺美术品设计、数字媒体艺术设计、康复治疗技术(推拿方向)、中西面点烹饪、电子商务、特殊教育(儿童康复方向)、特殊教育(手语翻译方向)、老年康复治疗技术 8 个高职专业。

山东特殊教育职业学院位于山东济南,成立于 2015 年,是由山东省残疾人联合会领导和管理的专科层次的公立全日制普通高等学校。山东特殊教育职业学院全日制专科在校生规模为 1500 人。

此外,还有在普通高等院校中开办了招收残疾人的系或班的院校,如:上海美术学院、湖北荆门大学等。

2. 推行合理便利,助推残疾人高等教育

2017 年,教育部、中国残联修订了《残疾人参加普通高等学校招生全国统一考试管理规定》(教学〔2017〕4 号),旨在贯彻落实新修订的《残疾人教育条例》,更好地为残疾人平等参加普通高等学校招生全国统一考试提供支持条件和合理便利。

教育考试机构应在保证考试安全和考场秩序的前提下,根据残疾考生的残疾情况和需要以及各地实际,提供以下一种或几种必要条件和合理便利:

(1)为视力残疾考生提供现行盲文试卷、大字号试卷(含大字号答题卡)或普通试卷。

（2）为听力残疾考生免除外语听力考试。

（3）允许视力残疾考生携带答题所需的盲文笔、盲文手写板、盲文作图工具、橡胶垫、无存储功能的盲文打字机、无存储功能的电子助视器、盲杖、台灯、光学放大镜等辅助器具或设备。

（4）允许听力残疾考生携带助听器、人工耳蜗等助听辅听设备。

（5）允许行动不便的残疾考生使用轮椅、助行器等，有特殊需要的残疾考生可以自带特殊桌椅参加考试。

（6）适当延长考试时间：使用盲文试卷的视力残疾考生的考试时间，在该科目规定考试总时长的基础上延长 50%；使用大字号试卷或普通试卷的视力残疾考生、因脑瘫或其他疾病引起的上肢无法正常书写或无上肢考生等书写特别困难考生的考试时间，在该科目规定考试总时长的基础上延长 30%。

（7）优先进入考点、考场。

（8）设立环境整洁安静、采光适宜、便于出入的单独标准化考场，配设单独的外语听力播放设备。

（9）考点、考场配备专门的工作人员（如引导辅助人员、手语翻译人员等）予以协助。

（10）考点、考场设置文字指示标识、交流板等。

（11）考点提供能够完成考试所需、数量充足的盲文纸和普通白纸。

（12）其他必要且能够提供的合理便利。

该规定还提出，经申请批准后免除外语听力考试残疾考生的外语科成绩，按"笔试成绩×外语科总分值/笔试部分总分值"计算。

《残疾人参加普通高等学校招生全国统一考试管理规定》十分重要，为残疾人参加高等教育提供了实质性公平。经过 20 多年的努力，目前残疾考生参加高考，除了限制报考专业或者建议不适合报考专业外，在投档、录取方面已经消除了对残疾考生的歧视，实现了制度公平。然而，由于残疾学生行动不便、动作迟缓、阅读缓慢、信息接收障碍等原因，不能与健全学生一道公平地应试，因此为残疾人参加高考提供合理便利和必要支持，能够减少统一规则下的不公平，为残疾人考取更多分数提供保障，也是残疾人高等教育公平性的有力支撑。

在高等教育阶段，除了部分特教高校，更多的是残疾人进入普通高校实行融合教育，主要是肢体残疾为主，听力和视力（主要是低视力）残疾人占少部分的构成，高校同样给予了各种支持，主要是在安排教师、宿舍和保障陪读亲属生活方面给予照顾。2017 年，甘肃残疾考生魏祥在网上发文《一位甘肃高分（648 分）考生的请求》，请求清华大学提供一间"陋宿"，让自己和母亲居住，以便顺利完成学业。魏祥同学因先天性脊柱裂、椎管内囊肿，出生后双下肢运动功能丧失。清华大学校长邱勇积极关注并打电话给招生办要求落实,清华大学招生办在官方微信"清小华"上发表《致甘肃考生魏祥:人生实苦,但请你足够相信》来回应,学校已经备好宿舍,费用全免,等录取后会逐一兑现对魏祥的承诺,最终清华大学给魏祥及其母亲落实了2室1厅的宿舍。

残疾人接受高度教育期间,在教室、课程等方面,也会得到学校的支持。另外,会获得中国大学生自强之星、国家励志奖学金、交通银行残疾大学生励志奖等奖学金,以及一些机构设立的奖学金,在浙江有浙江省康恩贝自强奖学金。学生资助中心也会通过安排勤工俭学等机会提供支持。在教育部门和高校提供基本的教育服务以外,许多高校教职工自己并通过校友、企业家、社会组织等在残疾人完成学业、找到工作等方面给予帮助。

(三)残疾人职业教育

残疾人职业教育与高中段教育有重合,但也有分界。高中段教育主要是提高受教育水平以及帮助参加高等教育,职业教育的侧重点是面向就业。因此,需要单独开展分析讨论。

残疾人职业教育通常指对有劳动能力而未就业,需转换职业和已就业需要提高技术水平的残疾人进行的职业技能训练,它包含了就业前培训、岗前训练、转岗训练和在职训练等。残疾人职业教育体系由普通职业教育机构和残疾人职业教育机构组成,以普通职业教育机构为主体,形成残疾人职业教育网络。残疾人职业教育与培训机构,应当根据社会的需要和残疾人的身体条件、文化条件合理设置专业,适合当地求职需要和职业技术更新情况,并根据教学需要和条件,发展校办企业,办好实习基地。

《"十三五"加快残疾人小康进程规划纲要》提出,加快发展以职业教育为主的残疾人高中阶段教育。2018年,教育部、发改委、财政部、中国残联联合下发了《关于加快发展残疾人职业教育的若干意见》(教职成〔2018〕5号),这是首个专门推动残疾人职业教育发展的政策性、指导性文件,充分体现了促进残疾人全面发展的根本要求,对提高残疾人就业创业能力,完善我国残疾人教育体系,加快残疾人小康进程,加快现代化教育体系建设,促进我国残疾人事业发展具有重要意义。该意见对残疾人职业教育的办学形式与规模、办学质量与内涵、办学条件与保障、办学特色与指导等予以系统性设计,该意见提出了"鼓励职业院校和现有独立设置的特殊教育机构合作办学,联合招生、学分互认、课程互选""高等职业院校免试录取""共享实训实习和创业孵化基地""开展'一对一'服务,做到不就业不脱钩""政府购买残疾人职业技能培训服务"等创新举措。

第三节　我国残疾人教育工作的发展趋势

残疾人教育在我国有着悠久的历史,据考证,早在夏商周时期,就有盲人乐师的音乐教育,这是我国残疾人教育的早期萌芽。近代以后,我国引进了西方的残疾人教育制度,建立了现代特殊教育学校;到新中国成立前,共有42所盲聋学校,2380名在校生,这是我国残疾人教育的早期阶段;新中国成立之后,逐步建立起现代特殊教育体系,改革开放以来,残疾人事业快速发展,特别是党的十八大以来,特教事业迅猛发展,形成了以大量的特教班和随班就读为主体,以一定数量的特殊教育学校为骨干的残疾人特殊教育体系。

我国残疾人教育获得了长足发展,但是与国外残疾人教育发达的国家相比,与我国其他各级各类教育事业相比,残疾人教育的发展还明显滞后,总体水平不高。具体来看:一是残疾人受教育水平与社会之间的差距仍然很大,浙江省就业年龄段残疾人中,大专及以上学历的占比为2.5%,89%的残疾人学历为初中及以下。2017年,浙江省3～17岁残疾人在学率为76%。二是残疾人教育工作地区不平衡、城乡不平衡突出,中西部地区、农村地区残疾人教育处于低质量水平。三是由于保障支持体系不健全,随班就读往往成为随班就座,送校上门的频次、质量都不高。四是特殊教育发展存在布局不合理、功能不健全,保障不得力等现象,哪怕是特殊教育质量较高的一些东部地区在盲教育、聋教育和培智教育三方面同步较强,但面对越来越多的自闭症、多动症等儿童,个性化、专业化及家长培训、社会支持等方面存在诸多薄弱环节。五是特教学校软硬件设施设备配置和特殊教育师资力量、待遇保障、事业前景仍有提高空间。六是高校特教及相关专业建设、高等特教院校建设、特教教材编写,以及相关科研存在不同程度的短板。七是残疾儿童康复教育布局不合理、功能有短缺及服务能力不足,康复机构教育功能不足或教育机构康复功能不足现象突出。

面对特殊教育不断发展的新形势,2010年颁布了《国家中长期教育改革和发展规划纲要(2010—2020年)》(以下简称《规划纲要》),将特殊教育纳入国家教育事业改革和发展大局之中,把特殊教育列为八大教育发展任务之一。提出了特殊教育工作的三大方向:一是关心和支持特殊教育,提高残疾学生的综合素质;二是完善特殊教育体系;三是健全特殊教育保障机制。这将对我国残疾人教育的改革和发展产生重大而深远的影响。为细化落实,国家有关部门先后实施《特殊教育提升计划(2014—2016年)》《第二期特殊教育提升计划(2017—2020年)》。主要目标是:到2020年,各级各类特殊教育普及水平全面提高,残疾儿童少年义务教育入学率达到 95％以上,非义务教育阶段特殊教育规模显著扩大。特殊教育学校、普通学校随班就读和送教上门的运行保障能力全面增强。教育质量全面提升,建立一支数量充足、结构合理、素质优良、富有爱心的特教教师队伍,特殊教育学校国家课程教材体系基本建成,普通学校随班就读质量整体提高。

随着残疾人教育进入新时代,残疾人教育发展的几大趋势归纳如下。

一、残疾人教育理念更加优化

(一)全纳教育理念逐渐深入人心

我国残疾人教育采用特殊教育和普通教育两种形式。特殊教育主要安排的是盲、聋、弱智三类残疾儿童,主要招收具有一定学习能力的残疾儿童;普通教育主要采取随班就读的形式,吸纳轻度的具有一定学习能力的残疾儿童入学。在较长的一段时期内,我国的特殊教育是以面向盲、聋、弱智三类残疾儿童的特教学校为主,其特点就是将残疾儿童与正常儿童相隔离的专门教育,能够根据残疾人的残疾程度和身心特点进行特殊教育,具有针对性,效率较高,但是这种方式较为封闭,造成残疾学生适应社会的能力较低。20 世纪 90 年代以后,特殊教育界开始了“回归主流”的思考,鼓励、支持、引导残疾学生回到普通教育当中,采用的形式就是以随班就读和附设特教班为主。然而,普通化教育未能解决好与残疾儿童特殊性的融合,忽视了部分残疾儿童的特殊需要,造成了他们的“边缘化”,未能很好地融入普通教育体系和现实社会。同时,由于现有特殊教育的条件限制,除盲、聋、弱智三类残疾儿童以外,相当多有特殊教育需求的残疾儿童还处于不能入学或者“委屈就学”的状态,没有得到很好的教育资源分配。

面对这些情况,残疾人教育提升的途径就在于引入“全纳教育”理念。全纳教育是 1994 年 6 月 10 日在西班牙萨拉曼卡召开的“世界特殊需要教育大会”上通过的一项宣言中提出的一种新的教育理念和教育过程。它容纳所有学生,反对歧视排斥,促进积极参与,注重集体合作,满足不同需求,是一种没有排斥、没有歧视、没有分类的教育。其主要观点可以概括为“五观”,具体如下:

1.人权观

全纳教育强调受教育权是人的基本权利。全纳教育思想提倡普通学校要给有特殊教育需求的学生提供学习机会,容纳所有的学生。

2.平等观

全纳教育主张人人都有平等的受教育权,即不仅不排斥任何学生,而且要能做到平等地对待每一个学生,满足他们的不同需求。

3.民主观

全纳教育主张"学会生存""积极参与"。"学会生存"要求残疾学生要主动适应主流社会;"积极参与"要求残疾学生按照社会的主人翁的标准来要求自己,积极改造社会。

4.价值观

全纳教育主张集体主义,人们走向一种全纳的社会,在这种全纳的社会集体中,人人参与,大家合作。每一个人都是集体的一员,人人都受欢迎。

5.教学观

全纳教育主张向所有学生提供相同的教育,接受普通课程,而不是不同的课程;如果学生有特殊的需求,就应该提供额外的帮助和支持。

(二)法制理念继续强化

法制是推进社会工作的有力手段,国家通过建立法律与制度,将国家意志固化起来,从而要求社会成员严格地、平等地执行和遵守法律,依法办事。残疾人教育工作作为残疾人社会工作的一个重要组成部分,必须依靠法制化来推进。1982年,重新修订《宪法》,对残疾人教育工作提出了明确要求,自此,我国的特殊教育开始走上了一条法制化的道路,"82宪法"提出"国家和政府帮助安排盲、聋、哑和其他有残疾的公民的劳动、生活和教育。"宪法作为根本大法,明确了我国残疾人教育的地位,明确了政府作为残疾人教育的责任主体,之后相继通过的《义务教育法》《残疾人保障法》对残疾人教育工作做了进一步的规定,制定了《残疾人教育条例》(2017年进行了修订)这部专项法规保障残疾人的受教育权利,指导残疾人教育工作的开展。这些残疾人教育法律法规政策客观上推动了我国残疾人教育事业的发展。然而,与我国经济社会快速发展的大局相比,与社会整体平均受教育水平相比,与发达国家的残疾人教育相比,我国残疾人受教育水平依然偏低,残疾人的教育保障依然不充分,迫切需要加快立法进程,加大对残疾人教育的保障力度。

未来残疾人教育工作法制化要得到更大的发展,必须在以下两方面进一步着力完善。

首先,完成《特殊教育法》立法工作。现有的残疾人教育法规、政策权威性不够,缺乏核心大法。一些发达国家均通过制定专门的特殊教育法来推动残疾人教育,如比利时的《特殊教育法》、美国的《所有残疾儿童教育法案》、韩国的《特殊教育促进法》,我国台湾地区1984年颁布的"特殊教育法",大陆地区可参考这些国家和地区的先进经验,出台《特殊教育法》,以解决目前残疾人教育发展的瓶颈问题。

其次,制定有关法律的实施细则。一是现有的残疾人教育法律条款原则性条款多,宣誓性的语言过多,部分条款过于泛泛,可操作性不强;二是现有的特殊教育法律法规没有明确的法律责任,对违法主体的制裁缺乏法律依据,对被侵权者缺乏相关的救济措施和手段。由于法律条文规定不具体,造成相关部门互相推诿责任,执行部门难以操作。依法行政的要求为"有法可依,有法必依,执法必严,违法必究",必须制定《残疾人保障法》的司法解释细则,去掉宣誓性的用词,增加强迫性条款,以增强依法行政和严格执法的能力。

(三)责任理念必须明确

《宪法》《残疾人保障法》均明确了政府在残疾人教育工作中所处的责任地位,2010 年颁布的《国家中长期教育改革和发展规划纲要(2010—2020 年)》将"特殊教育"单列一章,以及之后多次党政重大会议报告、发展规划中体现重视特殊教育的表述,体现了党和政府对广大残疾同胞的高度重视和关心,也将特殊教育纳入了政府中长期的教育发展规划之中,明确了各级政府的责任。

发展特殊教育,政府担当起主要责任,逐步建立起政府负责,社会各界关心支持特殊教育发展的保障机制和支持体系。各地要把各级各类特殊教育纳入当地经济和社会发展整体规划,把特殊教育发展列入议事日程。各级人民政府要进一步明确和落实教育、发展改革、公安、民政、财政、人力资源社会保障、卫生、税务、残联等部门和单位发展特殊教育的职能和责任,在保障残疾孩子入学、孤残儿童抚育、新生儿疾病筛查与治疗、学校建设、经费投入、教师编制配备、工资待遇、校园周边环境治理、特教学校企业税收减免、残疾人口统计等方面通力合作,各司其职,齐抓共管,加快特殊教育事业发展。加大特殊教育宣传力度,在全社会形成关心支持特殊教育、尊重特殊教育教师和残疾人教育工作者的舆论氛围。

(四)由"求量"向"求质"理念的转变

新中国成立以后,残疾人教育经历了一个快速发展的阶段,历来注重残疾学生特殊教育资源的供给,在发展理念上,是"求量"的阶段:从 1949 年仅有 42 所盲聋学校,2380 名在校生,到 1988 年各类特殊教育学校 577 所,特教班 599 个,在校学生数 57617 人,到 2017 年各类特殊教育学校 2107 所。根据《规划纲要》的要求,未来十年提高残疾人教育质量是我国残疾人教育发展的核心任务。

首先,要提高残疾学生的综合素质、促进他们的全面发展,根据残疾学生的身心特点和特殊需求,加强教育的针对性。注重学生的潜能开发和缺陷补偿,培养残疾学生乐观面对人生,全面融入社会的意识和自尊、自信、自立、自强精神。

其次,推进特殊教育课程改革,充分照顾残疾学生的身心特点和特殊需要,逐步形成符合素质教育要求,多样化发展的特殊教育课程体系,根据市场和社会

需求,加强残疾人中等职业学校骨干专业课程的建设。在教学改革上,广泛开展个别化教学、合作教学等改革,建立和完善"筛查—检查—建档—转介—安置—综合干预"的运行机制,加强特殊教育的教育科学研究和教学研究。

再次,大力推进科技辅具与课程、教学的整合,加强特殊教育学校康复、教育设施、设备等标准化建设和普通学校资源教室建设,加快特教学校教育信息化进程,努力为残疾学生的成长和康复提供更加先进、更加科学、更加有效的硬件条件和支撑。

二、残疾人教育体系更加完善

现有的残疾人教育体系是以大量的特教班和随班就读为主体,以一定数量的特殊教育学校为骨干而存在,以实现所有残疾学生充分就学的目标。《规划纲要》提出的国家中长期残疾人教育发展的目标中,有"完善特殊教育体系"这样一个体系,应当是能够确保残疾学生享有公平的受教育权、享有优质的教育资源,各地区的特教资源均衡分布,逐步缩小城乡差距和区域差距。鉴于我国残疾人教育发展的最大现实情况,就是特殊教育快速发展尚不能完全满足残疾学生日益增长的教育需要,结合《规划纲要》所提出的任务,我们可以将未来特教体系发展的指标规定为以下两个方面。

(一)更加完整的特殊教育体系

《规划纲要》提出:"全面提高残疾儿童少年义务教育普及水平,加快发展残疾人高中阶段教育,大力推进残疾人职业教育,重视发展残疾人高等教育。因地制宜发展残疾儿童学前教育。"

未来十年的特殊教育发展主要就包含这四个方面:

1.普及与提高残疾人九年义务教育

城市和经济发达地区,适龄视力、听力、智力残疾儿童少年(以下简称三类残疾儿童少年)入学率基本达到当地普通儿童少年水平;已经"普九"的中西部农村地区,其三类残疾儿童少年入学率逐年提高;未"普九"地区将残疾儿童少年义务教育作为普及九年义务教育的重要内容,三类残疾儿童少年入学率达到70%左右。以多种形式对重度肢体残疾、重度智力残疾、孤独症、脑瘫和多重残疾儿童少年等实施义务教育,保障儿童福利机构适龄残疾儿童少年接受义务教育。与此相关的还有两个方面:一是鼓励各地为残疾学生开展送教上门;二是针对自闭症等特殊儿童提供精细化、专业化的特殊教育。

2.因地制宜发展残疾儿童学前教育

有条件的城市和农村地区要基本满足残疾儿童接受学前教育的需求。地方各级教育、民政、卫生部门和残联要相互协作,采取多种形式,在有条件地区积极举办 0～3 岁残疾儿童早期干预、早期教育和康复训练机构。鼓励社会力量举办学前特殊教育机构。目前的一个趋势是探索举办特教幼儿园,以及在残疾儿童康复机构中选择有资质的予以幼儿园化,或成为特教幼儿园,或成为普通幼儿园的一个特教点,具有幼教资格,让残疾儿童能够在康复的同时得到教育。

3.加快发展高中阶段教育

具备条件的地市要举办残疾人高中阶段教育。特殊教育学校要根据需要举办残疾人高中教育部(班);残疾人中等职业学校要积极拓宽专业设置,扩大招生规模;普通高中要招收具有接受普通教育能力的残疾学生;中等职业学校要积极开展残疾人职业教育。

4.加快发展高等特殊教育

进一步完善国家招收残疾考生政策,普通高校应依据有关法律和政策招收符合录取标准的残疾考生,不得因其残疾而拒绝招收。高等特殊教育学院(专业)要在保证质量的基础上,扩大招生规模,拓宽专业设置,提高办学层次。各地要为残疾人接受成人高等学历教育、自学考试、远程教育等提供更多方便,满足残疾人接受高等教育的需求。

(二)多样化的特殊教育安置模式

特殊教育安置模式是实现和保障残疾人受教育权利的教育组织方式和制度体系,就我国目前的情况来看,特殊教育发展水平相对滞后,地区差异、城乡差距比较明显。目前的残疾人特殊教育体系以大量的特教班和随班就读为主体,以一定数量的特殊教育学校为骨干,《规划纲要》中提出:"到 2020 年,基本实现市(地)和 30 万人口以上、残疾儿童少年较多的县(市)都有一所特殊教育学校。各级各类学校要积极创造条件接收残疾人入学,不断扩大随班就读和普通学校特教班规模。"随班就读迫切需要提高质量,避免"随班就座",这就需要不断提升特殊教育师资配备以及提供相应的资源支持。

残疾人教育的发展经历了隔离的专门教育形式,回归主流的一体化教育形式,现在正朝向全纳的、融合的教育形式转变。未来十年经济、社会和教育发展将再上一个台阶,届时我国的特殊教育也将逐步接近先进国家,着眼于国际特殊教育发展的大背景,推进多样化的特殊教育安置模式——双流向多层次的安置形式。这一形式主要以残疾儿童残疾程度和限制程度为维度,按照这两个程度由重及轻,分别安置在医院或其他隔离教养机构、家庭、特殊教育学校、普通学校附设特教班、普通学校资源教室、普通学校普通班级,使每一类和每一个残疾人都能借助这个体系受到各得其所的良好教育。

三、残疾人教育保障机制更加健全

（一）经费投入机制更加健全

1. 加大资金投入量

进入 21 世纪以来，特殊教育学校教育经费总额增长速度非常迅猛。但是，普通教育随班就读的保障经费却增加缓慢。中央财政下达残疾人教育补助经费超过 4 亿元，但对于每个地方而言，仍然过少，特别是欠发达地区用于残疾人教育的经费缺口还很大。下一步，就是要加大对残疾人教育的投入力度，提高残疾人教育保障水平。鼓励和支持接收残疾学生的普通学校为残疾学生创造学习生活条件。全面实施残疾学生免费义务教育。对义务教育阶段残疾学生在"两免一补"基础上，针对残疾学生的特殊需要，进一步提高补助水平。要统筹安排在普通学校、儿童福利机构或者其他机构附设的特教班、高中阶段特殊教育学校（班）建设。中央财政将继续设立特殊教育补助专款，地方各级人民政府应继续设立特殊教育专项补助费并不断提高。

2. 改变特殊教育经费投入的方向

近年来，我国的特殊教育经费主要投向了特殊教育学校硬件建设，但是并未满足残疾学生的实际需求，特教学校豪华的教学楼和设备占了特殊教育经费投入的相当大一部分，对于真正向特殊教育的质量和效益的转变未有帮助。未来十年须建立起特殊教育学校残疾儿童管理和监控体系，来监测经费投入的绩效，让每个残疾儿童都享受优质的教育。

（二）区域均衡机制更加健全

特殊教育学校大多集中在城市或者发达地区。尤其是在区域分布上非常不均，东部、中部、西部存在较大差距，山东、河北、河南、江苏各地有近百所特教学校，而西部地区特教学校数量偏少，有些几十万人口的地区，甚至连一所特教学校都没有，《国家中长期教育改革和发展规划纲要（2010—2020 年）》因此提出："到 2020 年，基本实现市（地）和 30 万人口以上、残疾儿童少年较多的县（市）都有一所特殊教育学校。"未来，中西部地区是完善特殊教育建设的重点，应建立特殊教育区域均衡机制，促进中西部地区特殊教育的发展。

（三）师资队伍建设机制更加健全

特殊教育对教师的专业知识、业务能力和职业道德要求很高。要切实提高特殊教育教师的专业化水平。加强特殊教育教师培养培训工作。鼓励和支持各级师范院校与综合性院校举办特殊教育专业或开设特殊教育课程。在实施师范生免费教育时，把特教师资培养纳入培养计划。加大特殊教育或相关专业研究生培养力度。注重特殊教育专业训练,提高培养质量。鼓励优秀高校毕业生到特殊教育学校、儿童福利机构等单位任教。将特殊教育教师培训纳入教师继续教育培训计划,对在职教师实行轮训,重点抓好骨干教师特别是中青年骨干教师培训。加强对在普通学校、儿童福利机构或其他机构中从事特殊教育工作的教师和特殊教育学校巡回指导教师的培训。高度重视残疾人职业教育专业课教师培训。依托高等特殊教育学院、其他有关院校和专业机构建设"特殊教育教师培训基地"。不断改善特殊教育教师的工作、学习和生活条件,落实和完善特殊教育教师医疗、养老等社会保障政策,提高其地位和待遇。

● **本章习题**

1. 如何理解残疾人教育和特殊教育的含义?
2. 如何认识残疾人教育的意义?
3. 残疾人教育的类型有哪些?
4. 当前残疾人教育理念有哪些变革?
5. 如何进一步完善残疾人教育体系?

【参考文献】

1. 中共中央 国务院关于促进残疾人事业发展的意见(中发〔2008〕7号).

2. 国家中长期教育改革和发展规划纲要(2010—2020年).

3. 国务院办公厅转发教育部等部门关于进一步加快特殊教育事业发展意见的通知(国办发〔2009〕41号).

4. 中国残疾人联合会.残疾人工作基本知识读本.北京:华夏出版社,2009.

5. 王辅贤.残疾人社会工作.北京:北京大学出版社,2008.

6. 国务院关于印发"十三五"加快残疾人小康进程规划纲要的通知(国发〔2016〕47号).

第十三章

残疾人就业工作

残疾人同样是社会物质文明和精神文明的创造者。就业是残疾人改善生活状况、提高社会地位、参与社会生活、共享社会物质文化成果的基础,是实现其人生价值的关键。本章主要介绍残疾人就业的基本情况,残疾人就业的主要方式,总结残疾人就业及就业服务取得的成效,分析残疾人就业面临的困境并提出实现残疾人高质量就业的对策建议。

第一节　残疾人就业工作概述

一、残疾人就业的含义

2007 年 5 月 1 日实施的《残疾人就业条例》明确指出:"残疾人就业,是指符合法定就业年龄有就业要求的残疾人从事有报酬的劳动。"为了正确理解与把握残疾人就业的含义,应当注意以下几点:

第一,我国一般规定年满 16 周岁为法定就业年龄。《劳动法》第 15 条规定:"禁止用人单位招用未满 16 周岁的未成年人。"

第二,残疾人有就业要求。这是对残疾人劳动者自身需求的规定。

第三,残疾人从事有报酬的劳动。这是对劳动者参加社会劳动形式的规定。事实上,只要劳动者通过一定的途径,实现同生产资料相结合,从事一种合法的社会劳动,取得一定的报酬或劳动收入就是就业。

第四,残疾人是指持有有效期内的中华人民共和国残疾人证(第二代、第三代证)。根据 2015 年 9 月 9 日财政部、国家税务总局、中国残联印发的《残疾人就业保障金征收使用管理办法》(财税〔2015〕72 号),以及 2016 年调整的残疾人集中就业税收优惠政策中,持有《中华人民共和国残疾军人证(1 至 8 级)》的人员也是认可残疾人就业的对象。根据民政部、公安部、中国残联印发的《关于伤残人民警察享受社会残疾人待遇有关问题的通知》(民发〔2016〕125 号),各地如果出台实施意见的,伤残人民警察也是认可残疾人就业的对象。

二、我国残疾人就业政策的历史沿革

残疾人就业作为一种现象,古已有之,春秋时期,我国便有"盲人乐师",可以视为最早的残疾人就业。然而,残疾人就业工作真正纳入社会政策范畴,则是起于 20 世纪。

新中国成立以后,我国残疾人就业制度初步形成。在计划经济时期,主要是以政府办社会福利企业的方式集中安排残疾人就业。1951 年,我国颁布了《劳动保险条例》,逐步建立起安置残疾人的社会福利企业。1958 年,第四次全国民政工作会议上确定了党和国家对有部分劳动能力的老弱病残人员实行"统筹兼顾,适当安排"的方针,安排集中就业,并对福利企业贯彻劳动、教育、治疗和福利相结合的原则。"文革"期间,我国残疾人社会保障事业停顿,残疾人就业工作暂时处于低谷。

1978 年党的十一届三中全会以后,我们的经济社会发展进入一个新时期,城镇残疾人就业不再局限于政府办的福利企业,社会亦开始兴办福利企业。1978 年,第七次全国民政工作会议明确凡是工业部门主管的福利企业有困难的,由民政部门将其收回。1985 年,为适应改革新形势,民政部在大连召开"全国社会福利生产改革工作经验交流会",明确提出了福利生产从本质上属于企业范畴,福利企业必须走企业化管理道路的方针。之后,许多地区打破民政部门独家经营状况,出现了街道、厂矿企业、乡镇兴办福利企业的新局面。社会福利企业建设迅猛发展,到 1988 年,全国已累计办起城乡福利企业 4 万多家,安置 65.9 万残疾人在其中就业。

1991 年,我国颁布实施《残疾人保障法》,明确规定了残疾人就业方针:"残疾人劳动就业,实行集中和分散相结合的方针,采取优惠政策和扶持保护措施,通过多渠道、多层次、多种形式,使残疾人就业逐步普及、稳定、合理。"实质是适应市场经济发展趋势,突破单一依靠福利企业集中安排残疾人就业的局限性,开始采用按比例分散安排残疾人就业的形式,即主要依靠市场和社会的力量来安排残疾人就业。《残疾人保障法》规定了各机关、团体、企事业组织、城乡集体经济组织要按照法定比例安排残疾人就业,安排残疾人就业但未达到规定比例的单位,向残疾人劳动服务机构交纳残疾人就业保障金。同时,我国也开始大力扶持残疾人个体就业和自主创业。2007 年 2 月 14 日,国务院第 169 次常务会议

审议并通过了《残疾人就业条例》,这是我国第一部规范保障残疾人就业的法规条例,它具体、详细地规定了残疾人就业的政策与措施,是我国残疾人就业权利保护的一大进步。

目前,随着残疾人就业政策和服务体系的完善,残疾人就业工作取得了长足发展,至 2018 年,全国城乡持证残疾人就业人数为 948.4 万人,其中按比例就业81.3 万人,集中就业 33.1 万人,个体就业 71.4 万人,公益性岗位就业 13.1 万人,辅助性就业 14.8 万人,灵活就业 254.6 万人,从事农业种养殖 480.1 万人。残疾人劳动就业渠道更宽,就业形式更加多样化,职业教育与就业服务等就业支持体系不断完善,就业环境日益友好,形成了较为完善的格局。

三、残疾人就业的意义

(一)残疾人就业有利于改善残疾人家庭的生活状况

残疾人同样是社会物质文明和精神文明的创造者。就业是残疾人改善生活状况、提高社会地位、参与社会生活、共享社会物质文化成果的基础,是实现其人生价值的关键。搞好残疾人就业工作,使残疾人从单纯地依靠国家、社会和亲属救济、供养变为自食其力的劳动者,不仅关系到我国广大残疾人劳动权利的实现,而且解除了 2.6 亿残疾人亲属的后顾之忧。残疾人就业不仅能增加收入、创造价值,还能减轻家庭的经济负担和照料负担,较大幅度降低社会保障的压力。

残疾人是需要全社会关心和帮助的特殊困难群体。党中央、国务院历来高度重视残疾人就业工作。特别是 2007 年《残疾人就业条例》颁布实施以来,我国残疾人就业工作的法治化水平不断提高,残疾人就业政策不断完善,残疾人就业率和就业质量逐步提高。

(二)残疾人就业有利于发挥残疾人人力资源

残疾人是我国就业群体的重要组成部分。至 2025 年,我国劳动力人口将达到历史峰值,伴随老龄化社会的到来,就业人口将呈现逐年下降的趋势,人口红利也将逐渐消失。目前,东部沿海以出口加工为主的地区已经提前出现了"刘易斯拐点"(即劳动力供给的下降及人工工资的提升),这意味着目前劳动力"供大于求"的局面将逐渐改变。具有劳动能力的残疾人,促使其充分就业,发挥其人力资源优势,已显得尤为重要。残疾人虽带有身体或心理缺陷,但由于残疾人本身所具备的"代偿功能"和他们特有的感知方式,形成了部分功能超出常人的特点,非常适合从事一些特定工作。如盲人由于没有视觉,通过自己的触觉和听觉去感知这个世界,对声音和触觉特别敏感,适合从事音乐类、语言类工作;聋人形象思维特别发达,适合从事工艺美术、设计类工作;智力残疾人士则得益于工作专注、勤劳刻苦,适合从事加工生产。通过因势利导,加强对残疾人的教育和培训,残疾人完全可以成为就业队伍的生力军,为我国经济和社会的可持续发展增添新的动力。当前学术界有观点提出:残疾人人力资源是一种特殊人力资源,在残疾人就业优惠政策下,安置残疾人就业有利于用人单位成本改善、效益提高,也有利于用人单位塑造良好的社会责任形象并转化为推动用人单位发展的支持体系。

(三)残疾人就业有利于实现残疾人社会参与融合

马克思说:"劳动是人类的本质活动。"劳动就业对于残疾人来说,不仅能增加收入、降低家庭和社会的负担,更重要的是,通过就业实现社会参与、融入社会,扩大"朋友圈",同时发挥自身价值作用,成为经济社会发展的建设者和参与者。通过劳动,还能有效促进身心康复。促进残疾人就业,达成残疾人的社会融合,构建社会化的残疾人支持体系,有利于形成社会和谐稳定、安定团结的局面,有利于推动我国达成全面建成小康社会及构建社会主义和谐社会的宏伟目标。对于贫困地区来说,残疾人就业是脱贫攻坚的最重要的途径。近年来,党中央提出"就业是最大的民生",国务院在政府工作报告中强调:加大对残疾人等就业困难人员援助力度。

第二节 残疾人就业方式

目前,我国城镇残疾人就业的主要方式有:一是在残疾人集中就业企业中集中就业;二是在机关、团体、企业事业组织、城乡经济组织中按比例就业;三是因地制宜、因人而异、机动灵活的自愿组织起来就业、个体就业及社区就业。在农村,残疾人根据自身特点,参加种植业、养殖业或家庭手工业等多种形式的生产方式。此外,还有智力、精神和部分重度残疾人从事的辅助性就业。

国家残疾人就业的主要方针是:残疾人就业实行集中就业与分散就业相结合,通过多渠道、多层次、多种形式,使残疾人劳动就业逐步普及、稳定、合理。集中就业、按比例就业、灵活就业和自主创业,已成为推动残疾人就业的三驾马车,本节将重点介绍这三种残疾人就业方式以及残疾人辅助性就业。

一、集中就业

集中就业是指残疾人在各类福利企业、工疗机构和盲人按摩医疗等单位劳动就业。其中,残疾人在各类福利企业集体就业是集中就业的主要形式。福利企业是国家、集体和社会各界为帮助残疾人劳动就业而举办的各种生产经营单位,是具有社会保障性质的特殊企业。随着民政部门取消福利企业资格审批,目

前主要由税务局按照残疾人集中就业的比例和最低人数予以退税。实践证明，在国家实行扶持保护政策的前提下，发展残疾人集中就业企业，对于扩大残疾人就业，切实保障残疾人的劳动权利，对于维护社会稳定，促进社会公平发挥了重要作用。

（一）国外残疾人集中就业立法情况

建立福利企业、庇护性工厂安置残疾人就业，是解决通过劳动力市场就业有困难的重残人就业的有效手段。日本、英国、爱尔兰的做法比较突出。

——日本法律规定："在一般单位就业确有困难的重残人，由庇护性工厂予以安置，并为其提供适宜的劳动岗位、劳动条件和环境。"

——英国《慢性病患者和残疾人法案》规定："每个地方保健当局有责任提供内政大臣可以批准的福利工厂，在这样的工厂内，残疾人可被雇佣做适当的工作，或按照1944年和1958年《残疾人雇佣法》受到训练。"

——爱尔兰《残疾人雇工法》规定："庇护站或福利工场中的工作任务和项目是专门为残疾人提供的。"

此外，为促使在残疾人集中就业企业中就业的残疾人得到有效保障，还必须对福利企业采取专产、专营或原料、设备资助及税收减免等优惠政策。如波兰、南斯拉夫规定38种日用品为残疾人福利企业的专门生产产品。波兰对安置残疾人比例达到70％的企业（盲人企业为50％），免除其所得税和产品税。南斯拉夫对雇佣残疾职工占40％的企业，免征一切税收。韩国规定非视觉障碍者不得从事按摩业。

（二）国内残疾人集中就业的法规政策

2007年颁布的《残疾人就业条例》规定：集中使用残疾人的用人单位的资格认定，按照国家有关规定执行。目前民政部已经取消对福利企业的资格认定。《残疾人就业条例》规定：集中使用残疾人的用人单位中从事全日制工作的残疾人职工，应当占本单位在职职工总数的25％以上。《残疾人就业条例》指出：国家对集中使用残疾人的用人单位依法给予税收优惠，并在生产、经营、技术、资金、物资、场地使用等方面给予扶持。《残疾人就业条例》要求：县级以上地方人民政府及其有关部门应当确定适合残疾人生产、经营的产品、项目，优先安排集中使用残疾人的用人单位生产或者经营，并根据集中使用残疾人的用人单位的生产特点确定某些产品由其专产。政府采购，在同等条件下，应当优先购买集中使用残疾人的用人单位的产品或服务。

残疾人集中就业税收优惠政策自实施以来，经过多次修订。目前执行的是2016年修订的政策，即《财政部、国家税务总局关于促进残疾人就业增值税优惠政策的通知》(财税〔2016〕52号),政策的主要变化在于:安置的每位残疾人每月可退还的增值税具体限额,由县级以上税务机关根据纳税人所在区县(含县级市、旗,下同)适用的经省(含自治区、直辖市、计划单列市,下同)人民政府批准的月最低工资标准的4倍确定。此外的一个变化是,持有《中华人民共和国残疾军人证(1至8级)》的自然人也作为残疾人,纳入税收优惠政策范围。

财政部、民政部、中国残联联合印发的《关于促进残疾人就业政府采购政策的通知》(财库〔2017〕141号)显示,实行政府优先采购方式,对于扶持残疾人集中就业企业发展也起到积极作用。

地方政府对于扶持残疾人集中就业,也有不少优惠政策。如《浙江省人民政府关于进一步支持福利企业发展促进残疾人就业的若干意见》(浙政发〔2009〕78号)规定:(1)残疾人集中就业企业因安置残疾人较多、负担较重、纳税确有困难的,按照税收管理权限,报经地税部门批准,可减免房产税、城镇土地使用税。(2)对符合国家有关规定,且380/220V供电的福利企业生产用电,按非工业用电中的部队、狱政用电价格执行。生产用自来水按非经营性用水价格执行。适当减免残疾人集中就业企业防雷检测技术服务费。按实际安置残疾职工人数,定额减免每人500元当年应缴纳的水利建设专项资金。(3)对超比例安置残疾职工的,其安置残疾职工比例超出25%部分,按每人每年不低于当地最低工资标准给予奖励,对吸纳困难人员就业、签订劳动合同并缴纳社会保险费的,按规定给予社会保险补贴。(4)县级以上政府及其有关部门应当确定适合残疾人生产、经营的产品、项目,优先安排残疾人集中就业企业生产或经营,并根据残疾人集中就业企业的生产特点确定某些产品由其专产。政府采购,在同等条件下,应当优先购买残疾人集中就业企业的产品或服务。

二、按比例就业

残疾人按比例就业,是指依据《残疾人保障法》《残疾人就业条例》的有关规定,机关、团体、企业、事业单位和民办非企业单位等用人单位按照不低于本单位在职职工总数1.5%的比例安排残疾人就业,并为其选择适当的工种和岗位。按比例就业,是国家对在竞争中处于不利地位的残疾人所采取的具体政策措施,也是我国社会保障体系的重要组成部分,更是国际公约规定和国际社会普遍采取的做法。

(一)国外残疾人按比例就业立法情况

1944年,英国为解决残疾人就业问题,出台了《残疾人就业法案》,规定达到或超过20名雇员的雇主必须至少雇佣3%的残疾人。这是世界上第一个提出按比例安排残疾人就业政策的立法。随后,按比例安排残疾人就业被认为是促

进残疾人就业的合理措施被世界各国广泛接受。联合国在关于残疾人十年的第七次会议报告中指出:"应在各国立法中采用按比例雇佣残疾人的办法。"

1.按比例就业比例的规定

在发达国家,法定残疾人按比例就业率较高。德国的比例最高,规定 15 人以上的企业必须安排 6% 的残疾人。日本的规定做得最为细致,按照企业的性质和规模来区分就业比例,民间企业须雇佣 1.5% 的残疾人,公共企业须达到 1.9%,国家和地方的官厅及公共机关须达到 2%,300 人以上的私立企业或单位中残疾人应占就业人数的 5%。雇佣重残者以一代二。在发展中国家,法定残疾人按比例就业率较低,接近我国的比率。如,土耳其《劳工法》规定,100 人以下和 100 人以上的企业分别按 1% 和 2% 的比例安排残疾人就业。

2.特殊按比例就业的比例规定

一些国家如法国还采取类似按比例就业制度的配额规定,这种配额制度一般是按残疾程度计算点数,把一般程度的残疾确定为 1,严重程度的残疾人则大于 1,盲人或年龄大于 50 岁的老年残疾工人和新招聘的残疾工人的残疾点数都大于 1,以此类推,再把点数相加,得出某企业全部雇佣残疾人的点数是否符合国家法定要求。

3.按比例就业政策的奖惩制度

奖励制度:西班牙《残疾人社会融合法》规定雇主招聘一名残疾人,不仅可以收到 3906 欧元的政府津贴,还能得到一定的税收减免,并且可以降低缴纳社会保险的比例;日本对超比例的单位,规定每多安排一名残疾人,给予每月 2 万日元的奖励。

惩罚制度:德国 1986 年《重度残疾人法》规定每少雇佣一名残疾人,每月向政府缴纳 500 马克的调节税;日本对达不到规定比例的单位,规定每少雇佣一名残疾人,每月征收 4 万日元罚金,同时,定期发布公报,通过舆论监督推动按比例就业的实施。

(二)国内按比例就业法规政策

2007 年颁布的《残疾人就业条例》规定:(1)用人单位应当按照一定比例安排残疾人就业,并为其提供适当的工种、岗位。(2)用人单位安排残疾人就业的比例不得低于本单位在职职工总数的 1.5%(这一比例规定较发达国家偏低)。具体比例由省、自治区、直辖市人民政府根据本地区的实际情况规定。用人单位跨地区招用残疾人的,应当计入所安排的残疾人职工人数之内。(3)用人单位安排残疾人就业达不到所在地省、自治区、直辖市人民政府规定比例的,应当缴纳残疾人就业保障金。

《中共中央组织部等 7 部门关于促进残疾人按比例就业的意见》（残联发〔2013〕11 号）指出，重点是推动党政机关、事业单位及国有企业带头安排残疾人就业。（1）各级党政机关在坚持具有正常履行职责的身体条件的前提下，对残疾人能够胜任的岗位，在同等条件下要鼓励优先录用残疾人。各地要切实维护残疾人平等报考公务员的权利，除特殊岗位外，不得额外设置限制残疾人报考的条件。招录机关专设残疾人招录岗位时，省级以上公务员主管部门要给予放宽开考比例等倾斜政策。各地在招录公务员时，要结合实际，采取适当措施，努力为残疾人考生创造良好的考试环境。（2）各级残疾人工作委员会成员单位要率先招录残疾人，继而带动其他党政机关。各级党政机关中的非公务员岗位（科研、技术、后勤等），要积极安排残疾人就业，并依法与残疾职工订立劳动合同，保障其合法权益。到 2020 年，所有省级党政机关、地市级残工委主要成员单位至少安排有 1 名残疾人。各级残联机关干部队伍中都要有一定数量的残疾人干部，其中省级残联机关干部队伍中残疾人干部的比例应达到 15％以上。（3）各级党政机关要督导所属各类事业单位做好按比例安排残疾人就业工作。各类事业单位要结合本单位岗位构成情况，确定适合残疾人就业的岗位，多渠道招聘残疾人。（4）国有和国有控股企业应根据行业特点，确定适合残疾人就业的岗位，招录符合岗位要求的残疾人就业。企业对招录的残疾人应依据《中华人民共和国劳动合同法》订立劳动合同，实行同工同酬。

2017 年，《国务院残工委办公室关于带头安排残疾人工作的通知》（残工委办发〔2017〕5 号）首次在国家部委层面就安排残疾人就业工作进行了部署，并在 2018 年国家公务员考试中设立残疾人单招单考岗位，国家统计局和中国残联均推出岗位。

在推进残疾人按比例就业公示方面，国务院残工委办公室下发了《关于开展用人单位按比例安排残疾人就业公示试点的通知》（残工委办发〔2015〕2 号），目前该项工作没有强制性要求全面推开。以浙江为例，浙江省本级在《浙江日报》上开展省级征收单位按比例就业公示，但多数市县不公示或只在门户网站公示。对于残疾人就业保障金征收使用情况公示，社会的呼声也比较强烈，但目前进展缓慢。

作为残疾人按比例就业政策的重要构成，未达到按比例就业政策规定比例的用人单位应当缴纳残疾人就业保障金。此前，财政部曾于 1995 年制定发布《残疾人就业保障金管理暂行规定》。2015 年 9 月 9 日，财政部、国家税务总局、中国残联印发《残疾人就业保障金征收使用管理办法》（财税〔2015〕72 号），该《办法》分总则、征收缴库、使用管理、法律责任、附则 5 章 30 条，由财政部会同国家税务总局、中国残疾人联合会负责解释，自 2015 年 10 月 1 日起施行。政策调

整的主要变化在于：一是征收主体从由税务机关代征改为由税务机关负责征收，加强了残疾人就业保障金征收的刚性；二是从按年征收调整为按月征收；三是计算方法上，从原来按上年度社会平均工资调整为按上年用人单位在职职工年平均工资，体现了能者多责的公平性；四是明确残疾人就业保障金纳入地方一般公共预算统筹安排，主要用于支持残疾人就业和保障残疾人生活；五是在使用范围上有所拓展。

结合企业减负和扶持小微企业发展，现行残疾人就业保障金对于小微企业的减免，自工商登记注册之日起3年内，对安排残疾人就业未达到规定比例、在职职工总数30人以下（含30人）的小微企业，免征保障金。

结合企业减负，残疾人就业保障金采取封顶措施，财政部《关于降低部分政府性基金征收标准的通知》（财税〔2018〕39号）规定：自2018年4月1日起，将残疾人就业保障金征收标准上限，由当地社会平均工资的3倍降低至2倍。其中，用人单位在职职工平均工资未超过当地社会平均工资2倍（含）的，按用人单位在职职工年平均工资计征残疾人就业保障金；超过当地社会平均工资2倍的，按当地社会平均工资2倍计征残疾人就业保障金。

（三）残疾人按比例就业发展展望

残疾人按比例就业起步于"八五"期间。1988年，从江苏省无锡市最早开始推行残疾人按比例就业起，已经历了30多年，残疾人按比例就业工作成效显著。但依然存在着一些明显的问题和不足。一是按比例就业成了按比例"救济"，残疾人就业挂靠现象严重，残疾人并未实际就业，企业只给予生活费；二是按比例就业成了按比例"收钱"，由于职业培训力度不足，残疾人的实际待业和失业现象很普遍，造成按比例就业工作逐渐变为注重收取就业保障金而忽视安排残疾人就业的现象。

2007年以后，因专门制定了《残疾人就业条例》，有力促进残疾人按比例就业工作的开展。下一步，要进一步制定明确的强制性规定和惩罚措施，以确保残疾人就业政策的权威性和严肃性，要更加注重按比例就业工作中就业安置、职业培训、征缴保障金这三项业务工作的平衡，做到相辅相成，互为补充，协调有序发展。特别是带头安置残疾人就业工作的开展，将按比例安排残疾人就业工作推向制度化、规范化、有序化。然而，残疾人按比例就业工作存在的地区不平衡现象突出，欠发达地区企业数和职工数都很少，许多地区未全面足额征收残疾人就业保障金，存在企业挂靠残疾人就业、残疾人按比例就业审核机制有缺陷等问题，都需要在新形势下用新思路新办法加以解决。

三、灵活就业和自主创业

残疾人灵活就业，是指从事非全日制、临时性和弹性工作等实现就业，包括：从事家庭副业、家政服务、修理装配、便民理发、绿化保洁等；经人力资源社会保障部门认定的其他灵活就业。残疾人自主创业，是指残疾人通过创办经济实体、社会组织等形式实现就业，包括：在工商行政管理部门依法登记成立个体工商户、各类企业、农民专业合作社等生产经营主体；在民政部门登记成立各类社会团体、民办非企业单位等社会组织；经人力资源社会保障部门认定的其他自主创业。随着新经济新业态的出现，就业也已经呈现更多形式。

（一）国外残疾人灵活就业自主创业的立法情况

日本法律规定，国家及地方政府为了确保残疾人生活的稳定，必须给予资助，实行养老津贴制度，对自谋职业的残疾人提供贷款担保，为肢残者提供电动轮椅和汽车等，并在开业、就业方面给予资金援助。英国对自营就业的，连续给予 52 周、每周 60 英镑的就业津贴，并免收所得税，其间另给 750 英镑的一次性培训补助。西班牙对自主就业者，除提供技术援助和免费咨询服务外，还提供培训和医疗保险等方面的补助，幅度为 50%～100%。瑞典规定，残疾人自谋职业的，可以领到数目可观的职业安置津贴，失业残疾人如有从事月工资低于原工资70% 的待遇较差、不超过 18 个月临时性工作的，允许其继续领取失业津贴。美国为帮助处于自谋职业发展阶段中的残疾人提高生活自理能力、生产劳动能力和参与社会生活能力，设立了"特殊项目基金"，以向残疾人提供资助。加拿大对残疾人在同有关部门合作、积极参与自谋职业活动时给予专项全额津贴。

（二）国内残疾人灵活就业自主创业法规政策情况

《残疾人保障法》规定："国家鼓励扶持残疾人自主择业、自主创业。"2007 年颁布的《残疾人就业条例》规定：国家鼓励扶持残疾人自主择业、自主创业。对残疾人从事个体经营的，应当依法给予税收优惠，有关部门应当在经营场地等方面给予照顾，并按照规定免收管理类、登记类和证照类的行政事业性收费。国家对自主择业、自主创业的残疾人在一定期限内给予小额信贷等扶持。

2018 年，中国残联会同国家发改委等 15 个部门，出台了《关于扶持残疾人自主就业创业的意见》（残联发〔2018〕6 号），为残疾人提供了全方位的扶持。

在提供合理便利和优先照顾方面，一是残疾人在登记个体工商户、各类企业、农民专业合作社等经济实体，或登记各类社会团体、民办非企业单位等社会组织时，相关部门应提供合理便利，优先办理登记注册手续。二是政府和街道兴办贸易市场，设立商铺、摊位，以及新增建设彩票投注站、新增建设邮政报刊零售亭等便民服务网点时，应预留不低于 10% 给残疾人，并适当减免摊位费、租赁

费,有条件的地方应免费提供店面。

在落实税收优惠和收费减免方面,一是残疾人本人为社会提供的服务,按照《财政部 国家税务总局关于全面推开营业税改征增值税试点的通知》(财税〔2016〕36号)有关规定免征增值税。残疾人个人提供的加工、修理修配劳务,按照《财政部 国家税务总局关于促进残疾人就业增值税优惠政策的通知》(财税〔2016〕52号)有关规定免征增值税。残疾人个体就业或创办的企业,可按规定享受增值税优惠政策。二是残疾人创办的企业,年应纳税所得额低于50万元(含50万元)并符合小型微利企业条件的,按照《财政部 国家税务总局关于扩大小型微利企业所得税优惠政策范围的通知》(财税〔2017〕43号)有关规定,其所得减按50%计入应纳税所得额,按20%的税率缴纳企业所得税。三是对残疾人个人取得的劳动所得,根据《个人所得税法》和《个人所得税法实施条例》有关规定,按照省、自治区、直辖市人民政府规定的减征幅度和期限减征个人所得税。四是对残疾人自主就业创业的,按照有关规定免收管理类、登记类和证照类等有关行政事业性收费和具有强制垄断性的经营性收费,征得行业协会商会同意,适当减免或降低会费及其他服务收费。生产经营困难的,可依法申请降低住房公积金缴存比例或缓缴,待效益好转后再提高缴存比例或补缴。五是残疾人创办具有公益性、福利性且在民政部门登记为民办非企业单位的经营场所用电、用水、用气、用热按照民用标准收取。

在提供金融扶持和资金补贴方面,一是残疾人个人申请创业担保贷款、康复扶贫贴息贷款,贴息部分按照《财政部关于印发〈普惠金融发展专项资金管理办法〉的通知》(财金〔2016〕85号)等规定进行贴息。残疾人自主创业、灵活就业的经营场所租赁、启动资金、设施设备购置符合规定条件的,可由各地给予补贴和小额贷款贴息。建档立卡贫困残疾人可申请扶贫小额信贷,具体贴息标准参考各地贴息管理办法执行。政府支持的融资性担保机构和再担保机构应加大对残疾人自主就业创业的融资服务力度。有条件的地区可多渠道筹资设立残疾人小额贷款风险补偿基金。对信用良好的残疾人创业者经综合评估后可取消反担保。二是残疾人首次创办小微企业或从事个体经营,且所创办企业或个体工商户自工商登记注册之日起正常运营1年以上的,鼓励地方开展一次性补贴试点。三是符合就业困难人员条件的残疾人实现灵活就业的,按规定给予社会保险补贴,由就业补助资金支出。四是享受城乡低保的残疾人首次自主就业创业的,在核算其家庭收入时,扣减必要的就业成本,鼓励残疾人通过自身努力就业增收,摆脱贫困。五是特殊教育院校教育类毕业生、残疾人高校(含技师学院)毕业生、贫困残疾人家庭高校(含技师学院)毕业生按规定享受求职创业补贴。六是用人单位雇佣就业年龄段残疾人,并为残疾人职工实际缴纳社会保险的,可按规定申请吸纳就业困难人员社保补贴。

除了个体就业、社区就业、农村居家就业等形式,当前残疾人从事电商、文创就业创业是灵活就业和自主创业中的重要形式和发展趋势,不仅适合残疾人从事,而且就业质量较高。目前全国各地都在大力推进。虽然在全国层面,残疾人电商、文创就业还没有统一实施的政策,仅有的也是一些项目。但在部分省区市已经全面施行,以浙江省残疾人电商就业创业为例,电子商务有其门槛低、投入少、风险低、见效快、受时空限制小等特点,残疾人能够扬长避短,选择适合的电商工作,实现电商就业创业。浙江省委、省政府高度重视,要求加大扶持力度,让更多残疾人参与电商活动,让已从事电商创业的残疾人做得更好更强,打造浙江残疾人电商就业创业的新名片。浙江省残联会同有关部门,抓住浙江省电商大省的优势并推动残疾人有效融入,《浙江省人民政府关于加快推进残疾人全面小康进程的实施意见》(浙政发〔2015〕50号),明确了电商企业安置残疾人就业奖励、建立残疾人电商创业孵化园,并给予场地租赁、无障碍设施改造、设施设备补助等多项扶持政策。2016年,省商务厅、省人力社保厅、省残联联合制定《关于实施电商助残计划支持残疾人创业促进就业的意见》,依托我省完善的电商产业链和蓬勃发展的民营经济,实施"电商助残"计划,通过"电商创业就业、电商服务、电商培训、创业孵化机制建设"等方面进行扶持。省政府印发的全省残疾人事业发展"十三五"规划,要求重点推进残疾人电商创业工作。到2020年,全省扶持1万名残疾人从事电商创业,帮助2万名残疾人在电商企业就业,培训5万名残疾人参与电商活动,每个县(市、区)都建成一个残疾人电商创业孵化园(基地);到"十三五"末,建成20家省级残疾人电商创业孵化示范基地。浙江省残联通过纳入目标考核、与阿里巴巴开展电商助残合作、编印电商助残案例汇编、召开电商助残经验交流会、创建省级残疾人创业孵化示范基地、广泛开展职业技能培训等各种方式,使残疾人电商就业创业取得良好成效。在文创助残方面,浙江省通过举办文创助残创业创新比赛,在全省筛选培育了近40个优秀项目。

(三)残疾人灵活就业和自主创业的现状

据统计,截至2018年年底,全国有残疾人个体就业71.4万人,灵活就业254.6万人。

四、残疾人辅助性就业

辅助性就业,是指组织就业年龄段内有就业意愿但难以进入竞争性劳动力市场的智力、精神和重度肢体残疾人从事生产劳动的一种集中就业形式,在劳动时间、劳动强度、劳动报酬和劳动协议签订等方面相对普通劳动者较为灵活。

辅助性就业机构同时具有庇护性、非营利性、社会福利性等特点,主要包括:

工疗、农疗机构；其他取得独立法人资格开展辅助性就业的公益性或非营利性的事业单位和社会组织；各类企业、残疾人托养服务机构、社会福利服务机构、职业康复机构等单位中附设的开展辅助性就业的工场或车间。

（一）国外有关做法

德国的庇护工厂需要由国家认可并发予执照，而且必须有120个以上的工作位置供残疾人就业。促进残疾人在工作技能上的发展，使其在职业能力上能与外界接轨，并且借由生产有价值的经济产品而得其薪水，且提供各种协助，使其恢复参与一般生活的能力。庇护工厂的经营者通常为民间，再由各联邦政府通过经费补助，每家庇护工厂在经营中所获得的利润会获得扣除税金的权利，在政府单位的招标流程中庇护工厂也会享有优惠。

在日本，这类机构称为福祉工厂。针对未能在一般职场就业的残疾人，提供工作及生产场所，但适用劳动法规，也有劳雇关系，薪资经审议可以有条件不适用最低工资法。在其中工作的残疾人经由工作每个月可得到2万元日币，性质是福利措施，并非雇佣。

在美国，传统上，对于重度残疾人的就业安置模式，一向以庇护工场为主，为残疾人提供长期的就业机会，兼有其他额外的职业重建、训练、过渡就业场所与治疗等功能。

（二）我国残疾人辅助性就业有关法规政策

除了《残疾人保障法》《残疾人就业条例》有关规定，主要是中国残联会同国家发改委等8个部门出台的《关于发展残疾人辅助性就业的意见》（残联发〔2015〕27号），从七个方面开展扶持：一是公办或社会资本兴办的残疾人辅助性就业机构建设用地按公益事业建设用地纳入计划。在城市新建社区和新农村建设规划中，应将残疾人辅助性就业机构建设纳入其中。对社会资本投资经营的辅助性就业机构，按照法律规定应当采用划拨方式供地的，要无偿或低价划拨供地。有条件的残联要无偿提供运营场地。二是对残疾人辅助性就业机构的一次性建设、场地租金、无障碍环境改造、生产设备和辅助器具购置及残疾职工社会保险等支出给予相关资金扶持。三是符合税费优惠政策条件的辅助性就业机构，可以按照国家有关规定享受税收优惠和城市建设与公用事业收费优惠政策。四是加大金融支持力度，促进残疾人辅助性就业机构发展。推动金融机构结合残疾人辅助性就业机构的特点，创新金融产品和金融服务。鼓励民间资本积极参与残疾人辅助性就业机构建设，加强对民间投资的金融服务。五是对开展残疾人辅助性就业取得显著成效或对社会各界帮扶残疾人就业起到良好的影响和示范作用的残疾人辅助性就业机构，应当按照国家有关规定给予奖励。对为辅助性就业机构提供就业项目、经营场地等方面支持做出显著成绩的企业或单位，给予补贴或奖励。六是将残疾人辅助性就业服务纳入政府购买残疾人服务项目。在残疾人辅助性就业机构中为残疾人提供服务的岗位，其从业人员为符合条件的就业困难人员的，可纳入当地政府开发的公益性岗位范围。地方政府可确定某些产品由辅助性就业机构专产专营，在同等条件下应优先采购残疾人辅助性就业机构提供的产品或服务。七是鼓励和引导各类助残志愿机构、残疾人服务组织为辅助性就业残疾人提供相应专业服务。

在经济发达的东部地区，特别是城市，残疾人辅助性就业已经探索了 30 多年，并且形成了上级补助社区举办、社会组织民办公助、企业办等多种模式，残疾人辅助性就业机构具有职业康复、生活照料、文体参与等各种功能，起到了入托一人、解放一家、稳定一方的功能。一些残疾人通过辅助性就业积极回归、融入社会。

（三）残疾人辅助性就业的现状

截至 2018 年年底，全国共有残疾人辅助性就业 14.8 万人。

第三节　残疾人就业服务

残疾人就业服务是指为更好地落实残疾人就业法规政策、促进残疾人就业、提高残疾人就业质量而提供的一系列服务举措，其服务对象可以是残疾人、用人单位，也可以是有关社会组织。残疾人就业服务从供给主体看，可以分为公共就业服务、群团就业服务和社会就业服务。从服务内容看，包括残疾人就业状况调查与分析、职业能力评估、职业培训、职业技能竞赛、职业介绍、职业指导、创业指导、心理疏导、雇主培训、用人单位岗位开发、残疾人入职教育、稳岗培训、纠纷调解、法律援助、盲人按摩扶持等等。选取其中四项特色服务予以介绍。

一、残疾人职业能力评估

职业能力评估，指的是通过某些测试来预测某人的职业定位以及适合的职业类型、性格之类，属于一种倾向性的测试，又称之为职业能力倾向性测试。通过专业的职业能力测评，可以为残疾人提供提高职业技能的针对性职业技能培训，可以更加专业、有效地为残疾人提供就业服务，实现人岗匹配。

残疾人开展职业能力评估，在测评内容、参数等方面往往不适用于健全人所用的测评工具，因此需要开发专门的软件测评或物理测评工具。各级残疾人就业服务机构特别是省级、市级和人口较多的县（市、区），应当有残疾人职业能力

测评工作室,在残疾人就业服务业务流程中嵌入职业能力测评,并将其作为开展后续就业服务的先导和依据。有效实用简便的测评工具十分重要,同时还需要组建具有专业化水平的测评小组或团队,开展测评和分析,用于指导残疾人就业。运用网络版、手机版测评工具为残疾人提供测评服务是今后发展趋势。

二、残疾人职业技能竞赛

提高残疾人职业技能水平是提高就业竞争力、促进就业、稳定岗位、提升就业质量和增加收入的关键。残疾人职业技能培训应当紧跟经济社会及行业发展趋势,结合当地产业特色和残疾人自身兴趣特长。国家为鼓励残疾人学习技能,出台免费为残疾人提供职业技能培训的政策,有的地方还给予奖励、补助,有的地方通过政府购买服务的方式让职业院校、培训机构、企业等为残疾人提供培训服务。

职业技能竞赛是残疾人展示、学习、交流职业技能的重要平台。举办残疾人职业技能竞赛,是就业服务的重要内容之一,也是各级政府及残联组织的责任所在。《残疾人就业条例》强调:各级人民政府和有关部门应组织残疾人定期开展职业技能竞赛。全国残疾人职业技能竞赛由人力社保部和中国残联共同主办,2015 年在湖北省武汉市举办的第五届全国残疾人职业技能竞赛,共有来自 33 个代表队的 843 名残疾人选手参加,共设置计算机、工艺美术、服装、手工制作、生活服务等 5 大类 24 个竞赛项目。在举行比赛的同时还同步举办第二届全国残疾人展能节,分为成就展览、技能展示、产品展销、残疾人网络就业创业服务展和安排残疾人就业的典型用人单位展等五大主题内容。

在全国残疾人职业技能比赛中取得相应名次的获奖选手,按《中华技能大奖和全国技术能手评选表彰管理办法》规定授予"全国技术能手"称号,对于特别优异的,还将推荐参加国际残疾人职业技能竞赛。

三、雇主培训

残疾人雇主培训是"舶来品"概念,其实就是用人单位人事经理残疾人政策培训,召开残疾人雇主培训会。参加对象一般有两类:一类是已经安置残疾人的用人单位,通过培训更好地管理服务残疾人职工,维护残疾人职工合法权益;一类是此前没有安置残疾人的用人单位,通过培训,让用人单位知晓残疾人状况,认识到残疾人的人力资源比较优势以及雇佣残疾人的优势,增强安置残疾人的意愿,开发适合残疾人的岗位。雇主培训的内容主要包括政策宣讲、经验介绍、实地考察、残疾人自我介绍、岗位供需对接、专家授课等。

四、盲人按摩扶持

毛主席曾经说过,盲人是世界上最痛苦的人。总体来说,盲人就业率不高、就业渠道窄,通过从事按摩实现就业,是盲人改善生活、参与社会的重要途径。盲人其他的就业形式包括乐器调适、听音、心理咨询、电台主持等等。

盲人按摩,是盲人通过技能培训后从事按摩服务的一项职业,其服务供给者是盲人的为盲人按摩。盲人按摩分盲人保健按摩和医疗按摩。

盲人保健按摩属于休闲养生范畴,盲人按摩机构只需要在市场监管部门登记即可设立,从业人员只需接受相应的职业技能培训即可上岗。政府及残联组织对盲人按摩机构及从业人员的扶持和管理,主要从职业培训、创业补贴、社保补贴、责任保险参保补贴、星级评定及奖励等方面来体现。

盲人医疗按摩属于专业技术范畴,是医疗服务行为的一种。国家颁布的《中医药法》第 62 条明确指出:盲人按照国家有关规定取得盲人医疗按摩人员资格的,可以以个人开业的方式或者在医疗机构内提供医疗按摩服务。按照《盲人医疗按摩管理办法》(卫医政发〔2009〕37 号),盲人医疗按摩人员资格,经参加全国盲人医疗按摩人员资格考试成绩合格取得,一般要求报考者具有中专以上学历,具有在医疗机构从事医疗行为的经历。取得盲人医疗按摩人员资格的,可以按照有关规定取得盲人医疗按摩士、师等职称,经职称评审、继续教育,还可以参评取得主任(副主任)医疗按摩师、主治医疗按摩师等中高级职称。盲人医疗按摩人员可以向卫生健康委申请开办盲人医疗按摩所,也可以到医疗机构就业。有的地方将盲人医疗按摩所纳入医保定点单位,让盲人医疗按摩具有更加稳定的收入。

● **本章习题** ··

1.如何理解残疾人就业的定义?

2.如何认识残疾人就业的意义?

3.完善残疾人就业工作的措施有哪些?

4.残疾人就业的主要方式有哪些?

5.残疾人就业服务的内容主要有哪些?

 【参考文献】

1.中共中央 国务院关于促进残疾人事业发展的意见(中发〔2008〕7 号).

2.国务院办公厅转发劳动保障部等部门关于进一步做好残疾人劳动就业工作若干意见的通知(国办发〔1999〕84 号).

3.中国残疾人联合会.残疾人工作基本知识读本.北京:华夏出版社,2009.

4.王辅贤.残疾人社会工作.北京:北京大学出版社,2008.

5.国务院关于印发"十三五"加快残疾人小康进程规划纲要的通知(国发〔2016〕47 号).

〈〈〈 **第十四章**

残疾人文化体育工作

残疾人文化体育工作是社会主义文化体育事业的重要组成部分。繁荣残疾人文化体育事业是开创新时代残疾人事业发展新局面的一个重要方面。文化需求与文化参与是残疾人的基本需求之一,需要全社会平等地对待残疾人,使他们有机会平等地获得资源、施展能力,对参与文化娱乐和体育活动等做出自己的选择。残疾人社会工作者要运用自己的专业知识与技能,为残疾人提供良好的服务。本章主要就残疾人文化体育工作概念的界定、基本状况、面临的主要问题及对策建议做简要阐述。

第一节　残疾人文化工作

一、残疾人文化工作概述

(一)残疾人文化工作的含义

提起残疾人文化工作,人们会问什么是残疾人文化。奚从清在《重新认识残疾人文化》一文中,从广义和狭义的角度来界定残疾人文化。广义的残疾人文化是指残疾人在长期的不同质的文化融合过程中所创造的社会物质财富和社会精神财富的总和,它包括物质性文化、制度性文化、观念性文化及文化工作和文化活动。狭义的残疾人文化是指残疾人在长期的不同质的文化融合过程中所创造的观念性文化及文化工作和文化活动的总称。[①]

---

① 奚从清:《重新认识残疾人文化》,《残疾人研究》2016 年第 1 期,第 45 页。

从广义和狭义的残疾人文化的定义中可以看出：残疾人文化是一种特有的文化印记，凡是残疾人参与的或以残疾人为本的文化创造，都坚持残疾人文化的主体地位，这深刻地揭示了残疾人文化的本质属性和价值归属；残疾人文化是一种可贵的创新文化，经过长期不同质的文化融合，残疾人文化不仅成为一种创新文化的历史逻辑和主要路径，而且被赋予一种高贵品格和积极精神，与人道主义相伴，清晰地表明了残疾人文化的深厚底蕴；残疾人文化是一种先进的文化形态，由多种多样的文化特质组成的统一体，包括弘扬人道主义思想、讴歌自强精神的励志文化，倡导平等友爱、包容互助的和谐文化，践行社会主义荣辱观的道德文化和建设社会主义精神文明的人文文化。

（二）残疾人文化工作的特点

残疾人文化工作具有自身独特的方面，主要有以下三个特点。

1. 对象的特殊性

残疾人是社会工作服务对象中特殊的一类，他们身体或心理上存在着某些障碍，相应地在参与社会生活过程中也会产生不便。在残疾人群体内，由于残疾类别及程度的不同，在参与文化活动中也会有区别于其他人的特殊照顾的需要。社会工作者需要通过自身专业工作的努力，通过与相关专业领域的配合，提供个性化的服务，协助残疾人克服躯体和心理障碍，为残疾人正常地参与社会文化生活服务。

2. 需求的多样性

全国有 8500 万残疾人，由于地域、年龄、残疾类别等方面的差异，残疾人的文化需求呈现出多样性的特点。总体来说，近年来，残疾人文化需求不再是以往的单一娱乐休闲，而是发展为文体健身、学习培训、相关教育等多元内容，残疾人的文化活动参与率、文化需求层次都在逐步提高和优化。社会工作者需要针对这些不同的需求开展有针对性的专业服务工作。

3. 过程的艰难性

我国残疾人文化工作起步晚、起点低、基础薄弱，总体发展水平不高，社会工作者缺乏有效的可供借鉴的经验。同时，由于社会工作者与服务对象生活经历的不同，理解残疾人文化活动的参与环境和需求的难度增加。社会工作者需要用以"平等·参与·共享"为核心的现代文明社会残疾人观来正确对待残疾人及其文化需求。

（三）残疾人文化工作的方法

残疾人文化工作和其他社会工作一样，要充分利用个案工作、小组工作和社区工作主要方法。从残疾人及残疾人文化生活的特点出发，还应该遵循以下基

本价值理念。

1.接纳

"对社会工作者来说,无论在哪一个阶段的服务过程中,都应该首先从内心真诚地对待所有服务对象,对服务对象采取宽容和尊重的态度。在实践中,接纳意味着社会工作者不因服务对象的年龄、性别、种族、生理及心理状况、宗教信仰、政治倾向等对他们采取歧视或拒绝提供专业服务。"①这一价值理念在残疾人文化工作中尤为重要。社会工作者要从历史和文化的视角,平等对待残疾人,尊重他们的需求和选择;要建立耐心和理解,帮助他们处理参与文化生活所遇到的困难。

2.个别化

"由于社会工作实践提供的是与人有关的专业服务活动,社会工作者应充分尊重每个服务对象的个性与人格,充分理解服务对象之间存在的差异。"②对于残疾人文化工作者来说,需要充分考虑不同服务对象的特质,如不同的残疾类别、年龄、性别、生理—心理状况、文化背景等,这些都会对残疾人的文化服务需求以及社会工作者的服务模式产生影响。社会工作者应注意听取、了解残疾人的真实想法和需求,不能用先入为主的观点和态度来判断服务对象所面对的问题,也不能用一成不变的方法来提供服务。

3.优势视角

"优势视角,称能力视角(strengthes perspective),认为,每个人、群体、组织和社区都有其内在的能力,包括天赋、知识、社会支持和资源,只要存在适当的条件,就可以建设性地发挥自身功能。"③社会工作者要动员残疾人发挥自身的潜能,协助他们利用自身的优势和资源,参与文化生活,达到自己的目标,实现梦想,选择和掌握自己的生活。

4.社会发展视角

在残疾人文化工作中,社会工作者除了要帮助参与文化生活有困难和有需要的残疾人,更重要的是,还要致力于通过倡导无障碍环境、制度建设和政策改革推动社会进步,促进社会发展,实现"平等·参与·共享"的目标。把残疾人文化服务纳入国家公共文化服务体系建设,是社会主义文化大发展大繁荣的重要组成部分。

---

① 王思斌、孙莹、顾东辉:《社会工作综合能力》(中级),中国社会出版社2012年版,第49页。
② 王思斌、孙莹、顾东辉:《社会工作综合能力》(中级),中国社会出版社2012年版,第49页。
③ 史柏年、费梅苹:《社会工作实务》(中级),中国社会出版社2012年版,第9页。

（四）残疾人文化工作的作用

习近平总书记在党的十九大报告中指出："文化是一个国家、一个民族的灵魂。文化兴国运兴，文化强民族强。"文化是国家和民族的灵魂，是残疾人生活不可或缺的重要组成部分，也是现阶段我国保障和改善残疾人民生的一项重点内容。党和政府高度重视残疾人文化服务，激发了广大残疾人展示才华、参与公共文化生活的热情，他们沐浴着阳光的温暖，享受着文化的滋养，释放着生命的光芒。开展残疾人文化工作有着十分重要的意义。

1. 有利于残疾人群体的自身发展

社会工作者通过开展残疾人文化工作，帮助残疾人走出家门参与文化活动，有助于残疾人群体各方面能力的提升。文化活动能在身、心两方面起到康复作用，帮助残疾人树立自尊、自信、自强、自立的精神；文化活动能创造机会让残疾人集体合作，让残疾人走出个人狭窄的生活空间，通过互相交流、合作，增强群体凝聚力；文化活动能发挥残疾人的创造性，残疾人不会因为残疾而失去创造性和自身潜能，他们在文化活动中所展示的特殊魅力让人折服。

下面是残疾人群体通过文化活动互帮互助的一个案例。

六人行创办"站起来"网站 让残疾人"站起来"①

胡雄华、华煜忠、游林冰、周舒来、王国杭、徐雪波，这六位都是普通的杭州市民。他们因为车祸和意外，不幸成了高位截瘫的伤友。2004 年 10 月，他们每人凑了点钱，开始慢慢搭建"站起来"网站的雏形。和其他网站不同的是，"站起来"没有专门的办公室，六人各自在家使用电脑进行操作。网站取名"站起来"，要表达的就是六个创办人的共同心愿：身体虽不能站起来，精神却不能倒下去。只要精神不垮，在轮椅上同样可以有自己的一番天地！

网站中专门开辟了"站起来"论坛，设有"希望驿站""扶助信息""舞文弄墨"等六大主题，下设"创业与就业""康复医疗与咨询""帮扶热线"等二十余个板块。残疾人朋友可以在这里找到最新的医疗信息，交流康复锻炼的经验，还能彼此分享人生感悟。

2. 有利于残疾人社会地位的提高

社会工作者通过小组工作方法和社区工作方法，可以帮助残疾人在文化活动中提高参与社会能力并改善他们的生活质量。残疾人在参与文化活动过程中，不仅可以顺利地参加本群体共同组织的活动，还可以参与、融入社会活动，并获得相

---

① 摘自新华网 2008 年 9 月 16 日电，记者王怿文。

应的培训、教育的机会。残疾人通过这些机会和活动,可以提升独立生活的条件和能力,能更好地参与社会生活,也能让社会大众更加理解、接纳残疾人。

3.有利于促进社会和谐稳定发展

文化对社会具有规范、调控和凝聚的作用。残疾人文化工作有助于团结引导残疾人正确认识残疾,正确对待因残疾带来的一系列矛盾和困难,促进残疾人热爱祖国、热爱生活、珍爱生命、奋发有为。残疾人文化工作在让残疾人得到人文关怀,激发出更多健康活力的同时,也让健全人生发出更多的责任和爱心。残疾人通过文化的方式,表达诉求、参与社会、拼搏人生。

下面是杭州市社会各界为盲人无障碍"看"电影提供文化服务的案例,这个文化助残项目已延续多年,有越来越多的个人与社会组织参与其中。

盲人"看"电影不是梦 杭州有两家无障碍影院①

昨天 10:25,微信网友"把耳朵叫醒"发朋友圈:市民中心图书馆举行盲人观影活动。

昨天上午,一场杭州市无障碍试听基地、无障碍电影院授牌仪式在杭州图书馆举行。杭州市图书馆、下城区图书馆、江干区图书馆、西湖区图书馆、拱墅区图书馆和淳安县图书馆成为"杭州市无障碍试听体验基地";浙江奥斯卡电影大世界和浙江新远国际影城成为首批"杭州市无障碍影院";浙江星光电影院有限公司和杭州市工人文化宫职业放映队成为首批"杭州市无障碍送影队"。这就意味着,盲人也能享受到电影的乐趣了。

昨天,主办方杭州市残联和杭州市文广新局为视障朋友播放了无障碍微电影《黑白彩虹》。

与爱人一起来"观影"的李大伯说,旁白雷鸣老师的解说仿佛让他再次"看"到了电影中的画面,非常生动,以后有时间让爱人再陪自己去"看"电影。

杭州市盲人协会负责人表示,文化是残疾人平等参与社会生活、实现自身价值、追求美好生活的重要途径,无障碍试听作为文化助残的一项重要内容,让盲人了解电影画面和声音的信息,领略到文化的乐趣,将盲人朋友带入了视觉艺术的天堂。

目前,杭州市图书馆已经为视障人士放映无障碍电影 27 场次,下基层放映8 场次,参与的盲人达 1500 余人。今后无障碍电影的播放将纳入电影下乡活动。本市户籍的残疾人,可以就近来借阅无障碍影音资料、观赏无障碍电影。农村残疾人也可享受到无障碍送影服务。

---

① 引自杭州网 2015 年 6 月 4 日。

二、残疾人文化工作的组织机构

（一）中国残疾人联合会特殊艺术委员会

"中国残疾人联合会特殊艺术委员会"（简称"中国残联特艺会"），是中国残联设立的残疾人特殊艺术咨询、指导、协调机构，由文化艺术管理部门的领导、各艺术门类的专家和从事残疾人特殊艺术工作的人员组成，业务上接受文化部及中国残联的指导。

"中国残联特艺会"的工作宗旨是：发展特殊艺术，展示残疾人艺术才华和精神风貌；丰富残疾人精神文化生活，不断提高残疾人文化素质及全面参与社会能力；激励自强精神，倡导助残风尚，培育文明进步的社会环境，促进社会主义两个文明建设。

"中国残联特艺会"的工作内容和工作方法是：团结从事残疾人特殊艺术的文艺工作者，研究残疾人特殊艺术理论，交流特殊艺术工作经验，繁荣残疾人题材文艺创作，规划指导残疾人文化艺术工作；协调组织残疾人文艺演出，指导、辅导和支持残疾人艺术团的业务工作及各地群众性文化艺术活动；开展各类残疾人特殊艺术培训工作，提高残疾人艺术水平；组织残疾人特殊艺术的评选及表彰活动；开展国际残疾人文化艺术交流。

"中国残联特艺会"委员实行聘任制，办公室设在中国残联，负责日常工作。

（二）中国残疾人联合会残疾人文学艺术组织

中国残联现设有"中国残疾人作家联谊会""中国残疾人书法家联谊会"和"中国残疾人美术家联谊会"三个群众性艺术团体。它们以团结广大残疾人文学艺术爱好者，增进相互之间的了解和交流，繁荣残疾人的文学艺术创作，推介和培养残疾人文学艺术新人，满足残疾人文化需求，推动残疾人文化艺术事业发展为宗旨，主要的活动形式有举办笔会、研讨会、组织展览、参加文化艺术交流等。各个联谊会均实行会员制，组成人员均为地市级以上作家协会、美术家协会、书法家协会的会员。三个联谊会成立以来，积极参与北京 2008 奥林匹克文化节等多项活动，举办美术书法展览和残疾人作家笔会，出版了《中国残疾人美术家优秀作品集》《中国残疾人优秀书法家作品集》，以及散文集《为了生命的美丽》《放飞希望》《收获感动》等多部作品，赢得了很好的社会反响和众多残疾人的认同。

我国各级残联，也相应设立了一些文学艺术组织，如艺术家协会等，为当地有文化需求的残疾人搭建平台。

（三）中国残疾人艺术团

2005 年的央视春晚，一支梦幻般唯美的《千手观音》群舞，让亿万观众记住

了中国残疾人艺术团。创建于 1987 年 9 月 27 日的中国残疾人艺术团,出访 100 个国家和地区,并进行交流演出,被联合国教科文组织指定为"联合国教科文组织和平艺术家",《千手观音》节目享誉世界。从 2000 年开始向专业化转型,创作大型音乐舞蹈《我的梦》;2002 年进入商演市场,用口碑和品牌去赢得观众。

艺术团以独特的艺术魅力和深邃的精神内涵,创造了人类特殊艺术经典,以艺术与心灵的完美融合特立于世界文化之林。艺术团推出了《我的梦》系列作品,节目综艺荟萃,异彩纷呈。艺术团每年在 10 多个国家演出 150 多场,并开展大量公益活动和义演,将爱传递给人间,用节省下来的演出收入注资设立"我的梦"和谐基金,两年捐款 774 万元人民币、77 万美元资助国内外公益慈善项目,带给世人和谐美好。

（三）残疾人事业新闻宣传促进会

残疾人事业新闻宣传促进会(简称"新促会")是我国各级残联管理下的非营利性社会团体,由各有关新闻单位及当地从事残疾人事业新闻宣传的单位和个人组成,接受各级残疾人联合会、新闻工作者协会、民政部门的业务指导和监督管理。"新促会"的最高权力机构是理事会,理事会秘书处是新促会的办事机构,负责处理日常工作,通常设在各级残联文宣部门。

"新促会"以弘扬爱国主义和人道主义,促进社会主义精神文明建设,增进社会公众对残疾人事业的理解,倡导扶残助残的社会风尚为宗旨。通过组织新闻媒体的重点报道和采访,在报刊、电台、电视台开辟残疾人事业专栏/专题节目,定期组织各级"残疾人事业好新闻"评选活动,开展对外交流、文化联谊活动等途径,"新促会"密切残疾人、残疾人工作者与新闻宣传工作者之间的联系,研究残疾人事业新闻宣传理论,交流宣传、采访、报道的经验,拓展途径,加强宣传力度,丰富报道内容,促进残疾人事业新闻宣传工作,为残疾人事业的发展创造良好的舆论环境。

（四）服务残疾人事业的文化出版单位及出版物

我国直接面向残疾人、服务残疾人事业的主要文化出版单位有:中国残疾人杂志社、残疾人研究杂志社、华夏时报社、华夏出版社、中国康艺音像出版社、中国盲文出版社。

中国残疾人杂志社出版《中国残疾人》《三月风》《盲人月刊》三种月刊;华夏时报社于 2001 年 1 月正式出版发行《华夏时报》;残疾人事业发展研究会主办的《残疾人研究》创刊于 2011 年。华夏出版社多年来共出版残疾人著述的和为残疾人及残疾人事业服务的图书 600 多种,其中代表性图书有《自强之歌》《康复指导丛书》《中国手语》《中国残疾预防学》《中国盲文》《残疾预防丛书》《人道主义的呼唤》《特殊教育概论》等。中国康艺音像出版社出版为残疾人和残疾人事业服务的音像制品 22 种,如:《光明世界》(盲人有声读物 1～20 集)《偏瘫的康复训练》《脊髓损伤的康复训练》《脑瘫的康复训练》《珍爱光明》《偏瘫体操》《珍爱光明》(录像带)等。中国盲文出版社共面向盲人出版盲文图书 5000 多种,涉及政治、法律、哲学、文学、艺术、科技、卫生、教育等诸多门类,还制作盲人有声读物几百种,共计 1 万多小时。

随着网络时代的来临,我国又涌现出了一批服务残疾人的网站,如中国残疾人服务网和中国残疾人数字图书馆等。

三、残疾人文化工作的现状和面临的主要问题及对策建议

(一)现状

我国残疾人文化权利保障取得显著进步。残疾人文化服务纳入国家公共文化服务体系。截至 2018 年,全国省、地市级电视台共开设电视手语栏目 295 个,广播电台共开设残疾人专题广播节目 230 个,省、地、县三级公共图书馆共设立盲文及盲文有声读物阅览室 1124 个。在全国开展残疾人文化周和"共享芬芳"公益巡演展览等文化活动,每年有 200 多万残疾人参与。努力发展残疾人特殊艺术,每四年举办一届全国残疾人艺术会演,每届直接和间接参与的残疾人达10 余万人。全国各类残疾人艺术团体快速发展,已达 283 个,残疾人文化艺术从业人员近 30 万名。结合文化扶贫、文化助残,实施"文化进社区""文化进家庭""盲人数字阅读推广工程"等项目,为基层残疾人提供优秀文化产品和服务。

(二)主要问题

目前,从总体上看,残疾人文化建设与广大残疾人日益增长的精神文化需求相比还有很大差距,主要反映在:残疾人均等享有公共文化体育服务的程度还较低,尤其是农村残疾人文化建设严重滞后,权益保障有待加强;基层残疾人文化活动匮乏、经常参与文化活动的参与率不高;残疾人特殊文化艺术人才短缺、文化创意产业尚需扶持等问题还比较突出。加强基层残疾人文化建设刻不容缓,必须采取切实有力、行之有效的措施。①

(三)对策建议

1.推动残疾人文化生活融于公共文化生活之中

将残疾人文化生活融于公共文化生活,是认真贯彻落实《残疾人保障法》和《中共中央关于深化文化体制改革、推动社会主义文化大发展大繁荣若干重大问

---

① 引自中国残联、中央宣传部、文化部、国家新闻出版广电总局、国家体育总局联合制定的《残疾人文化体育工作"十三五"实施方案》。

题的决定》，是促进残疾人参与社会生活的一个重要组成部分。社会工作者的工作途径有：倡导、推动公共文化活动场所如图书馆、文化馆、博物馆、影剧院等，对残疾人开放，在环境设施、信息交流无障碍及特殊服务等方面提供必要的条件；大力倡导公共文化活动吸纳残疾人参加，如残健同台演出、作品同场展览等，鼓励、支持、帮助残疾人参与全国和地区性各种文化、艺术比赛；根据残疾人的文化需求，动员公共文化机构和文艺工作者开展"文化助残"活动，创作和推出反映残疾人生活和残疾人事业的文化艺术产品，丰富残疾人的精神文化生活，帮助残疾人提高文化素质和参与公共文化生活的能力；利用和创造机会展示残疾人的才华，发动残疾人踊跃参加公共文化活动。

2.为残疾人提供个性化文化服务

针对残疾人的特殊需求，社会工作者在为残疾人服务中，需要遵循以下原则：就近就便开展残疾人文化活动，要整合各种社区文化资源，在残疾人日常活动的社区范围内，组织开展丰富多彩健康有益的基层残疾人文化体育活动，使残疾人能够就近、就便参与；深入开展"残疾人文化艺术周"活动，积极开展多种形式，有利于残疾人陶冶情操、愉悦身心、寓教于乐的文化体育活动，使每年的文化艺术周活动成为广大残疾人展示特殊艺术才能、集中参与文化活动的重要平台；扩大"残疾人文化进社区"项目覆盖面，为基层残疾人提供必要的文化、体育活动用品，提供基层残疾人参与文化生活的基本条件。

3.整合资源优化文化生活参与环境

社会工作者要与其他专业服务机构的工作人员配合，按照残疾人的实际需求，以讲座、交流、培训等多种形式为残疾人提供指导和服务，培养残疾人文化艺术人才。同时还要动员社会力量推动残疾人文化事业发展，进一步加大宣传力度，增强社会各界对残疾人文化需求和文化艺术才能的了解，营造良好的社会环境。要坚持开展"文化助残公益行动"，如"扶残助学""科技助残""爱心赠刊""爱心赠书""爱心送戏"等，鼓励、引导社会爱心组织、企业关注、支持、参与残疾人文化服务，共同推进残疾人文化艺术健康发展。

4.丰富基层社区残疾人文化生活

因地制宜、内容丰富、形式多样、重在参与，是搞好基层社区残疾人文化生活的基本原则。主要可开展文艺演出，读书看报，声乐、器乐、棋牌比赛，书法、绘画、摄影、工艺美术作品展览等，其目的是愉悦、康复残疾人身心，提高残疾人的文化素质和生活水平，促进残疾人平等参与社会生活。社会工作者开展基层社区残疾人文化活动，首先要促成公共文化场所，如图书馆、文化馆、影剧院等对残疾人开放，配有无障碍设施并提供特殊服务，促使基层社区的文化活动吸纳残疾人参加,将残疾人文化生活融入基层社区群众文化生活之中。其次要鼓励广大残疾人根据自己的兴趣爱好自发自愿地结合在一起,以文会友,以画会友,以琴会友,以棋会友等,开展各种联谊交流活动。

5.倡导扶持残疾人文化工作

社会工作者在开展残疾人文化工作中,还要注重倡导对残疾人文化产业发展的扶持。要借助残联等部门及专业服务机构工作人员的力量,为残疾人文创产业提供政策对接、创业指导、技术支持、销售帮扶等服务;扶持以残疾人群体为主要受众的文化企业,落实残疾人文化产业财政、税收、金融、用地等政策;促使各类产业园区、景区、商区为残疾人创造条件,鼓励残疾人发挥特殊艺术才能,积极参与文化创业。

第二节　残疾人体育工作

一、残疾人体育工作概述

(一)残疾人体育工作的含义

残疾人体育是指以残疾人为参与主体的体育运动的总称。残疾人体育工作是指社会工作者运用社会工作理论和方法,为各类残疾人开展体育运动提供各种服务而进行的专业性或职业性活动。残疾人体育兼有群众性体育和竞技性体育的特点。社会工作者从事的残疾人体育工作也相应包含了这两个特性:一方面要帮助残疾人融入社会,增强体质、康复健身;另一方面也要注重挖掘残疾人体能潜力,表现其特殊体育才华,使其在重大残疾人国内和国际赛事中争取优异成绩。在提供服务时,社会工作者必须注意对残疾人的运动功能(能力)进行评估、分析,以确定其参加什么样的运动项目最合适,有利于其身心健康。从这个意义上说,残疾人体育工作是全民体育工作和社会工作的一个组成部分,也是残疾人事业的一个有机部分。

(二)残疾人体育的特点

参加体育活动,是残疾人依法享有的权利,残疾人体育是人类体育活动的组成部分。由于生理或心理上的障碍,残疾人参与体育活动在功能、目的、形式、条件、要求等方面与健全人体育相比存在着明显的差异。正确地认识和把握残疾人体育的特点,不仅是科学地开展残疾人体育工作的基本前提,也是社会理解残疾人体育及其意义的必要条件。

残疾人体育的特点主要表现在以下几方面。

1.康复功能性

残疾人的体育活动往往与康复训练结合在一起,残疾人身体功能的改善和恢复依赖于一定的运动形式。

2.活动多样性

由于残疾类别和程度的差异,残疾人体育活动大都基于自身残疾状况来进行,具有较强的针对性和个体性。

3.社会激励性

残疾人参加体育活动,他们自强不息、顽强拼搏的精神,可以激发社会大众培养积极进取、乐观向上的生活态度,是社会精神力量的重要源泉,是全人类共同的精神财富。

4.重在参与性

不同残疾类别和程度的残疾人,参与体育活动对成绩的关注度也不同,在竞技体育注重成绩优劣的同时,还有很多残疾人往往重在参与,更关注挑战极限、超越自我。

(三)残疾人体育工作的原则

1.重在参与原则

开展残疾人体育运动,重要的不在于成绩如何,而在于参与。残疾人参与得越多越广,其主体性就越能够得到充分的发挥。

2.个别对待原则

鉴于残疾类别和程度的不同,组织残疾人体育活动时,要特别注意针对性。如在智障人士中开展特奥项目,在肢残人中开展轮椅体操、田径项目,在盲人中开展盲人门球、田径及棋牌类比赛等。

3.全面训练原则

社会工作者在指导残疾人体育运动时,必须把局部运动与全身运动结合起来,交替进行,以获得全面发展的效果。

4.适当的运动量原则

要取得良好的运动效果,必须逐步、适宜地增加运动量,采取科学的训练方法和手段,才能达到比较理想的技术水准和竞技状态。

5.预防伤病原则

由于身体局限,残疾人在运动中易受损伤,参加体育活动时应有严密的安全保障措施,避免二次伤害。如组织运动会要有残疾人体育指导员进行指导,盲人跑步要有领跑员引导。

残疾人由于残疾类别和程度的不同,每个人又有自己的特点和情况,上述原则都是社会工作者在开展工作中应该注意遵循的。

（四）残疾人体育工作的作用

1. 促进康复健身

这是残疾人体育的初衷。第一次世界大战期间，在欧洲出现了伤残士兵康复中心活动小组，因战争而致残的人们，通过适当的体育活动，获得康复，重新参与社会生活。于是，残疾人体育活动逐步受到重视。实践证明，体育运动对残疾人的康复起着积极作用，它可以有效地改善残疾人身体各器官、系统的功能，提高机体的能力，最大限度地补偿残疾带给他们的不便，使他们融入社会，增强生活的信心和勇气，逐步走上身心健康发展的道路。

2. 富有感染力

残疾人参加体育比赛活动，展示的不仅是单纯的比赛运动技术和战术，更重要的是通过意志、技能、体能的较量，向生命潜能挑战。残疾人运动员取得的成绩，是用汗水、鲜血和生命战胜困难的凯歌。许多观众在观看残疾人体育比赛后都说，残疾人体育比赛比健全人比赛更能震撼人心。

3. 彰显社会文明

发展残疾人体育事业，一方面说明残疾人体育本身就是社会文明的产物，另一方面，它又极大地促进了社会文明的发展。如表14-1所示，中国从1984年起至2016年已参加了9届残奥会，从参赛人数和成绩上看，一届比一届参赛的人数多，一届比一届取得的成绩好，受到国际好评。从这个侧面，反映了我国经济的发展、人权保障的进步及文明程度的提高。

2016年9月19日，中共中央、国务院向第十五届残奥会中国体育代表团致贺电。全文如下：

第十五届残奥会中国体育代表团：

在第十五届残奥会上，中国体育代表团残疾人运动员顽强拼搏、勇攀高峰，赢得107枚金牌、81枚银牌、51枚铜牌，打破51项世界纪录，连续4届残奥会位居金牌榜和奖牌榜第一位，奏响了催人奋进的生命凯歌，讲述了中国残疾人自强不息的故事，为祖国和人民争得了荣誉，党中央、国务院向你们表示热烈的祝贺和诚挚的问候！

在本届残奥会上，中国体育代表团残疾人体育健儿大力发扬奥林匹克精神和中华体育精神，不畏强手，勇争第一，超越自我，挑战极限，充分展示了我国残疾人自尊、自信、自强、自立的精神风貌，收获了成功，赢得了尊重，增进了友谊，树立了形象，为推动国际残疾人奥林匹克运动发展作出了新贡献。你们的优异表现，向世界传递了蕴含在我国广大残疾人中的正能量，极大激励了全国各族人民和海内外中华儿女，祖国和人民为你们感到骄傲和自豪！

希望你们在新的起点上，再接再厉，不断进取，进一步激发广大残疾人参与体育锻炼的热情，带动残疾人健身体育、康复体育、竞技体育的普及开展，为促进我国残疾人体育事业发展、推进健康中国建设继续努力，为我国办好2022年冬奥会和冬残奥会，为实现全面建成小康社

会奋斗目标、实现中华民族伟大复兴的中国梦作出新的更大的贡献。

祖国和人民期盼着你们凯旋！

表 14-1　历年残奥会中国代表团参赛情况统计

奥运会	参赛选手	奖牌				金牌榜
		金牌	银牌	铜牌	总数	
1984年纽约残奥会	24	2	13	9	24	第23名
1988年汉城残奥会	43	17	17	10	44	第14名
1992年巴塞罗那残奥会	24	11	7	7	25	第12名
1996年阿特兰大残奥会	37	16	13	10	39	第9名
2000年悉尼残奥会	87	34	22	17	73	第6名
2004年雅典残奥会	200	63	46	32	141	第1名
2008年北京残奥会（主办国）	332	89	70	52	211	第1名
2012年伦敦残奥会	282	95	71	65	231	第1名
2016年里约热内卢残奥会	308	107	81	51	239	第1名

二、残疾人体育工作的组织机构

（一）国际残疾人体育组织

目前国际残疾人体育组织比较多，由于伤残人种类的不同，各个组织分别担负着一类或几类伤残人的体育工作。国际残疾人体育组织主要包括国际伤残人体育组织（International Sports Organization for the Disabled，ISOD）、国际聋人体育联合会（International Sports Federation for the Deaf，ISFD）、国际特殊奥运会组织（Special Olympics International，SOI）、国际轮椅联合会又称斯托克·曼德维尔运动联盟（International Sports Mandeville Games Feperation，ISMGF）、国际盲人体育协会（International Blind Sports Association，IBSA）、脑瘫国际运动与娱乐协会（Cerebral Palsy-International Sports and Recreation Association，CP-ISRA）。

（二）我国残疾人体育组织

我国残疾人体育组织主要有中国残疾人体育协会（对外称中国残疾人奥林匹克委员会）、中国聋人体育协会（对外称中国聋人奥林匹克委员会）、中国弱智人体育协会（对外称中国特殊奥林匹克委员会）。

三、残疾人体育工作的发展

（一）国际残疾人体育运动的发展

残疾人体育已经有 100 多年的历史。在 18、19 世纪,科学研究证明体育运动对于残疾人的再教育和康复非常关键。第一次世界大战之后,物理疗法和运动医疗的地位已经与矫形与体内外科手术一样重要了。

第二次世界大战期间,全世界共有 5500 万～6000 万人死亡,1.3 亿人受伤。一些因战争而致残的人士,通过适宜的体育活动获得康复,重新参与了社会生活。1948 年伦敦第 14 届夏季奥运会期间,英国的神经外科医生路德维格·格特曼爵士和一些热衷残疾人事业的知名人士为他们组织了运动会,从此,残疾人体育活动在全世界逐步兴起。

综合性的国际残疾人比赛主要有三类:残疾人奥林匹克运动会、聋人奥林匹克运动会、特殊奥林匹克运动会。

如表 14-2、14-3 所示,夏季残奥会从 1960 年至今共举办了 15 届,冬季残奥会从 1979 年至今共举办了 12 届,2022 年第 13 届冬季残奥会将在北京－张家口举办。随着残奥会体现世界各国人民之间的团结、友谊、勇气,以及诚实竞争的理念深入人心,参赛国家、地区的数量和参赛运动员人数呈逐届递增趋势,残奥会影响力日趋增大。

表 14-2　历届夏季残奥会①

届数	赛事名称	举办地点	
		国家	城市
第 1 届	1960 年罗马残奥会	意大利	罗马
第 2 届	1964 年东京残奥会	日本	东京
第 3 届	1968 年特拉维夫残奥会	以色列	特拉维夫
第 4 届	1972 年海德堡残奥会	西德	海德堡
第 5 届	1976 年多伦多残奥会	加拿大	多伦多
第 6 届	1980 年阿纳姆残奥会	荷兰	阿纳姆
第 7 届	1984 年斯托克·曼德维尔和纽约残奥会	英国	斯托克·曼德维尔
		美国	纽约
第 8 届	1988 年汉城残奥会	韩国	汉城

---

① 引自百度百科网站。

续表

届数	赛事名称	举办地点	
		国家	城市
第9届	1992年巴塞罗那残奥会	西班牙	巴塞罗那
			马德里
第10届	1996年亚特兰大残奥会	美国	亚特兰大
第11届	2000年悉尼残奥会	澳大利亚	悉尼
第12届	2004年雅典残奥会	希腊	雅典
第13届	2008年北京残奥会	中国	北京
第14届	2012年伦敦残奥会	英国	伦敦
第15届	2016年里约热内卢残奥会	巴西	里约热内卢

表14-3 历届冬季残奥会[1]

届数	赛事名称	举办地点	
		国家	城市
第1届	1976年恩舍尔兹维克冬季残奥会	瑞典	恩舍尔兹维克
第2届	1980年耶卢冬季残奥会	挪威	耶卢
第3届	1984年因斯布鲁克冬季残奥会	奥地利	因斯布鲁克
第4届	1988年因斯布鲁克冬季残奥会	奥地利	因斯布鲁克
第5届	1992年阿尔贝维尔冬季残奥会	法国	阿尔贝维尔
第6届	1994年利勒哈默尔冬季残奥会	挪威	利勒哈默尔
第7届	1998年长野冬季残奥会	日本	长野
第8届	2002年盐湖城冬季残奥会	美国	盐湖城
第9届	2006年都灵冬季残奥会	意大利	都灵
第10届	2010年温哥华冬季残奥会	加拿大	温哥华
第11届	2014年索契冬季残奥会	俄罗斯	索契
第12届	2018年平昌冬季残奥会	韩国	平昌

聋人奥林匹克运动会是世界上发展最迅速的体育赛事之一。第1届世界聋

---

① 引自百度百科网站。

人运动会于 1924 年在法国巴黎举行,为全球最早举办的身心障碍类运动会。世界聋人运动会自 1924 年创始之后,一直只有每四年举行一次的夏季运动会。到了 1949 年,第 1 届冬季运动会终于在奥地利举行。

特殊奥林匹克运动会,是专门为智能低下,言语不清的神经和精神障碍患者甚至是生活不能自理的儿童举办的国际性运动竞赛活动。特殊奥运会从 1975 年开始也像国际夏季奥运会一样,正式定为四年一次。

(二)中国残疾人体育运动的发展

习近平总书记在党的十九大报告中提出:"广泛开展全民健身活动,加快推进体育强国建设,筹办好北京冬奥会、冬残奥会。"为新时期残疾人体育工作的开展赋予了新的历史使命。

我国历来重视全民健身和残疾人体育工作。早在 20 世纪 50 年代,就通过福利工厂、特教学校,以及盲聋哑人协会等组织,保障残疾人参与体育运动的权利。改革开放以来,我国已经建立了从中央到地方的完整的残疾人体育工作管理体系,并引入社会力量,通过各类残疾人体育赛事、"残疾人健身周"、各类残疾人体育训练基地、群众性文体团队建设等抓手,使得残疾人体育运动蓬勃发展。

国务院新闻办公室 2019 年 7 月 25 日发表的《平等、参与、共享:新中国残疾人权益保障 70 年》白皮书显示:自 2011 年起,体育总局支持中国残联开展残疾人社会体育指导员培训,截至 2017 年,共培养 10.4 万名社会体育指导员。各级政府和组织加大经费投入,为各类残疾人开辟日常体育活动场所。2017 年,各地残疾人文化体育活动场所达到 9053 个。

1983 年 10 月,天津市市委、民政局、体委、红十字协会联合发起并举办了伤残人体育邀请赛,来自全国 13 个省、区、市的 200 名盲人和截肢运动员参加了此次比赛。这是新中国成立以来我国举办的规模最大的一次残疾人运动会,是举办全国残疾人综合性运动会的前奏。随后,中央和地方各级残疾人体育协会纷纷成立,残疾人体育事业蓬勃发展,为举办全国的综合性残疾人运动会打下了良好的基础。

1984 年 10 月,中国第一届残疾人运动会在安徽合肥举行。1987 年 8 月,第二届残疾人运动会在河北唐山举行。1992 年 3 月在广州举行了第三届全国残疾人运动会,同时,全国残疾人运动会被正式列入国务院审批的大型运动会系列,形成每四年举办一次的制度。从此,我国残疾人体育逐渐步入制度化、规范化的发展轨道。历届全国残运会如表 14-4 所示:

表 14-4　历届全国残运会

年份	届数	主办地
1984 年	第 1 届	安徽省合肥市
1987 年	第 2 届	河北省唐山市
1992 年	第 3 届	广东省广州市
1996 年	第 4 届	辽宁省大连市
2000 年	第 5 届	上海市
2003 年	第 6 届	江苏省南京市、扬州市
2007 年	第 7 届	云南省昆明市、玉溪市
2011 年	第 8 届	浙江省杭州市
2015 年	第 9 届	四川省成都市
2019 年	第 10 届	天津市

（三）残疾人体育运动的项目

残疾人运动员的比赛项目比健全人的同类项目增加了很多。比如田径项目男子 100 米，健全人比赛冠军只有一名，而残疾人运动员由于级别不同，产生的冠军就不止一名，而是多名甚至十几名。再如乒乓球比赛，健全人只有站姿，而残疾人运动员除了站姿外，还有坐姿，即坐在轮椅上比赛。仅坐姿比赛就要分成5 个级别，然后分别再进行男女单打、双打、团体等项目的比赛。

我国残疾人体育运动目前开展的竞赛项目有：田径、游泳、举重、射击、柔道、轮椅篮球、坐式排球、乒乓球、羽毛球、轮椅网球、盲人门球、轮椅击剑、射箭、硬地滚球等 14 项，其中田径、游泳、举重、射击、柔道、轮椅篮球、坐式排球、乒乓球、羽毛球、轮椅网球、盲人门球等 11 项开展较为普及。近年来，随着残疾人体育运动的蓬勃发展，残疾人体育运动项目也在拓展。如轮椅舞蹈，在 2019 年全国第十届残运会上，也将被列为正式比赛项目。

视力残疾人适宜参加的体育运动有：健身操、棋类、田径、游泳、盲人门球、盲人乒乓球、柔道等。其中田径、游泳、盲人门球、柔道被列为竞赛项目。

听力残疾人适宜参加与健全人相同的体育运动，开展的竞赛项目按夏季和冬季分为：夏季运动会的男子比赛项目有篮球、排球、足球、乒乓球、网球、水球、田径、游泳、自行车、体操、摔跤、柔道、射击等；女子比赛项目有篮球、排球、乒乓球、网球、田径、自行车、体操、游泳、射击等。冬季运动会的男子比赛项目有速度下滑、大型障碍滑雪、特殊障碍滑雪、跳台滑雪、15 公里滑雪、3×10 公里接力滑雪等;女子比赛项目有速度下滑、大型障碍滑雪、特殊障碍滑雪、5000米滑雪、3×5公里滑雪接力等。

肢残人根据残疾情况分为截肢和其他残疾、脊髓损伤、脑瘫三种类型。截肢和其他残疾类型的肢残人参加的体育运动有:举重、健身操、棋类、田径、游泳、射箭、射击、轮椅篮球、轮椅击剑、乒乓球、轮椅网球、排球等。其中竞赛项目为:田径、游泳、举重、射箭、轮椅篮球、轮椅击剑、乒乓球、轮椅网球、射击、排球。脊髓损伤类型的肢残人参加的体育运动有:健身操、棋类、田径、游泳、举重、射箭、轮椅篮球、轮椅击剑、乒乓球、轮椅网球、射击等。其中竞赛项目为:田径、游泳、举重、射箭、轮椅篮球、轮椅击剑、乒乓球、轮椅网球、射击。脑瘫类型的肢残人参加的体育运动有:健身操、棋类、田径、游泳、乒乓球、射击、硬地滚球、轮椅网球。其中竞赛项目为:田径、游泳、乒乓球、硬地滚球、射击、轮椅网球。

智力残疾人参加特殊奥林匹克比赛,竞赛项目分为正式比赛项目和国家普及项目。国际夏季、冬季特殊奥运会每四年举办一届,交替举行。其中夏季正式比赛项目有:水上项目、高尔夫球、田径、体操、篮球、举重、保龄球、轮滑、自行车、垒球、马术、网球、足球、排球。较为普及的项目有:硬地滚球、羽毛球、乒乓球、手球、帆船。冬季正式比赛项目有:高山滑雪、越野滑雪、硬地曲棍球、速度滑冰、花样滑冰。较为普及的项目有:雪鞋走。

（四）残疾人体育运动的医学分级

残疾人的残疾类别、程度和部位不尽相同,各运动项目对运动员的功能要求也不一样,为了保证竞赛尽可能地公平,必须对运动员进行准确的医学功能分级。各类国际残疾人体育运动组织的医学委员会制定了相应的分级参赛标准并在国际比赛中贯彻执行。残疾人运动员比赛前先按照残疾类别进行医学分级。

四、残疾人体育工作的政策法规

党中央、国务院一贯重视开展残疾人体育工作,先后制定和颁布了一系列法律法规,为中国残疾人体育事业的发展提供了有力保障。

1.《残疾人保障法》相关条款

第41条 各级人民政府和有关部门鼓励、帮助残疾人参加各种文化、体育、娱乐活动,积极创造条件,丰富残疾人精神文化生活。

第42条 残疾人文化、体育、娱乐活动应当面向基层,融于社会公共文化生活,适应各类残疾人的不同特点和需要,使残疾人广泛参与。

第43条 国家和社会采取下列措施,丰富残疾人的精神文化生活:组织和扶持残疾人开展群众性文化、体育、娱乐活动,举办特殊艺术演出和残疾人体育运动会,参加国际性比赛和交流;文化、体育、娱乐和其他公共活动场所,为残疾

人提供方便和照顾。有计划地兴办残疾人活动场所。

2.《体育法》相关条款

第16条　全社会应当关心、支持老年人、残疾人参加体育活动。各级人民政府应当采取措施,为老年人、残疾人参加体育活动提供方便。

第46条　公共体育设施应当向社会开放,方便群众开展体育活动,对学生、老年人、残疾人实行优惠办法,提高体育设施的利用率。

3.《全民健身条例》相关规定

第16条　工会、共青团、妇联、残联等社会团体应当结合自身特点,组织成员开展全民健身活动。

4.《全民健身计划纲要》相关规定

第15条　广泛开展残疾人体育健身活动,提高残疾人的身体素质和平等参与社会活动的能力。丰富残疾人体育健身方法,培养体育骨干,提高残疾人体育运动水平。

5.《国务院办公厅关于进一步加强残疾人体育工作的意见》相关规定

《国务院办公厅关于进一步加强残疾人体育工作的意见》是新中国首次专门为残疾人体育发布的文件,主要内容包括:充分认识残疾人体育工作的重要意义,广泛开展残疾人群众性体育活动,加强残疾人体育队伍建设,营造有利于残疾人体育事业发展的社会环境,加强对残疾人体育工作的组织领导。

6.《中共中央　国务院关于促进残疾人事业发展的意见》相关规定

"繁荣残疾人文化体育事业。组织残疾人开展形式多样、健康有益的群众性文化、艺术、娱乐活动。"

"落实全民健身计划,开展残疾人群众体育健身活动,增强体质、康复身心。开展残疾人体育科研和体育教育。实行公共文化、体育设施对残疾人优惠开放。开展残奥、特奥、聋奥运动,举办和参加国内外重大残疾人体育赛事。"

五、残疾人体育工作面临的主要问题及对策建议

(一)主要问题

北京残奥会的成功举办,极大地激发了广大残疾人的体育热情,残疾人参与体育运动的需求日趋增加。但是,我国残疾人体育发展还不均衡,残疾人群众体育活动总体水平不高,基层残疾人群众体育活动不够活跃,适合残疾人群众体育活动和健身的场所、设施、器材很少,残疾人体育管理和制度还不完善,资金投入不足,技术人才缺乏。针对这些问题,社会工作者要加强研究,切实采取措施,更好地满足残疾人参加体育运动的需求。

（二）对策建议

1. 消除心理障碍

残疾人往往在心理上有一定的自卑感，交往的主动性与积极性差，参与体育活动的积极性在一定程度上也受到挫折。社会工作者要帮助残疾人进行心理疏导，正确评估他们的体育活动需求和能力，增强他们的信心，使他们能有勇气走出家门参与体育活动。同时，加强残疾人体育教育和引导，从深层次培养残疾人主动的体育参与意识，注重残疾人体育锻炼的知识、方法的学习，把体育健身看作一种生活方式。

2. 建立社会支持网络

社会工作者在开展残疾人体育工作时，除了直接介入，还需要帮助残疾人建立社会支持网络，积极寻求残联、体育部门及社区的支持，对残疾人提供包括经济、情感和技术等方面的援助。经济援助主要是为残疾人体育捐助资金、建立体育场馆、提供体育设备；情感援助主要是培养给予残疾人更多的关心和爱护，使他们更加融入社会这个大家庭；技术援助则是依靠残疾人体育健身指导员等专业力量，在充分考虑残疾人的障碍种类和程度、健康与体力的个人差异基础上，有针对性地指导残疾人参与体育活动。

3. 倡导设施无障碍

当前，残疾人有参加体育锻炼的需求，这一点已经得到社会的认同。但是目前体育设施、场馆的无障碍建设无法满足残疾人的体育需求。我国自 2002 年开展全国无障碍设施建设示范城市创建活动以来，城市无障碍建设取得了较快的发展，部分体育场馆的无障碍设施也得到了改善，但是与残疾人就近就便参与体育锻炼的需求仍然有很大差距。社会工作者需要倡导更多的体育场馆面向残疾人开放，并为他们提供必要的无障碍设施，使他们能走进场馆享受体育健身带来的乐趣。

4. 开展基层残疾人体育活动

残疾人生活在基层，文体生活上的参与也往往就近就便。因此，基层残疾人体育工作尤其重要。社会工作者应与基层残疾人组织配合，取得基层党委和政府的领导和支持，根据当地残疾人数量和类别的特点，以增强残疾人体质和康复为目的，因地制宜、因陋就简地开展体育活动。如条件好、下肢残疾人比较多的城市社区可开展轮椅舞蹈、轮椅太极拳等活动，在物质基础薄弱的农村地区可开展登山、田径等活动。

● **本章习题** ···

1. 如何理解残疾人文化与体育的含义？

2.简述残疾人文化工作的特点及其作用。

3.试述当前残疾人文化工作面临哪些问题？如何解决？

4.简述残疾人体育工作的原则和作用。

5.试述当前残疾人体育工作面临哪些问题？如何解决？

【参考文献】

1.奚从清.人道主义与中国残疾人事业.杭州:浙江大学出版社,2018.

2.李长春.发展繁荣残疾人文化事业.残疾人研究,2011(4).

3.中国残疾人联合会.残疾人工作基本知识读本.北京:华夏出版社,2009.

4.王思斌,孙莹,顾东辉.社会工作综合能力(中级).北京:中国社会出版社,2012.

5.史柏年,费梅苹.社会工作实务(中级).北京:中国社会出版社,2012.

第十五章

残疾人婚姻家庭工作

婚姻家庭是残疾人生活的主要场所。残疾人婚姻家庭工作,是残疾人社会工作中的一个不可或缺的组成部分。关心、帮助残疾人解决其婚姻家庭问题,是全社会的责任,也是残疾人社会工作者的责任。本章在论述家庭的定义、残疾人婚姻家庭的特点、结构与功能的基础上,分析残疾人婚姻家庭面临的问题及其原因,并且提出残疾人婚姻家庭社会工作服务的内容和方式。

第一节 残疾人婚姻家庭的含义、特点、结构与功能

一、家庭的含义及残疾人家庭户的状况

家庭是由婚姻、血缘或收养关系所组成的社会生活的基本单位。[①] 而缔结于婚姻基础之上的家庭,是社会良性运行与协调发展的社会基本单元或社会细胞,不仅担负着物质生产、教育等社会功能,也担负着繁衍后代、夫妻生活、家庭代际生活等其他社会组织所不具备的特殊功能。家庭功能的正常发挥是满足社会成员基本需要和实现发展的保证。然而,残疾人因受生理缺陷、心理障碍及社会经济地位普遍较低、长期的生活和劳动能力缺陷等因素影响,不少残疾人被排斥于主流社会的婚姻家庭之外,在缔结婚姻和维系家庭中遇到了不同于常人的困难。

据 2006 年第二次全国残疾人抽样调查数据(以下简称二次抽样数据),全国有残疾人家庭户 7050 万户,占全国家庭总户数的 17.80%,其中有 2 个以上残疾人的家庭户共 876 万户,占残疾人家庭户的 12.43%。有残疾人的家庭户的

---

① 《中国大百科全书·社会学卷》,中国大百科全书出版社 1991 年版,第 102 页。

总人口占全国总人口的 19.98%。有残疾人的家庭户户规模为 3.51 人。全国 15 岁及以上残疾人口中,未婚人口 982 万人,占 12.42%;在婚有配偶的人口 4811 万人,占 60.82%;离婚及丧偶人口 2116 万人,占 26.76%。另据 2010 年全国残疾人状况及小康进程监测报告数据(以下简称监测数据),2010 年度,适龄残疾人在婚率(男 22 岁以上,女 20 岁以上)为 62.5%,远低于全社会 83.1% 的水平,残疾人婚姻状况问题仍相当突出。

二、残疾人婚姻家庭的特点

(一)残疾人与非残疾人婚姻状况的比较(见表 15-1)

表 15-1　残疾人与非残疾人婚姻状况比较

	1987 年				2006 年			
	未婚	有配偶	丧偶	离婚	未婚	有配偶	丧偶	离婚
残疾人	18.77%	53.91%	26.13%	1.19%	12.42%	60.82%	24.99%	1.77%
非残疾人	26.53%	67.47%	5.59%	0.40%	18.22%	75.55%	5.18%	0.99%

资料来源:1987 年第一次全国残疾人抽样调查资料;2006 年第二次全国残疾人抽样调查主要数据手册,北京:华夏出版社,2007

从表 15-1 数据中反映出,1987 年与 2006 年两次调查之间,残疾人的婚姻状况有明显改善。在婚有配偶比例从 1987 年的 53.91% 上升到 60.82%,提高了 6.91 个百分点;未婚、丧偶比例分别下降了 6.35 和 1.14 个百分点,但与非残疾人的差距仍然很大。2006 年数据显示,残疾人在婚有配偶比例比非残疾人低 14.73 个百分点,比 1987 年 13.56 个百分点的差距增加了 1.17 个百分点,离婚的比例还从 1.19% 上升到 1.77%。与非残疾人相比,残疾人口呈现出在婚有配偶比例低、离婚及丧偶比例高、晚婚状况普遍、生育年龄较大等特点,这对其家庭生活和家庭自身的再生存在着一定影响,不利于其家庭的优生优育。现实中残疾人的婚姻问题远不如残疾人社会保障、康复等问题受到全社会的关注。

(二)残疾人婚姻家庭存在"三高"现象

据二次抽样数据,残疾人婚姻家庭中普遍存在着男性残疾人未婚率高、男性残疾人离婚率高和女性残疾人丧偶率高等三高特点。第一,男性残疾人未婚率高。男性残疾人未婚率为 8.6%,女性残疾人未婚率为 4%,男性比女性高一倍多,很大的因素是农村家境贫困的男性,出于男性传宗接代的传统观念以及满足生理需要的目的,会与残疾女性缔结婚姻,生儿育女,传宗接代,一定程度上降低了残疾女性的未婚率。第二,男性残疾人离婚率高。残疾人初婚有配偶的占了 83.2%,男女比例基本持平;残疾人再婚有配偶的占了 1.8%,男性比女性略低;

残疾人离婚约占了 1.1%，男女比例分别为 1.4%：0.7%，即男性残疾人离婚的比例是女性残疾人的两倍。第三，女性残疾人丧偶率较高。丧偶的残疾人占总样本的 7.7%，其中男女比例各占 3.9% 和 11.3%，女性残疾人的丧偶率约是男性丧偶率的三倍。这与女性的寿命平均长于男性也有一定的关系。残疾人婚姻家庭中出现的"三高"现象，为政策导向和服务介入提供了客观依据。

（三）各类残疾人婚姻家庭的主要特点

不同类别的残疾人其婚姻家庭状况也有所不同。

1. 肢体残疾人

从某种程度上说，肢体残疾人除行动有障碍外，在生理、心理等方面跟其他类别残疾人相比与健全人最为接近，在选择配偶方面，多为本类残疾人或健全人，也有部分其他类别的残疾人，但都是残疾程度较轻的。

2. 视力残疾人

由于近些年政府扶持政策的实施以及自身的职业特点（多数以按摩为业），视力残疾人较之于其他各类残疾人在劳动能力、生活自理能力和经济条件方面相对较好，婚姻家庭状况也比较好。他们在选择配偶方面，多为本类残疾人，选择健全人或其他类别残疾人较少。

3. 听力、言语残疾人

由于交流沟通的障碍，听力、言语残疾人的经济收入、婚姻家庭状况相比肢体和视力残疾人稍差，他们在选择配偶方面，基本上为本类残疾人，选择健全人或其他类别残疾人很少，其中，女性听力、言语残疾人婚姻状况要强于本类男性残疾人。

4. 智力残疾人

由于智力残疾多数为先天造成，所以在婚姻家庭方面的状况与其他类型的残疾人相比处于最差的位置，在已婚的智力残疾人中，受家庭成员歧视的情况时有发生。智力残疾人的配偶方多以其他类别残疾人为主，在智力残疾人的婚姻家庭生活中，女性优于男性，轻度优于重度。绝大多数未婚智力残疾人终身无法成婚。许多已婚的亦不能（或不可）生育后代。

5. 精神残疾人

在婚姻家庭状况方面与智力残疾人相似，在已婚精神残疾人中，婚后发现有精神残疾的，除存在受家庭成员歧视的情况外，还有因残离异的情况。绝大多数精神残疾人终身未婚，家庭负担沉重。

总之，从残疾类别看，肢体、视力、听力和言语残疾人婚姻状况尚好，精神和智力残疾人婚姻状况较差。从残疾等级看，残疾等级较轻的相比残疾等级较重的婚姻状况要好一些。从性别看，女性残疾人比男性残疾人婚姻状况要好一些。从居住地看，在城市生活的残疾人婚姻状况要比在农村生活的残疾人婚姻状况

要好一些。

三、残疾人婚姻家庭的结构

（一）残疾人家庭呈现扩展趋势

当前，我国社会结构正处于转型之中，作为社会细胞的家庭呈现出向核心家庭发展变化的趋势。然而，残疾人家庭的发展并没有明显地呈现出这一趋势和变化，主干家庭和联合家庭在残疾人婚姻家庭中仍占有相当大的比例。根据二次抽样调查样本直接汇总数据，在残疾人家庭中，二代户占了总调查户的38.53％，三代户占了总户数的31.45％，四代及以上占2.25％。残疾人家庭成员在四人及以上的占47.32％，在六人及以上的占12.42％。残疾人家庭户的户规模略大于全国平均户规模。残疾人家庭户平均户规模为3.51人，而全国平均户规模3.13人。经过初步分析，造成这一现象的因素大致有：残疾人在生活上对家庭照料的需要和对家庭的依赖程度较高，其中有残疾人在缔结婚姻之后仍然对原来的家庭在功能上具有一定的依附性，还有部分残疾人的子女在成家以后仍然要赡养和照顾老年残疾人；残疾人在婚比例相对较低；等等。这都使得残疾人家庭户中核心家庭相对较少，而大家庭相对较多。许多残疾人家庭都表现出了子女与父母或配偶的父母合住的"捆绑式家庭结构"。这表明，残疾人家庭向核心家庭转变的进程不仅滞后，还显现出向扩展家庭回归的逆向发展趋势。

（二）家庭成员全部是残疾人的家庭占有一定比例（见表15-2）

表15-2　全国调查有残疾人的家庭户类型

	1个残疾人	2个残疾人	3个残疾人及以上	总户数
1人户	12499	0	0	12499
2人户	28589	4323	0	32912
3人户	25782	3328	333	29443
4人户	24723	2919	410	28052
5人户	18485	2751	318	21554
6人户	9457	1827	240	11524
7人户	3282	740	113	4135
8人户	1389	345	52	1786
9人户	169	33	5	207
占比（%）	87.5	11.5	1.0	

资料来源：2006年第二次全国残疾人抽样调查数据

从表 15-2 中可以看出,全国调查残疾人家庭户为 142112 户,其中 1 人户且为残疾人的,即残疾人独居的有 12499 户,占 8.8％,由两个残疾人构成的家庭有 4323 户,占 3.04％。由 3 个残疾人构成的家庭有 333 户,占 0.23％。亦即家庭成员全部是残疾人的家庭户数是残疾人家庭总户数的 12.07％,对这样的家庭所需要的保障和关爱,应引起政府和社会各界的高度重视和关注。

全部是残疾人的家庭,面临生活照顾、经济困难等诸多问题,而且在 3 个都是残疾人的家庭中,很可能是残疾父母与残疾子女生活在一起,残疾子女可能是先天的,也可能是后天因病致残或事故造成的。如是先天的表明在残疾人的生育保健中一定要关注子女的健康,如是后天的说明残疾人家庭子女照顾问题值得关注。无论是哪一种原因,都说明在残疾人组成的家庭中,都存在着一个非常现实和严峻的问题,即如何避免造成子女残疾的问题。

四、残疾人婚姻家庭的功能

残疾人婚姻家庭的特殊结构与其婚姻家庭功能的发挥是密切相关的。家庭成员的残疾影响了残疾人家庭结构中各种关系的维系,进而影响了残疾人家庭的经济、照顾、情感、生育等家庭主要功能的发挥。

（一）经济功能

经济功能是维系残疾人婚姻家庭的重要功能之一。这一功能的满足程度直接影响到残疾人婚姻家庭其他功能的发挥。但残疾人因生理障碍和心理障碍及受教育程度相对较低等影响,在就业市场竞争中大都处于劣势,找不到或难以找到比较好的工作,表现出低收入、低层次就业的特点。据监测数据,2010 年度,残疾人家庭人均可支配收入为 6344.6 元,占全国居民家庭人均可支配收入的 59.0％;但城镇和农村残疾人家庭人均医疗保健支出分别是全国城镇和农村居民家庭人均医疗保健支出的 1.56 倍和 2.09 倍;城镇 54.3％、农村 63.5％的残疾人有医疗救助需求,城镇 48.7％、农村 66.2％的残疾人有生活救助需求。这表明大部分残疾人的家庭处于最基本的物质需求层次,经济功能的失调又限制了残疾人家庭其他功能的正常发挥,如经济功能的限制影响了残疾人的康复和治疗。经济功能本该作为婚姻家庭所具备的重要功能,以满足婚姻家庭生活及发展的需要。然而,在现实生活中,残疾人婚姻家庭经济功能的薄弱状况,已经成为影响残疾人婚姻家庭维系的重要因素。

（二）照顾功能

与健全人家庭相比较,残疾人在维系婚姻家庭中照顾功能是不可或缺的。照顾功能也是残疾人婚姻家庭的主要功能之一,大多数残疾人生活起居需要他人照顾,而且照顾是持续的、长期的。残疾人家庭的照顾功能主要由配偶、双方

父母、子女、兄弟姐妹等承担。在残疾人结婚以前，其父母是主要的承担者。结婚之后，这一角色转向了配偶。子女成年以后，子女和配偶共同承担了照顾的工作。很多残疾人在结婚后对原生家庭即父母的家庭，在照顾功能上仍有所依赖。许多残疾人家庭呈现出捆绑式的样态，以保证有更多的家庭成员来承担照顾工作。长期繁重的照顾负担，影响到家庭成员的就业，继而影响到家庭的收入。事实表明，照顾是残疾人婚姻家庭维系中的一大需求，而这一需求得不到满足或婚姻一方难以承受，也会导致其婚姻家庭的维系困难。

（三）情感功能

传统的中国社会是家庭本位和伦理本位的。感情是婚姻的基础，婚姻是家庭的基础，家庭就是心灵休憩的温馨港湾，每个家庭都有着情感的需求。许多残疾人由于遭受了较多的社会歧视，他们对婚姻家庭有着更多的情感需求。李晓凤、李羿琼在《广西残疾人婚姻家庭状况研究报告》中的问卷调查显示（以下简称广西问卷调查显示），广西的残疾人与其配偶在缔结婚姻的目的上具有一致性，最大动机是情感需求。可见，婚姻家庭对于残疾人的情感抚慰作用是无可替代的。然而，残疾人家庭的情感需求会受到其他因素的影响而难以得到满足。一是残疾人在缔结婚姻家庭时还有着各种不同的目的。如解决照顾问题、经济问题、传宗接代问题等，这在一定程度上也会影响残疾人家庭情感需求的满足。二是由于残疾导致生理需求困难也影响残疾人家庭的情感功能。有记者对近 40 名因意外伤害导致残疾的家庭进行了调查，其中有 30 个家庭在一方出事后 4 年内破裂，占到调查总数的七成以上。并且，双方离婚的理由惊人地相似——性生活不和谐，由于残疾带来生理需求的无法满足，直接地影响到残疾人婚姻家庭的情感功能。三是残疾在不同程度上制约着夫妻之间的沟通和交流，听力残疾和言语残疾会影响夫妻间沟通交流的频率与强度，智力残疾和精神残疾则更难实现正常的沟通，等等。这些因素限制了残疾人婚姻家庭情感功能的发挥，使很多残疾人婚姻家庭的情感纽带表现得十分脆弱。

（四）生育功能

生育功能是残疾人婚姻家庭功能中极其重要的、特殊的功能。家庭是人类繁衍和抚养后代最主要的场所。很多残疾人在缔结婚姻时，生育是其主要目的。据广西二次抽样调查课题研究报告，有 89.2% 的残疾人家庭生育了子女，有 56.5% 的残疾人认为，子女具有稳固婚姻和家庭的功能。因为子女在转移夫妻双方的注意力时，也为夫妻提供了共同关心的生活内容。有 60.8% 的残疾人认为，对孩子的关注可以增进夫妻之间的亲密程度。然而，有 69.5% 的残疾人家庭子女教育开支占家庭开支的很大部分。因此，在残疾人家庭中，生育功能的发挥往往受到诸多因素的限制,如经济因素、遗传因素、健康因素、抚养因素等等。

此外,残疾人婚姻家庭还有康复、交流和社会化等功能。

第二节　残疾人婚姻家庭面临的问题与原因

一、残疾人婚姻家庭面临的问题

很多研究显示,残疾给家庭带来更多的不和谐因素。主要涉及家庭经济、家庭娱乐活动、家庭关系、家庭日常生活、家庭情感交流、家庭照料、子女教育、社会歧视、社会参与、社会资源等等,对残疾人家庭产生内部及外部的压力。

（一）残疾人婚姻家庭的权益保障问题

残疾人婚姻家庭权益保障问题有:因离婚或丧偶造成的监护、财产、房产等权益的纠纷;因父母去世造成的监护权、财产权、房产权等权益的纠纷;家庭成员歧视或虐待等权益保障;就业、就学等受歧视权益保障;婚姻自由权、婚检、孕检等;婚后致残的离婚权益保障;等等。

每个公民的结婚自由权利受国家法律的保护,任何人不得加以干涉和限制。但残疾人的结婚自由权利的实现要比一般人困难得多,而现行法律和公共政策实际上并没有对残疾人这个特殊群体在实现结婚自由权利方面制定特别的保护或鼓励措施。2005年青海省对520名残疾人进行的调查显示:残疾人在缔结婚姻过程中遇到很多困难。经济条件差、社交圈子小及自卑心理成为阻挡残疾人缔结婚姻的三大“拦路虎”。调查发现,有21%的适婚年龄残疾人没有结婚。男性残疾人中有29.3%、女性有25.3%在25岁以后结婚,另有21.7%的男性和9.6%的女性在30岁以后结婚。2000年湘潭市残联和湘潭市精神卫生中心对残疾人的婚育状况和子女素质进行调查,共调查残疾人855人,并按3∶1配对原则抽样300名健康人。研究发现残疾人的未婚率高于对照组,在婚率和离婚率低于对照组,残疾人与健全人联姻的离婚率高于对照组。残疾人的联姻方式绝大多数为非自主婚姻,其中自由婚恋仅有18.93%,而媒妁之言的占70.48%,父母包办的占5.95%,其余如近亲婚配、买卖婚姻或其他方式,异类残疾联姻的婚姻质量最差。残疾人与健全人联姻的离婚率最高,尤其是在残疾人和健全人结婚时,往往遭到非残疾一方家人的反对,不能自由地按照自己的意志缔结婚姻。到了适婚年龄而未婚者中有70%的均为日常生活需要他人协助或完全依赖他人的。已婚的残疾人普遍认为婚后生活水平有所提高,离婚的则多认为降低了生活水平。可见残疾人与健全人一样需要婚姻,需要配偶的关心和协助。

此外,许多调查均表明,社会上存在着一方婚后致残,另一方立即提出离婚的情况,这对受到身体和精神双重打击的残疾人而言是相当残酷、难以接受的。很多残疾人呼吁应当采取措施在一定时期内保护他们的婚姻、维护他们的权益。特别是对于婚后严重致残的,应当给残疾人一段生理和心理的治疗、康复期。

（二）残疾人婚姻家庭的经济困难问题

据二次抽样数据,有92.9％的残疾人认为当前婚姻家庭中的主要困难是经济困难。2005年,全国有残疾人的家庭人均全部收入,城镇为4864元,农村为2260元,而当年全国人均收入水平,城镇为11300元,农村为4630元,残疾人家庭人均收入不足全国人均收入水平的一半。同时,残疾人口更多地集中于农村地区。调查表明,城镇残疾人口数量占残疾人总数的24.96％,农村残疾人口数量占75.04％,经济欠发达地区残疾人口数量比例最高。就业年龄段未工作城镇残疾人占到60％以上,比例较高。在业水平低使得大多数残疾人口缺乏独立的经济保障,这在很大程度上影响到其个人及家庭的基本生活。据监测数据,2010年,残疾人家庭恩格尔系数为47.0％,比全国居民家庭恩格尔系数38.9％高出8.1个百分点。但城镇残疾人家庭人均医疗保健支出为1333.9元,是全国城镇居民家庭人均医疗保健支出的1.56倍;农村残疾人家庭人均医疗保健支出为602.0元,是全国农村居民家庭人均医疗保健支出的2.09倍。城镇48.7％、农村66.2％的残疾人需要生活救助。收入少支出大,加剧了残疾人家庭的经济困难程度,并对残疾人婚姻家庭的维系造成极大的影响。

（三）残疾人婚姻家庭的社会帮扶问题

目前,在残疾人婚姻家庭社会帮扶方面仍有许多空白和缺失。残疾人在面临婚姻家庭问题时,主要是向非正式社会支持网络求助,而向正式社会支持网络求助只是一种辅助方式。非正式的社会支持网络主要由家庭、亲属、朋友、同事、同学、邻居等组成;而正式的社会支持网络主要由党政部门、工青妇群团、残联、社区、社团、专业帮扶机构等构成。

1.非正式社会支持网络是残疾人婚姻家庭问题的主要求助途径

社会交往是获取社会资源、编织社会支持网络的主要手段和方法。由于生理缺陷以及社会歧视等原因,很多残疾人存在着自卑心理,导致其不愿意与他人交往,从而出现了交友圈狭窄的特点。上述心理特征在不同程度上影响了残疾人的人际交往状况。残疾人的社会交往面仅限于以家庭为核心的周围,包括自己和配偶的父母、亲戚和朋友。广西问卷调查显示,有71.6％的残疾人认为自己交往最多的是自己的父母,次多的是配偶的父母,占45.3％,其次是亲戚,占44.8％。社会交往狭窄,一方面不利于残疾人培养自信和开朗的性格,另一方面也削弱了其认识异性、缔结婚姻家庭的机会和可能性,更不利于在社会中实现社会交换、获取更多的社会资源。有 78.4% 的残疾人缔结婚姻是通过"父母""亲戚"和"朋友"等非正式支持网络进行的。残疾人婚姻家庭在面临照顾需求时,也都是父母、儿女、兄弟姐妹等帮助解决。残疾人婚姻家庭维系出现困难时,有63.3% 的人首先求助于父母,其次是朋友和亲戚。求助于社区这种正式支持网络的较少,有 70.8% 的残疾人选择"无"。残疾人家庭遭遇到经济与物质困难时,主要靠父母、兄弟姐妹资助。据二次抽样数据,未工作残疾人的主要生活来源 77.0% 是由家庭其他成员供养。

从以上分析可知,在缔结和维系婚姻家庭中,在面对种种特殊需求时,残疾人家庭主要是向非正式社会支持网络寻求帮助的。

2. 正式社会支持网络对残疾人婚姻家庭问题提供的帮扶逐步加大

当面临婚姻家庭中的各种问题时,只有少部分残疾人能寻求到正式社会支持网络的帮助。广西问卷调查显示,只有 2.7% 的残疾人和 1.8% 的残疾人是通过社区等准社会性组织举行的残疾人活动和交友俱乐部来缔结婚姻的。城乡残疾人找工作的主要途径是熟人介绍,其中,城镇 62.6%,农村为 60.9%,这反映出公共就业服务和残疾人就业服务尚需加强。残疾人之所以较少求助正式的社会支持网络,其主要原因有:从残疾人自身来说,由于其经济、政治和社会地位的边缘化,残疾人掌握的社会资源非常有限,能够运用的正式社会支持资源则更少;加之,这一群体受教育水平普遍较低,他们对于国家各项残疾人政策了解很少,信息封闭,其策动资源的能力也很弱。此外,从环境因素来看,残疾人事业的发展程度还不够高,尤其是残疾人婚姻家庭问题对于各级社会组织而言,仍然是较易忽略并难以涉足的领域。

3. 非正式社会支持网络存在的问题

(1)支持能力的有限性。虽然非正式社会支持网络为残疾人提供了不少支持,但相对于残疾人婚姻家庭中的各种需求而言,他们获得的支持太少,也不能满足他们的需要。因为非正式社会支持网络的物质支持能力很有限,只能在一定程度上帮助残疾人家庭改善其生活,以维持其最低生活水平。

(2)支持行为的偶然性、不均衡性。非正式社会支持网络的支持行为具有偶然性、不均衡性等特点。一方面,支持行为较多在残疾人家庭需要切实帮助时才偶然发生,故只能发挥部分支持作用。另一方面,由于每个残疾人所拥有的社会资源不一样,残疾人所得到的社会支持也是不均衡的。如此,社会资源丰富的残疾家庭,其所得到的支持相对较多;相反,资源匮乏的残疾人家庭,其所得到的支持则相对不足。

（3）支持行为的不确定性。非正式社会支持网络的帮助不具有法定性、标准性，完全凭个人的主观能动、道德品行及性格喜好来决定，它难以满足残疾人婚姻家庭的各种需求。这样的社会支持网络抵御风险和应对危机事件的能力较差。因此，需要加强对残疾人正式社会支持网络的开发利用或完善，以此提升残疾人婚姻家庭的生活质量。

二、残疾人婚姻家庭问题的原因分析

（一）残疾人自身的主客观原因

从主观上看，很多残疾人对婚姻有恐惧心理，总觉得对方不能真正接受自己的缺陷，担心长期的照顾会使对方失去耐心，担心自己不能给对方带来幸福，承担不了婚姻的重任。这种心理上的障碍，直接导致了残疾人婚恋成功率的下降，尤其是与健全人结合的成功率。广西调查问卷显示，有46%的残疾人经常因为自身的生理缺陷而害怕与别人交谈，有49%的残疾人非常在意别人对自己的看法，这种心理状态会直接影响到婚姻的质量。许多残疾人没有选择缔结婚姻家庭，首先是由于他们主观上已经没有结婚的意愿，即他们对于缔结婚姻家庭存在着主观上的"不为"。然而这并不是说他们对于婚姻家庭没有期盼，许多残疾人在经历了多次相亲失败和来自社会的歧视之后，甚至是在幼年饱受异性的歧视而造成严重的心理伤害之后，不得不压抑自己对于婚姻家庭的期望，甚至是以消极的态度来对待婚姻家庭的缔结。这就是说，他们的"不为"更多的是在各种客观条件的限制下不得已产生的想法，而并不是他们在内心深处对于婚姻没有渴望。

从客观上看，残疾人在缔结和维系婚姻家庭上存在着实际上的"不能"。许多残疾人一直在努力寻找或营造自己的幸福，但是种种客观原因让他们很难实现自己的愿望。一是残疾人就业率低、就业层次低、经济收入少、住房条件差等。二是残疾人由于残疾需要花费更多的医药费，支出较健全人多。据监测数据，2010年度，劳动年龄段生活能够自理的城镇残疾人就业比例为34.0%，农村为49.2%。而从已就业的残疾人的职业看，绝大多数集中在"农、林、牧、渔、水利业"，此种情况又和残疾人的受教育情况分不开。据监测数据，2010年18岁及以上残疾人未上过学和只上过小学的比例为76.1%。这在很大程度上影响了残疾人家庭的经济状况，进而影响残疾人婚姻的缔结和家庭的维系。三是残疾类型和程度也影响残疾人缔结和维系婚姻家庭。一般来说，残疾程度越轻，其缔结和维系婚姻家庭的难度越小。肢体、听力、言语残疾的相对容易缔结婚姻家庭，而精神、智力残疾的则比较困难。

总之，残疾人自身的种种客观条件给他们缔结和维系婚姻家庭带来了极大

的难度,而对于这些客观条件,残疾人又很难通过自己的努力去改变,所以很多残疾人不得不承受缔结和维系婚姻家庭的巨大压力,这也严重影响了他们婚姻家庭生活质量的提高。

（二）社会文化观念的原因

残疾人婚姻家庭问题的解决,除了有待于我国生产力水平的提高和经济的发展之外,在对待残疾人的观念上能否有一个根本性变革是一个关键性问题。用什么观点来看待残疾人,就会以什么态度来对待残疾人。当前的社会观念还存在着广泛的对于残疾人的歧视和排斥。许多残疾人都表示他们在缔结和维系婚姻家庭时,遭遇了诸多来自社会的排斥。而且这种排斥不单单存在于健全人的观念中,很多残疾人将这种排斥内化,形成自卑心理,不愿意和健全人交往,也不愿意在更广阔的人群中去寻找自己的幸福,这使得残疾人在选择自己的人生伴侣时比健全人有了更多的限制。但据数据,当前的残疾致因中,人口老龄化、职业伤害、交通事故、医疗事故、环境污染等社会因素而非个人、家庭责任导致的残疾,是形成中国残疾人口的重要因素。据二次抽样调查,工伤和交通事故导致的肢体残疾率,在 2006 年分别为 0.122％、0.1046％,比 1987 年第一次抽样调查时分别增加了两倍和六倍多。残疾是为人类的健康繁衍和社会的文明进步付出的必然代价。在全社会树立现代文明社会残疾人观,是消除对残疾人的歧视和排斥的基本前提。

此外,现代人的婚姻观、择偶观、家庭观发生了很大的变化,离婚已较为普遍。婚姻气候的变化深深地影响了当代人的生活与这个社会中的残疾人。婚姻气候变化指的是社会成员因在婚姻上拥有了完全自主的结婚权和离婚权,人们对结婚的目的、择偶的标准、性和家庭的观念已经发生了变化。广西问卷调查显示,传统的"男主外、女主内"的婚姻家庭文化观,对残疾人婚姻家庭的维系仍产生着重要的影响,在调查的残疾人家庭中,决定权拥有者最高的是"一起协商,共同解决"占 43.3％,丈夫占 32.5％,妻子占 17.1％,父母和亲戚共占 7.1％。丈夫的决定权是妻子决定权的近两倍,存在着一定的男权主义的色彩。有 31.6％的男性残疾人认为家务应该妻子做得多,而认为应该丈夫做得多的仅为 7.3％。女性仍是家庭劳动的主要承担者。简言之,传统婚姻家庭文化的"男权"观念和以男性为主导的两性权力关系对残疾人婚姻家庭仍然产生着重要的影响。由此可见,残疾人婚姻家庭的维系受到传统婚姻家庭文化和思想的影响也较大,这种传统观念与现代观念的相互交织对残疾人家庭也形成冲击。

（三）社会关注和制度保障不够的原因

1.有关残疾人婚姻家庭的研究不够

与残疾人的康复、就业、保障等权益的研究相比,残疾人婚姻家庭的研究还非常有限,至今没有一本研究专著问世,相关理论仅在残疾人社会工作和残疾人社会学中有少许介绍,而且支持这些理论的有关调查也颇为有限,对于系统地了解残疾人婚姻家庭情况还显不足。有关残疾人婚姻家庭的研究内容不够丰富,当前有关残疾人婚姻家庭的研究还比较宏观,用于残疾人的调查问卷与普通人群的并无大的区别,殊不知残疾发生在婚姻之前与婚姻之后对于婚姻家庭的影响有很大不同。就残疾人队伍的主体——老年人来说,大多是在婚姻后随年龄增长而发生残疾的,这样统计出来的在婚状况并不能完全准确地反映残疾人的婚姻状况。还有当前统计的残疾人在婚状况由于很多是婚后发生残疾的,这种统计口径很大程度上提高了残疾人本身的结婚率。

2.有关残疾人婚姻家庭的政策法规不完善

纵览国内外有关残疾人的法律法规,不难发现涉及婚姻家庭的篇章极为有限。广西问卷调查显示,有64.9%的残疾人很需要了解婚姻法中关于残疾人婚姻家庭的具体条文。有94.1%的残疾人认为政府有必要采取政策、法规措施来改善社会对残疾人婚姻家庭的歧视,有37.8%的残疾人认为政府应该制定操作性强的法律法规,并依靠严格执行和监督来消除社会歧视,有35.5%的残疾人认为要呼吁全社会转变对残疾人的歧视和偏见。这说明目前残疾人群体法律意识增强,认识到运用法律武器维护自身权益的重要性。在了解相关法律法规的残疾人中,有67.3%的残疾人认为现行的婚姻法对残疾人婚姻权益保障所起的作用效果不显著。调查中,残疾人普遍认为,目前的政策法规还有很多需要完善的地方,只有完善了相应的法律法规,才能够更好地解决残疾人在缔结和维系婚姻家庭时遇到的困难,并维护其合法权利不受侵犯。还有政策法规落实不到位的原因。在调查中发现,对帮助残疾人维系婚姻的法律制度的了解,有高达71.8%的残疾人不怎么了解。这一方面是残疾人由于自身的一些障碍不方便与外界接触和沟通,另一方面则是由于法律政策的宣传不到位和实施力度不够。由此,种种原因导致了残疾人在遇到困难时较少去寻求法律的帮助。据调查,仅有21.1%残疾人选择会在出现婚姻家庭问题时寻求法律援助,而78.9%的残疾人则选择不会去寻求法律援助。但是对于残疾人来说,由于身体不便,他们更需要家人的照料,与家人相处的时间比非残疾人更多,因此,稳定和谐的婚姻家庭对于残疾人来说更为重要,必须通过法律法规来实现。

第三节 残疾人婚姻家庭的社会工作服务

一、国家和政府组织的服务

残疾人是一个特殊的群体,应采取一般政策与专项政策、普惠政策与特惠政策相结合的办法,制定和完善保障残疾人婚姻家庭权益的法律法规,保障残疾人婚姻家庭的合法权利。

(一)加强残疾人婚姻家庭权益的法律保障

1.要通过残疾人社会福利立法来提升残疾人家庭生活

《中国残疾人事业"十二五"计划纲要(2011—2015)》中关于社会保障部分提出:"符合条件的残疾人全部纳入城乡最低生活保障制度,实现应保尽保。提高低收入残疾人生活救助水平。城乡残疾人普遍加入基本养老保险和基本医疗保险。逐步提高基本医疗和康复保障水平。有条件的地方探索建立贫困残疾人生活补助和重度残疾人护理补贴制度。扩大残疾人社会福利范围,适当提高社会福利水平。"为实现这一目标,要加快推进残疾人社会福利的立法工作。

2.加快残疾人婚姻家庭权益的立法工作

在《残疾人保障法》中要相应增加有关残疾人婚姻家庭权益保护的相关内容。同时,建议对《婚姻法》做出适当修改。《婚姻法》第18条规定,一方因身体受到伤害获得的医疗费、残疾人生活补助费等费用为一方财产,这不够全面,应该增加关于残疾人获得的保险赔偿等为个人财产,以更有利于保护残疾人的生活条件,并且从某种程度上保护其婚姻关系的稳定。特别是关于离婚,应当规定在特殊情况下对离婚的适当限制。一是婚后残疾的可以规定在残疾人进行治疗及情况稳定的一定期限内不能离婚;二是关于离婚财产分割,应当规定残疾人适当多分得一些财产;三是关于离婚时子女抚养问题,应当规定,残疾人有经济能力的可以获得子女抚养权,以避免在子女抚养上对残疾人的歧视。这样做不影响离婚自由原则的适用。因为这并不是要完全限制残疾人配偶的离婚,仅是在一定时期内限制其离婚自由。况且我国立法和司法实践有先例可循。《婚姻法》第34条、2005年修订的《妇女权益保障法》第45条规定:"女方在怀孕期间、分娩后一年内或中止妊娠后六个月内,另一方不得提出离婚,女方提出离婚的,或人民法院认为确有必要受理男方离婚请求的,不在此限。"最高人民法院《关于贯彻执行民事政策法律若干问题的意见》第10条规定:"因一方患精神病,对方要求离婚的,处理时既要保障婚姻自由,又要有利于对患者的治疗和生活上的安

置。婚前隐瞒了病情，婚后经治不愈，应做好工作，准予离婚；原来夫妻感情比较好，结婚多年，生育子女的，应指出夫妻间有互相扶助的义务，做好思想工作，以不离为宜。"以上立法和司法解释的规定表明，在我国立法和司法实践中存在着在一定条件下限制自然人离婚诉权的情况。

3.明确规定成年残疾人的监护人，设立监护监督人制度

目前，由于没有结婚，或者离婚、丧偶后又没有成年子女的成年残疾人没有法律指定监护人，而这部分残疾人需要法律保护，因此，应当扩大《婚姻法》规定的扶养人范围，顺位为：配偶、父母、成年子女、兄弟姐妹、其他近亲属。同时，设立监护监督人制度，对监护人管理财产的行为以及其他与监护相关的行为进行监督，在被监护人利益受到监护人侵犯时维护被监护人权益。

（三）完善残疾人婚姻家庭的政策保障

1.对残疾人实行免费婚检和孕检

残疾人中有很大一部分是先天残疾，那么他们生育下一代是具有遗传风险的。婚前医学检查是减少出生人口缺陷、提高出生人口素质的首要防线。孕检和婚检对保证新生儿的健康具有非常重要的作用，但都需要一定的费用，而残疾人的经济条件普遍比较差，收入比较低，支付婚检和孕检费用有困难。青海省调查发现，90%以上的残疾人人均月收入不足 500 元，超过一半的残疾人人均月收入低于 100 元，残疾人婚前检查、孕期检查和婴儿期检查这三项检查对他们来说是一个不小的负担。[①] 建议国家恢复强制婚检制度，婚检费用由政府买单，并出台相关政策对残疾人实行免费孕检和婴儿期检查，以减少不必要的出生缺陷。

2.保障残疾人的结婚自由权利

国家应当出台残疾人婚姻扶持政策，帮扶有结婚能力的残疾人缔结婚姻，组建家庭。各地可以根据本地区的特点灵活制定一些政策使与残疾人结婚者享受一定的优惠条件，如解决城市户口、提高社会福利标准或减免税收等，以便帮助残疾人解决婚姻问题。同时，政府应当采取措施，禁止一切包办、买卖婚姻和其他干涉残疾人结婚自由的行为。

3.完善残疾人生活保障金制度，并且注意消除"福利依赖"

目前依照规定在享受低保金时要减去家庭收入，这对残疾人及其家庭是不公平的。对失去或部分失去劳动能力残疾人，应单独施保、全额享受。这能鼓励享受低保金而又有部分劳动能力的残疾人就业，这不仅可以解决残疾人的生活困难，也可以消除残疾人在接受救助后所产生的"福利依赖"，这也符合国际上近年来所倡导的"反福利依赖"的号召。

---

① 夏吟兰：《我国残疾人婚姻家庭权益保障问题研究》，《法商研究》2006 年第 6 期，第 91-97 页。

二、社区和社会组织的服务

从残疾人家庭目前接受的服务内容来看,除了所接受的经济资助服务外,在身体康复方面,他们最需要的依次是疾病治疗服务、康复训练服务、辅助器具康复服务、心理辅导康复及护理保健服务,同时又要满足长期、方便、就近、实惠的特点。因此,具有准政府性质的社会组织和民间公益机构,在残疾人婚姻家庭的服务领域将承担重要角色,为残疾人提供专业、便捷、优质、无偿的社会服务,形成以全体社会成员共享现代社会发展成果为目标的社会福利服务事业体系。

（一）"十二五"社区的服务目标和服务重点①

1.社区服务体系的现状和目标

社区服务体系,是指以社区为基本单元,以各类社区服务设施为依托,以社区全体居民、驻社区单位为对象,以公共服务、志愿服务、便民利民服务为主要内容,以满足社区居民生活需求、提高社区居民生活质量为目标,党委统一领导、政府主导支持、社会多元参与的服务网络及运行机制。社区服务体系的建设目标是:按照加强和创新社会管理的总体要求,进一步健全新型社区管理和服务体制,强化社区服务体系和信息化建设,到2015年初步建立起较为完善的社区服务设施、服务内容、服务队伍、服务网络和运行机制,农村社区服务试点工作有序推进。

2.社区服务的重点任务

依托社区综合服务设施和专业服务机构,开展面向全体社区居民的劳动就业、社会保险、社会服务、医疗卫生、计划生育、文体教育、社区安全、法制宣传、法律服务、法律援助、人民调解、邮政服务、科普宣传、流动人口服务管理等服务项目,切实保障优抚对象、低收入群体、未成年人、老年人、残疾人等社会群体服务需求。

根据社区居民构成,培育不同类型、不同层次的社区志愿服务组织。加强志愿服务管理,建立健全激励保障机制,通过政府购买服务等方式,鼓励和支持社会力量广泛参与志愿服务活动,推动社区志愿服务规范化、制度化、法制化。鼓励和支持驻区单位和社区居民开展邻里互助等群众性自我互助服务活动,为老幼病残等困难群体提供服务。

3.社区服务中涉及残疾人婚姻家庭服务的内容

社区服务将是新形势下社会管理非常重要的一个环节,残疾人因自身原因

---

① 《国务院办公厅关于印发社区服务体系建设规划(2011—2015年)的通知》(国办发〔2011〕61号)。

外出不便,大部分的服务还必须依托社区来提供,单就残疾人婚姻家庭来说,社区可以为残疾人提供婚姻介绍、婚姻家庭纠纷调解、婚姻政策法律宣传和科普、计划生育、医疗卫生等服务。地方各级人民政府和有关部门,应当组织和指导城乡社区服务组织、医疗预防保健机构、残疾人组织、残疾人家庭和其他社会力量,开展社区康复工作。

(二)社区和社会组织的服务实务

残疾人婚姻家庭社会组织介入主要是三方面:首先是针对残疾人家庭中具体而现实的问题。婚姻的建立、维系,家庭关系的处理,家庭困难和需求的帮助,协助对残疾人个人的改变,激发个人追求幸福婚姻家庭生活的愿望和建立婚姻家庭的动机,帮助他们增加寻求配偶的机会,进行社会工作的辅导。其次是创建社会工作实务介入的方式,搭建更多的有利于残疾人身心健康的活动平台,通过活动,树立信心,端正心态,了解信息,最重要的是让他们感受到社会的关爱、尊重、理解和平等,增加残疾人获得公共资源的机会和条件。再次是扩大残疾人婚姻家庭的社会支持网络。一方面,加强和完善传统的婚姻家庭维系的支持网络,即非正式社会支持网络以及传统的道德观念等。同时加强政府等正式社会组织的支持力度和公共福利资源分配的力度。另一方面,建设新的社会支持网络,通过社会中介组织的兴起,如建立草根性的残疾人婚姻家庭俱乐部、残疾人自治小组、亲友协会及亲友小组等,扩展残疾人婚姻家庭的支持网络。此外,构建残疾人和谐家庭建设的互联网环境,或者构建综合的信息服务的互联网环境,也是构建残疾人和谐家庭建设的重要内容之一。

1.建立社区残疾人婚姻家庭心理俱乐部,提供专业的心理咨询和社会工作辅导

聘请心理咨询师或是专业社会工作者为残疾人就其婚姻家庭方面进行心理治疗和社会工作辅导。帮助残疾人减轻自卑感、疏离感和无能感,排除残疾人在婚姻家庭生活中的心理问题与心理障碍;帮助经历分手的残疾人疏导情绪和压力;为对配偶及家庭生活不满的残疾人进行情绪治疗,使其回复平衡的心态和幸福感;减少离婚所带来的伤害,进行离婚疗法,鼓励其重建再次进入婚姻家庭生活的勇气和信心;等等。

2.建立社区残疾人婚姻家庭培训学校,提升残疾人适应婚姻家庭生活以及社会生活的能力

挖掘本社区中擅长夫妻关系处理、子女教育、家务等的具有一技之长的人,担任流动教师,定期为残疾人开展各种培训项目。社区残疾人婚姻家庭学校旨在帮助残疾人培养家庭成员角色扮演的能力、解决家庭生活中困难的能力,以及提高他们日常自理和做家务及家庭管理的能力。具体地说,首先,应培养残疾人

与他人进行社会交往的能力,帮助残疾人学习如何与异性相处尤其是与亲密伴侣沟通的能力和技巧,提升他们解决夫妻双方冲突和矛盾的本领,并帮助残疾人及其配偶提高康复和保健的能力。其次,应提供亲子沟通和子女教育的学习和培训,提高残疾人为人父母的能力和技巧。再次,针对不同类型的残疾人,应开展职业教育和技能培训,开发他们的谋生能力,鼓励他们自谋职业和集体组织就业。这些培训能增强残疾人的社会适应能力,增强残疾人缔结和维系婚姻家庭的能力。

(三)残疾人自助组织的服务

组建"社区残疾人交友中心"等草根性民间组织,目前这类组织在发展中遇到了管理、资金等重重困难,但这些组织的纷纷出现,为发展残疾人婚姻家庭的自助组织提供了雏形与"生长点"。发展社区残疾人婚姻家庭自助组织:第一,在资金筹集上,一方面向社会募捐,另一方面通过政府购买服务的方式获得资金。要求其提供的服务是社会工作的专业服务,并且接受政府和业界相关部门的监督、定期审核和评估。第二,在功能上,残疾人婚姻家庭自助组织在发展的初创阶段,以婚介服务作为早期的服务内容和切入点。伴随着组织的不断壮大,则根据残疾人婚姻家庭生活的需要不断拓展服务的外延,成为残疾人交流信息、解决婚姻家庭困难的阵地,以促使残疾人能共同克服困难,形成相互支持的网络。第三,在服务内容上,社区残疾人婚姻家庭自助组织,可以为残疾人提供婚姻介绍、家庭调解、婚姻家庭的维持与调适,开展婚姻家庭的危机介入和婚姻治疗等一系列服务。第四,在维权或赋权的意义上,残疾人婚姻家庭俱乐部应逐渐成为能反映残疾人婚姻家庭诉求的社会中坚力量,倡导保障残疾人婚姻家庭权利的社会公共政策出台,提升有关社会公共福利政策的实施效果,完善关于残疾人婚姻家庭的社会保障机制,促进残疾人婚姻家庭生活质量的提高,并且对残疾人遭受的社会排斥及边缘化的处境,展开不同形式的赋权,以捍卫残疾人自身的权利。此外,还要促进残疾人与社会公众之间相互理解、相互接纳、相互认同,消除歧视、偏见和隔阂,进而营造平等、包容的社会氛围和文化等,这也是残疾人婚姻家庭俱乐部维权工作的重要内容。

三、残疾人家庭的服务

在日常生活服务方面,残疾人最需要的是家庭照顾,血缘和亲情是最天然最具力量的人生最重要的生活支撑。因此,家庭服务也是残疾人婚姻家庭社会服务中最直接最贴切的服务。

(一)家庭成员是家庭服务的主体

婚姻家庭对于残疾人来说非常重要,在残疾人的日常生活中,配偶和其他家

人的关心对残疾人来说是不可或缺的。残疾人家庭的照顾功能在不同的时期是由不同的家庭成员承担,主要为配偶、双方父母、子女、兄弟姐妹等。在残疾人结婚以前,其父母是主要的承担者。结婚之后,这一角色转向了配偶。子女成年以后,子女和配偶共同承担了照顾的工作。残疾人家庭中,如果夫妻只有一人残疾,则为残疾人提供家庭照顾的主要工作就落在了配偶身上,夫妻之间的照料是最长久也是最贴心的,是支撑残疾人走完人生道路的最大依靠。很多残疾人家庭都靠夫妻中一人既工作养家又照顾家庭。如果夫妻双方都是残疾人,则家庭照顾更多地来自逐渐老去的长辈和逐渐长大的儿女。国家和社会应对他们给予更多的关怀和照顾,出台托(安)养等多方面的补助政策,减轻家庭负担。

(二)亲友是家庭服务的必要补充

残疾人家庭在生产和生活中非常需要亲友的帮助和关心,尤其是残疾人家庭贫困而亲友经济条件较好,残疾人家庭亲友应在经济上多多帮助。同时来自亲友的谈心、开导、劝慰是最好的心灵疗法,亲友的出谋划策、信息传递等最贴近残疾人家庭实际情况,使残疾人更加信赖、更容易接受,解决问题的实际效果也更好。同时,有部分残疾人家庭属于一户多残或老残一体,他们很难得到家庭成员的照顾和服务,需要亲戚朋友日常持续不断的服务和帮助。

(三)残疾人本身是家庭服务的关键

1.残疾人身上坚韧的毅力以及自信、乐观的人生态度很具吸引力

在他人的眼中,残疾人往往是生活中的弱者,然而他们自己却能够在困难的生活中不懈努力,很自信没有觉得自己有缺陷和别人有距离或代沟。一般能自己处理的都不找亲友帮忙,有信心处理自己的事。同时,面对身体的缺陷及所带来的生活中的挑战,大多数残疾人能勇敢面对,身残志坚。这些人格上的魅力和优势也是对对方产生吸引力的重要元素,能够成为推动残疾人婚姻家庭缔结与维系的重要力量。

2.残疾人务实的处事态度有利于婚姻家庭的维系

残疾人一般比较朴实、实在,能正视自我,正确认识自身能力,明确适合自己的需要,对婚姻家庭期望也不会过高,不会用健全人的过高的标准要求对方。并且有建立幸福、和谐的家庭梦想,以积极的心态投入婚姻家庭生活。据调查,残疾人对目前婚姻各方面的满意度都比较高,有超过81.4%的残疾人对现在的婚姻感到"满意",在性生活、夫妻双方的沟通交流、婚姻中承担的责任及家务分工等方面都有较高的满意度。调查证明,虽然残疾人的婚姻家庭生活的满足层次相对较低,但大多数人都感到满意,朴实的心态、简单的要求能增强残疾人婚姻家庭的幸福感。

3.残疾人的利他和奉献精神能稳固婚姻家庭

他们愿意在家庭生活中做出牺牲,甘于奉献。尽管这种夫妻双方的分工和地位可能是不平等的,但是,这种牺牲和奉献在维系和巩固残疾人婚姻家庭中的作用不可忽视。残疾人结婚后,就想尽量弥补不足,包揽家务,能做的事都愿意做,辛苦点无所谓,这在一定程度上巩固和维系了残疾人的婚姻家庭。

● **本章习题**

1.残疾人婚姻家庭包含哪几项功能?

2.非正式和正式的残疾人家庭社会支持网络包含哪些?

3.社区服务中涉及残疾人婚姻家庭服务的有哪些内容?

4.简述建立社区残疾人婚姻家庭心理俱乐部的意义。

5.试述残疾人家庭服务的主要内容。

【参考文献】

1.第二次全国残疾人抽样调查办公室.第二次全国残疾人抽样调查主要数据手册.北京:华夏出版社,2007.

2.中国残疾人事业"十二五"发展纲要.

3.中国残疾人联合会.2010年全国残疾人状况及小康进程监测报告.残疾人工作通讯,2010(24).

4.奚从清,沈赓方.残疾人工作概论.杭州:杭州大学出版社,1990.

5.李晓凤,李羿琼.广西残疾人婚姻家庭状况研究报告.//邓敏杰.广西第二次全国残疾人抽样调查课题研究报告.南宁:广西人民出版社,2008.

6.王献蜜,刘梦.我国残疾人婚姻家庭现状及主要需求研究.中华女子学院报,2008(3).

7.孙淑君.沈阳市残疾人婚姻家庭现状分析.沈阳干部学刊,2009(6).

8.吕红平,张恺悌,李晓凤,等.中国老幼残疾人与残疾人婚姻研究.北京:华夏出版社,2008.

9.解韬.我国成年残疾人口的婚姻状况及其影响因素研究.人口学刊,2014(1).

10.李欣,刘冯铂.残疾人家庭功能对其生活满意度的影响——领悟社会支持的中介作用及自尊的调节作用.残疾人研究,2016(4).

<<< **第十六章**

残疾人组织建设

残疾人组织是残疾人及其亲属、服务管理者、利益关联对象基于残疾人社群交往、权益维护、需求服务等目标，以一定形式组成的机构。本章阐述残疾人组织建设的基本理论，并介绍我国和国际残疾人组织的历史与现状，并提出加强残疾人工作队伍建设的举措。

第一节　残疾人组织建设的基本理论

一、残疾人组织的基本特点

（一）主体性

残疾人组织以残疾人作为主体，反映残疾人需求和心声，维护残疾人权益，服务残疾人。残疾人组织必须有一定数量和比例的残疾人参加，并且他们在残疾人组织中具有一定的地位。如果残疾人组织中，残疾人数量和比例都很少，残疾人处于从属和被支配地位，那么这个组织并不是严格意义上的残疾人组织。残疾人个人或数个残疾人参加一般社会组织，是残疾人参加社会组织，而非残疾人社会组织。比如，残疾人作家参加作家协会，作家协会本身并非残疾人社会组织，而是社会组织吸纳残疾人参加；如果成立了残疾人作家协会，那么这个组织就是残疾人组织。

（二）助残性

残疾人组织，必须是在遵纪守法框架下，为了残疾人利益、服务残疾人的组织。然而,只是为残助残的组织,没有残疾人参与,那么只是一个为残助残组织。因此,为残助残是残疾人组织必要但不充分的条件。残疾人组织内,健全人帮助残疾人,较强的残疾人帮助较弱的残疾人,残疾人组织内的残疾人帮助残疾人组织外的其他残疾人,是助残的生动诠释。

(三)弱势性

残疾人组织的弱势性,是指相对于企业家组织等,由于残疾人及其组织掌握的资源、所处的地位,具有一定的、相对的弱势性,需要政府和全社会的关心、支持和帮扶。

(四)自强性

残疾人组织成立本身,即宣告残疾人组织的自强属性,残疾人组织相对弱势不等于坐等政府救济和社会帮助。实现人的全面发展,与社会其他成员一道共同发展,是残疾人组织的内在使命。

(五)多维性

组织成立的需求是多元的,因此组织也是多元多样多维的,组织内的成员也是个性化的,残疾人组织同样如此。同一个残疾人可以参加不同的残疾人组织,根据社会支持、组织吸纳和个人积极性等情况,残疾人在残疾人组织中的参与度、活跃度呈现差异性。有的在残疾人组织中担任领导者和组织者角色,有的则是从属者、被组织者。

(六)阶段性

残疾人组织作为一种生命体,具有阶段性、周期性,残疾人参与到其中也具有加入、活跃、停滞、退出等行为变化。

二、残疾人组织的主要类型

残疾人组织的分类,可以有多种方式。从区域来看,有国际、全国性、省级、市级、县级、乡镇级、村级残疾人组织。从官方民间角度看,有官方残疾人组织、民间残疾人组织,还有一些半官半民的残疾人社会组织。从残疾类别看,有肢残人组织、听障人组织、视障人组织、智力残疾人亲友组织、精神残疾人亲友组织等。有基于兴趣爱好的残疾人组织,如残疾人摄影协会、残疾人作协。有基于职业的残疾人组织,如残疾人企业家协会。

三、残疾人组织的功能职责

残疾人组织都具有其使命、功能,有的残疾人组织具有一种及以上的功能。主要有:

(1)康复身心,陶冶情操。残疾人组织让志同道合的残疾人聚集在一起,有助于身心健康,排解苦闷,消除社会偏见和歧视带来的伤害。

(2)增长见识,交流才艺。在残疾人组织中,残疾人可以相互学习交流,增长知识技能和才干,通过残疾人组织这个平台,能够展现自身风采,增强自信心。

(3)促进就业,增加收入。加入残疾人组织可以让残疾人提高职业技能水平,获取更多就业创业的资源,提高就业质量,增加收入。

(4)共享信息,互借互助。对于一些残疾人辅助用具、高科技产品和无障碍设施设备,可以在残疾人组织中实现互借互助,共享信息,优化资源配置,节约成本。

(5)抱团发展,维护权益。残疾人通过加入组织抱团发展,在社会中有更多更大的话语权,能够维护和争取到更多利益,有的甚至能实现政治权利。

四、残疾人组织的管理服务

在依法行政的基础上,政府应当要支持残疾人组织,发挥残疾人组织的正能量作用,杜绝和减少残疾人组织的负面作用。

在宣教引导上,鼓励残疾人参加合法合规合适的残疾人组织,量力量能而行,不鼓励多多益善;积极活跃地参加各类活动,但不能触犯法律法规和社会公序良俗的底线。残疾人官方组织应当少而精,并起到示范、引导、督促管理作用。残疾人民间组织应当多元多样,呈现百花齐放、百舸争流的局面。

在管理服务上,要融入国家机构改革和社会组织建设大局,汲取其他群体组织的经验,支持残疾人组织合法合规地开展活动,提供必要的经费、场地、宣传等支持。坚决取缔各类非法残疾人组织,严厉查处各类欺骗、欺诈残疾人和侵害残疾人权益的行为。对于残疾人组织不规范不严谨的行为,加强日常管理和督导。

第二节　国际残疾人组织演变及介绍

一、国际残疾人组织演变

18 世纪 60 年代至 19 世纪,出现了残疾人组织的雏形,主要在为残疾人进行特殊教育和生活服务领域内。1760 年,英国聋童教师托马斯·布雷渥在爱丁堡建立了英国第一所聋童教育机构。1812 年在美国巴尔的摩市开办了第一所盲校。1816 年,古根默斯在意大利的哈里斯特建立了专门的弱智学校。1820 年,在法国慕尼黑成立了第一个同时为残疾人提供服务和教育的残疾人之家。

进入 20 世纪初期,由于国际人权事业的发展和人道主义的传播,残疾人组织也相应得到发展。1919 年,被全世界公认的为残疾人提供服务的先驱者组织——美国复活节邮章社诞生了。1922 年,第一个为残疾人服务的国际组织——国际康复会成立。这是一个非政府国际组织。它的成立对推动各国政府开展残疾人康复工作起了重要作用。1951 年,世界聋人联合会成立。它是世界范围内的聋人组织,其宗旨是造福世界各国聋人,捍卫聋人权利,帮助聋人康复。

进入 20 世纪中期。随着人权运动在世界范围迅速发展,残疾人反对歧视、争取平等权利的运动空前活跃,特别是第二次世界大战的伤残人员强烈要求回归主流社会,因此各国政府和国际社会纷纷通过立法保护残疾人权益,国际残疾人组织应运而生。1981 年 12 月,世界性的第一个残疾人非政府组织——"残疾人国际"在新加坡成立,其宗旨是致力于残疾的预防与康复,实现残疾人平等参与社会生活,共享社会与经济发展成果。1984 年,由世界盲人福利会与国际盲人联合会合并成立了世界盲人联盟,其宗旨是促进全世界的盲人以平等的机会和权利参与社会生活。

残疾人体育运动起源于两次世界大战期间,当时由于医疗技术的落后和医疗器材的匮乏,伤残士兵以体育活动配合伤痛治疗,达到康复的目的。这种简单的体育活动,便是残疾人体育运动的雏形。继之,各类残疾人体育活动声势越来越大,各国纷纷举办不同残疾类别的运动会,代表不同类别的残疾人的体育组织应运而生。到目前为止,主要的国际残疾人体育组织有:(1)国际残疾人奥林匹克委员会(IPC),它是综合性的非营利性的国际组织,目前由 161 个国家和地区的残奥委会(NPC)和 4 个特定类别残疾人国际体育联合会组成,总部设在德国。(2)国际特殊奥林匹克委员会(SOI),1968 年创立,总部设在美国。(3)国际聋人体育联合会(CISS),1924 年成立,总部设在丹麦。

二、国际主要残疾人组织(见附录一)

第三节 中国残疾人组织发展历程

一、从古代到近现代残疾人组织的发展

残疾人社会工作的基础在残疾人组织。中国残疾人组织的发展历程,就是中国残疾人社会工作由收养救济型向全面满足残疾人需求型转变的过程。就是残疾人由被怜悯、施舍、救养到主动参与社会、共享文明成果的过程。

中国是一个有五千年历史的文明古国,深受儒家、道家和佛家思想的影响。素有扶贫济困、尊老爱幼、慈善助残的传统观念,历代统治者为了稳定社会、安定民心、巩固自己的统治,往往会采取"慈幼""养老""赈灾""宽疾"的施政措施。先秦时期社会慈善救济制度已初步形成。唐宋至明清的封建统治者普遍建立养济院,以收养残疾人和其他贫民。

19 世纪初,由于西方传教士的渗入,在我国沿海地区出现了教会主办的慈善机构,主要是育婴堂和盲童学校、聋哑学校。进入 20 世纪 40 年代,中国民间也出现了"中国盲民福利会"和"中华聋哑协会",但是由于得不到政府的支持,不久便名存实亡了。

回顾几千年的中国社会,可以看出,残疾人处在社会的最底层,是受怜悯、施舍、救济的对象,历代统治者不可能帮助残疾人建立起自己的组织。残疾人摆脱贫困、获得新生、成为国家的主人的愿望,只能在社会主义的新中国得以实现。

二、新中国成立后到中国残联成立前残疾人组织的发展

新中国成立后,为了有步骤地做好残疾人工作,中央人民政府在 1953 年改造了旧中国的"中国盲民福利会",成立了中国盲人福利会,由时任内务部部长谢觉哉担任主任委员。1956 年 12 月,中国聋哑人福利会在北京成立,时任中国人民救济总会秘书长伍云甫担任主任委员。随着中国残疾人工作进一步开展,考虑到中国盲人福利会和中国聋哑人福利会性质相同,任务相近,为便于统一领导,经国务院批准,于 1960 年 5 月在北京成立了中国盲人聋哑人协会,由盲人和聋人分别担任主任和副主任。中国盲人聋哑人协会,是政府领导下的全国盲人聋哑人的群众团体,它的工作范围虽然只限两类残疾人,却标志着残疾人通过参与组织管理自己的新开端。之后,协会的地方组织也相继建立,全国共建立县级以上协会 395 个,基层协会 700 余个。盲人聋哑人协会在全国普遍建立,对做好残疾人工作起到积极作用:一是把盲人、聋哑人团结在一起,有效地对他们进行政治、文化和革命传统教育,使他们丢掉不良习气,重树对生活的希望;二是协会协助政府有关部门举办盲人按摩培训班,创办盲人按摩诊所或医院,为盲人提供就业机会;三是协会围绕盲人聋哑人的生活、思想、工作而开展活动,把盲人聋哑人的需求反映给政府,又把政府的关怀反馈给盲人聋哑人,协会的桥梁作用拓展了残疾人工作的视野,使残疾人工作从福利救济型向参与社会劳动、自食其力方向转变。

"十年动乱"期间,中国的残疾人组织全面停止了活动,直至 1978 年 8 月,国务院批准恢复中国盲人聋哑人协会工作,并于 1980 年 4 月,在北京召开中国盲人聋哑人协会第三届全国代表大会,选举新的协会领导班子。会后,全国 29 个

省、自治区、直辖市先后恢复了协会活动,部分市、县也恢复了活动或新建了协会,我国的盲人聋哑人组织开始出现新的局面。

党的十一届三中全会以后,我国的政治、经济形势发生了根本的变化,残疾人工作也出现了新的局面,为了宣传残疾人事业,呼吁社会理解、尊重、关心、帮助残疾人,筹集发展残疾人事业的经费,筹建中国肢残人康复中心,部分残疾人倡议发起成立中国残疾人福利基金会,得到民政部门和卫生部门的大力支持。1983 年,胡子昂等 8 名全国政协委员在全国政协六届一次会议上建议成立"中国残疾人福利基金会",不久,国务院采纳了这个建议,于 1984 年 3 月,正式成立中国残疾人福利基金会,名誉理事长由王震担任,时任民政部部长崔乃夫担任理事长,邓朴方等 4 人担任副理事长,一年后邓朴方担任理事长。在党和政府的亲切关怀下,在海内外各界人士的大力支持下,中国残疾人福利基金会为推动和发展中国残疾人事业,提高残疾人社会地位,改善残疾人生存状况,做出了重要贡献。

三、中国残联及其地方组织

1987 年 4 月 1 日,我国进行了历史上第一次全国残疾人抽样调查。通过调查,摸清了全国五类残疾人的基本状况,获得了大量关于残疾人康复、教育、就业等的数据和资料,为国家制定社会发展规划和发展残疾人事业提供了重要的参照依据。同时,残疾人抽样调查的结果,也向社会提出了一个问题:中国需要建立包括五类残疾在内的统一的残疾人组织。20 世纪 80 年代,国际残疾人要求"平等参与""回归"主流社会的运动迅猛发展,《关于残疾人的世界行动纲领》和联合国大会 58 号决议强调:只有残疾人组织的作用充分发挥,残疾人利益才能得到充分保证;支持建立强大的全国性残疾人组织,使他们在具有切身利害关系的一切领域发挥作用,鼓励残疾人组织的联合、统一,并与政府协调行动。在这种背景下,1986 年部分省的盲人聋哑人协会秘书长联名写信要求建立统一的残疾人组织。经过福利基金会和盲人聋哑人协会积极酝酿和充分筹备,1987 年 12 月,国务院批准组建中国残疾人联合会,明确中国残联是半官半民性质的事业团体,具有"代表、服务、管理"三种职能,享受总局级待遇,由民政部代管,在国家计划中单列户头,与国务院和各省、自治区、直辖市建立业务关系,并要求地方按此精神建立各级残疾人联合会。1988 年 3 月 11 日至 15 日,中国残联在北京召开了首次全国代表大会,选举产生了由 213 名委员组成的中国残联第一届主席团,审议通过了《中国残疾人联合会章程》,推举产生了中国残联第一届执行理事会和评议委员会,确定了各专门协会领导机构和人选,下发了《关于地方残疾人联合会组建工作的若干意见》,确定了地方残联组建的指导原则、体制序列和组织

制度,对地方残联领导班子的组成、组建程序和进度设想提出了具体要求,文件的发布拉开了地方残联组织建设的序幕。在地方各级党委、政府的关心、支持下,各级残联的组织建设工作进展迅速,至 1993 年年底全国 30 个省(区、市)、403 个市(地、州、盟)、2700 多个县(市、区、旗)和 95% 的乡镇(街道)都组建了残联,残联组织体系基本形成。

1995 年,在国家党政机关机构改革工作中,中央明确了中国残联由国务院直接管理,不再由民政部代管;其机关内设机构升格,增加了内设机构和人员编制,增强了中国残联机关的工作实力。按照中央"进一步加强残疾人工作与残联建设"的要求,中国残联采取有效措施,大力推进地方各级残联的组织建设,全国 29 个省级和 96% 的市级、94% 的县级残联不再由民政部代管,理顺了管理关系,提高了机构规格,增加了人员编制,建立了党的组织,加强了残联组织体系建设。1997 年,中共中央组织部、人事部印发了《中国残疾人联合会机关参照〈国家公务员暂行条例〉管理的实施方案》(组通字〔1997〕37 号)明确了中国残联机关参照《国家公务员暂行条例》进行管理。2002 年。中央在新一轮机构改革中,重新审定了中国残联及地方各级残联机关的三定方案。2006 年,在《公务员法》实施期间,中共中央组织部、人事部又印发了《工会、共青团、妇联等人民团体和群众团体机关参照〈公务员法〉管理的意见》(组通字〔2006〕28 号),明确残联归口人民团体,参照《公务员法》管理,进一步加强了残联的组织机构建设和干部队伍建设。

针对基层残疾人组织建设薄弱,服务不到残疾人的问题,1993 年至 1996 年,中国残联采取组织全国残联系统干部下基层调研,召开基层残疾人组织建设工作会议等措施,进一步推进基层残疾人组织建设。

截至 2017 年年底,全国省市县乡(除兵团、垦区外)共成立残联 4.3 万个,各省(区、市)、市(地、州)全部建立残联;93.5% 的县(市、区)、98.7% 的乡镇(街道)已建立残联;95.4% 的社区(村)建立残协,达到 58.6 万个。省市县乡残联工作人员达 11.3 万人,乡镇(街道)、村(社区)选聘残疾人专职委员总计 59 万人。93.5% 的省级残联、67.5% 的地市级残联配备了残疾人领导干部,52.7% 的县级残联配备了残疾人干部。县及县级以上残联根据不同类别残疾人的特点分别设立了盲人协会、聋人协会、肢残人协会、智力残疾人及亲友协会、精神残疾人及亲友协会,统称"专门协会"。从"十一五"开始,"横向到边,纵向到底"的残疾人组织网络建设已经完成并发挥作用。

(一)残疾人联合会的性质和法律地位

中国残疾人联合会(简称中国残联)是依法设立的全国各类残疾人的统一组织,是残疾人共同利益的代表。各级地方残疾人联合会是中国残联的地方组织,受上级残联指导。

（二）残疾人联合会的职责

依据《残疾人保障法》,中国残疾人联合会及其地方组织作为残疾人的共同利益的代表,要维护残疾人的合法权益,团结教育残疾人,为残疾人服务,要依照法律、法规、章程或者接受政府委托,开展残疾人工作,动员社会力量,发展残疾人事业。《意见》(中发〔2008〕7号)指出:各级残疾人联合会是党和政府联系广大残疾人的桥梁和纽带。各级残联要切实履行职能,代表残疾人共同利益,维护残疾人的合法权益,努力为残疾人服务,发展和管理残疾人事业。

残疾人联合会的组织系统由三个部分构成:权力及监督机构、执行机构和专门协会。其分工不同,目标一致,相互联系,合理制约,既体现民主,又发挥效能,是一个严密的科学机构。

残疾人联合会的最高权力及监督机构是各级代表大会,代表大会闭幕期间,由其主席团行使代表大会职权:负责贯彻落实代表大会决议,领导残联工作;监督执行理事会贯彻实施有关残疾人事业的法律、法规、方针、政策、规划的情况;领导和监督专门协会工作的开展。

残联执行理事会是代表大会及其主席团的常设执行机构,由理事长一人、副理事长若干人、理事若干人组成,下设办事机构。实行理事长负责制,承办残联的日常工作。执行理事会对主席团负责,每年向主席团报告一次工作。

残联作为各类残疾人的统一组织,为体现各类残疾人的特点,按残疾类别分别设立了盲人协会、聋人协会、肢残人协会、智力残疾人及亲友协会和精神残疾人及亲友协会,统称"专门协会",在残联领导下开展工作与活动。

（三）基层残疾人组织

1.基层残疾人联合会与基层残疾人工作主要任务

基层残疾人联合会是指县及县级以下的残疾人联合会。基层残疾人工作包括基层残联、专门协会和村(社区)、企事业单位残疾人协会的工作。广大残疾人生活在基层,残疾人事业的基础在基层。基层残联和基层残疾人组织是开展残疾人工作的关键环节,是联系广大残疾人的重要纽带,肩负着直接听取残疾人的意见,反映他们的需求、为他们服务的重任,是残疾人联合会赖以生存的土壤,是发展残疾人事业的根基。

2.基层残疾人组织建设的具体任务目标

（1）全面完善并加强县(市、区、旗)、乡(镇、街道)残联及村(社区)残协组织建设,形成机构健全规范、队伍稳定实干、服务功能完善的残疾人组织网络。

（2）做好乡(镇、街道)残联理事长配备和乡(镇、街道)残联以及村(社区)残

协专职委员的选聘工作,建立残健融合、全心全意为残疾人服务的基层残疾人工作队伍。

(3)基层残疾人组织密切联系残疾人,积极反映残疾人的愿望和呼声,全心全意为残疾人服务,促进残疾人平等参与社会生活,共享社会发展成果。

(四)残疾人专门协会

专门协会是在同级残联领导下,按残疾人类别设立的群众组织,是残联的主体协会和重要组成部分。各级专门协会代表残疾人利益,维护残疾人的合法权益,密切残疾人与残联的血肉联系,增强为残疾人服务的能力,丰富残疾人的群众性文化体育生活,提高残疾人素质,促进残疾人平等参与社会生活,为残疾人事业的发展注入了新的活力,是发展残疾人事业不可或缺的一支重要力量。

中国盲人协会(简称"中国盲协")(China Association of the Blind,CAB),是由全国盲人(含低视力)和与盲人工作有关的社会团体、企事业单位及个人自愿结成的非营利性社会组织,是中国残疾人联合会的专门协会。接受业务主管单位中国残联的业务领导,接受社团登记机关民政部的监督管理。其宗旨是弘扬人道主义思想,发展残疾人事业,代表盲人共同利益,反映盲人特殊需求,为盲人服务,维护盲人合法权益,促进盲人平等、充分参与社会生活,共享社会物质文化成果。

中国聋人协会(简称"中国聋协")(China Association of the Deaf,CAD),是由全国聋人(含听力和语言残疾)和与聋人工作有关的社会团体、企事业单位及个人自愿结成的非营利性社会组织,是中国残疾人联合会的专门协会。其宗旨是弘扬人道主义思想,发展残疾人事业,代表聋人共同利益,反映聋人特殊需求,为聋人服务,维护聋人合法权益,促进聋人平等、充分参与社会生活,共享社会物质文化成果。

中国肢残人协会(简称"中国肢协")(China Association of Persons with Physical Disability,CAPPD),是由全国肢残人和与肢残人工作有关的社会团体、企事业单位及个人自愿结成的非营利性社会组织,是中国残疾人联合会的专门协会。接受业务主管单位中国残联的业务领导,接受社团登记机关民政部的监督管理。其宗旨是弘扬人道主义思想,发展残疾人事业,代表肢残人共同利益,反映肢残人特殊需求,为肢残人服务,维护肢残人合法权益,促进肢残人平等、充分参与社会生活,共享社会物质文化成果。

中国智力残疾人及亲友协会(简称"中国智协")(China Association of Persons with Intellectual Disability and their Relatives,CAPIDR),是由全国智力残疾人及亲友和与智力残疾人工作有关的社会团体、企事业单位及个人自愿结成的非营利性社会组织,是中国残疾人联合会的专门协会。其宗旨是弘扬人道主义思想,发展残疾人事业,代表智力残疾人共同利益,反映智力残疾人特殊需求,为智力残疾人服务,维护智力残疾人合法权益,促进智力残疾人平等、充分参与社会生活,共享社会物质文化成果。

中国精神残疾人及亲友协会(简称"中国精协")(China Association of Persons with Psychiatric Disability and their Relatives,CAPPDR),是由全国精神残疾人及亲友和与精神残疾人工作有关的社会团体、企事业单位及个人自愿结成的非营利性社会组织,是中国残疾人联合会的专门协会。其宗旨是弘扬人道主义思想,发展残疾人事业,代表精神残疾人共同利益,反映精神残疾人特殊需求,为精神残疾人服务,维护精神残疾人合法权益,促进精神残疾人平等、充分参与社会生活,共享社会物质文化成果。

● **本章习题**

1.残疾人组织的基本特点有哪些?

2.请说出三个国际残疾人组织的性质和任务。

3.中国残联成立于哪一年,有哪些机构?

4.如何理解残疾人联合会的性质、法律定位?

5.专门协会有哪几个? 它们之间的关系如何?

【参考文献】

1.中国残疾人联合会.残疾人工作基本知识读本.北京:华夏出版社,2009.

2.张海迪.让爱的阳光照耀残疾人兄弟姐妹.人民日报,2012-12-14.

3.艾诚,罗淑敏 .1988~2018 残疾人组织建设的新格局.中国残疾人,2018(8).

4.江苏省残疾人事业发展研究会,南京大学残疾人事业发展研究中心.中国特色残疾人事业概论.北京:华夏出版社,2017.

<<< **第十七章**

残疾人民间组织建设

全球化背景下,中国社会剧烈转型。市场经济迅速发展,行政体制改革越加深入,公民社会日益兴起。与此同时,残疾人各种需求不断上升,权利意识不断提高,越来越多的民间残疾人组织应运而生。在公共部门提供的服务无法满足残疾人日益增长的多样化需求,而大多数残疾人没有经济能力从市场上购买服务的情况下,公益性的民间残疾人组织发挥着愈加重要的服务和自我服务的作用。本章在介绍民间组织类型和含义的基础上,着重论述我国民间残疾人组织的历史与现状,及其特点和积极作用,并针对其面临的主要问题,提出民间残疾人组织发展的对策建议。

第一节 民间残疾人组织发展概述

一、民间残疾人组织的含义

(一)民间组织的类型

"民间组织"并没有一个统一的定义。各国政府、学术界根据各自管理和研究的需要给出了不同表述的定义。类似的名称还有公民社会组织、非政府组织、非营利组织、第三部门、志愿组织等。这些名称的侧重点各有不同,但所描述的组织总体来说性质是一致的,都具有组织性、非政府性、非营利性、自治性、志愿性特征①,是区别于政府和企业的第三种组织。我国官方多使用"民间组织"这一称谓,最近几年开始采用"社会组织"的名称。就本章而言,使用社会组织、民

---

① 约翰斯·霍普金斯大学教授莱斯特·M.萨拉蒙等总结的非政府组织所具有的五个基本特征。

间组织、非政府组织等不同称谓并不造成实质差别,故对组织名称不做严格区分。

我国有关法规将民间组织划分为社会团体、民办非企业单位和基金会三种类型。社会团体,是指中国公民自愿组成,为实现会员共同意愿,按照其章程开展活动的非营利性社会组织。[1] 民办非企业单位,是指企业事业单位、社会团体和其他社会力量,以及公民个人利用非国有资产举办的,从事非营利性社会服务活动的社会组织。[2] 基金会,是指利用自然人、法人或者其他组织捐赠的财产,以从事公益事业为目的,按照本条例的规定成立的非营利性法人。[3]

除具有法人地位的民间组织外,我国还存在大量具有民间组织特征、没有进行民间组织法人登记的组织。王名、刘培峰等将我国民间组织从法律地位角度划分为如图 17-1 所示的类别:

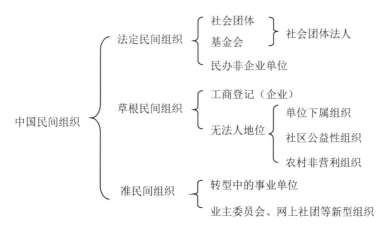

图 17-1　中国民间组织法律地位基本类型示意[4]

(二)民间残疾人组织的含义

民间残疾人组织,是指由残疾人或其亲友自发成立、代表残疾人利益的民间组织,以及以残疾人为主要服务对象的民间组织。本章重点关注自下而上成长起来的草根残疾人组织,包括依法登记的民间组织,在工商部门登记、而实际上为残疾人提供公共服务、具有民间组织特征的组织,还有为残疾人提供公共服务,但是并未登记注册、具有民间组织特征的组织。

---

[1] 《社会团体登记管理条例》,国务院令第 250 号,1998 年。
[2] 《民办非企业单位登记管理暂行条例》,国务院令第 251 号,1998 年。
[3] 《基金会管理条例》,国务院令第 400 号,2004 年。
[4] 王名、刘培峰等:《民间组织通论》,时事出版社 2004 年版,第 16 页。

二、我国民间残疾人组织的历史与现状

新中国成立后,政府对残疾人群体实行扶助和救济,残疾人福利院、精神病院、盲聋哑学校等在全国各地出现。

1953 年,中国盲人福利会成立。1956 年,中国聋哑人福利会成立。1960 年上述两会合并成立了中国盲人聋哑人协会,随后几年中,其基层组织在全国陆续成立。

"文革"期间,残疾人工作全面停滞,残疾人组织或解散或名存实亡。

改革开放以后,我国的经济社会发展进入了新的历史时期。1978 年,中国盲人聋哑人协会恢复活动。1984 年,中国残疾人福利基金会成立。1988 年,在中国盲人聋哑人协会的基础上,中国残疾人联合会成立,在随后的二十多年里不断夯实完善其基层组织网络,并建立起各级残疾人服务机构。

在社会主义公有制背景下,这些具有强烈官方背景的组织和机构,参与管理残疾人事务,为残疾人提供各种公共服务,对改善残疾人状况做出了巨大贡献,但它们并不是真正意义上的民间组织。

随着改革开放的深入和全球化的发展,特别是新千年以后,中国的执政者和民众对"公民社会"的认识逐步加深,转变政府职能、构建和谐社会等执政理念的提出也为我国民间组织的发展带来了契机。不论在政治环境、经济基础抑或社会需求方面,我国民间组织的发展都迎来了历史机遇。据民政部统计,截至2010 年年底,我国登记注册的社会组织近 43.9 万个,其中社会团体 24.3 万个,比上年增长 3.4%,民办非企业单位 19.5 万个,比上年增长 3.7%,基金会 2168个,比上年增加 388 个。[①]由于政策等原因,大量草根组织没有登记注册,民间组织的实际数量远远大于官方统计数字。有学者提出我国各种形式的非政府组织总体规模大约在 300 多万家。[②]与其他类型的民间组织一样,民间残疾人组织的数量也呈现出快速增长的趋势。伴随着残疾人权利意识的觉醒和社会文明的进步,残疾人自治和代言组织不断涌现;在公共服务供给不能满足残疾人日益增长的需求的情况下,越来越多的服务型民间残疾人组织应运而生。

---

① 《2010 年社会服务发展统计公报》,2011 年 2 月,见 http://cws.mca.gov.cn/article/tjkb/201102/20110200133593.shtml.

② 王名、刘求实:《中国非政府组织发展的制度分析》,《中国非营利评论》2007 年第 1 期,第 92-145页。

三、民间残疾人组织的特点和积极作用

（一）民间残疾人组织的特点

相对于官办服务机构和营利性市场机构，民间残疾人组织有其自身特点，这些特点也赋予它们独特的优势。

1. 鲜明的草根性

自下而上产生的残疾人组织，其产生源于需求，其服务针对需求。与官办机构相比，民间残疾人组织贴近最基层的残疾人，更了解残疾人的实际需求；与市场机构相比，它们所提供的服务不以利润最大化为目的，更符合残疾人的经济承受能力。

2. 强烈的主体性

民间残疾人组织中由残疾人或残疾人亲友创办的比例很高。这类草根组织的创始人和骨干力量有较强的权利意识和自尊自强自立精神，他们不愿做社会救济的对象，不满于社会歧视，希望通过团结的力量满足自我需求，争取平等权利。

3. 机制的灵活性

不同于有较强的资金和资源支持而普遍规模较大的官办机构，民间残疾人组织规模较小，有较集中的服务对象和服务领域。组织机构小，相对来说具有机制灵活、运作高效的优势。服务对象和领域专注有利于集中资源，提升专业性，为残疾人提供更为个性化的服务。

（二）民间残疾人组织的积极作用

民间组织参与提供公共服务有利于弥补政府失灵和市场失灵。我国民间残疾人组织特别活跃在残疾儿童康复和教育、残疾人职业技能培训、居家护理、残疾人社交和心理咨询等领域，为许许多多面临困难甚至陷入绝望中的残疾人及其家庭带去了希望，对我国政治稳定、经济发展、社会和谐都起到了非常积极的作用。具体来说，民间残疾人组织的积极作用如下：

第一，有利于增加公共服务供给，提高残疾人生活质量，促进残疾人平等参与社会生活，保障残疾人权益的实现；

第二，有利于减轻残疾人家庭的负担，分担残疾问题的社会代价，缩小贫富差距，维护社会公平正义；

第三，有利于增加就业机会，减少人力资本浪费，提高劳动生产力，加快经济发展；

第四，有利于提高公民意识，增进社会融合，消除偏见与歧视，建设社会主义

和谐社会。

另外,许多残疾人直接参与民间残疾人组织的创建、管理和服务工作,这是残疾人就业的一个新的颇具潜力的渠道,对残疾人实现个人价值、融入主流社会具有积极意义。

第二节　民间残疾人组织面临的问题及原因分析

一、民间残疾人组织面临的问题

在动机和社会正当性方面,民间残疾人组织的存在和发展是合理的也是必要的。但现阶段我国绝大多数民间残疾人组织的生存和发展举步维艰,面临着很大的困难和挑战。主要问题有以下几方面。

（一）登记注册困难

笔者 2011 年对全国 146 个民间残疾人组织进行了问卷调查,其中登记注册为民间组织的只占 44.5%。没有登记注册的最主要原因是"没有找到业务主管单位"。

没有正当的法律身份给民间残疾人组织的健康发展造成了极大的障碍。一些组织为了合法运营不得不到工商部门登记为企业,无法享受到针对非营利组织的优惠政策。由于相当大比例的民间组织没有登记,官方对其实际数量、活动范围、服务领域、生存状态等缺乏最基本的数据,更谈不上有效管理。

（二）城乡和地区之间差异大

中国城乡二元化结构和显著的地区差异在民间残疾人组织身上有深刻的体现。目前民间残疾人组织大多集中在大中城市和经济较发达地区,中小城市、中西部地区的民间残疾人组织数量呈逐步上升趋势,而经济社会发展落后地区和农村的民间残疾人组织则很少。由于服务供给分布存在严重的地区差异,很多残疾人家庭不得不背井离乡到大城市去寻求服务,为此要付出远离亲人、放弃工作、支付高昂生活费用等代价。

在民间组织为残疾人提供服务的质量方面也存在明显的城乡和地区差异。在农村、偏远地区和经济不发达地区,民间残疾人组织能够利用的社会资源相对较少,不管是寻求地方政府资金支持,还是向社会募集善款,或是吸引专业人才和志愿者,都受到当地经济社会发展水平的制约。

事实上,在大城市和经济较发达地区,残疾人能够享受到的公共服务资源相对较多,民间残疾人组织也较活跃。而在偏远和经济不发达地区,各项社会保障不完善,残疾人生活水平普遍较低,然而公共服务供给较少,残疾人各项需求的满足程度较低,故对民间组织的服务需求更为强烈。城乡和地区差异加剧了残疾人公共服务供需之间的矛盾。

（三）服务领域不均衡

总体来说,为残疾人提供康复、教育、职业技能培训等服务的民间组织数量最多,也较活跃。原因至少包括以下几点:第一,社会需求旺盛。残疾人对康复、教育和就业服务的需求是除基本生活保障外的首要需求,因为这些服务直接关系着其就业、收入、生活质量和融入主流社会的程度。第二,服务收费为这类组织提供了相对稳定的资金来源。虽然是非营利组织,但是这类组织收取一定服务费用的做法被公众所理解和接受。

为残疾人代言、维权和提供法律服务的民间组织较少。当前社会对残疾人的偏见和歧视广泛存在,残疾人权益时常受到侵害。作为弱势群体,残疾人表达诉求和维权的能力较弱,而且残疾人群体中相当大的比例是低收入者,需要公益性的代言、维权和法律服务。然而目前民间残疾人组织在这方面的服务供给十分有限。一方面,官方对民间组织的维权行为较为敏感,态度保守,代言、倡导、维权类的民间组织在现行政策环境中登记注册很困难,更难以获得政府资助;另一方面,这类民间组织获取社会资源较困难,社会公益资金多支持康复、教育、扶贫等短期内即可收到显著成效且易于量化评估的项目,不愿投向成效不明确的代言、倡导等服务,有些则顾虑政治敏感性,视法律维权为资助禁区;再者,全社会的法律维权意识还不够强,民间组织以法律武器维护残疾人权益的能力也不足。总之,目前代言和维权类残疾人民间组织发展的社会和政策环境并不理想。

智库型组织,即做残疾人政策研究和咨询服务的民间组织非常少。有些组织的业务会涉及残疾人政策研究和信息咨询,但其专业性还有待提高,因缺乏与官方交流的渠道,其研究成果也难以影响相关政策制定。

（四）资金匮乏,资金来源结构不合理

资金匮乏,过分依赖单一资金来源是严重制约我国民间残疾人组织生存和发展的问题。

服务收费是服务型民间残疾人组织主要的资金来源。由于筹款能力不足,资金来源渠道狭窄,很多民间残疾人组织,特别是民办非企业单位,主要依赖服务收费维持运转。对服务收费的高度依赖使其收费标准难以降低。目前我国社会保障体系还不健全,残疾人购买服务的费用基本上要自行承担,而这笔费用对于低收入残疾人群体来说过于高昂。在政府无力提供充足的、免费或低价的公共服务的情况下,来自民间组织的服务价格如果居高不下,等于将最弱势的低收

入残疾人群体排斥在公共服务之外。

对海外资金过度依赖。目前国内发展得比较好的民间残疾人组织绝大多数依赖海外资金，对其他资金来源开发不足，一旦海外资金断流，组织的生存会面临很大挑战。事实上，自2008年北京奥运会后，海外对华援助资金已经呈现明显的减少势头。许多西方国家已不再视中国为发展中国家。与此同时，西方国家疲于应对2008年以来的金融危机，纷纷削减对外援助资金。长远来看，对海外资金的过度依赖会影响民间残疾人组织的独立性和可持续发展。

国内企业和个人捐赠资金少。近年来，中国民间慈善捐赠和志愿服务等公益活动越来越多，然而公益事业发展的社会氛围还远不够成熟。这既有主观意识问题，也有客观制约因素。首先，我国仍是发展中国家。我国的企业，特别是民营企业大部分尚处于原始积累和扩大再生产阶段，没有充足的资金用于社会公益，不断攀升的房价、医疗、教育等生活成本令工薪阶层对公益捐款心有余而力不足。其次，缺少慈善文化。中国传统文化中父业子承、家庭和家族观念根深蒂固，中国人的信仰和价值观层面尚未形成全社会普遍秉承的慈善和志愿服务理念。再次，民间组织缺乏公信力。捐赠人在选择捐赠对象时倾向于选择社会公信力高、实力较强的组织，以期捐款在短时间内见到实效，而对刚起步的弱小民间组织则没有耐心去扶植其慢慢成长。我国的民间残疾人组织大部分成立时间短，能力较弱，知名度不高。管理不规范、财务不透明也影响了其社会公信力。这会产生"马太效应"，即强者更强，弱者更弱。另一个重要原因是政府政策问题。我国没有建立起关于慈善和非营利的完善合理的税收减免制度。企业和个人向很多民间残疾人组织捐款享受不到税收优惠待遇，而符合现行慈善捐款税收优惠政策的大多是具有很强官方背景的组织，这客观上会挤压民间组织获取社会资源的空间。另外，由于现行的双重登记管理制度，民间草根组织很难得到合法身份，这使其社会募捐难上加难。

我国民间残疾人组织从政府获得的资金支持还处于很低的水平。尽管在全国不少地方已经出现政府购买民间残疾人组织服务的做法，偶尔也会有不同名目的政府补贴，但是这些来自政府的资金缺乏制度保障，呈现出数额低、偶然性大、连续性差、程序不规范等问题。

（五）专业服务能力低

许多残疾人服务需要很强的专业性。民间残疾人组织绝大多数是自下而上产生的草根组织，有为残疾人服务的强烈动机、激情和责任感，但是往往面对如何提高专业水平、保证服务质量的问题。

广州一家孤独症儿童康复机构的负责人告诉笔者，她创办这家机构的初衷是帮助自己患有孤独症的孩子康复。刚开始时她甚至连孤独症无法治愈这一基本常识都不知道,就开始了面向社会的服务。由于能够提供的薪酬太低,招不到大学毕业生或者有专业背景的员工,她的员工大多数是初中、职高学历水平,很多是外地到穗打工者。这些员工开始时对孤独症服务一窍不通,是这位创始人一个一个教出来的,而这位创始人自身也是通过到别的机构学习、参加外国专家培训、自己买书自学、在网络上获取信息等途径在长时间的摸索中积累专业知识,逐步找到合适有效的训练办法。中间犯过错误,走过弯路。比如曾经将智障儿童康复训练的办法用到孤独症孩子身上,从外国专家学来的技术水土不服等。情况类似的民间机构非常多。它们专业技术水平起点低,由于缺乏资金,难以招募高素质的员工,无法保证系统化的员工培训,没有能力扩大场地、购买和更新设备,这些是大多数民间残疾人组织面临的现实困境。

（六）管理不科学,运作不规范

有正式的书面章程是民间组织登记注册的必要条件,然而很多组织的章程形同虚设,流于形式,其他工作规范也缺少建章立制。

目前我国民间残疾人组织大部分处于初始成长期,强人型、家长式管理十分普遍,特别是在那些建立时间短、规模小的组织,创始人和第一代领导人发挥关键作用,没有建立理事会或者理事会名义存在但没有实质作用,领导层换届制度没有或者不执行。有些组织的第一代领导者在位十几年仍不易位,有的即使是退居幕后也依然发挥着绝对影响力,也有的表示想要退下来却找不到合适的接班人。

另外,民间残疾人组织的资金管理不规范、财务不透明、没有独立的审计和项目评估等也是突出问题。

（七）独立自主性差,缺乏话语权

国际上,非政府组织呈现两种倾向:一是趋政府性,非政府组织逐渐官僚化、行政化,受政府控制强,与政治有紧密的联系,这在发展中国家和转型期国家尤为显著;二是趋市场性,非政府组织的运作遵循市场竞争的原则,注重投入和产出的效率,在美国等市场经济主导的国家表现较为明显。

我国民间残疾人组织中,这两种倾向都有一定程度的表现。我国传统上是"强政府"国家。尽管近十年来我国民间组织呈现出蓬勃发展的势头,但实际上是在政府的控制之下发展的。官办或者在官方支持下建立起来的所谓民间组织在数量上占很大比例,在实力上更是处于绝对优势地位。草根组织在不公平的竞争中有被政府吸收、替代、控制的情况。很多民间残疾人组织为求政府支持,宁愿放弃一定的自治权利。另一方面,由于政府的支持不到位,社会公益环境又尚不成熟,我国民间残疾人组织的生存实际上更多的是遵循市场规则,哪里有资

金,就要主动迎合争取,这在一定程度上会牺牲独立性。对会费和服务收费的过分依赖也使得一些民间残疾人组织不得不将"利润"看得很重,具有明显的市场化倾向。

当民间残疾人组织受政府控制过多,或者市场化程度过重,其独立性和公益性就不得不做出妥协让步,就无法完全以残疾人的实际需求为出发点,可能会偏离组织最根本的使命和追求。

(八)社会公信力不足

由于公信力不足,爱心企业和个人在捐款或提供志愿服务时会犹豫,服务受众在购买服务时会不放心。公信力不足制约了民间残疾人组织的健康发展。

尽管民间残疾人组织本身存在的种种问题,如管理不规范、服务不专业等是影响其社会公信力的重要因素,但政府在这一问题上也负有不可推卸的责任。残疾人服务具有很强的专业性,有时凭残疾人和家长的知识范畴,很难判断服务质量的高低。由于没有权威的资质认证和评估机制,行业准入门槛较低,且缺乏有效的外部监管,甚至可能造成劣币驱逐良币的局面。另外,在双重管理体制下,我国的民间残疾人组织甚至难以获得合法身份。这些都是政策问题对民间残疾人组织公信力造成的负面影响。

社会文化传统对民间组织建立公信力也有影响。一定程度上受儒家学说影响,中国历来是"威权政府"国家,推崇"集体权利"。官方或准官方组织在执行项目时会有许多优势和便利。有些社会公众对民间组织可能会有先入为主的"非正统""不正规"的偏见。与此不同的是,美国的文化传统强调个人权利,限制政府的权力,萨拉蒙将美国发达的非营利部门归因于美国"个人发起解决社会问题的民族价值观"。[①] 从文化上或许可以找到当前我国政府与民间组织关系的渊源。但是也应该意识到,文化是不断发展、交流、融合的。随着中国公民社会的迅速成长,越来越多的公民主张其参与社会事务管理的权利,看待"官"与"民"关系的视角也在改变。

二、问题原因分析

我国民间残疾人组织的发展面临着外困内忧,阻碍其健康发展的因素十分复杂,包括经济社会发展水平、政治制度、传统文化、公众意识、教育体制、公共政策及民间助残组织自身能力建设问题等等。

---

① 参见[美]莱斯特·M.萨拉蒙等著:《全球公民社会:非营利部门视界》,贾西津、魏玉等译,社会科学文献出版社 2007 年版,第 235 页。

（一）法律体系与政府政策问题

我国政府对民间组织的发展一直持谨慎保守态度。长期以来，我国的公民社会先天发育不足、后天营养不良。尽管各界关于放宽对民间组织的政策限制、引导培育公民社会健康发展的呼声此起彼伏，我国政府对相关政策的改革依然患得患失、裹足不前。

从法规和政策层面看，至少有以下几点制约我国民间残疾人组织的发展：

1. 法律法规体系不完善，双重登记管理制度弊端突显

我国对民间组织的管理没有形成完整的法律体系，缺乏上位法。对民间组织的管理主要依靠条例规章和各级政府的红头文件。随着社会的进步，这些法律法规不能适应时代发展需要的弊端逐渐暴露出来。

根据《社会团体登记管理条例》和《民办非企业单位登记管理暂行条例》的规定，成立社会团体和民办非企业单位，应当经其业务主管单位审查同意，并依照本条例的规定进行登记。国务院有关部门和县级以上地方各级人民政府有关部门、国务院或者县级以上地方各级人民政府授权的组织，是有关行业、学科或者业务范围内社会团体和民办非企业单位的业务主管单位。①必须有业务主管单位这一规定将大量无法找到业务主管单位的草根组织挡在了合法登记的门槛之外。关于双重登记管理制度的弊端，国内学者已经有了充分的研究论述，在此不多赘述。

我国现有的残疾人相关法律法规对民间残疾人组织虽有所提及，但多为原则性倡导性条款，缺乏具有可操作性的细节规定。我国有关社会保障的立法建设同样滞后，其中对残疾人的社会保障和社会服务的规定也不明确。

2. 行政管理体系不健全

我国对民间组织的管理缺乏上位法依据，中央没有统一的政令规范，各部门和地方各级政府对民间组织的管理权责不明、层级不清，或互相推诿、管理真空，或职权交叉、管理重叠。各地、各部门自行实施了一些公开的或内部的管理办法，但条块分割严重，不能适应现实情况。尤其是登记管理部门和业务主管部门的权责划分不明确，重登记、轻管理的现象十分普遍。同时，政府部门的相关研究不深、认识不到位、经验不足、缺乏专业人才等也影响了对民间组织的科学规范管理。总之，我国尚没有形成一套完善合理、运作成熟的民间组织行政管理机制。这使得政府对民间组织的管理"人治"特点突出，程序不透明、不规范，随意性大，效率低下。

---

① 《社会团体登记管理条例》，国务院令第 250 号，1998 年；《民办非企业单位登记管理暂行条例》，国务院令第 251 号，1998 年。

3.社会保障体系低水平

残疾人通常相对一般社会群体有更多额外的开支,比如购买辅助器具的费用、进行居家无障碍改造的费用等,而他们的收入普遍低于社会平均水平,所以残疾人更加依赖社会保障。

我国对残疾人的普惠制度尚未建立,各种针对残疾人的补贴、救助也未系统化,地区之间存在严重不平衡,对"以人为本"考虑得还远远不够。同时,残疾人和残疾人组织没有能够充分参与制度设计,意见表达和选择的权利被忽视。

没有良好的社会保障,大多数残疾人没有经济能力承担民间组织的服务收费;民间残疾人服务机构由于资金匮乏、来源单一,也很难降低服务收费。

4.政府对民间残疾人组织的支持力度不够

德国非营利组织收入的 68 % 来自政府,法国的则占到 60%。在美国,到1980 年,联邦政府对非营利部门的直接资助高达 410 亿美元,相当于非营利部门总收入的 35 %,州及州以下政府还资助了非营利部门 80 亿～100 亿美元,联邦政府还对非营利组织所得税进行豁免。①而在我国,2008 年全国性社会团体政府资助收入占总收入的 13％左右,低于世界 39 国政府资助社会组织收入36％的平均水平。②

(二)社会氛围和公众意识问题

社会氛围和公众的认识程度对民间残疾人组织的生存和发展也有着重要影响。如果社会氛围较好,公众意识到位,民间残疾人组织就可以得到更多的社会资源,对促使政府加大支持力度也会起到一定的作用;反之,则有可能会被歧视、排挤、漠视。目前不利于民间残疾人组织发展的社会氛围和公众意识问题包括:

1.对残疾人的偏见和歧视

很多民间残疾人组织曾遭遇过所在小区居民的抵制甚至驱逐。还有很多人认为为残疾人工作是不吉利或低级的工作,没有发展前途。这种社会偏见会影响残疾人服务领域劳动者的整体素质和行业的长远发展。

残疾人自身和残疾人家长也会由于社会歧视而产生自卑心理。有的残疾人不愿意走出家门,有的残疾人家长视残疾人为耻辱,宁愿将残疾人锁在家里孤独地承担那份沉重,也不愿意让他们去参与社会生活、接受社会服务。在经济社会发展落后地区,社会偏见和歧视更为严重。

① 周批改、周亚平:《国外非营利组织的资金来源及启示》,《东南学术》2004 年第 1 期。
② 国家民间组织管理局局长孙伟林为《政府向社会组织购买公共服务研究》(王浦劬、[美]莱斯特·M.萨拉蒙等著,北京:北京大学出版社 2010 年版)所作的序。

2.缺乏社会公益文化和制度保障

在西方国家,志愿服务、慈善捐款是几乎每个公民都曾经历过的事。西方国家民间组织的董事会中常常会有不拿薪水的律师、会计师、学者,或者有专业人员和机构愿意提供免费的咨询、技术支持。而在中国,为民间组织和弱势群体提供志愿服务好像需要很高的"道德水准",慈善捐款那是财富新贵才"玩"得起的"时尚"。这种差别完全是源于中西方文化上的差异吗?

致力于传播人道主义精神的杂志《三月风》在2011年第3期上有这样一段话:"慈善文化不成熟的社会,带着高尚光环的公益人士,背后必透着风凉。他们被误解,被质疑,被索捐,被精神绑架,被贫困,坚持理想是支持他们的唯一理由。我们还没有习惯与高尚为伍,我们还没有接纳公益是种职业。我们一方面感慨中国慈善人士太少,国人慈善意识不强,另一方面当真有慈善家出现时,却被'枪打出头鸟'的事实所伤害。谁又能说这不是互为因果的恶性循环呢? 我们还在期待完善的慈善制度,别让英雄成为悲剧。"①

"大好人"为公益奉献了一切,却结局凄惨;受助者不知道感恩,不懂得回报社会,将索取视为理所当然。这类报道屡见报端,一个个活生生的悲剧常常让人心生悲凉。这种好人没好报、好人不敢做好事的扭曲现象不单单是精神文明建设问题,更需要政府从法律和制度层面来解决。我们常常赞叹西方国家浓郁的公益文化氛围,并从西方人的文化根基、宗教信仰方面寻找原因,却忽视了政府在鼓励和规范社会公益中扮演的关键角色,忽视了完善的法律法规和制度体系对保障"爱心人士"权益的重要作用。

3.社会对民间组织认识的误区

做公益事业也有成本,然而许多社会公众并没有认识到这一点。很多人认为,民间组织就应该无偿提供服务。当民间残疾人组织收取服务费用时,可能会受到质疑。有些爱心人士愿意为残疾人等弱势群体捐款,却不能认可公益组织留下一定比例的善款作为行政开支和项目管理费用。由于制度监管不到位,近些年来公益领域也的确爆出不少丑闻,比如社会捐款被公益组织负责人据为己有或大肆挥霍等,这更增加了公众的疑虑。

(三)官办机构的不公平竞争和挤压

约翰斯·霍普金斯大学萨拉蒙教授研究认为,拉美地区存在两个分离的非营利部门:一个是由较传统的慈善组织和与社会、经济名流联系密切的机构所组

---

① 李樱:《"被崇高"的公益英雄》,《三月风》2011年第3期。

成,另一个则是由相对较新的草根组织和所谓的非政府组织所组成。①在我国,非营利部门同样存在着"二元化"。

我国政府对官办非营利组织从政策到资金,从场地到人员编制,给予全方位的支持。而对于纯民间的草根组织,则不仅缺乏应有的扶持,还在政策管理上有诸多限制。具有官方背景的残疾人服务机构,占尽"体制内"这一身份优势,垄断资源,实施不公平竞争;而民间草根组织则被看作是"体制外"的,被排斥在利益和资源分配的格局之外,甚至向社会募捐的行为也会受到种种政策限制和排挤。从深层次看待这一问题,原因在于中国的政治体制改革和社会发展远远滞后于经济体制改革和经济增长。

(四)缺少高素质专业人才

1.缺少专业人才储备

随着中国公民社会的崛起,民间组织数量急剧增长,社会工作人才极其缺乏。在日本,专业社会工作者占总人口的比例是5‰,加拿大这一比例是2.2‰,美国是2‰,中国香港是1.7‰,而中国内地是0.3‰。②我国的社会工作者不仅数量少,而且绝大多数没有接受过系统的专业教育。尽管我国许多大学已经设立了社工专业,但是缺少师资,缺少本土化的配套教材,实际人才培养效果离现实需求还有不小的差距。而且许多社工专业的毕业生还因为收入低等各种因素而改行。

残疾人服务对工作人员的专业性有很高的要求。我国从事残疾人工作的高素质专业技术人员更是稀缺。国内设立特殊教育和康复专业的正规院校屈指可数,且存在分科不细、与实践脱节等问题。残疾人社会服务这个领域系统性地缺乏专业人才。

2.难以吸引和留住人才

李春玲2001年通过抽样问卷调查对当代中国职业声望进行研究发现,社区工作者的社会经济地位排在出租车司机和酒店厨师之后。③民间组织从业者的薪酬也一直在低水平徘徊。薪酬低、职业发展空间小、缺乏社会尊重等,都是民间残疾人组织难以吸引和留住人才的原因。

---

① [美]莱斯特·M.萨拉蒙等著:《全球公民社会:非营利部门视界》,贾西津、魏玉等译,社会科学文献出版社2007年版,第31页。

② 数据来自国家行政学院教授龚维斌2011年3月16日在中国残疾人联合会所做的"新形势下的社会管理"讲座。

③ 李春玲:《当代中国的社会声望分层——职业声望与社会经济地位指数测量》,见 www.sociology.cass.cn。

（五）从业者认识上的局限

很多民间残疾人组织的创始人和从业者，并没有真正想清楚自己为什么要从事这一事业。如果所从事的事业是一种信仰，是一份责任，那么投入便义无反顾。如果没有清晰的理想和信念做指引，在面对困难或诱惑时则容易迷失方向。

不少从业者的认识停留在做残疾人工作是做善事，是积德；为残疾人服务是救济，是怜悯。以居高临下救助的心态服务残疾人，不可能真正尊重残疾人的人格，不可能将残疾人当作社会平等的一员对待。

许多民间残疾人组织对"社区康复""社会融合"等国际残疾人领域主流的工作理念还比较陌生。在许多服务机构，对残疾人，特别是智障或精神残疾人的服务是按照施与方的意愿安排的，没有考虑到残疾人的自主意愿、人格尊严、幸福感受，以及选择的权利。残疾人或许能够获得某种服务，但那也许并不是他们所需要的，不是以他们愿意接受的方式获得的，这样的服务也背离了初衷。

有些民间残疾人组织的创始人将自己创立和领导的组织自然而然地看作是由自己所拥有的，没有理解公益组织的本质属性。组织管理上一言堂，产权不清晰，财务不透明，运作不规范。

对民间组织与政府和社会的关系，不少这些民间残疾人组织负责人也存在认识误区。一种观点认为，自己是在替政府干活，所以政府有义务给予全力支持。还有一种观点认为，官方对民间组织的管理和干预会影响民间组织的独立性和效率，双方应该井水不犯河水。

第三节 民间残疾人组织发展的对策建议

《意见》（中发〔2008〕7号）提出，积极培育专门面向残疾人服务的社会组织，通过民办公助、政府补贴、政府购买服务等多种方式，鼓励各类组织、企业和个人建设残疾人服务设施，发展残疾人服务业。《关于加快推进残疾人社会保障体系和服务体系建设的指导意见》（国办发〔2010〕19号）提出，鼓励各种民间组织、企业、个人和社会资本参与发展残疾人服务业，在资金、场地、人才等方面予以扶持。

新形势下，如何通过政府和社会的支持，帮助民间残疾人组织走出困境，健康发展，提高为残疾人服务的能力，是值得关注和研究的问题。基于上文的分析，现提出以下对策建议。

一、完善法律法规，依法进行管理

完善的法律体系是民间组织生存和健康发展的必要条件。应该以法律法规的形式明确民间组织的法律地位，明确各级政府和各个行政部门的权限和职责，明确民间组织和残疾人应该享有的优惠政策和待遇，还应该有明确的实施细则和罚则以保证法律法规的切实履行。《社会组织法》亟待出台。现行的三个管理条例的修订也应顺应时代发展尽早完成。

我国专门针对民间残疾人组织的法律法规几乎空白。而与我们同根同祖的我国台湾地区在依据法律法规促进民间残疾人组织发展方面做得十分到位。台湾地区制定了"私立身心障碍福利机构设立许可及管理办法""身心障碍福利机构评鉴及奖励办法""身心障碍者就业服务机构设立及奖助办法"等，将残疾人公共服务的社会化全面法制化、规范化。①

二、改善社会环境，充分调动社会资源

"人道主义"和"人权"概念在新中国成立以后相当长一段时间内被视作资本主义的思想，直到 20 世纪 90 年代初才逐步被中国官方所接受和承认。然而在教育体系和社会宣传中，人道主义和人权思想并没有占据一席之地。广大人民群众对此并没有深入的理解。

人道主义和尊重人权的普世价值观是全世界人民共有的文明。我国绵延几千年的悠久历史文化中，不乏仁爱、扶贫、济困、助残这种闪耀着人性光辉的优良美德。在经受市场经济大潮冲击、人们普遍信仰缺失的时代，这种美德愈显弥足珍贵，需要传承和发扬光大。西方社会发达的不仅有市场经济，人文社会领域同样有许多值得我们学习借鉴的闪光思想，特别是对生命的尊重和对个人价值的推崇。在我们坚持改革开放，大力发展社会主义市场经济的同时，文化和思想方面也应该开放包容，兼收并蓄。社会公众对于残疾人和残疾人事业的偏见和冷漠，很大程度上是源于无知和不了解。政府、媒体、民间组织及个人都有责任传播人文精神，树立"人权模式"的残疾人观，形成关心、理解、尊重残疾人的良好社会氛围。这种社会氛围对于民间残疾人组织的成长是不可或缺的土壤。

公共媒体除了帮助残疾人和民间残疾人组织呼吁呐喊，寻求政府和社会的支持，同时还应该发挥监督作用，用大众舆论的力量监督民间残疾人组织的行为，曝光其不诚信、不正确的做法，督促其改正，向着健康的方向发展。

---

① 参见张立洁：《仁爱为怀 情谊永固——中国残疾人联合会赴台湾参访侧记》，《三月风》2010 年第 6 期，第 46-47 页。

支持公益和志愿服务也应该为公众普遍接受和践行。聚少成多、聚沙成塔的力量是惊人的。除了社会捐款,我国的民间残疾人组织需要大量志愿者。萨拉蒙领导的研究小组发现,在他们所研究的 36 个国家公民社会组织做志愿工作的人数至少为 1.32 亿,相当于这些国家成年人口的约 10％。① 我国是人力资源大国,志愿者的人才库应是庞大的。

三、更新观念,转变角色

(一)政府

支持民间组织参与公共服务,在许多国家经过长期实践证实能够显著削减政府公共开支。②政府应该承担起培育和管理职能,为民间组织的健康发展和发挥积极作用提供政策、资金、专业技术培训等支持,建立科学规范完善的管理体系。在制度完备、管理到位的情况下,民间组织信息不公开、财务不透明等问题也才能在制度约束下得到解决。

(二)残联及其下属的专门协会和服务机构

残联在实际工作中与民间残疾人组织联系最紧密。残联能够为民间残疾人组织做的有:一是影响政府政策,争取社会各界对民间残疾人组织的支持;二是进行专业培训和指导,帮助民间残疾人组织进行能力建设,提高服务能力;三是参与第三方评估,协助政府规范民间残疾人组织的运作和发展。这三点职能的履行要依托残联、残疾人专门协会和残联下属的残疾人服务机构的组织网络来完成。

各残疾人专门协会之下可以成立多个代表群体更为细分的委员会,更加专注于某一类别残疾人的利益,可以探索发挥行业协会的作用,更有针对性地为某一类民间残疾人组织提供代言、服务、指导、监督,呼吁政府和社会的关注和支持,进行专业培训和指导,研究协商行业发展方向,倡导行业自律等。例如,中国精神残疾人及亲友协会下设孤独症委员会。在 2011 年全国首次孤独症服务机构联席会议上通过了《民办孤独症服务机构自强自律倡议书》,呼吁建立诚实守信的行规行约,追求共荣发展,并积极进行社会倡导。

各级残联下设的残疾人服务机构,如残疾人就业指导中心、残疾人康复中心等,应该发挥其资源和技术优势,成为资源中心。充分发挥辐射和带动作用,做业内专业服务的引领者、标杆,为民间残疾人组织提供包括业务指导、培训、咨询

---

① ［美］莱斯特・M.萨拉蒙,S.沃加斯・索可洛斯基等:《全球公民社会:非营利部门国际指数》,陈一梅等译,北京大学出版社 2007 年版,第 21 页。
② ［美］莱斯特・萨拉蒙:《非营利部门的崛起》,谭静编译,《马克思主义与现实》2002 年第 3 期。

等各种支持,提升行业整体水准。

四、完善残疾人社会保障体系

我国的社会保障体系低水平、碎片化,对残疾人社会保障体系的基本内容缺乏深入的理论研究和成熟的实践经验。

西方发达国家的经验有值得借鉴之处。西方国家残疾人社会保障体系虽细则各异,但都遵循了两个基本原则:残疾人作为平等的公民应该被纳入全民社会保障体系中;残疾人作为特殊困难的弱势群体,还应该享有特殊的社会保障。在制度设计时,越来越注重残疾人自主选择的权利。社会保障体系中各种残疾人补助补贴项目,有的是将钱拨付给提供服务的有资质的民间组织,让残疾人免费获得服务;有的则是将钱直接发给残疾人,让残疾人本人自主选择、按需支配。政府会通过一系列规则对这个过程进行有效监管和评估,以保证效率。这样做也能够利用市场竞争机制促进民间残疾人组织的良性发展。

五、深化政府与民间残疾人组织的合作

政府与民间残疾人组织建立合作伙伴关系,支持培育其健康发展,提高其为残疾人服务的能力,这是政府、残疾人及其家庭、民间残疾人组织等各方都受益的事。在完善的法律体系保障下,政府对民间残疾人组织的支持,最重要的是制定有利政策和提供资金。

（一）建立合作伙伴关系

政府与民间残疾人组织常见的合作形式应该包括购买服务、长期支持、公办民营、民营公助等。

（二）建立科学的评估体系

无论是政府对民间服务组织进行有针对性的支持和合理必要的监管,还是残疾人选择服务机构,抑或是社会公益资金选择资助对象,都需要有一个科学、可行的评估体系,这是保证相关工作公平、高效的前提条件。就民间残疾人组织评估来说,由于残疾人群体的特殊性和残疾人服务的专业性,进行科学评估十分具有挑战性。评估方至少要有政府官员、残疾人工作者、残疾人及亲友、专家学者等的参与。

（三）加强专业人才培养

民间残疾人组织对人才的需求是多层次、全方位的。培养专业人才梯队,需要教育体系的结构调整。另外,在岗人力资源培训也十分重要。残疾人服务是个理念不断发展、专业技术不断进步的领域,从业者的知识储备需要与时俱进。

残联下属的残疾人服务机构应该发挥资源中心的作用,加大专业人才培训力度,从全国层面到最基层,层层辐射。

六、加强民间残疾人组织自身能力建设

在法律环境、政策环境、社会环境改善的同时,民间残疾人组织努力加强自身能力建设也十分重要。

（一）意识和理念的提升

首先,要认清民间组织的性质、社会角色和责任,坚持非营利性和非政府性。

其次,服务应该以人为本,要从慈善救济转向"赋权（empowerment）"。残疾人所需要的不仅仅是最基本的生存,而是参与平等社会生活,实现人生的价值。

再者,服务以社区为依托。由于生理缺陷和社会环境造成的障碍,残疾人对社区的依赖比一般社会群体要强。残疾人也有权利像其他人一样享受家庭生活,在熟悉的社区生活,而不是被迫集中到各种"机构"中去。以社区为依托的民间残疾人组织往往服务更注重人性化,满足个性化需求,这与以往一味追求机构的规模扩张是截然相反的理念。

（二）建立规范的组织管理制度

民间残疾人组织不仅要有章程做统领,还应该有明确的组织定位和组织发展战略规划。需要建立健全一系列的管理规范、守则和标准。与我国的民营企业一样,民间残疾人组织也集中面临着代际传承和领导人交接班的问题,"家族式"组织向公共组织转型的问题。必须引入现代公共组织管理理念和模式,建立起可持续发展机制。

（三）注重人力资源管理

一支高素质的员工队伍是组织发展的动力源泉。民间组织非营利的性质决定了其很难依靠提高薪酬和福利待遇吸引人才。以有凝聚力的组织文化、良好的职业发展空间等"软环境"吸引和留住人才是十分重要的。志愿者的资源也需要发掘和合理利用。

（四）提升专业服务水平

随着全球化进程的加快和我国经济社会的转型,我国的民间残疾人组织有更多的机会接触到先进的国际理念。加强国际交流与合作,不断学习先进经验和做法,并依据自身情况将其本土化,对提升民间残疾人组织的服务能力大有裨益。同时,也需要国内出现更多的支持型组织来帮助民间残疾人组织进行能力建设。

（五）多渠道筹集资金

我国民间残疾人组织必须提高筹资能力,拓宽筹资渠道,合理化资金来源结

构。有的民间残疾人组织利用通过经营超市等副业获得的盈利来支持其非营利服务,有的通过义卖等方式进行募捐,有的通过开发出售残疾人制作的手工艺品获得收入。每个组织都有自身的具体情况,然而只有不断创新才能保持生命力。民间残疾人组织的管理者们需要有企业家一样的创新能力和开拓精神。

北京慧灵智障人士社区服务机构开发的利用"胡同游"筹款的方式具有创新性,取得了很好的效果。慧灵所在的社区是京味浓郁的老胡同,拥有可开发的旅游资源。慧灵把一个四合院变为国际游客的接待点,表演民间传统节目,制作中国传统工艺品出售,还设计许多互动参与环节,如与老外一起包饺子、为外国夫妇举办中式婚礼等。这个按照"市场规律"运作的项目,以中国传统文化为"卖点",丰富了慧灵的筹资渠道,增强了其自主生存能力。慧灵的智障学员无论能力高低在四合院里都可按照个人的兴趣或特长找到合适的工作岗位,而慧灵的工作人员则无须像过去那样烦琐地照顾智障人士的生活,更多的是指导智障人士提高工作效率,学习社交,学习人生规划。智障人士的生活品质因此得到很大的提高,参与社会生活的能力也大大增强。由于这个接待项目的成功,带起慧灵所在社区文化生活的繁荣,居民主动来参与接待外宾,比如一起包饺子、扭秧歌、学英语,居委会有活动也会邀请慧灵。北京慧灵的这一创新模式,不仅开拓了一条新的筹资渠道,还为智障人士提供了绝好的参与社会的机会,锻炼了他们的社会生活能力,并促进了社区的融合。①

(六)搞好公关,提升公信力

学习处理公共关系是每一个组织的必修课。处理好公共关系,能够获得更多的资源,得到更多的支持,起到事半功倍的效果。有时一起公共关系事件甚至是组织走向灭亡或飞跃发展的一个转折点。在信息爆炸的时代,公共媒体和互联网的重要作用不应忽视。

(七)加强相互间的联系与合作

在各自力量都很弱小的情况下,只有团结一致才能争取到更好的生存发展环境。联合与协作还有利于资源整合共享,避免恶性竞争,推动行业自律,提高行业整体社会形象,等。在互联网普及、社交媒体日益发达的今天,信息技术为民间残疾人组织的沟通与合作提供了便利的工具和平台。

"心盟"孤独症网络于2005年成立,至今已有来自全国各地的100多家会员组织。"心盟"成立的目的是通过整合资源、行业建设和权益倡导,提高孤独症服务行业的整体水平,呼吁社会关注和理解,推动法规政策完善,进而改善孤独症

---

① 何晶:《民办非企业组织的艰难之路》,《中国报道》2012年第4期,第82-85页。

人士的生存状况。"心盟"提供组织能力建设和孤独症服务专业知识培训,组织
开展行业发展论坛、经验交流分享年会等活动。在网络的 QQ 群上,"心盟"成员
组织之间也会保持密切的交流。一位孤独症儿童服务机构的负责人对笔者说,
她和她的机构自加入"心盟"以来,不仅是通过参加培训在专业技术方面提高很
快,更重要的是价值观的改变和意识上的提升。

　　像"心盟"孤独症网络这样在业内有广泛号召力、有资源整合能力的联盟组
织(Alliance)或伞状组织(Umbrella Organization)目前在我国民间残疾人组织
中还非常少。不管是结成全国性的行业联盟组织,还是地方性的合作网络,或是
松散的、组织形式很弱的同业间的良性交流互动,都有利于整合资源,推动民间
残疾人组织的整体发展。残疾人专门协会应该在推动民间残疾人组织沟通合作
方面发挥更大作用,探索扮演联盟组织、伞状组织、行业协会等角色。

　　总之,民间残疾人组织要摆脱当前的发展困境,走上健康可持续发展的道
路,为满足残疾人的需求和构建和谐社会发挥更加积极的作用,需要政府、社会
公众及民间残疾人组织自身的共同努力。

● **本章习题**

　　1.什么是民间组织? 什么是民间残疾人组织?

　　2.民间残疾人组织的特点和作用有哪些?

　　3.民间残疾人组织面临的主要困境及其原因是什么?

　　4.政府和残联如何对民间残疾人组织进行培育和管理?

　　5.如何加强民间残疾人组织自身能力建设?

【参考文献】

　　1.2010 年社会服务发展统计公报,2011 年 2 月,见 http://cws. mca. gov. cn/article/tjkb/201102/20110200133593. shtml.

　　2.2010 年中国残疾人状况,中国残疾人联合会 2010 年 12 月发布,见 www. cdpf. org. cn.

　　3.[美]莱斯特·M.萨拉蒙,S.沃加斯·索可洛斯基,等.全球公民社会:非营利部门国际指数.陈一梅,等译.北京:北京大学出版社,2007.

　　4.[美]莱斯特·M.萨拉蒙,等.全球公民社会:非营利部门视界.贾西津,魏玉,等译.北京:社会科学文献出版社,2007.

　　5.王名,刘求实.中国非政府组织发展的制度分析.中国非营利评论,2007(1).

　　6.王名,陶传进.中国民间组织的现状与相关政策建议.中国行政管理,2004(1).

　　7.王浦劬,[美]莱斯特·M.萨拉蒙,等.政府向社会组织购买公共服务研究.北京:北京大学出版社,2010.

　　8.段小蕾.民间残疾人组织现状分析及发展建议.残疾人研究,2013(2).

第十八章

残疾人事业法制建设

我国是世界上最早进行残疾人专门立法的国家之一。加强残疾人事业法制建设,是保障残疾人权益的基础,是促进残疾人事业发展的动力,也是社会文明进步的重要标志。本章围绕残疾人事业法制建设的内容、意义,以及我国的残疾人保障法进行阐述。

第一节 残疾人事业法制建设的内容、意义

一、残疾人事业法制建设的内容

残疾人事业法制建设主要内容包括法律法规体系建设,执法监督检查和视察,法律救助和法律援助,以及法制宣传工作。

(1)建立残疾人事业法律法规体系。即以《宪法》为核心,以《残疾人保障法》为基础,以有关法律、行政法规、部门规章、地方法规、规章为配套的残疾人事业法律法规体系。建立残疾人事业的法律法规体系,是保障残疾人合法权益,发展残疾人事业的法律基础。

(2)进行执法监督检查和视察。各级人大组织开展残疾人保障法及其实施办法执行情况的检查,政府有关职能部门开展专项业务检查,各级政协组织对残疾人保障法实施情况进行视察。通过执法检查,进一步提高各级政府作为执法主体的责任意识,对全面落实残疾人保障法的各项规定起到推动作用。

(3)开展法律援助。为维护残疾人合法权益,法院、检察院、公安等部门依法打击针对残疾人的犯罪。人民法院依据《刑事诉讼法》有关条款规定,为被告人是盲、聋、哑或者未成年人而没有委托辩护人的,指定承担法律援助的律师为其

提供辩护。人民法院还依据《刑事诉讼法》有关条款规定,对没有固定生活来源的残疾人实施缓缴、减缴或者免缴诉讼费用。各级法院服务机构,各级法律援助中心以及民间残疾人法律援助组织,为经济困难且合法权益受到侵害的残疾人,提供优先、优质、优惠的法律服务和法律援助。

(4)开展法制宣传。通过宣传,增强各级政府以及职能部门依法发展残疾人事业、依法保护残疾人合法权益的责任意识,增强社会公众扶残、助残的义务意识,增强残疾人学法、守法并善于运用法律武器维护自己合法权益的维权意识。

二、残疾人事业法制建设的意义

加强残疾人事业法制建设,是维护残疾人合法权益,促进残疾人事业发展的客观需要和重要保证,是使残疾人平等充分参与社会生活、共享社会物质文化成果的重要保障,也是依法治国、完善社会主义法制建设的重要组成部分。

残疾人事业法制建设的重要意义,具体体现在以下几个方面

(一)残疾人事业法制建设是社会主义法制建设的重要组成部分。

残疾人事业是社会主义事业的重要组成部分,同样,残疾人法制建设也是社会主义法制建设的重要组成部分。社会主义法制建设是一个庞大的系统,是法制建设的总体,涵盖了国家和社会的方方面面。残疾人事业法制建设是社会主义法制建设的一个分支系统,是社会主义法制建设的有机组成部分。加强残疾人事业法制建设,是健全社会主义民主与法制的重要举措,是社会主义文明进步的重要标志。

(二)残疾人事业法制建设是保护残疾人合法权益的根本保证

维护残疾人的合法权益,是发展残疾人事业的出发点和落脚点,是残疾人法制建设的根本宗旨。我国《宪法》规定:"国家尊重和保障人权。"《世界人权宣言》规定,人人生而自由,在尊严和权利上一律平等。20世纪70年代,残疾人的人权问题在全世界开始得到广泛认同。联合国大会于1971年通过《智力迟钝者权利宣言》,于1975年通过《残疾人权利宣言》,制定了平等对待和平等权利的标准。进入20世纪80年代,国际残疾人运动迅猛发展,1981年被确定为国际残疾人年,1982年通过《关于残疾人的世界行动纲领》,提出国际社会有责任建立保护残疾人权利的法律框架。1993年通过《残疾人机会均等标准规则》。2006年12月13日,联合国大会第61届会议审议通过了《残疾人权利公约》,2007年我国签署了该公约。该公约规定:一切人权和基本自由都是普遍、不可分割、相互依存和相互关联的,必须促进和保护所有残疾人的人权,必须保障残疾人不受歧视地充分享有权利和自由,并促进对残疾人固有尊严的尊重;在一切政策和方

案中考虑保护和促进残疾人的人权。我国有 8500 多万残疾人,涉及 2.6 亿家庭人口。残疾人是我国社会大家庭的重要成员,是一个数量众多、特性突出、特别需要帮助的社会群体。切实保障残疾人人权,维护残疾人的合法权益,是落实依法治国方略、促进法治中国建设的重要内容。

(三)残疾人事业法制建设是发展残疾人事业的客观要求

党的十九大报告中明确提出"发展残疾人事业,加强残疾康复服务"。2008年 3 月 28 日,《中共中央 国务院关于促进残疾人事业发展的意见》(中发〔2008〕7 号)明确指出:"残疾人事业是中国特色社会主义事业的重要组成部分。促进残疾人事业发展,有利于维护残疾人合法权益,促进社会公平正义,实现全体人民共享改革发展成果;有利于调动残疾人的积极性、主动性和创造性,发挥残疾人在促进改革发展稳定中的重要作用,实现经济社会又好又快发展;有利于促进我国人权事业全面发展,体现社会主义制度的优越性,树立我国良好的国际形象。"

残疾人事业是文明、进步、崇高的事业。加快残疾人事业发展是建设法治中国的本质要求。新中国成立以来,特别是改革开放以来,我国残疾人事业不断发展,残疾人状况明显改善,残疾人生活水平和质量不断提高,我国残疾人事业发展在国际上赢得广泛赞誉。但是,我国残疾人事业基础还比较薄弱,主要表现在:残疾人社会保障措施还不够完善,残疾人在基本生活、医疗卫生、康复、教育、就业、社会参与等方面还存在许多困难,生活状况与社会平均水平存在较大差距。促进残疾人事业发展,改善残疾人状况,已成为全面建成小康社会一项重要而紧迫的任务。

推动残疾人事业发展的整体思路,主要体现在三个层面:一是在战略目标层面,要紧紧围绕全面建成小康社会奋斗目标,着眼于解决残疾人最关心、最直接、最现实的利益问题;二是在制度建设层面,要完善促进残疾人事业发展的政策和法律,健全残疾人社会保障制度,加强残疾人服务体系建设,营造残疾人平等参与的社会环境,缩小残疾人状况与社会平均水平的差距,实现残疾人事业与经济社会协调发展;三是在具体工作层面,要坚持政府主导、社会参与、国家扶持、市场推动、统筹兼顾、分类指导、立足基层、面向群众,要加强残疾人医疗康复和残疾预防工作,保障残疾人享有基本医疗卫生服务和康复服务,要保障残疾人基本生活,做好残疾人生活救助工作,发展残疾人社会福利和慈善事业,要发展残疾人教育,促进残疾人就业,繁荣残疾人文化体育事业,要改善对残疾人的服务,加快无障碍建设,发展残疾人服务业。

（四）残疾人事业法制建设是保障残疾人平等地充分参与社会生活，共享社会物质文化成果的重要举措

关于国家应当保障残疾人平等地充分参与社会生活，在世界各国早已形成共识。早在 1982 年，联合国《关于残疾人的世界行动纲领》就提出：使残疾人得以"充分参与"社会生活和发展，并享有"平等地位"。也就是说残疾人要具有与全体公民共同的机会，平等分享因社会和经济发展而改善的生活条件。《残疾人权利公约》将残疾人充分和切实地参与和融入社会作为一般原则加以规定。我国的《残疾人保障法》明确规定"保障残疾人平等地充分参与社会生活"。

残疾人只有参与社会生活，其各项权利才能得以实现，才能真正地融入社会。因此，必须保障残疾人参与社会生活。残疾人参与社会生活包括两个方面的含义：一是平等参与，《残疾人保障法》规定，残疾人在政治、经济、文化、社会和家庭生活等方面享有同其他公民平等的权利。禁止基于残疾的歧视。禁止侮辱、侵害残疾人。《残疾人权利公约》规定，本公约的宗旨是促进、保护和确保所有残疾人充分和平等地享有一切人权和基本自由，并促进对残疾人固有尊严的尊重。二是充分参与，是指残疾人有完整和全面参与社会生活的权利。应当保证残疾人能够参与社会生活的各个方面，任何非法的歧视和限制都是对残疾人合法权益的侵害。

法律保障残疾人与其他公民一样，依照法律规定，通过各种途径和形式，管理国家事务，管理经济和文化事业，管理社会事务。同时在康复、教育、劳动就业、文化生活、社会保障、无障碍环境等六个方面做出了具体规定，以确保残疾人平等地充分参与社会生活。其中，康复和教育是残疾人平等地充分参与社会生活的基础，劳动就业和文化生活是残疾人平等参与社会生活的主要标志，社会保障是残疾人平等参与社会生活的保证，无障碍环境是残疾人参与社会生活的基本条件。

社会主义的本质是解放生产力、发展生产力，消灭剥削、消除两极分化，最终实现共同富裕。这必然要求社会物质文化成果由人民共享。残疾人是一个数量众多、特别需要帮助的社会群体，只有使他们共享社会物质文化成果，才能真正体现社会公平，实现共同富裕。

第二节　残疾人法律法规体系建设

我国《宪法》规定"国家尊重和保障人权"，还规定中华人民共和国公民在年老、疾病或者丧失劳动能力的情况下，有从国家和社会获得物质帮助的权利。国家发展公民享受这些权利需要的社会保险、社会救济和医疗卫生事业。国家和

社会保障残疾军人的生活、抚恤烈士家属、优待军人家属。国家和社会帮助安排盲、聋、哑和其他有残疾的公民的劳动、生活和教育。宪法这一规定是制定保障残疾人权益的法律、法规的主要依据。

1990 年 12 月 28 日，第七届全国人民代表大会常务委员会第十七次会议审议通过了《残疾人保障法》。《残疾人保障法》的实施，标志着我国残疾人事业走上了法制化的轨道。2008 年 4 月 24 日，第十一届全国人民代表大会常务委员会第二次会议审议通过了新修订的《残疾人保障法》。新修订的《残疾人保障法》落实以人为本的科学发展观，通过大力发展残疾人事业，切实保障残疾人各项基本权利。

一、《残疾人保障法》主要内容和特点

（一）主要内容

新修订的《残疾人保障法》共 9 章 68 条。第一章总则，规定了立法宗旨、原则，残疾人的定义、类别，残疾人的权利和义务，禁止基于残疾的歧视，对残疾人的特别扶助和特别保障，残疾人参与国家管理的权利，政府的职责，社会的责任，残疾人联合会的法律地位、作用，残疾人亲属的责任，残疾预防以及全国助残日等内容。第二章康复，规定了国家保障残疾人享有康复服务的权利，康复工作的指导原则，以及组织实施、康复机构建设及康复专门人员培养培训、残疾人辅助器具生产供应等内容。第三章教育，规定了国家保障残疾人享有平等接受教育的权利，残疾人教育的施教原则、发展方针、办学渠道、师资培训，特殊教育机构建设，区别不同情况实施普通教育和特殊教育及其保障措施等内容。第四章劳动就业，规定了国家保障残疾人劳动的权利，残疾人劳动就业的方针，社会各方面的责任，给予残疾人的优惠与扶持等内容，特别是规定了用人单位按比例安排残疾人就业制度，在劳动就业的各个方面不得歧视残疾人。对于扶持农村残疾人参加生产劳动也做了明确规定。第五章文化生活，规定了国家保障残疾人享有平等参与文化生活的权利，国家和社会鼓励、帮助残疾人参加各种文化、体育、娱乐活动及相关的扶持措施，促进残疾人与其他公民之间的相互理解和交流等内容。第六章社会保障，规定了国家保障残疾人享有各项社会保障的权利，国家和社会采取措施，完善对残疾人的社会保障，保障和改善残疾人生活，对残疾人社会保险、社会救助、贫困残疾人基本医疗、康复服务、必要的辅助器具配置和更换的专项救助、残疾人护理补贴保障措施，并对残疾人给予多方面特别扶助和照顾。第七章无障碍环境，规定了国家和社会采取措施，逐步完善无障碍设施，推进信息交流无障碍，为残疾人平等参与社会生活创造无障碍环境，并对无障碍设施建设及维护、信息交流无障碍建设、政府信息等公共信息无障碍、公共服务无障碍、盲文选票和试卷、无障碍辅助设备、无障碍交通工具的研制和开发等做出规定。第八章法律责任,规定了对残疾人法律援助与司法救助,残疾人组织的维权责任,残疾人的申诉、控告、检举权。对贬低损害残疾人人格,侵害残疾人合法权益的行为,规定依法追究行政责任、民事责任或刑事责任。第九章附则,规定了实施日期。

(二)主要特点

这部法律有五个特点:第一,该法是关于残疾人和残疾人事业的基本法律,包容各个领域,明确了重要原则和解决的主要问题,并具有一定的高度、广度和时间跨度。第二,该法是关于残疾人的特别法,注意处理好公民的共性与残疾人群特性的关系,注意各类残疾人的不同特点、需要和参与社会生活中的规律。第三,该法既体现对残疾人的照顾和扶助,又与中国的国情相适应,与国家经济社会整体发展相协调,对残疾人迫切需要解决而又能做到的基本问题,做出刚性规定,对暂时难以完全做到但符合国家和残疾人根本利益、可以逐步做到的,采取倡导性的写法。第四,该法是权益保护法与事业促进法的结合,既保护残疾人的权益,又指导残疾人事业发展;既明确义务、责任,又倡导社会公德。第五,该法既符合"平等·参与·共享"的时代精神和国际潮流,又体现我国优良民族传统和社会主义精神文明。

二、保障残疾人合法权益的专门法规、规章

我国保障残疾人合法权益的专门法规、规章主要有《残疾人教育条例》《残疾人就业条例》《无障碍环境建设条例》《残疾预防和残疾人康复条例》等。

《残疾人教育条例》于 1994 年 8 月由国务院发布,并于 2017 年 1 月 11 日国务院第 161 次常务会议修订通过,自 2017 年 5 月 1 日起施行。该条例明确规定了团体、社会、学校、家庭对残疾人有实施教育的义务和责任,是保障残疾人受教育权利,发展各级、各类残疾人教育的重要法规。

《残疾人就业条例》于 2007 年 2 月由国务院制定,条例规定用人单位安排残疾人就业的比例不得低于本单位在职职工总数的 1.5%。用人单位安排残疾人就业达不到规定比例的应当缴纳残疾人就业保障金。这是促进残疾人就业的重要保护措施。

《无障碍环境建设条例》是为创造无障碍环境,保障残疾人等社会成员平等参与社会生活而制定。由国务院于 2012 年 6 月 28 日发布,自 2012 年 8 月 1 日起施行。条例明确了无障碍环境建设的宗旨、目标,以及政府及其组成部门、公共服务机构及有关单位和个人的责任,努力打造出行、移动、信息、交流等全方位的无障碍环境,为残疾人、老年人及其他有关人员提供便利。

《残疾预防和残疾人康复条例》是为预防残疾的发生、减轻残疾程度,帮助残

疾人恢复或者补偿功能,促进残疾人平等、充分地参与社会生活,发展残疾预防和残疾人康复事业,根据《残疾人保障法》制定。由国务院于 2017 年 2 月 7 日发布,自 2017 年 7 月 1 日起施行。残疾预防工作突出了覆盖全人群和全生命周期的特点,以社区和家庭为基础,坚持普遍预防和重点防控相结合。同时明确了残疾人康复工作的服务体系、服务内容、机构布局、标准体系、人才队伍、保障措施等各项要求,以及需要落实的各项责任。

此外,各省、自治区、直辖市均制定了残疾人保障法实施办法等法规,90% 以上的县和 60% 的乡镇制定了扶助残疾人的优惠规定。

三、保障残疾人合法权益的其他法规、规章

我国规定保障残疾人平等权利和合法权益的法律法规有:《全国人民代表大会和地方各级人民代表大会选举法》《民法通则》《民事诉讼法》《刑法》《刑事诉讼法》《治安管理处罚法》《劳动法》《合同法》《婚姻法》《继承法》《母婴保健法》《义务教育法》《母女权益保障法》《老年人权益保障法》《个人所得税法》《保险法》《兵役法》《教育法》《高等教育法》《职业教育法》《体育法》《产品质量法》《国家赔偿法》《广告法》《消费者权益保护法》《公益事业捐赠法》《预备役军官法》《归侨、侨眷权益保护法》《人民警察法》《消防法》《监狱法》《行政处罚法》《行政复议法》《森林法》《信托法》《人口与计划生育法》《职业病防治法》《现役军官法》《农业法》《道路交通安全法》《行政诉讼法》《教师法》《公务员法》《公证法》《劳动合同法》《中医药法》《国务院关于安置老弱病残干部的暂行办法》等。

四、残疾人的法律援助和司法救助

残疾人实施法律援助和司法救助,主要是要依照国家相关的法律、法规及司法解释进行,是包含在国家现行的法律援助和司法救助制度之内的。法律援助和司法救助的对象主要是经济困难的公民。考虑到残疾人的特殊困难,残疾人保障法还特别规定,除了向经济困难的残疾人提供法律援助和司法救助外,还向有其他原因确需要法律援助和司法救助的残疾人提供。法律救助机构或者人民法院在向残疾人提供法律援助和司法救助的同时,还应当给予其他相关帮助。

(一)法律援助

法律援助是指对经济困难的公民给予必要的法律服务,包括法律咨询、代理、刑事辩护等无偿法律服务。对想诉讼而因经济困难无法获得必要的法律服务的公民,实行法律援助制度,是国际上通行的做法。我国在《刑事诉讼法》《律师法》等法律中对这一制度做出了规定,1993 年 9 月 1 日起实施的《法律援助条例》对法律援助制度更是做出了具体的规定。根据《法律援助条例》的规定,公民

对下列需要代理的事项,因经济困难没有委托代理人的,可以向法律援助机构申请法律援助:(1)依法请求国家赔偿的;(2)请求给予社会保险待遇或者最低生活保障待遇的;(3)请求发给抚恤金、救济金的;(4)请求给予付赡养费、抚养费、扶养费的;(5)请求支付劳动报酬的;(6)主张因见义勇为行为产生的民事权益的。根据《法律援助条例》第11条的规定:"在刑事诉讼中有下列情形之一的,公民可以向法律援助机构申请法律援助:(1)犯罪嫌疑人在被侦查机关第一次讯问后或者采取强制措施之日起,因经济困难没有聘请律师的;(2)公诉案件中的被害人及其法定代理人或者近亲属,自案件移送审查起诉之日起,因经济困难没有委托诉讼代理人的;(3)自诉案件的自诉人及其法定代理人,自案件被人民法院受理之日起,因经济困难没有委托诉讼代理人的。"根据《法律援助条例》第12条的规定,"公诉人出庭公诉的案件,被告人因经济困难或者其他原因没有委托辩护人,人民法院为被告人指定辩护时,法律援助机构应当提供法律援助。被告人是盲、聋、哑人或者未成年人而没有委托辩护人的,或者被告人可能被判处死刑而没有委托辩护人的,人民法院为被告人指定辩护时,法律援助机构应当提供法律援助,无须对被告人进行经济状况的审查"。

如果残疾人申请法律援助,应当提交本人身份证或者其他有效的身份证明,代理申请人还应当提交有代理权的证明,同时,还应当提交经济困难的证明,以及与所申请法律援助事项有关的案件材料。

申请法律援助应当采用书面形式,填写申请表;以书面形式提出申请确有困难的,可以口头申请,由法律援助机构工作人员或者代为转交申请的有关机构工作人员做书面记录。对于公民的申请,由法律援助机构负责受理、审查、指派或者安排人员为符合规定的公民提供法律援助。

(二)司法救助

司法救助,是指人民法院对于当事人为维护自己的合法权益,向人民法院提起民事、行政诉讼,但经济确有困难的,实行诉讼费的缓交、减交、免交制度。实行司法救助制度的目的是使经济确有困难的当事人能够依法行使诉讼权利,维护其合法权益。最高人民法院于2000年7月通过了《关于对经济确有困难的当事人提供司法救助的规定》,2005年4月又对该《规定》进行了修订。根据新修订的最高人民法院《关于对经济确有困难的当事人提供司法救助的规定》,可以向人民法院申请司法救助的当事人包括:

(1)追索赡养费、抚养费、抚育费、抚恤金的;

(2)孤寡老人、孤儿和农村"五保户";

(3)没有固定生活来源的残疾人、患有严重疾病的人;

(4)国家规定的优抚、安置对象;

（5）追索社会保险金、劳动报酬和经济补偿金的；

（6）交通事故、医疗事故、工伤事故、产品质量事故或者其他人身伤害事故的受害人，请求赔偿的；

（7）因见义勇为或为保护社会公共利益致使自己合法权益受到损害，本人或者近亲属请求赔偿或经济补偿的；

（8）进城务工人员追索劳动报酬或其他合法权益受到侵害而请求赔偿的；

（9）正在享受城市居民最低生活保障、农村特困户救济或者领取失业保险金，无其他收入的；

（10）因自然灾害等不可抗力造成生活困难，正在接受社会救济，或者家庭生产经营难以为继的；

（11）起诉行政机关违法要求农民履行义务的；

（12）正在接受有关部门法律援助的；

（13）当事人为社会福利机构、敬老院、优抚医院、精神病院、SOS 儿童村、社会救助站、特殊教育机构等社会公共福利单位的。

根据《诉讼费用交纳办法》规定，当事人申请司法救助，符合下列情形之一的，人民法院应当准予免交诉讼费用：

（1）残疾人无固定生活来源的；

（2）追索赡养费、抚养费、抚育费、抚恤金的；

（3）最低生活保障对象、农村特困定期救助对象、农村五保供养对象或领取失业保险金人员，无其他收入的；

（4）因见义勇为或者为保护社会公共利益致使自身合法权益受到损害，本人或者其近亲属请求赔偿或者补偿的；

（5）确实需要免交的其他情形。

符合下列情形之一的，人民法院应当准予减交诉讼费用：

（1）因自然灾害等不可抗力造成生活困难的，正在接受社会救济，或者家庭生产经营难以为继的；

（2）属于国家规定的优抚、安置对象的；

（3）社会福利机构和救助管理站；

（4）确实需要减交的其他情形。

符合下列情形之一的，人民法院应当准予缓交诉讼费用：

（1）追索社会保险金、经济补偿金的；

（2）海上事故、交通事故、医疗事故、工伤事故、产品质量事故或者其他人身损害事故的受害人请求赔偿的；

（3）正在接受有关部门法律援助的；

(4)确实需要缓交的其他情形。

残疾人需要申请司法救助的,如果符合上述司法救助的范围,就可以在起诉或者上诉时提交申请司法救助的书面申请和足以证明其确有经济困难的证明材料。

第三节 残疾人事业法制建设任重道远

随着我国社会主义法制建设的发展,残疾人事业法制建设也取得显著成效,初步形成了以《宪法》为核心,以《残疾人保障法》为基础,以有关法律、法规、规章为配套的残疾人事业的法律体系,残疾人事业步入依法发展的轨道。残疾人事业进一步得到发展,残疾人人权进一步得到保障。但是,我国残疾人事业发展中仍存在许多问题和困难,残疾人事业法制建设任重道远。

一、残疾人事业法制建设存在的主要问题

当前我国残疾人事业法制建设存在的主要问题是:《残疾人保障法》在有些地方和部门贯彻落实不力;残疾人社会保障、文化体系等方面的专项规章相对滞后,残疾人事业法律法规体系还需要进一步完善;歧视和侵害残疾人的现象仍时有发生,法律服务与维权网络在基层尤其是农村还比较薄弱,社会化的残疾人法律救助机构有待进一步加强,残疾人在依法维护自身合法权益过程中还面临许多困难。

二、加强残疾人事业法制建设的主要任务

(一)进一步完善残疾人事业法律法规体系

国务院印发的《"十三五"加快残疾人小康进程规划纲要》提出:开展残疾人社会福利、教育、盲人按摩、反残疾歧视等立法研究。建立残疾人权益保障法律、法规、规章信息公开系统。要积极推进残疾人事业相关行政法规的制定和修订,抓紧制定《残疾人社会保障条例》《残疾人文化体育条例》等,尽快修订《残疾人就业条例》,地方要结合当地实际情况抓紧修订《残疾人保障法》实施方法,适时制定和修改残疾人优惠政策和扶助规定。

在制定、修订各项相关法律法规和政策规定时,要充分保障残疾人的平等权益,尊重残疾人对相关立法和残疾人事务的知情权、参与权、表达权、监督权。《残疾人保障法》第 6 条规定:国家采取措施,保障残疾人依照法律规定,通过各种途径和形式,管理国家事务,管理经济和文化事业,管理社会事务。制定法律、法规、规章和公共政策,对涉及残疾人权益和残疾人事业的重大问题,应当听取

残疾人和残疾人组织的意见。残疾人和残疾人组织有权向各级国家机关提出残疾人权益保障、残疾人事业发展等方面的意见和建议。我国批准的《残疾人权利公约》明确规定,残疾人应有机会积极参与政策和方案的决策过程,包括与残疾人直接有关的政策和方案的决策过程。全国人大立法一般要面向社会公开征求意见,广大残疾人与其他公民一样有权向立法机关提出意见和建议。这些规定进一步明确了残疾人对相关立法和残疾人事务的知情权、参与权、表达权、监督权,在涉及立法和涉残事务问题上,让残疾人直接行使民主权利,这既体现了对保障残疾人权利的高度重视,也是对广大残疾人扩大民主意愿的准确把握。

(二)加强执法监督检查,强化法律法规的实施

各级人大常委会要按照《监督法》的要求,加强对《残疾人保障法》等保障残疾人权益的法律法规执行情况的监督检查。检查的重点应围绕残疾人事业的发展和残疾人权益的保障。检查的对象是法律实施的主体机关,即各级政府及其相应职能部门。执法主体机关要向执法检查监督组织提供法律实施的真实情况,既要肯定成绩,更要提出存在的不足和今后改进的措施。这里要特别强调的是,残疾人和残疾人组织要敢于反映存在的问题,敢于反映残疾人的愿望和要求,以便执法检查监督组织汇总后向政府提出整改建议,促进法律法规的贯彻落实。

(三)认真执行《残疾人保障法》和相关法律法规

新修订的《残疾人保障法》不仅为残疾人事业的发展提供了新的动力,更为维护和保障残疾人权利提供了有力的法律保障。政府在发展残疾人事业中起着主导作用,是贯彻落实好《残疾人保障法》的根本保证。

政府的职责主要体现在四个方面:一是将残疾人事业纳入国民经济和社会发展规划并建立稳定的经费保障机制;二是制定残疾人事业发展纲要,规划和制订年度计划;三是设立负责残疾人工作机构;四是政府有关职能部门各司其职,各部门做好职责范围内的残疾人工作。

(四)加强法制宣传教育,增强全社会依法维护残疾人权益的法制观念,提高残疾人依法维权的意识和能力

国务院印发的《"十三五"加快残疾人小康进程规划纲要》强调:加大残疾人权益保障法律法规的宣传执行力度。将《残疾人保障法》等相关法律法规宣传教育作为国家"七五"普法重要任务。积极开展议题设置,运用互联网和新媒体加大普法宣传力度。开展残疾人学法用法专项行动,提高残疾人对相关法律法规政策的知晓度和维权能力。政府部门要带头落实残疾人权益保障法律法规,依法开展残疾人工作,依法维护残疾人权益。企事业单位、社会组织和公众要认真

履行扶残助残的法定义务。配合各级人大、政协开展执法检查、视察和调研，促进残疾人权益保障法律法规的有效实施。严厉打击侵犯残疾人合法权益的违法犯罪行为。加强对《残疾人保障法》的普法宣传教育，各级司法行政部门和普法办要将《残疾人保障法》等保障残疾人权益的法律法规作为国家普法宣传教育的重要内容，采取切实措施，提高政府、社会、残疾人工作者依法发展残疾人事业，依法维护残疾人权益的法制观念。通过广播、电视、报纸、杂志网络等多种途径，采取座谈会、报告会、知识讲座、咨询等灵活多样的形式进行广泛宣传和普及。提高广大残疾人的法律意识，增强依法维权能力。当前，特别要运用主流媒体和新媒体开展残疾人事业法制宣传。

（五）建立残疾人法律救助体系，做好残疾人法律服务、法律援助、司法救助工作，加大对侵害残疾人合法权益案件的查处力度

《纲要》要求：创新残疾人权益保障机制。推动建立残疾人权益保障协商工作机制。拓宽残疾人和残疾人组织民主参与渠道，有效发挥残疾人、残疾人亲友和残疾人工作者人大代表、政协委员在国家政治生活中的重要作用。大力推进残疾人法律救助，帮助残疾人及时获得法律援助、法律服务和司法救助，扩大残疾人法律援助范围。办好 12385 残疾人服务热线和网络信访平台，实现 12110 短信报警平台的全覆盖和功能提升。建立完善残疾人权益保障应急处置机制。

第四节　国外残疾人立法情况

一、国外残疾人立法概况

国外残疾人立法，传统上以欧洲为代表，注重对残疾人的各项社会保障，制定了一系列有关残疾人社会保障的法律。20 世纪 90 年代以来，以美国为代表的普通法系国家从保障残疾人权利角度陆续制定了反残疾歧视法，如美国 1990 年的《残疾人法》、澳大利亚 1992 年的《残疾人歧视法》、英国 1995 年的《残疾歧视法》等。近年来，欧洲各大陆法系国家和普通法系国家互相借鉴，欧洲各国陆续出台了禁止残疾歧视的法律，普通法系各国也加强了残疾人社会保障立法。亚洲也有许多国家制定了残疾人法，如日本《残疾人基本法》、韩国《反残疾歧视及其补偿法》、印度《1995 年残疾人法》、巴基斯坦《残疾人法令》、菲律宾《残疾人大宪法》等。世界许多国家和地区除了有综合性残疾人立法外，还专门制定了一系列关于残疾人康复、教育、就业和社会保障的法律。我国香港、澳门和台湾地

区残疾人制度也比较健全,如香港特区的《残疾歧视条例》、澳门特区的《预防残疾及使残疾人康复及融入社会之制度》、台湾地区的"身心障碍者权益保障法"等。目前,已有一百多个国家和地区制定了有关残疾人的法律。

最新的残疾人立法趋势,一是更多地强调残疾人个人为权利主体,二是强调国家在满足残疾人需要方面承担主要责任。

二、国外残疾人立法主要内容

各国残疾人立法主要包括以下几个方面。

一是强调残疾人的平等权利和反对残疾歧视。强调残疾人与其他公民是具同等价值的公民,强调残疾人与其他公民权利平等,强调国家保障残疾人平等权利的实现,反对残疾歧视。

二是对残疾人给予特别扶助和特殊保障。为改变残疾人在社会生活中的不利地位,国外法律在重申残疾人享有与其他公民平等权利和同等机会的同时,普遍规定通过辅助方法、优惠政策和保护措施,给残疾人特别扶助,以弥补残疾带来的不利影响,充分实现残疾人的价值。国际社会普遍认为政府和社会有义务帮助残疾人康复,使其补偿功能、增强参与能力。各国普遍制定优惠扶持政策,促进和保护残疾人通过多种形式就业;鼓励和帮助残疾人接受融合式教育和特殊教育;鼓励残疾人融入社会,对残疾人出行等提供优惠和补助。许多国家的公共服务机构为残疾人提供优先服务和辅助性服务。例如保留停车场、座位,购物优先等。

三是注重完善残疾人的社会保障措施。西方发达国家的社会保障体系经过上百年的不断完善,已经形成一个覆盖全部人口、涵盖各种情况的完整的体系,这一体系已经将残疾人包含在内。此外,针对残疾人的特殊需求,一些国家还制定了专门立法,如比利时1987年的《残疾人福利法》、瑞典1998年的《残疾补贴和护理补贴法》等。澳大利亚规定父母或监护人因孩子身体、智力或心理伤残而需要在家里予以护理和照顾的,可领取补贴。需要长期在家照顾重度残疾人的养老金领取者或者领取其他补助者,同时还可以得到护理者补贴。此外,许多国家包括印度、菲律宾等国对残疾人康复给予补贴,并且免费或优惠为残疾人提供辅助器具。

四是重视推进无障碍环境建设。欧盟推行的"为所有人设计"的设计原则,强调在产品设计中要考虑残疾人的特殊需要和普通大众的需要相结合,着力统一欧洲的残疾人产品和服务标准。澳大利亚、新西兰规定所有建筑物和设施都必须提供残疾人通道,每个旅店和宾馆都必须有为残疾人服务的设施。各国还十分注重信息和交流无障碍工作,一些国家对公共服务机构和场所交通的字幕、手语等明确了要求,并保障盲人、聋人在电信、网络等方面的特殊需求。

● **本章习题** ··

1.宪法原文对于保护残疾人的规定是如何表述的?

2.《残疾人保障法》共几章几条?

3.目前,我国国务院已经出台了哪几个残疾人的专门规章?

4.试述残疾人执法检查的主要形式。

5.面向公众的涉残法规宣传和面向残疾人的法制宣传教育主要有哪些渠道?

【参考文献】

1.联合国.残疾人权利公约(该公约自 2008 年 8 月 31 日起在中国正式生效).

2.中华人民共和国残疾人保障法(2008 年 7 月 1 日).

3.中共中央 国务院关于促进残疾人事业发展的意见(中发〔2008〕7 号).

4.邓朴方.人道主义的呼唤.北京:华夏出版社,1999.

5.丁启文.人性·人道·人权.北京:华夏出版社,2008.

6.张宝林.中国残疾人事业理论与实践研究(综合卷).北京:华夏出版社,2007.

7.张宝林.中国残疾人事业理论与实践研究(战略卷).北京:华夏出版社,2007.

<<< **第十九章**

残疾人事业信息化建设

党中央、国务院对残疾人事业高度重视,提出了"2020年全面建成小康社会,残疾人一个也不能少"。加强残疾人事业的信息化建设,是完善残疾人工作管理体系的必由之路,是实现残疾人事业现代化管理和可持续发展的重要举措。建立健全各级残联信息化工作管理体系,实现信息资源共享,推广信息无障碍技术,更好地为残疾人提供服务。本章在概述信息化的含义及其特点的基础上,着重论述残疾人事业的信息化建设和残疾人工作信息化的管理和服务问题。

第一节 信息化及残疾人事业的信息化建设概述

一、信息化的含义及其特点

(一)信息化的含义

所谓信息化,是指在特定地域范围内以实现信息资源的极大丰富和高效率的信息资源共享为目的的行为过程和状态。它有广义和狭义之分。广义的信息化,是指在特定地域范围内实现信息的大量汇集、高效共享之目的的行为过程和方式。从其实现的目的上讲,它所追求的是特定地域范围内的所有主体能够以高效的方式获取丰富的信息。从其实现的条件上讲,它既需要有丰富的信息资源,也需要有收集、开发、加工、传播信息的技术、设施等物质条件,更需要有包括人员素质培养、投资环境、个人资料保护、信息公开等方面的制度和政策的保障等软条件。狭义的信息化,是指通过政府、公共组织等公共主体的活动,实现在特定地域范围内信息资源收集、使用、共享为目的的行为过程和方式,即只涉及宏观方面的规划、监督管理、促进和保障内容。

（二）信息化的特点

1.综合性

信息化在技术层面上指的是多种技术综合的产物。它整合了半导体技术、信息传输技术、多媒体技术、数据库技术和数据压缩技术等；在更高的层次上它是政治、经济、社会、文化等诸多领域的整合。

2.竞争性

信息化与工业化的进程不同的一个突出特点是，信息化是通过市场和竞争推动的。政府引导、企业投资、市场竞争是信息化发展的基本路径。

3.渗透性

信息化使社会各个领域发生全面而深刻的变革，它同时深刻影响物质文明和精神文明，已成为经济发展的主要牵引力。信息化使经济和文化的相互交流与渗透日益广泛和加强。

4.开放性

创新是高新技术产业的灵魂，是竞争取胜的法宝。参与竞争，在竞争中创新，在创新中取胜。开放不仅是指社会开放，更重要的是思维的开放。

二、残疾人事业信息化建设的含义及其地位

（一）残疾人事业信息化建设的含义

中国残联在编写的《残疾人工作基本知识读本》中指出：残疾人事业信息化建设是指利用现代化的通信手段及计算机技术采集、编辑、存储、传输、分析、处理残疾人事业和残疾人工作，以及各类具体业务的有关信息，并提出其包括7个方面的内容。[①]

从残疾人事业信息化建设的界定中，我们不难看出其丰富的内涵：

1.即时性的信息传递

实现残疾人的信息无障碍化，以及残疾人工作的各种信息的即时传递，从而大大提高工作效率。

2.个体化的贴身服务

网络技术、大数据技术的发展，为每一个残疾人提供量身定做的、个体化的服务。

3.互动性的沟通交流

通过电脑和网络，打破了困扰残疾人的各种沟通交流的壁垒，实现了全面性

---

① 中国残联编：《残疾人工作基本知识读本》，华夏出版社2009年版，第230页。

的、互动性的沟通交流。

4.远程化的服务模式

远程化的服务模式是解决残疾人接受服务能力先天不足的一种非常有效的方式和手段。

5.全方位的资源共享

通过全方位的资源共享,可以打破地区、行业甚至国界的限制,实现跨地区、跨行业、全球化的资源共享,充分利用人类社会发展所创造出的各种资源为残疾人服务。

(二)信息化建设在残疾人事业发展中的地位

1.信息化建设是残疾人事业科学发展的内在要求

信息技术发展为提升治国理政能力提供了新机遇、新手段。党中央、国务院将推进社会信息化作为覆盖我国国民经济和社会发展全局的战略举措,把"推行电子政务,强化社会管理和公共服务"作为转变政府职能,提高行政效率,推进政务公开的重要任务。"十三五"期间,国家以转变经济发展方式和改善民生为重点,在工作模式、工作机制、保障措施等方面融入了更多的先进管理理念和现代化信息技术手段;特别是习近平总书记在党的第十九大的报告中指出:"加快建设创新型国家……为建设科技强国……数字中国、智慧社会提供有力支撑。"残疾人事业要主动顺应信息社会的客观要求,按照中央的决策部署,采取有力措施,将信息化作为推动残疾人事业科学发展的基础支撑,充分发挥信息化在残疾人事业整体业务格局中的整合作用,为残疾人保障体系和服务体系建设构建全面的信息化支撑体系,不断提高残疾人事业的科学化水平。

2.信息化建设是残联系统开展高效工作的基本前提

构建残疾人工作综合业务平台、残疾人数据中心,为党委、政府及相关部门提供准确有效的工作信息,是残联信息化建设的基本任务,是各级残联的基本职能之一。在部署第二次全国残疾人抽样调查时,回良玉副总理亲自将"真实的了解、真挚的关爱"确定为调查口号。在残疾人事业发展之初,邓朴方主席经常说,"不是不人道,而是不知道"。知道和了解,是残疾人工作赢得支持、纳入大局的前提和基础。不同时期的信息化建设有着不同水平的要求。在当前信息技术广泛应用,残疾人工作走向精细化的背景下,要通过系统化、程序化、标准化、数据化的手段,构建工作综合业务平台,积极协调人社、民政、教育、卫生、扶贫等相关部门和社会力量共同推进残疾人工作。要主动运用信息化手段,逐步建立科学、精细、有效的信息化业务监管和绩效评估机制,开展绩效监督和评估,提高科学管理水平。

3.信息化建设是残联系统履行职能的重要载体

党的十九大报告明确提出,"转变政府职能,深化简政放权,创新监管方式,增强政府公信力和执行力,建设人民满意的服务型政府"。政府已经朝着服务型政府转变,各级残联也紧跟步伐,主动推行网上办事和政务公开,规范工作流程,提高管理和公共服务水平,既开辟了新的为残疾人服务的途径,也便于广大残疾人行使民主监督权利。深入推进各级残联的信息化建设,有利于提高为残疾人办事的效率,有利于保障残疾人的知情权、参与权和监督权,是强化残联"代表、服务、管理"职能的重要途径和手段。

4.信息化建设是残联组织提高服务能力和水平的重要抓手

残疾人工作走向个性化,为残疾人提供便捷的服务,是残疾人事业发展的趋势。面对残疾人群体数量庞大、种类繁多、快速增长的需求,单纯依靠传统业务管理和服务模式已经无法应对。信息化建设是残联组织服务能力的放大器。一方面,信息化建设增强我们开展工作的针对性和指向性,使有限的服务资源得到更加有效的应用;另一方面,通过信息化建设,个性化的残疾人需求得到更加及时有效充分的反映。要贴近业务工作发展和残疾人需求开展信息化建设,构建综合业务平台和残疾人服务平台,强化功能,突出实用,使残疾人需求更快得到反映,使服务能力得到充分发挥,实现业务工作与残疾人需求的对接,切实提高残联组织服务能力和水平。

三、残疾人工作信息化的管理和服务问题

据2018年中国残疾人事业发展统计公报数据,截至2018年年底,全国31个省级、261个地市级、863个县级残联开通网站。全国残疾人人口基础数据库存有持证残疾人3566.2万人。智能化残疾人证试点成功,正式进入全面换发阶段。残联系统网站已逐步成为服务于社会和广大残疾人的电子政务信息服务平台,在政务公开、新闻宣传、信息服务等方面发挥了重要窗口作用。残疾人人口基础数据库作为国家权威的残疾人基础信息资源,为提高残疾人社会保障与服务水平提供支持和保障。

事实表明,残疾人工作信息化的根本问题是管理和服务问题。信息化的基础是管理,反过来又为管理服务。信息化建设必须思考和重视管理问题,要以"规范为要求,公开为原则,服务为宗旨",理清业务关系,优化业务程序,用信息化推动管理的科学化。信息化建设既涉及管理的方方面面,又要使各个业务条线相互形成关联,各项业务环节相互制约,使之融为一体,从而发挥其整体效应。为此,残疾人工作者应主动顺应信息化浪潮,充分解放思想,把推进信息化与履行残联职能、提高科学发展能力结合起来,与创新体制机制、提高业务监管效能

结合起来,与加强自身建设、规范行政行为结合起来,与拓展职能空间、促进残疾人事业科学发展结合起来,进一步提高对信息化建设在推动残疾人事业发展中重要作用的认识。

第二节 我国残疾人信息化建设的现状

一、我国残疾人事业信息化建设取得的成效

残疾人事业信息化建设,从无到有,从小到大,取得了显著成绩。我国将残疾人信息化、统计、信息无障碍等工作纳入《中共中央 国务院关于促进残疾人事业发展的意见》(中发〔2008〕7号)文件和国家相关规划,紧紧围绕残疾人事业和各项重点领域,先后制定了"十五""十一五""十二五""十三五"信息化发展规划和管理制度、技术规范,出台了一系列指导性文件,整体推进残疾人事业信息化建设。

(一)残疾人事业信息化建设政策环境基本形成

在残疾人事业发展整体布局中,信息化被各级残联领导提到重要议事日程中,2016年8月,国务院发布《"十三五"加快残疾人小康进程规划纲要》,明确提出,"通过国家科技计划(专项、基金等)支持符合条件的残疾人服务科技创新应用,实施'互联网+科技助残'行动。提高残疾人事业信息化水平,加强对残疾人人口基础数据、服务状况和需求专项调查数据、残疾人事业统计数据、残疾人小康进程监测数据的综合管理和动态更新,加强与国家人口基础信息、相关政府部门数据资源的交换共享。加强'中国残疾人服务网'建设,推动'互联网+助残服务'模式的创新应用。加快推进智能化残疾人证试点"。

2018年,中国残联第七次代表大会报告提出,促进互联网、大数据在残疾人工作中的运用,建设"智慧残联",推广"互联网+助残服务",提高管理和服务的效能。为"互联网+助残服务"工作的开展奠定了基础。

(二)残联信息化标准规范体系得到进一步完善

围绕数据标准、数据交换、数据服务和管理,建立了系列技术标准规范。这些制度的建立,规范了全国残联系统信息化建设。在数据建设方面,发布了《残疾人人口基础数据库基础信息查询接口规范》等9项标准。在网站和资源建设方面,发布了《中国残联系统互联网网站建设指标体系》等8项标准。在信息化安全保密管理方面,建立了《涉密计算机管理办法》等6项制度。

（三）全国共建国家级残疾人人口基础信息库收效显著

为准确掌握每个残疾人的基本情况，在国家制定残疾人康复、教育、就业、扶贫、社会保障等惠残政策中提供翔实数据支撑，我们以残疾人标准为依据，以全国公民身份信息为基础，在全国启动了"残疾人人口基础数据库"建设。截至2019年3月，在各级残联的共同努力下，系统已收录了持证残疾人的基础信息2074万人，为各级残联实施重点惠民工作奠定了扎实的基础。在功能效果上，残疾人人口基础数据库管理系统已基本实现多部门信息共享，支持信息资源的互联互通和信息交换。

（四）进一步开展重点业务应用与共享

以"残疾人人口基础数据库"为核心服务平台，围绕残联康复、教育、扶贫、社会保障等重点业务，开发多项业务应用系统，规范了业务管理流程，提高了涉残资金的监管和服务效能。在残疾人人口基础数据的基础上，建立了"全国残疾人动态更新"管理系统，每年采集有相关需求的残疾人信息。

（五）残疾人网上服务快速发展

按照国家政务公开的要求，中国残联积极推动各级残联网站建设，全国31个省级、261个地市级、863个县级残联开通网站。残联系统网站已逐步成为服务于社会和广大残疾人的电子政务信息平台，在新闻宣传、政务公开、信息服务等方面发挥了积极作用。为配合"两个体系"建设，正式向社会开通以服务残疾人需求为目标，具有权威性、公益性、群众性、专业性和互动性特点的残疾人信息服务平台"中国残疾人服务网"，积极创新开展网上特色服务。

（六）无障碍技术研究加快了信息无障碍服务环境改善

以建立一个支撑平台，两类关键技术，三类示范应用为重点开展技术研究，推动政府、残联系统、媒体、大型赛事和活动网站的无障碍改造工程和信息无障碍服务设备与产品的示范应用，收到良好的社会效果。与国家图书馆、盲文出版社合作共建了首个互联网上的"中国盲人数字图书馆"网站。网站以国家图书馆强大的公共文化资源为基础，为盲人、低视力和聋人朋友提供方便的网上阅读无障碍信息服务，对大量的书籍进行无障碍加工，对视频文件进行加配字幕，填补了我国互联网上盲人数字图书馆的国家级空白。

（七）残联系统信息安全保障体系初步构建

各省残联在保密管理、监督检查、工作机制、责任追究等方面加强职责分工和制度建设上，形成了比较有效的安全管理机制。

二、省级残疾人事业信息化建设的主要内容

根据国务院《"十三五"加快残疾人小康进程规划纲要》《关于加快推进"互联

网＋政务服务"工作的指导意见》文件和中国残联第七次代表大会要求,建设"智慧残联",推广"互联网＋助残服务"将是省级残疾人事业信息化建设的主要内容,以浙江省为例,结合《浙江省残疾人事业发展"十三五"规划》《浙江省深化"最多跑一次"改革推进政府数字化转型工作总体方案》《浙江省"8＋1"助残行动方案》等文件精神,结合政府数字化转型和"智慧残联",浙江省提出了建设"数字残联"的设想,"数字残联"建设的主要内容包括以下几个方面:

——科学规划数字残联建设顶层设计。根据数字浙江建设总体部署和中国残联信息化建设改革方案,紧密结合全省残疾人事业发展特点,科学编制浙江省数字残联建设行动计划和建设方案,明确目标要求、发展定位和重点任务,构建以省残联统一建设为主,实现与中国残联和市县残联数据共享互通,覆盖全省残联组织、涵盖全部残联服务业务、服务全省残疾人群体的数字残联体系。

——全面建成全省残疾人数据中心。建成全省残疾人数据中心,全面准确地掌握全省残疾人基础数据和各项残疾人业务数据;建立全省残疾人"一人一档"生命全周期综合档案,实时查询、跟踪、反馈残疾人需求与服务状况;建成残疾人数据共享交换平台,推动残联同省政府统一数据共享交换平台和残联系统内部组织的数据共享交换;着力强化大数据统计分析和决策能力,利用残疾人数据库和云计算等技术,深化大数据在残疾人事业中的有效应用。

——集成建设数字残联管理平台。建设以统一平台、统一入口、统一认证、统一管理为特征的数字残联管理平台。通过功能集成、流程再造和数据共享,实现全省残联系统线上、掌上数据查询、业务办公、统计分析、任务交办等功能。坚持统一规划,分步实施,紧密贴合残疾人工作重点和残疾人需求开发或完善新的系统应用,逐步深化移动互联网等新技术对助残工作的支撑推动作用,建立"互联网＋"的残联现代化管理模式。

——精准打造数字残联服务平台。梳理形成全省助残事项服务清单目录,服务事项应上尽上,打造统一集成的数字残联服务平台。充分整合政务服务网、浙里办 APP、各级残联网站、公众号等平台,坚持需求导向和闭环服务理念,向残疾人、残疾人家属和社会群体等提供便捷、多元和个性服务。深入挖掘残疾人服务智能化应用,积极整合社会力量,逐步拓展服务领域和功能,真正实现服务精准化、精细化、智能化。

——建立健全数字残联数据管理体系。建立数据共享、业务管理、技术应用等信息化建设系列标准,实现全省助残数据资源和服务资源按一套标准执行。建立数字残联工作管理机制,在数据共享开放、业务流程优化、网上掌上服务规范等方面制定配套制度,进一步推进信息化规范化建设。加强网络信息安全机制建设,构建覆盖基础设施、网络、平台、数据等全方位的网络安全技术防护体系,加强安全风险预防与控制。

——探索建设"一卡通用"智能应用体系。以第三代残疾人证全省推广为契机,整合数字残联服务平台建设细化"一卡"身份识别、业务管理和社会服务等功能,根据各地实际,积极拓展就业培训、康复托养、社会公共服务等领域"一卡通用"范围。采取"省级＋地方"的方式,探索"一卡通用"数据中心建设,汇集"一卡"残疾人数据,研究分析"一卡"的智能化应用,探索建设"一卡通用"智能化应用体系。

三、残疾人事业信息化建设存在的主要问题与对策建议

(一)主要问题

面对信息时代的要求、残疾人事业的快速发展和广大残疾人的迫切需要,残联系统信息化工作还存在需要加强和改进的方面:一是各级残联的信息化建设普遍缺乏顶层管理、顶层设计、顶层协调的管理机制和有效的执行力度。一些部门和领导对信息化工作重视不够,信息化工作存在边缘化倾向。二是工作机制不顺,统筹协调不畅,信息化建设各自为政,低水平重复建设突出,数据资源不能共享。三是机构队伍不健全,缺人少编现象严重。

具体地说,存在问题的成因主要有以下几个方面:

1.名不正,制不顺

建立完善的组织体系是做好信息工作的基础保障,目前,全国残联系统普遍存在信息化建设缺乏通盘考虑,缺少组织和制度保障。许多省残联本级仍无成立信息中心,所有业务由网站代管,人员缺乏,职责不明。省本级应从"管理创新是信息化之本"的高度,协调编制,建立信息化机构,赋予相应的职能,并辅以制度做保障,以更好地为地方业务的开展提供指导和服务。

2.重硬件,轻软件

目前,各级残联在信息化建设方面出现软、硬件建设比例失调现象,重硬件,轻软件,在硬件方面的资金投入明显高于软件,在应用系统的建设方面投入甚少。各级残联应加强组织、协调和管理,加大应用力度,逐步使其制度化,避免低水平的重复建设项目。通过加大对各业务子系统的应用力度,促进并带动工作发展。

3.轻培训,弱应用

保证信息化建设的稳步推进和应用系统的正常运行,就要有较高的应用和操作水平作保证,这是信息化工作成功的关键。各级残联要注重本单位职工的信息化知识和技能培训,制定考核标准和制度,提高职工的信息化素质,使信息

化工作渗透到残联工作的每个环节,这样才能发挥信息化投入后的最大效值,多层次促进残疾人工作。

4.高投入,低产出

无障碍信息技术应用的市场化运作水平相对低。残联信息化建设除了建设电子政务之外,更重要的是开发无障碍信息技术,打造各类残疾人无障碍上网的平台,开发和应用各类无障碍信息技术的产品,以市场化手段反哺事业发展,形成良性循环。

(二)对策建议

1.提高认识,切实加强组织领导

各级残联要充分认识新形势下加强信息化建设的重要性和迫切性,消除思想上存在的误区和顾虑,积极投身信息化建设。同时,各级残联要把信息化建设列入重要议事日程,抓紧建立领导小组,落实职能部门,明确人员职责,做到有人管、有人建、有人运行维护。建立健全考核、管理机制,确保信息化建设有序推进、科学管理、安全运行。

2.统筹渐进,服务各项业务开展

残疾人社会工作信息化是一项系统工程,其建设过程实际上也是一个不断评价和完善的过程,通过信息化水平绩效的评价,反映信息化建设的经济性以及信息化的效应对残疾人事业的影响程度等状态。特别是需要建设省级残疾人数据中心、残联业务管理平台、残疾人服务平台建设,为残疾人提供便捷服务的平台,为残联工作者提供高效工作的平台,同时做好安全建设。

3.日臻完善,不断健全工作机制

目前,残疾人事业业务格局已经形成,走上轨道。相对于其他各业务领域,信息化工作机制仍有待完善。一些地方残联信息化工作缺少强有力的行政驱动,沟通协调不到位,业务需求缺少深入的挖掘,有些信息系统脱离了业务工作实际。各级残联要进一步加强信息化管理机制建设,强化信息化工作领导小组和办公室的管理与组织协调,相关业务部门在业务流程中要进一步明确对信息化的需求,信息中心在具体实施中要加强对业务需求的准确把握和前瞻设计,形成各司其职、各尽其责、优势互补的工作模式,使信息化真正成为残疾人事业的有机组成部分和业务工作的助推器。

4.做好培训,强化人才队伍建设

高素质的人才队伍是信息化建设的重要保障。信息化建设的关键是要建设一支既懂得信息技术又懂得业务工作的复合型人才队伍。一是要加大各级残联信息化工作人员的专业技术培训。特别是在省级残联,如果没有一支高素质的专业技术队伍,将信息化工作完全委托社会承办,缺少业务与信息化的沟通,这样的信息化工程很可能成为无法应用的项目。二是要做好残联工作人员的信息技术普及培训。目前中国残联部署的综合业务管理系统在全国各级残联的用户已达1万多人,网络化的业务管理平台将成为全体残疾人工作者的业务工作平台,各级残联要切实有效地加大计算机应用的培训,提高每个残疾人工作者计算机的应用能力。

5.防患未然,加强信息安全意识

随着信息网络的广泛渗透和深度应用,信息泄漏、信息窃取已成为严重的社会问题。各省普遍建立信息网络和业务系统后,这些信息系统已经成为存储、传输和处理残疾人事业信息资源的重要载体,涉及残疾人个人隐私、残疾人事业宏观决策、残疾人事业业务发展等重要信息,其中很多是敏感信息,甚至是国家机密。各级残联要在加大信息化建设的同时,进一步提高网络安全防范能力和应对能力,做到技术上有措施,管理上有手段,做好信息系统信息安全等级保护备案工作,确保残疾人事业各种关键信息不发生网络失泄密问题,确保残疾人事业信息化的稳步发展。

● **本章习题**

1.如何理解信息化的含义及其特点?

2.如何理解残疾人事业信息化建设的含义?

3.如何认识信息化建设在残疾人事业发展中的地位?

4.请结合实际,试述我国残疾人事业信息化建设取得的显著成效。

5.省级残疾人事业信息化建设的主要内容有哪些?

6.请回答残疾人工作信息化的根本问题是管理还是服务。

7.如何积极推进残疾人事业信息化建设?

【参考文献】

1.中国残疾人联合会.残疾人工作基本知识读本.北京:华夏出版社,2009.

2."十三五"加快残疾人小康进程规划纲要.

<<< **第二十章**

残疾人无障碍环境建设

"残疾"是人类社会发展进程中必然要付出的代价。只有健全人的社会不是一个健全的社会,无障碍的社会才是理想中的社会。本章简要论述了无障碍环境建设的含义、发展历程,我国无障碍设施建设现状,以及无障碍环境建设社会工作实务。

第一节 无障碍环境建设概述

一、无障碍环境建设的含义

2012 年 6 月 13 日,国务院第 208 次常务会议通过的《无障碍环境建设条例》明确指出:"本条例所称无障碍环境建设,是指为便于残疾人等社会成员自主安全地通行道路、出入相关建筑物、搭乘公共交通工具、交流信息、获得社区服务所进行的建设活动。"由此可见,无障碍环境指的是一个既可通行无阻而又易于接近的理想环境,包括物质环境、信息和交流的无障碍。

近年来,随着经济社会的发展,"无障碍"概念的内涵、外延进一步扩大,已包容了全方位的社会环境建设,从有形的道路交通、公共设施、建筑、信息发展到无形的制度、行为习惯、社会心理、公共意识。无障碍需求人群也从单纯的残疾人变成了涵盖残疾人、老年人、孕妇、婴儿、伤病人等需求群体在内的全人群。因此,我们认为,从广义上看,无障碍环境建设就是为每个人营造更为安全、方便、平等地参与社会生活的整体环境①,提供人性化的公共服务。

---

① 陈曦:《中国无障碍》(上篇),《中国残疾人》2016 年第 3 期,第 26 页。

二、无障碍环境建设主要领域

无障碍环境包括物质环境无障碍、信息无障碍、交流无障碍、无障碍软环境等。

物质环境无障碍是指为了保障残疾人、老年人、儿童及其他行动不便者在居住、出行、工作、休闲娱乐和参加其他社会活动时，能够自主、安全、方便地使用所建设的物质环境和配套服务设施。主要是建筑物（包括公共建筑、居住建筑）和道路（包括道路、桥梁、人行道路、人行天桥、人行地道、公交站点、公共绿地）的相应设施，也包括交通工具无障碍等。

信息无障碍是指对信息的获取和使用，对于不同的人群应有平等的机会和差异不大的成本。其目标是要使全社会所有人，包括残疾人、老年人和儿童在信息获取或使用上具有均等机会，并为社会中对常见的信息交流、获取等使用方式上有操作困难的群体提供适宜的产品或服务。随着现代科技和文明发展，信息无障碍等成为无障碍体系的新构成。主要包括两方面的内容：电子和信息技术无障碍、网络无障碍。前者是指电子和信息技术相关软硬件本身的无障碍设计以及辅助产品和技术，后者包括网页内容无障碍、网络应用无障碍，以及它们与辅助产品和技术的兼容。

交流的无障碍主要是指应使听力、言语和视力残疾者能够通过公共传媒获得信息，进行交流，如影视作品、电视节目的字幕和解说、电视手语、盲人有声读物等。

无障碍软环境是指营造无障碍的社会理念，形成关爱弱势群体的良好氛围，帮扶其无障碍地参与社会生活，也是无障碍的重要组成部分。近些年来，慈善、志愿、关怀等方面也作为其组成部分更加凸显，表现为倡导理念、营造氛围，以开展志愿者服务为主要内容，这需要一个长期的宣传、教育过程。

三、障碍与需求

基于社会工作的需求导向，无障碍环境建设也以人的需求为本。障碍是一个相对的概念，环境建设如果以某一部分人群的需求为主，则另外的人群必然会遇到或多或少的障碍。从古至今，社会环境往往基于大多数身体健康状态下的健全人建设，分析其产生的障碍和需求主要有以下几方面。

（一）行动障碍

行动障碍需求者包括肢体残疾人、腿脚不便的伤病人、老年人、使用婴儿车的婴幼儿及推行李车的人，这些人群对坡道、扶手、垂直升降电梯、无障碍厕所、防滑地面等无障碍设施有需求。

（二）视觉障碍

视觉障碍需求者包括视力残疾人、老年人、眼病人等人群，他们对盲道、公共交通语音报站系统、网络读屏、无障碍电影、大屏手机、行进引导等无障碍设施及服务有不同的需求。

（三）听觉障碍

听觉障碍需求者包括听力残疾人、老年人等人群，他们对手语翻译、影视作品配字幕、会议速记等有不同的需求。

以上几方面障碍和需求是较为常见的基本需求，不同年龄和不同的个体还会有多种多样的个性化需求和发展性需求，特别是随着"互联网＋"智能信息化时代的发展，信息障碍方面的服务需求也越来越受到重视。

四、无障碍环境建设的发展

（一）国外无障碍环境建设的发展

20世纪的两次世界大战和世界经济危机导致大量残疾人出现。30年代在瑞典和丹麦出现了最早的残疾人设施。50年代后的西方高速发展、劳动力短缺，工厂开始雇佣残疾人，人们重新审视残疾人的价值。60年代美国民权运动，残疾人联合起来争取合法的权益，开始形成针对残疾人的"无障碍"概念。1969年，国际复健协会将美国采用的蓝色与白色的搭配、一位坐在轮椅上的残疾人"坐轮椅人像"图案定为国际残障人士专用标志。后来被各国纷纷采用。1959年，瑞典颁布《残疾人住宅建设法规》，这是世界上最早的无障碍设计法规。1961年，美国颁布了世界上最早的无障碍设计标准《便于肢体残疾人进入和使用的建筑和设施的美国标准》。1963年挪威奥斯陆会议上，瑞典神经不健全者协会再次提出，"尽最大的可能保障残疾者正常生活的条件"，这种思想在当年的国际残疾人行动计划中已明确阐明，即"以健全人为中心的社会是不健全的社会"。1976年，国际标准机构 ISO 以1981年的国际残疾人年为目标，成立残疾者设计小组，计划制定"残疾人在建筑物中的需要"的设计指导，无障碍环境建设自此进入标准化阶段。此后，随着经济社会的发展，各国的无障碍法规、标准越来越完善。

信息无障碍的理念自20世纪90年代开始甚至更早就已引起相关人士的关注，并陆续由政府支持开展研究以及制定相关法规和标准。一些发达国家已通过法案要求所有的政府及其代表机构的网站网页实现无障碍化。实现信息无障碍已经成为全球趋势。如美国于1998年通过修正1973年复健法案的第508部分（*Section 508 of the Rehabilitation Act of 1973*，即508法案），要求所有联邦机构在发展和应用电子及信息科技时,都必须切实保证身心障碍者也可以使用。信息无障碍的理念在 2000 年《东京宣言》中率先提出。2003 年在日内瓦召开的信息社会世界高峰会议上通过的《原则宣言》中指出:教育、知识、信息和通信是人类进步、努力和福祉的核心。

(二)我国无障碍环境建设的发展

20 世纪 80 年代,我国学术界开展了一场"人道主义"的大讨论,为残疾人事业和无障碍环境建设的发展送来了春风。1985 年,中国残疾人福利基金会、北京市残疾人协会、北京市建筑设计院联合在北京召开了"残疾人与社会环境研究会议",北京市建筑设计院研究所报告了"无障碍通行的研究"的进展情况,首次明确提出"无障碍",会议最后还发出了"为残疾人创造便利的生活环境"的倡议。自此,我国无障碍环境建设伴随着改革开放和残疾人事业的发展,从无到有,逐步完善,取得了显著成效。

国务院新闻办公室发表的《改革开放 40 年中国人权事业的发展进步》白皮书显示:我国无障碍环境支持加速推进。制定并实施《无障碍环境建设条例》,在无障碍设施建设、信息交流、社区服务等方面做出规定,保障残疾人等社会成员平等参与社会生活。截至 2017 年,全国共出台 451 部省、地市、县级无障碍建设与管理的法规、规章和规范性文件。2016 年至 2017 年共有 182.8 万个残疾人家庭得到无障碍改造。信息无障碍建设步伐加快,截至 2018 年 1 月,500 多家政府单位完成了信息无障碍公共服务平台建设,3 万多个政务和公共服务网站实现了无障碍建设。维护残疾人驾驶机动车的权利,已有 16 万残疾人领取了机动车驾驶证,残疾人个人行动和社会参与能力得到提升。

我国无障碍环境建设发展历程呈现出以下两方面特点。

1. 政府主导,社会参与

我国采取在政府统一领导、协调下,相关部门各司其职、分工合作,社会公众参与的方式,进行无障碍建设。从"八五"计划开始,我国的每个五年计划都规定了建设无障碍设施的任务和措施。

迄今,我国的无障碍环境建设已形成了从中央到省、市、县的完整的工作体系。国务院公布的《无障碍环境建设条例》明确规定:县级以上人民政府负责组织编制无障碍环境建设发展规划,并将其纳入国民经济和社会发展规划以及城乡规划;国务院住房和城乡建设主管部门负责全国无障碍设施工程建设活动的监督管理工作,会同有关部门制定无障碍设施工程建设标准,并对无障碍设施工程建设的情况进行监督检查;国务院工业和信息化主管部门等有关部门在各自职责范围内,做好无障碍环境建设工作。

建设部、民政部、中国残联、全国老龄办等各部门联动,通过创建全国无障碍设施建设示范城市、创建全国无障碍环境示范市县和表彰全国无障碍建设先进城市等举措,探索形成了推进无障碍建设的模式和经验。2002年起,建设部、民政部、中国残联、全国老龄办共同开展了创建全国无障碍设施建设示范城市工作。随着经济社会发展,各地政府也在推进无障碍环境建设方面创新发力。如浙江省计划2017年至2020年全省创建300个省级无障碍社区,2018年省政府残工委已命名杭州市上城区紫阳街道春江社区等102个社区为首批"浙江省无障碍社区"。

政府还以举办重要赛会等为载体,重点推进相关城市的无障碍环境建设。如2008年北京残奥会、2010年广州亚残运会、2016中国杭州G20峰会,以及历次全国残疾人运动会,都极大地推动了举办地的无障碍环境建设。目前,2022年北京冬残奥会和杭州亚残运会也正在筹备中,对无障碍环境建设的筹备也十分重视。

社会各界对无障碍的关注也在逐步提升。2008年,我国发布《网站设计无障碍技术要求》,政府门户网站和一些公共服务行业的网站均按照规定实现网站设计无障碍,保障残疾人平等获取网络信息的权利。中央、省、部分市电视台在节目中配备了字幕、开办了手语新闻栏目;部分城市银行、邮局等行业推出了手语服务;图书馆为盲人读者配备了有声读物;一些企业开发了盲人上网软件和聋人专用通信设备等。通过在电视台、电台、报纸等媒体制作节目、开办专题、专栏、刊登播放公益广告及印发宣传资料等多种形式,开展了无障碍设施建设的宣传,提高了公众的无障碍意识,营造了社会无障碍环境舆论氛围。

各地陆续出现了致力于监督、促进无障碍环境建设的民间组织、机构。如杭州市残疾人无障碍环境促进会2003年成立,是全国成立较早的无障碍促进组织。这些组织和机构通过监督、培训、宣传等多种形式,推动了我国无障碍环境建设的更快发展。

2.标准驱动,法制推进

我国无障碍环境建设的发展,既体现了国家意志,也十分重视标准的建立和依法推进。2019年7月25日,国务院新闻办发表的《平等、参与、共享:新中国残疾人权益保障70年》白皮书显示:自1989年《方便残疾人使用的城市道路和建筑物设计规范(试行)》颁布实施以来,中国相继制定了《无障碍设计规范》《无障碍设施施工验收及维护规范》等国家标准;发布实施《城市公共交通设施无障碍设计指南》《标示用公共信息图形符号第9部分:无障碍设施符号》等国家标准。国家民航、铁路、工业和信息化、教育、银行等主管部门分别制定实施了民用机场旅客航站区、铁路旅客车站、网站及通信终端设备、特殊教育学校、银行等行业无障碍建设标准规范。2012 年,国务院颁布《无障碍环境建设条例》。党的十八大以来,无障碍环境建设立法进一步加强,法律法规和政策措施呈现明显增长的态势。截至 2018 年,全国省、地(市)、县共制定无障碍环境与管理的法规、规章等规范性文件 475 部。

表 20-1 所示为我国现行关于无障碍环境建设的主要标准、法律法规。

表 20-1　我国现行关于无障碍环境建设相关标准、法律法规

颁布(最新修订)时间	名　　称
2008 年	《残疾人保障法》
2012 年	《无障碍环境建设条例》
2011 年	《住宅设计规范》
2009 年	MH/T 5107-2009《民用机场旅客航站区无障碍设施设备配置标准》
2011 年	建标 156-2011《特殊教育学校建设标准》
2011 年	GB 50642-2011《无障碍设施施工验收及维护规范》
2012 年	GB 50763-2012《无障碍设计规范》
2013 年	GB 50157-2013《地铁设计规范》
2017 年	GB 51223-2017《公共建筑标识系统技术规范》
2018 年	JGJ 450-2018《老年人照料设施建筑设计标准》
2018 年	T/CBA 202-2018《银行无障碍环境建设标准》
2018 年	TB 10100-2018《铁路旅客车站设计规范》

第二节　无障碍环境建设社会工作实务

一、无障碍环境建设理论模式

无障碍环境建设理论模式随着人类社会残疾人观的发展而发展。综合国内外关于无障碍环境建设理论模式的观点,我们认为经历了道德模式、医疗模式、社会模式、多元文化模式几个阶段的演变。

(一)道德模式

这一模式认为残疾是个人的因果报应,是前世或今生罪恶的果报,是神对不道德行为或恶行的惩罚。基于这样的偏见,残疾人被认为是需要隔离于社会的人群,包括无障碍在内的任何需求,都被否定、忽略。

（二）医疗模式

随着科学的发展，人们重新审视残疾的本质，逐渐认为残疾是一种疾病，残疾人是一个被动的、病态的、不能独立的、需要医疗和救济的特殊群体。这种模式认为残疾人不能创造价值，不能也不需要参加到各类社会事务中，他们只需要被隔离和保护起来，是怜悯的对象，其无障碍需求仅在福利机构等小范围内引起关注。

（三）社会模式

区别于医疗模式认为残疾是个人的命运，社会模式认为残疾人无法参与社会生活并非由残障人士自身的残障所造成。自有人类社会，就有残疾人，残疾是人类社会进步不可避免的牺牲。基于这一视角，残疾人的各项权利都应得到保障，不应被隔离，而应该为其融入社会消除障碍。在这一阶段，无障碍环境建设得到了较大程度的重视和发展。

（四）多元文化模式

这一模式认为残疾是"人"的生存样态，是一种很普遍的人生体验，在科技的辅助下完全可以与常人一样生活。社会的偏见和一切只为"正常人"服务的环境、制度，这些才是社会强加给残疾人的障碍。因此，要建立一个无障碍地服务于所有人的社会环境。

后两种模式，大大地扩展了无障碍环境建设的服务对象和领域。这几种模式的演变，反映到无障碍设计理念上，表现为从无障碍设计到通用设计。美国北卡罗来纳州立大学通用设计研究中心提出了通用设计七大原则：（1）使用的公平性；（2）弹性的使用方法；（3）简单容易学会；（4）多种类感官信息；（5）容错设计；（6）省力设计；（7）适当有效利用的体积和使用空间。

二、工作原则

基于社会工作视角下的无障碍环境建设，笔者认为社会工作者在开展工作时，需遵循以下原则。

（一）社会化工作原则

我国的无障碍环境建设要坚持以政府为主导，有关部门密切配合，社会各界共同参与的社会化工作方式。通过无障碍环境建设，残疾人要实现重返社会的最终目标。

（二）因地制宜原则

无障碍环境建设应根据经济水平、文化习俗、科学技术资源状况和服务对象的需求等实际，因地制宜，采取适合当时当地甚至是某个家庭、某个人的模式开展工作。

（三）因势利导原则

要善于把握社会环境的"大势"，包括国际国内重大赛会，"全国助残日""国际残疾人日"等重要节日，以及区域范围内的政治、经济、文化教育等形势，利用社会资源及志愿者开展工作。

（四）通用原则

残疾人有"不特殊"的需求，他们希望能够与健全人一样平等、有尊严地融入社会生活。社会工作者应尊重这一需求，在无障碍环境建设中坚持通用原则，使无障碍环境能平等地服务于所有人，而不是对残疾人的特殊福利。

（五）服务对象及其家庭积极参与原则

助人自助，应使残疾人、老年人等无障碍需求人士及其家庭成员主动参与，树立维权意识，参与无障碍环境建设的倡导、监督、宣传、促进等各项活动。

三、我国无障碍环境建设存在的主要问题

我国无障碍环境建设起步较晚，虽然取得了较快的发展，但与无障碍需求相比，仍然存在一些问题。

（一）区域发展不平衡

由于经济发展水平制约等因素，我国无障碍环境建设在整体发展的同时，也呈现出东部和西部、城市与农村、大城市和中小城市之间、大城市的中心区和郊区县之间发展不平衡的特点。

（二）无障碍意识相对薄弱

一方面，无障碍设施建设、管理部门还没有形成严格的无障碍环境意识，在城市的相关建设、管理中时有无障碍建设标准落实、验收监管不到位的现象。另外一方面，民众对于无障碍设施的认识和保护意识欠缺，已经建成的无障碍设施被侵占、损害的现象时有发生。

（三）无障碍环境建设系统性不足

目前，我国无障碍环境建设在公共空间覆盖面较广，但是建筑物内部的无障碍较为欠缺；信息和交流的无障碍虽已引起重视，但在"互联网＋"信息化高速发展的情势下，往往容易被忽略；我国无障碍设施分布不少，但一个无障碍与另一个无障碍的连接往往正是障碍所在。

四、解决无障碍环境建设中存在问题的主要措施

建设无障碍环境，有助于保障广大残疾人的合法权益。社会工作者可以从以下几个方面，致力于无障碍环境建设。

（一）微观层面

社会工作者在这一层面可以根据残疾人本人及其家庭的需求，为其提供服务。针对残疾人本人，可评估其实际需求，为残疾人直接提供辅具、无障碍知识技能训练等，如为下肢重度残疾人提供轮椅、为盲人提供定向行走训练等，使他们能够走出家门、融入社会。针对其家庭，也可以通过无障碍家庭改造等服务，为他们创造一个便利的生活环境，改善其生活质量。目前，我国各级政府均有关于辅助器具配备、无障碍进家庭等相关优惠政策，社会工作者可协助残疾人向各级残联申请，获取相应支持。

（二）中观层面

中观层面主要着眼于社区工作，社会工作者可调动社区内有关组织和人员，包括残疾人及其家属，充分开发和利用社区的资源，在无障碍环境建设方面，为残疾人提供服务，从而促进他们在社会生活及家庭生活中的自尊、自信、自强、自立，积极参与社会生活。社会工作者还可培育和发展助残志愿者以及残疾人无障碍环境建设社会组织，积极宣传倡导、监督社区无障碍环境建设。

（三）宏观层面

这一层面，需要社会工作者从更为宽广的视角去参与无障碍社会环境建设。

1.建立社会支持系统

无障碍环境建设具有系统性、专业性的特点，这就要求社会工作者在从事这方面的工作时，既需要提升自身专业知识和技能，还要积极寻找合作者，将残疾人、老年人等无障碍需求人士，无障碍环境建设、管理方面的专家，残联、建设部门、城管部门等相关单位，残疾人无障碍环境促进会、助残公益组织等相关社团、机构等资源整合起来，建立一个广泛的社会支持系统，与社会工作者组成同盟军，确保无障碍环境建设工作顺利开展。

同时，要通过培训教育，培养无障碍专业人才，使他们能够掌握专业知识，熟知无障碍标准，还要与有关院校科研机构合作，从事无障碍课题研究，培养专业人才。

以下是"中国残疾人信息和无障碍技术研究中心"落户浙江大学的一个新闻。

中国残联与浙大签约战略合作[①]

本报讯（记者 柯溢能）7月1日上午，中国残疾人联合会与浙江大学签署协议，双方宣布将就资源共享、科技创新、标准制定、成果转化及人才培养等多领域

---

① 引自《浙江大学报》，2017年7月4日第二版。

开展长期持久的战略合作,有效提升双方自主创新能力和核心竞争力。

中国残联主席张海迪、浙江大学校长吴朝晖出席并致辞,中国残联党组成员相自成和浙大副校长张宏建代表双方签约。

根据协议,双方在共建"中国残疾人信息和无障碍技术研究中心"的基础上,进一步加大合作的广度与深度,围绕残疾人康复、残疾预防、辅助器具、教育、就业、信息化建设、大数据与"互联网+"助残服务等领域开展全面合作,探索残疾人相关领域的新型技术理论、产品应用及服务模式,使残疾人平等共享社会经济发展成果。

过去十年的合作中,双方紧紧抓住发展这条主线,不仅实现了各自事业的腾飞跨越,也给全世界的残疾人朋友提供了无障碍环境建设、信息服务等方面的治本方案,形成了许多突破性的标志成果,并在2008年北京奥运会、残奥会、2010年上海世博会、广州亚运会、亚残会等国际赛事上得到了广泛应用;通过成立残联系统外的第一个技术研究中心,完成了中国残联组织的第一个国家科技支撑计划项目,建成了实用方便的中国残疾人人口基础数据库系统等。

浙江省残联党组书记、理事长郑瑶出席上述活动。签约仪式后,全国残联信息化培训开讲。

2.政策倡导

立法、制度、标准化等顶层设计是无障碍环境建设的十分重要的一环。因此,社会工作者在对无障碍需求、问题进行调研的基础上,进行政策倡导非常必要。

政策倡导面向政策制定者和决策者。可以合作的倡导主体,包括无障碍需求人群及其家属,残联、民政等政府部门,无障碍促进会等社会组织。倡导的途径包括人大代表、政协委员、专家、智库等。无障碍的法律和标准体系应该是立体、多元的,应通过政策倡导,加强残联及残疾人的参与程度,使残疾人可以直接参与法规的制定,充分反映其生活需要及自身利益。

以下是通过政策倡导实现杭州老旧小区加装电梯的案例。

杭州第一台老小区加装电梯诞生记①

近年来,省、市"两会"代表、委员多次以议案、提案的形式建言献策。市人大代表俞红回忆说,她就曾和多位人大代表一起去外地"取经",写出了详细的调研报告,得到了多位市领导的批示。

省委常委、市委书记赵一德多次强调坚持"业主主体、社区主导、政府引导、

---

① 节选自《杭州日报》,2017年12月21日第二版。

各方支持"的原则,落实"有事好商量,众人的事情由众人商量,是人民民主的真谛"的要求,真正把好事办实、实事办好,让居民群众有更多获得感。

市长徐立毅在调研时也表示,既有住宅加装电梯事关百姓获得感、幸福感,要强化分析研究、制定工作计划、加强舆论引导,全力办好既有住宅加装电梯这件民生实事。

近年来,杭州市对老旧小区加装电梯的可能性展开了课题研究,提出了工作设想。2016 年,杭州市着手制定了《关于开展杭州市既有住宅增设电梯试点工作的指导意见》,邀请了规划部门、电梯厂家等相关单位,在杭州 18 处群众加装电梯意愿强烈的小区进行了现场踏勘,并开始组织多个部门研究讨论增设电梯的可行性。同时,市电梯加装小组还前往南京、西安、上海、福州、广州、北京多地,对加装电梯政策、准入条件、服务、资金、合法管理等多方面进行调研,吸取成功经验,讨论可操作性。

3.社会倡导

社会倡导是面向公众的宣传动员,以提升公众意识和认知为目的。无障碍环境建设本身就是服务于所有人的,通过一定的社会倡导,让公众进一步了解其普惠性的特征和意义,发现残疾人面临的障碍和融入社会的需求,减少偏见和歧视,实现对残疾人群体的进一步容纳,形成无障碍文化,是非常有必要的。社会倡导的合作主体,除了残疾人及其家属,还可以包括残联、无障碍促进会、志愿者协会等组织机构,或是新闻媒体,这些都可以成为社会工作者的共同行动者。社会倡导的形式,可以通过线上或线下的活动、宣传,利用传播影响力形成公众舆论,进而进入公众或政策议题。常见的无障碍环境建设社会倡导形式,有无障碍体验、宣讲、展览、行为艺术等。

以下是杭州市一次残疾人生活体验活动的报道。

杭州举办残疾人日体验活动[①]

当日,在国际残疾人日到来前夕,杭州市西溪街道举办以"当一天的你换一生的爱"为主题的残疾人生活体验活动,来自 12 个社区的近 30 位残疾人工作者和助残志愿者分别体验盲人和肢体残疾人的日常生活,从而让他们对残疾人的不便感同身受,以更好地为残疾人服务,并带动身边的人一起,为残疾人创造一个充满爱的社会环境。

无论是政策倡导还是社会倡导,推动社会消除残疾人的偏见,正视每个人都是无障碍的需求者,了解无障碍环境建设的现状和问题,从而提升公众对于残疾

---

① 引自新华社,2015-12-02。

人的接纳度,有助于形成社会融合的格局。

● **本章习题**

1.如何理解无障碍环境建设的含义?

2.简述无障碍环境建设的理论模式演变。

3.简述社会工作视角下无障碍环境建设的工作原则。

5.请你结合工作实际,谈一谈解决无障碍环境建设中存在问题的一点体会。

【参考文献】

1.奚从清.人道主义与中国残疾人事业.杭州:浙江大学出版社,2018.

2.陈曦.中国无障碍(上篇)(下篇),中国残疾人,2016(3,4).

4.中国残疾人联合会.残疾人工作基本知识读本.北京:华夏出版社,2009.

5.全国社会工作者职业水平考试研究组.社会工作实务(中级).沈阳:辽宁大学出版社,2017.

‹‹‹ 附 录

附录一：国际主要残疾人组织

康复国际（Rehabilitation International，RI）是从事残疾人康复工作的非政府国际组织，由残疾人组织、残疾人工作者组织、政府机构和个人组成。创立于1922年，前身为"国际跛足儿童协会"。协会的创建人和首届会长是美国俄亥俄州的艾德加·艾伦。1972年更名为"康复国际"，秘书处设在纽约，分设6个地区委员会。康复国际目前拥有86个正式会员，27个准会员，分属于77个国家和地区，尚有9个国际会员组织。下设阿拉伯、亚太、非洲、北美、拉美、欧洲等地区委员会及教育、技术、休闲娱乐与体育、医学、组织与行政、社会、职业等各专业委员会。现任主席为张海迪（中国）。康复国际具有联合国经济社会理事会特别咨商地位。其宗旨为通过自身工作改善残疾人生活质量。中国残疾人联合会1988年参加该组织，现为国家级会员。康复国际属非牟利、非政府性质的全球性残疾人组织。

残疾人国际（Disabled People's International，DPI）是残疾人自身的非政府组织。1981年在新加坡成立，在联合国经社理事会享有咨商地位。其宗旨是遵循联合国人权宣言，致力于残疾的预防与康复，实现残疾人平等参与社会生活，分享社会与经济发展成果。残疾人国际有100多个国家级会员组织，具有普遍的代表性。总部和秘书处设在美国纽约，委员会由亚、非、拉、北美、欧洲五个地区委员会各推选的代表组成。第一任主席为新加坡盲人南杜里，现任主席为津巴布韦的马林加。该组织自成立以来，参与了"联合国残疾人十年"规划的制订和执行工作，并举办了专题座谈会和残疾人组织领导人培训班。我国于1991年加入该组织。

世界盲人联盟（World Blind Union，WBU）为世界范围内的盲人自助组织。成立于1984年，由世界盲人福利会和国际盲人联合会合并而成。其宗旨是促进全世界的盲人以平等的机会和权利参与社会生活。现成员来自72个国家和地区,总部设在法国巴黎,设有 7 个地区委员会。世界盲人联盟在联合国各有关组织中具有咨商地位,主要任务是防盲,促进各国制定保障盲人合法权益的法律和政策,激励盲人自立精神,开发盲人潜力和促进国际交流与合作。中国盲人协会是其正式成员。

世界聋人联合会(World Federation of the Deaf,WFD)为世界范围内的聋人自身的组织。成立于 1951 年,是一个与联合国经社理事会、联合国教科文组织、国际劳工组织和世界卫生组织有正式关系的国际性非政府组织。在联合国经社理事会具有特别咨商地位。有来自近 100 个国家和地区的 120 个各类会员组织。其宗旨是造福于世界各国聋人,捍卫聋人的权利,帮助聋人康复。总部设在意大利罗马。中国聋人协会为其正式会员。

融合国际(Inclusion International,II)是由各国智残人及其亲友组织组成的国际组织。前称"国际智力残疾人联盟",成立于 1960 年,其 100 个会员组织来自 67 个国家和地区。总部设在比利时布鲁塞尔,秘书处设在法国。该组织在联合国经社理事会享有咨商地位。该组织的宗旨是维护智力残疾人和精神残疾人的权益,增进残疾人亲友的理解,为保障全世界智残人的平等权利而工作。1968 年发表了《智力迟钝者特殊权利宣言》,后经联合国采纳正式命名为《智力迟钝者权利宣言》。该宣言在呼吁全世界关心智残人,保障智残人的平等权利,推动智残人康复事业的发展方面发挥了重要作用。中国于 1992 年加入该组织。

海伦·凯勒国际(Helen Keller International,HKI)由海伦·凯勒与其他美国人于 1915 年创建,旨在协助政府开展防盲,着重于融入社会主流的盲童教育以及使成年盲人得以独立生活的康复工作。

国际残疾人奥林匹克委员会(IPC)是残疾人体育运动员的国际性代表组织。IPC 负责组织并指导、协调残奥会和其他高水平残疾人体育比赛,主要是重要的世界和地区锦标赛。IPC 是非营利性国际组织,由 160 多个国家和地区的残疾人奥林匹克运动委员会和 5 个国际性残疾人体育联盟组成,即国际脑瘫人体育和休闲运动协会(CP-ISRA)、国际盲人体育联盟(IBSA)、国际智力残疾人体育联盟(INAS-FID)、国际轮椅体育运动联合会(ISMWSF)、国际残疾人体育组织(ISOD)。IPC 每 2 年举办一届夏季和冬季残疾人奥运会,自 2008 年起共同举办夏季和冬季残奥会。

国际特殊奥林匹克委员会(SOI),创立于 1968 年,是一个国际性的智力残疾人体育运动的民间团体。其主要任务是帮助和推动世界各国开展智力残疾人体育运动,定期举办国际性特殊奥运会。国际特奥会总部设在美国华盛顿特区,负责举办国际特殊奥运会和指导各国特殊奥运会的举办。其经费来源主要依靠美国及一些发达国家的跨国公司、财团的捐赠和资助。目前,参加国际特奥会组

织及活动的国家和地区已有 160 多个,我国特奥委员会是国际特奥会的正式成员。

亚洲残奥委员会(APC)是国际残奥会在亚洲地区的唯一会员机构,共有成员国 38 个,2006 年 11 月 28 日,在远南运动会联合会和亚洲残疾人运动会理事会正式合并,后于马来西亚吉隆坡成立,首届亚残奥会主席是马来西亚的扎林。

国际聋人体育联合会(CISS),成立于 1924 年,总部设在丹麦。其宗旨是"通过体育达到平等,促进聋人体育运动,发扬体育精神及交流竞赛经验"。每四年举办一次世界聋人运动会。该联合会共有 83 个会员国,我国聋人体育协会是国际聋人体育联合会的正式会员。

联合国是由主权国家成员组成的最重要的国际组织,从事或涉及残疾人事务的组织和机构有很多,除了秘书处内有常设部门专门处理残疾人事务外,主要的机构有:联大的第三委员会、经社理事会下辖的社会发展委员会及其残疾人事务特别报告员以及人权委员会。除此以外,联合国系统内部还有许多职能机构和专门机构,它们在其职责范围内开展与残疾人有关或影响到残疾人的工作,比较重要的有联合国开发计划署、联合国儿童基金会、联合国教科文组织、世界卫生组织和国际劳工组织等。

附录二:风雨兼程 砥砺前行——纪念浙江省残联成立 30 周年
(2018 年 12 月 28 日)

林清和 *

今年是我国改革开放 40 周年,也是残联成立 30 周年。30 年来,在省委省政府的正确领导下,我们高举人道主义旗帜推动残疾人事业不断向前迈进,取得了令人瞩目的历史性成就。

30 年来,我省保障残疾人权益法律法规政策体系不断健全。省人大先后颁布了《浙江省实施〈中华人民共和国残疾人保障法〉办法》和《浙江省残疾人保障条例》,为发展残疾人事业提供法律保障;省政府先后制定实施残疾人事业发展五年规划、残疾人共享小康、加快推进残疾人全面小康进程等重要政策,扎实推进各项残疾人工作,使依法发展残疾人事业的环境更加优良。30 年来,我省残疾人保障水平不断改善。在全民社会保障体系建设中,我省大力倡导"普惠加特惠"的原则,推进残疾人社会保障,广大残疾人不断得到实惠,真真切切地享受到了改革开放带来的重要成果。目前,全省享受各类社会救助的残疾人数达到

---

* 作者为浙江省残疾人联合会首任理事长。

99.6 万人,占全省持证残疾人数的 78%,残疾人基本公共服务水平不断提升,残疾人在社区卫生服务、城乡居民医疗保险、最低生活保障、法律援助、扶贫解困、教育、就业等领域都享受到了大量优先、就近、高效的公共服务。30 年来,我省残疾人工作服务领域不断拓展。随着经济社会的发展,残疾人工作的服务领域从起步阶段的少量救助项目逐步发展成涵盖康复、教育、就业、社会保障、权益维护、宣传文体、无障碍环境建设等残疾人需要的各个领域,在我省政治建设、经济建设、文化建设和社会建设中,日益显现出独具特色的重要作用。持续推进残疾人康复服务行动,基本康复服务率达到 99.2%;有效推进特殊教育,适龄残疾人接受"十五年"教育比例达到 80%;多措并举鼓励残疾人就业创业,劳动年龄段有劳动能力和意愿的残疾人就业率达到 85%;不断加强文化供给,残疾人社区文体活动参与率达到 73.2%;创新开展扶残助残爱心城市(区)创建,省级无障碍社区创建,成功承办第八届全国残运会、康复国际会议等重大赛事和活动,残疾人工作各项主要指标走在全国前列,在中国残疾人事业发展中留下了鲜明的浙江印记,提供了丰富的浙江经验。

30 年来,全省残联组织不断壮大。在加强社会建设和社会管理工作的新形势下,我们按照"党委领导、政府负责、社会参与、残联组织充分发挥作用"的体制机制,不断推进残疾人事业的组织管理体系建设。省、市、县三级政府残工委实体运行,各级残联组织充分发挥党和政府联系残疾人的桥梁纽带作用,全省1887 个乡镇(街道)全部建立了残联,残联组织的代表、服务、管理能力不断加强。在省级层面,成立了特教学院、就业服务中心、康复医疗中心、对外交流中心、特艺指导中心、体育训练指导中心等直属单位,多数已经成为引领全省残疾人事业发展的综合性技术指导资源中心,日益发挥越来越重要的技术支撑、示范辐射作用。最近一年多,我省还在全国率先推进市、县两级残联配备挂职、兼职副理事长,推进乡镇(街道)、村(社区)残疾人专职委员队伍建设,打通助残服务"最后一公里"。

20 世纪 80 年代,在中国大地上诞生了两个残疾人组织,即中国残疾人福利基金会和中国残疾人联合会。这两个组织的诞生,标志着中国残疾人事业走向新的发展阶段。30 年来,伴随着国家的改革开放,我国残疾人事业取得翻天覆地的变化,残疾人基本保障、残疾人基本公共服务、残疾人就业创业、残疾人事业发展环境、残疾人社会参与都迈上了新台阶。

我是一个参与筹建浙江省残疾人联合会,又在那里工作了 12 年的老残疾人工作者。面对今天残疾人事业的发展,我常思考两个问题:一是 20 世纪 80 年代为什么会诞生两个残疾人组织;二是 30 年来我国的残疾人事业为什么会取得如此巨大的成就。

先说第一个问题。我们知道,一个组织的产生,一般要具备三个条件:国际背景、国内形势、组织内人员的参与意识和代表人物的出现。

首先,我们先分析下国际背景。1945年8月15日,日本宣布无条件投降,标志着二战结束。当时无论是战胜国还是战败国,都出现了大批伤残军人,当事国都比较重视这些人的需求。随着人权运动在世界范围迅速发展,残疾人反对歧视、争取平等权利的运动空前活跃,各国政府和国际组织通过立法保护残疾人合法权益。联合国先后通过了一些有利于残疾人的法律法规政策:1948年12月通过的《世界人权宣言》,明确残疾人有"社会保障权利"。1959年通过的《儿童权利宣言》,规定对残疾儿童给予特殊治疗、特殊教育、特殊保护。1969至1977年,又相继通过了《禁止一切无视残疾人权利的决议》《智力迟钝者权利宣言》《精神发育迟滞者权利宣言》《盲聋者权利宣言》《残疾人权利宣言》等等。

1981年,联合国成立了世界残疾人组织"残疾人国际",呼吁各国政府采取切实措施,帮助残疾人以平等的权利和机会参与社会生活,保护残疾人的一切合法权益,改善残疾人生活质量。1981年被定为世界残疾人年。1982年12月3日,通过了《关于残疾人的世界行动纲领》,宣布1983—1992年为"联合国残疾人10年",确立"充分参与、同等机会、平等同享"的崇高目标,确定12月3日为国际残疾人日。1983年,通过了《残疾人职业康复和就业条约》。这些公约和决议,规定了残疾人基本生活权利、政治权利、康复权利、教育权利及人格、尊严、平等待遇的权利。这被视为继种族解放、妇女解放、民族解放后又一次残疾人解放运动。

其次,分析一下我国的形势。我国是一个有五千年历史的文明古国,素有扶贫济困、尊老爱幼、慈善助残的传统观念,形成了社会慈善救济制度,建立了养济院,以收养残疾人和其他贫民。19世纪初,由于西方传教士的渗入,在我国沿海地区出现了教会主办的慈善机构,主要是育婴堂和盲童学校、聋哑学校。进入20世纪40年代,中国民间也出现了"中国盲民福利会"和"中华聋哑协会",由于得不到政府的支持,不久便名存实亡了。

新中国成立后,为了有步骤做好残疾人工作,中央人民政府在1953年改造了"中国盲民福利会",成立了"中国盲人福利会"。1956年12月,成立了"中国聋哑人福利会"。随着中国残疾人工作进一步开展,考虑到两个福利会性质相同,任务相近,为便于统一领导,经国务院批准,于1960年5月在北京成立了"中国盲人聋哑人协会"。

党的十一届三中全会,吹响了我国改革开放的号角,国家的政治、经济、文化领域发生了深刻变化。这种社会变革,不仅唤醒了中国大地,也唤醒了广大残疾人。1983年北京市残疾人自发成立了北京市伤残青年俱乐部,后又组建全国第一个残疾人协会。随之,大连也成立了残疾青年协会。这段时间,上海、西安、大同、广州、杭州、武汉等地残疾人也十分活跃,纷纷成立组织,他们就业上互帮、生活上互助、精神上互勉,感到有了自己的家。张海迪也是在 1983 年被团中央评为"模范共青团员",在人民大会堂受到表彰。

以邓朴方等人为代表的残疾人为了宣传残疾人事业,呼吁社会理解、尊重、关心帮助残疾人,为了筹集发展中国残疾人事业的经费,筹建中国肢残人康复中心,便策划成立中国残疾人福利基金会,经过一年多的紧张筹备,经国务院批准,中国残疾人福利基金会于 1984 年 3 月 15 日正式成立。

基金会成立以后,大力宣传人道主义和发展残疾人事业。基金募集数额不断扩大,特别是打开了海外募捐的渠道。这些募集的资金,不仅保证了康复中心的建设,还投入了残疾人的康复、教育、就业等各项工作。中国残疾人福利基金会为推动和发展中国残疾人事业,提高残疾人社会地位,改善残疾人生活状况,做出了重要贡献。同时也为筹建中国残联做了舆论和组织准备。

1987 年 4 月,我国首次进行残疾人抽样调查,摸清了五类残疾人的基本情况。我国的残疾人数量之多,困难之大,需求之广,大大超出预想。抽样调查的结果,也向社会提出了一个现实问题:中国需要建立包括五类残疾人在内的统一的残疾人组织。1986 年部分省的盲人聋哑人协会秘书长联名写信要求建立统一的残疾人组织。经过福利基金会和盲人聋哑人协会酝酿准备,1987 年 12 月国务院批准建立中国残疾人联合会,1988 年 3 月 11 日至 15 日,在北京召开首次代表大会,产生中国残疾人联合会的组织机构。

中国残联建立后,除做急需的康复、就业、教育工作外,还花大力气抓了地方残联的组建工作,在地方党委、政府的关心支持下,各级残联的组建工作进展迅速。至 1993 年年底,全国 30 个省(区、市)、403 个市(地、州、盟)、2700 多个县(市、区、旗)和绝大多数的乡镇(街道)都组建了残联,残联组织体系基本建成。

再说第二个问题。多年来,以美国为首的西方国家对我国所谓人权问题进行攻击污蔑,唯独在残疾人问题上没有说三道四。联合国及其常设组织先后授予中国残联主席邓朴方"联合国人权奖""国际残奥委勋章""和平使者奖""特别奖",以表彰他在社会保障和残疾人事业中所做的杰出贡献。我国的残疾人事业为什么会得到迅速发展,受到世界好评呢? 思前想后,无非是天时、地利、人和六个字。

天时——是指党和国家越来越重视残疾人工作。特别是党的十八大以来,以习近平同志为核心的党中央对残疾人事业的重视程度达到新的高度。习近平总书记深刻指出,"残疾人是一个特殊困难群体,需要特别关心,格外关注""全面建成小康社会残疾人一个也不能少""让广大残疾人安居乐业,衣食无忧,过上幸

福美好的生活,是我们党全心全意为人民服务宗旨的重要体现,是我国社会主义制度的必然要求"。国家为发展残疾人事业做出了许多重大决策:

——1984 年和 1988 年批准成立中国残疾人福利基金会和中国残疾人联合会;

——1987 年与 2006 年,分别两次组织全国残疾人抽样调查;

——1988 年,开始制定实施《中国残疾人事业五年发展纲要》;

——1990 年,颁布了《中华人民共和国残疾人保障法》;

——1991 年,实施按比例就业,开始征收残疾人就业保障金;

——2008 年,出台《中共中央国务院关于促进中国残疾人事业发展的意见》;

——2015 年,国务院发布《关于加快推进残疾人小康进程的意见》。

地利——即我国改革开放的 40 年,国民经济得到迅速发展,综合国力不断增强,国家有更多的财力投入发展残疾人事业中。仅 2013—2018 年 6 年间,浙江省政府用于发展残疾人事业的经费高达 200 亿元。仅在残疾人社会保障领域,就建立了困难残疾人生活补贴、重度残疾人护理补贴、残疾儿童康复补贴和残疾人社会保险补贴等四项制度,保障了残疾人基本生活。

再从省残联本级残疾人事业基础设施建设来看,也是一个很好的证明。省残联成立初期仅建成残疾人职业技术学校,占地 15 亩,建筑面积 1.2 万平方米,政府投资 605 万元,不足部分是社会募捐的。而在 2018 年前省本级已建成体训中心、职业学院、康复中心,合计占地 338 亩,建筑面积 15 万平方米,政府投资 8.6 亿元。

人和——即以邓朴方为代表的残疾人和残疾人工作者,创新理念,创新机制,发挥残联优势,激发残疾人自身潜能,探索出一条中国特色的发展残疾人事业的新路子。

中国发展残疾人事业的新路子,新在哪里?我认为主要体现在六个"一"上,即一面旗帜,一部法律,一套理论,一个组织,一项制度,一种精神。

一面旗帜。这面旗帜就是人道主义大旗。在我国,人道主义历来是禁区,涉及人道主义,就必然与阶级、阶级斗争相连,谁也不敢越雷池半步。邓朴方以极大的魄力和远见卓识,顶住"左"的压力,早在 20 世纪 80 年代初就勇敢地提出"人道主义在中国不是多了,而是少了,人道主义是中国残疾人事业的旗帜,我们要高举这个旗帜"。邓朴方在不同场合、不同领域不间断地传播人道主义,使人道主义走出禁区,成为人们逐渐接受的思想。人道主义的核心是以人为本,尊重人的权利、价值和尊严,追求社会公平、公正,倡导人人怀有爱心,为社会上需要帮助的人提供服务。

人道主义的传播,净化了社会空气,社会上漠视、歧视残疾人的少了,尊重、理解、关心、帮助残疾人的多了。由残"废"到残"疾",再到残"障",残疾人扬眉吐气,成了"大写的人"。几十年的实践证明:人道主义是中国残疾人工作开展和中国残疾人事业发展的一面旗帜。

一部法律。中国残联成立之后经过两年的不懈努力,终于在 1990 年 12 月 28 日,在第七届全国人大常委会第十七次会议上通过了《残疾人保障法》。随后,国家又制定了保障残疾人权益的专门法规和规章,如《残疾人教育条例》《残疾人就业条例》《残疾预防和残疾人康复条例》。各省(区、市)也相继制定了残疾人保障法实施办法等地方法规和规章。

目前,我国已初步建立了以宪法为核心,以《残疾人保障法》为基础,以有关法律、法规和规章为配套的残疾人事业法律法规体系。

《残疾人保障法》有鲜明的特点,既保障残疾人合法权益,又促进残疾人事业发展。《残疾人保障法》的实施,使我国残疾人事业走上了依法发展的轨道,不仅有力地维护了残疾人合法权益,而且推动了康复、教育、就业、扶贫、文化生活、社会保障等工作的开展,保证了中国残疾人事业的全面、健康和快速发展。

一套理论。20 世纪 80 年代末和 90 年代初,以邓朴方为代表的中国残疾人事业的开拓者,借鉴国外残疾人工作的新理念,依据我国国情,相继制定了两个关于残疾人的宣传提纲,即《中国残疾人福利基金会宣传提纲》和《残疾人工作宣传提纲》,提出了残疾的发生与预防的观点、残疾人需要社会扶助的观点、残疾人参与社会的观点,这些观点的延伸与深化,构成了中国残疾人事业的理论框架。随着中国残疾人宣传工作不断深入,中国残疾人事业不断实践,在如何认识残疾、残疾人和残疾人事业的问题上,1990 年制定的《中国残疾人工作宣传提纲》提出许多新的观点,如:自有人类就有残疾人,残疾是为人类社会文明进步付出的社会代价;残疾人有人的尊严与权利,有参与社会的愿望和能力;残疾人是一个弱势群体,需要得到国家和社会的尊重、关心和帮助;残疾人事业是社会主义事业的一部分;等等。这就是所谓的新残疾人观。随着社会的进步,残疾人事业的发展,中国残联用更科学、准确的语言将新残疾人观表述为现代文明社会的残疾人观。

在上述背景下,我们浙江省残联在 1989 年夏,成立了由理论工作者与实际工作者参加的残疾人问题研究会,其研究成果是出版了《残疾人工作概论》《残疾人社会学》《社区残疾人工作》等书,前两本书都是邓朴方主席作序。2013 年还出版了由张海迪主席题词的《残疾人社会工作》一书。这些相关残疾人领域书籍的出版,不仅宣传了人道主义,还有效地指导了残疾人工作开展,为残疾人事业的发展起到了积极作用。

一个组织。半官半民的事业团体,这是残联组织的性质定位。20 世纪 80 年代后期,中国残联组织创始人根据国外残疾人组织发展的情况,结合我国国

情,打破"官本位",将残联定位于"半官半民"。综观几十年我国残疾人事业的发展历程,这条路子证明走对了。假如定位为民间组织,不管是个人办的,或是集体办的,根据我国国情,若缺乏政府的支持,能维持多久,能有多大作为?假如定位为"管理局"一类的政府机构,那么一件事两个"和尚"办,只能是扯皮、推诿,什么事也别想办成,到时候来一个机构改革,要么合并,要么撤销,别无他路。

"半官半民",依山傍水,上联政府、下联社会,以政府为靠山,以社会为基础,可以在这个广阔的舞台上为残疾人做很多的好事、实事。我在省残联任职时,曾多次给残联干部鼓劲打气:不要小看"残联"两字,"残"是我们的优势,"联"是我们的力量。"残"的权益受法律保护,助"残"是社会及公民应尽的责任;"联"是联结他人,聚集力量。这决定了我们的工作领域是社会,工作方法是社会化,工作角色是社会工作者。残疾人工作者就是用社会化的工作方式,在社会大舞台上动员社会、发动群众,为残疾人奔走呼吁。

实践证明,"半官半民"的事业团体,是扎根于中国土壤的特色组织,是具有无限生命力的。经过几十年的艰苦努力,从残联初建时的以业务工作促组织建设,再到业务工作领域的拓展,组织工作进一步强化建设,到目前为止,全国五级行政区都建立了残疾人联合会,全国残联系统专职残疾人工作者已达近十万人。残疾人组织已形成网络,并覆盖中华大地,残疾人工作者已遍布祖国的角角落落。对此,不由感慨当年将残联组织定位为"半官半民"是何等的卓识远见。

一项制度。即分散按比例安排残疾人就业。劳动就业是残疾人实现自我价值、融入社会的关键。我国的残疾人劳动就业是伴随着经济的发展和社会的进步,逐步发展起来的。解放初期,残疾人主要是自谋职业。20世纪60年代起民政部门创办福利企业,集中安排残疾人就业。无论是自谋职业还是集中就业,都不能给残疾人提供更多就业岗位,满足不了有劳动能力残疾人的就业需求。

《残疾人保障法》规定:"机关、团体、企业事业组织、城乡经济组织,应当按一定比例安排残疾人就业,为其选择适当的工种和岗位。"国家还规定安排残疾人就业达不到规定比例的,要缴纳残疾人就业保障金。

按比例就业,是国家利用法律手段,强制单位安排残疾人就业,使更多的残疾人基本权利得到保障。缴纳就业保障金,是国家利用经济手段,对达不到规定安排比例单位的一种制约,目的还是希望多安排残疾人就业。国家把收取的残疾人就业保障金用于残疾人的职业培训和就业援助,提高残疾人的就业质量。

随着分散按比例安排残疾人就业的实施,目前,浙江全省已有7万多名残疾人在社会各机关、团体和企事业单位工作。近几年,全省残疾人就业保障金年度征收总额突破40亿元。通过保障金的投入,残疾人职业培训和就业援助等工作全面开展,广大残疾人掌握了更多劳动技能,就业质量也有了明显的提高。

一种精神。即服务奉献精神。残联因残疾人而生，为残疾人而建。残联成立初期，工作辛苦，条件艰苦，生活清苦。残疾人工作者恪守了"人道、廉洁"的职业道德，树立了艰苦奋斗、服务奉献的崇高精神，才能急残疾人之所急，想残疾人之所想，竭诚为残疾人办实事，办好事。才能促进残疾人事业一步步向前发展。

悠悠三十年，三十年探索，三十年拼搏，三十年沧桑，三十年风雨，伴随着我国改革开放的进程，我国残疾人事业取得历史性进展和显著成就。我国已进入习近平中国特色社会主义新时代。但残疾人仍然是一个特殊困难的群体，残疾人事业仍然滞后于经济社会的发展。新时代呼唤新担当，新时代需要新作为，期望新时代给中国特色残疾人事业的发展带来新的机遇，让残疾人成为社会大家庭的平等成员，共享改革开放带来的物质文明和精神文明成果，平等、参与、共享的崇高目标早日实现。

附录三：残疾人集邮是中国特色残疾人文化的一个重要组成部分

李少华[*]

文化是一个国家、民族、群体乃至个人较高层次的文明需求，这种需求在物质需求充分满足之前就萌发存在，更在物质需求以及其他需求得到一定满足之后勃发升华。随着我国和谐社会的建设和小康社会的逐步实现，残疾人集邮作为一种先进的文化活动，已经成为我国残疾人文化的一个组成部分。

正在蓬勃发展的我国残疾人集邮文化，不仅丰富了广大残疾集邮者的文化生活，提高了残疾人平等参与社会活动的意识和能力，增进了残疾人对生活的热爱和与残疾不屈抗争的信念，还向社会宣传了残疾人事业。本文以我国残疾人集邮的兴起、发展，以及党和政府、社会对残疾人集邮的重视和支持，论述了残疾人集邮是中国特色残疾人文化的一个组成部分。

一、我国残疾人集邮的兴起

我国的残疾人集邮有着悠久的历史，早在20世纪初期我国的一些早期集邮组织里，就有一些残疾人士参加。如杭州一位双腿重残的集邮者钱叔安，还担任过《新光邮刊》主编和新光邮票会杭州分会理事长。新中国成立后，特别是改革

* 作者为中华全国集邮联合会会士、中国残疾人集邮联谊会会长、南京特殊教育师范学院特聘研究员

开放后,随着我国残疾人事业的不断发展,广大残疾人要求平等参与各种社会活动,共享社会文明进步成果的愿望日益强烈。集邮作为一种寓教于乐的文化活动,吸引了众多残疾人士的参与。1982年中华全国集邮联合会的成立和1988年中国残疾人联合会的成立,更促进了各地残疾人集邮文化活动的迅速发展。

1985年9月29日国际聋人节时,我国第一个聋人集邮组织——北京市聋人集邮联谊会成立。不久,上海、武汉也分别成立了聋人集邮组织。1992年3月,我国第一个由肢残人、聋哑人和智残人、盲人亲属,以及残疾人事业工作者组成的残疾人集邮协会——杭州市残疾人集邮协会成立。这以后,天津、沈阳、洛阳、大连、广州、宁波、舟山等地也陆续成立了残疾人集邮组织。

各地残疾人集邮组织的建立,使残疾人集邮活动从自发、分散的状态发展为有组织的群体状态。残疾人集邮组织充分施展集邮文化"寓教于邮"的功能,开展了如集邮展览、征文演讲、学术研讨、知识讲座、新邮首发等一系列形式多样、丰富多彩、适合残疾人特点的集邮活动。同时,还结合每年的"国际残疾人日""国际聋人节""全国助残日"等节日,开展相应的集邮活动,在社会上引起很大反响。杭州市残疾人集邮协会还从1993年开始了"身残者帮教心残者"活动。残疾集邮者们到浙江女子监狱和女犯人进行结对帮教,邀请女犯到展厅参观邮展,参加集邮座谈联欢,集邮日活动和集邮报告会,使女犯们通过集邮活动接受特殊教育,增强生活的信念,积极改造。后来这二十多位和残疾集邮者结对帮教的女犯,包括当时被判"死缓"或"无期"的重犯,都因结对帮教后进步显著,多次被减刑,并已经全部出狱,回归社会。

举办残疾人邮展,利用邮展向社会宣传残疾人事业,是许多残疾人集邮组织开展的一个非常有特色的活动。1994年10月,在中国残疾人联合会、中华全国集邮联合会的支持下,浙江省残疾人联合会、浙江省集邮协会在杭州联合举办了"中国首届残疾人集邮展览"。全国18个省区市邮协选送了50余部残疾集邮者编制的邮集参展,20多个省区市的数百名残疾集邮者,从各地汇集到西子湖畔参加邮展活动,这次邮展在我国集邮界和社会上产生了很大反响。国际集邮联主席加迪亚为邮展发来贺信,称它是"集邮活动与国际奥林匹克接轨的一个实践",并表示"期盼以后其他国家也会以中国为榜样,举办专门的残疾人邮展"。

成功举办"中国首届残疾人集邮展览"后,在2000年、2003年和2011年的全国第五届、第六届、第八届残疾人运动会期间,分别在上海、南京和杭州举办了全国性残疾人邮展。2008年和2009年,为迎接残奥会和庆祝世博会的举办,还在北京、上海分别举办了"迎残奥部分城市残疾人集邮联展"和"庆世博沪浙残疾人集邮联展"等多个省市残疾人集邮组织联合举办的残疾人邮展。

残疾人集邮展览的举办,促进了残疾集邮者集邮水平的不断提高。一些残疾集邮者编制的优秀邮集,还在全国、国际或世界邮展上与健全人编制的邮集一起同台竞技,获得摘金夺银的好成绩。如残疾集邮者编制的《新中国早期邮政日戳》邮集,在香港国际邮展上获得银奖,《残疾人》《拐杖》邮集曾分别在泰国国际邮展及以色列世界邮展上获镀金奖。

二、政府和社会对残疾人集邮的支持

我国的残疾人集邮活动,得到了党和政府、中国残联、全国集邮联及各省市残联、集邮协会等社会各界的关心和支持。时任全国人大常委会委员长乔石、副委员长雷洁琼、朱学范及原中共中央常委宋平、原中顾委副主任薄一波等领导,都曾专门为残疾人集邮展览题过词或作过专门讲话。1985 年朱学范副委员长参观了北京的聋哑人邮展后高兴地说:"聋人搞邮展,北京是首创,各地都可以办";1991 年,雷洁琼副委员长在北京人民大会堂的纪念中国共产党成立 70 周年集邮报告会上,听了残疾集邮者所做的《集邮给残疾人增添生活的勇气和力量》演讲报告后,对残疾人参与集邮文化活动为整个残疾人事业的发展所起的积极作用予以高度评价;1994 年 11 月,中国残联主席邓朴方在杭州听了关于全国首届残疾人邮展情况的汇报后预言:"随着我国越来越多残疾人温饱的解决和步入小康,一定会有更多的残疾人像杭州等地的残疾人一样,喜爱上集邮。"中国残疾人的楷模张海迪,还为中国首届残疾人邮展写了亲笔贺信并设计了邮展纪念封。

中华全国集邮联合会同样对我国的残疾人集邮活动予以极大的关注、重视和支持,在全国集邮联召开的代表大会、先进表彰会上,多次肯定了我国残疾人集邮文化活动的开展和所取得的成绩。全国集邮联在 1991 年和 2001 年为庆祝中国共产党成立 70 周年和 80 周年而举办集邮报告会,以及两次全国集邮先进和集邮文化巡回报告时,都有残疾人集邮者参加。全国集邮联罗淑珍会长、杨利民会长还亲自为由残疾集邮者编撰的《平等、参与、共享——方寸世界里的残疾人》及《传哲百年》《生命的华章》等集邮图书撰写序言或题词。全国集邮联副会长王新中、刘广实、刘佳维、李近朱、孙蒋涛等领导也多次参加残疾人邮展、残疾人集邮联谊座谈、残疾人集邮可持续发展研讨会等残疾人集邮活动。

三、我国残疾人集邮的发展

各地残疾人集邮组织多受所在城市的残疾人联合会或聋人协会的领导,并在活动经费和活动内容、活动场地等方面得到多方面支持和帮助,这给残疾人集邮文化活动的发展奠定了基础。但由于各地残疾人事业及集邮活动发展的差异,各地残疾人集邮活动的开展和集邮水平还很不平衡。广大残疾集邮爱好者

很早就迫切要求能组建一个跨省、市、区的残疾人集邮组织,以加强各省区市残疾人集邮组织的联络和沟通,进行互相交流和学习,并通过这一组织联合举办一些较大规模的残疾人集邮活动,以扩大残疾人集邮的社会影响。2008年,北京、上海、天津、杭州、沈阳、武汉等地的残疾人集邮组织联合向中国残联呈报了要求组建成立全国性残疾人集邮组织的报告,引起中国残联有关领导的高度重视。2009年4月,中国残疾人集邮联谊会在洛阳隆重成立,这一在世界集邮史上尚属首创的全国性的残疾人集邮组织的创建,是我国残疾人集邮活动发展的一个里程碑。中国残疾人联合会宣传文化部在贺信中指出:"中国残疾人集邮联谊会的成立,是广大残疾人集邮爱好者文化生活中的一件大事",希望"中国残疾人集邮联谊会严格遵守国家的法律法规,履行职责,依照章程组织开展健康有益的活动,团结教育广大残疾人集邮爱好者,陶冶性情,增进知识,为发展和繁荣我国的集邮文化、为宣传残疾人事业贡献一份力量"。全国集邮联合会在贺信中指出:"发展我国的残疾人集邮,是发展具有中国特色的社会主义集邮文化的一个重要组成部分。理解、尊重、关心、支持这一占据人类总数1/10的特殊困难群体,是人类社会文明进步的一个具体体现"。全国集邮联合会还"希望各省区市集邮协会和广大集邮爱好者们对这一特殊困难群体开展的集邮活动,多予以理解、尊重、关心和支持,使我国的残疾人集邮事业,得以更加蓬勃地发展!"

中国残疾人集邮联谊会成立后,通过创办的《中国残疾人集邮》会刊,宣传各地残疾人集邮组织开展的集邮活动、对各国发行的残疾人题材邮品进行研讨、传授编制邮集的知识、介绍残疾集邮者编制的优秀邮集等,促进了各地残疾人集邮文化活动的开展和残疾人集邮水平的提高。2011年,中国残疾人集邮联谊会积极配合第八届全国残疾人运动会组委会、杭州市政府筹办了我国残疾人集邮史上规模最大、水平最高、参与人数最多、展出时间最长的第八届全国残疾人运动会邮展。时任中国残联主席张海迪、理事长王新宪、副理事长王乃坤、中国肢残人协会主席徐凤建等领导和浙江省政府、杭州市政府领导都到浙江世贸中心展馆参观邮展或会见残疾人集邮者代表,对邮展予以高度评价。

2016年10月,中国残疾人集邮联谊会积极配合在我国唯一的一所独立设置,以培养特殊教育师资为主,兼及残疾人高等教育与残疾人事业管理与服务专门人才培养的普通本科高校——南京特殊教育师范学院举办了第六届全国残疾人邮展。这一邮展,成了我国残疾人集邮走进高等学府的开端。残疾人集邮者还将半个世纪收集的世界上220多个国家(地区)发行的残疾人题材邮票和封、片,编制成300多页贴片的《世界各国(地区)发行的残疾人题材邮票》《中国残疾人集邮史》等邮集,连同他们在全国、国际、世界邮展上获得的金奖、镀金奖、银奖奖牌、证书、特别奖奖品,以及残疾人撰写的十几部集邮专著、图册全部无偿捐赠给了筹建中的中国残疾人集邮馆。

2018年5月20日,我国首次发行《全国助残日》邮票之际,建在南京特殊教育师范学院里的中国残疾人集邮馆建成开馆。学院的六千多位未来的特殊教育师资和残疾人事业工作者,以及每年新入学的两千多学生,还有数以千计的全国各地及国外的残联系统、教育系统的相关领导、老师、学生到中国残疾人集邮馆参观后,从展陈的凝聚世界各国对残疾人浓浓关爱和展现残疾人自强不息精神风貌的方寸邮票里,从大量反映我国残疾人集邮历史和发展进程的图片、资料、实物中,加深了对残疾人这一特殊群体的认识和对集邮文化的了解。

四、用中国特色的集邮文化引领世界集邮的发展

中共中央、国务院在《关于促进残疾人事业发展的意见》中提出要"组织残疾人开展形式多样、健康有益的群众性文化、艺术、娱乐活动,丰富残疾人精神文化生活"。党和政府的高度重视,激发了广大残疾人积极参与包括集邮文化活动在内的文化生活的热情。六次全国性残疾人邮展的成功举办和中国残疾人集邮馆的建成开馆,不仅是我国残疾人集邮蓬勃发展的一个重要标志,也为世界邮展举办残疾人邮展奠定了基础。

2016年在南京举办的第六届全国残疾人邮展闭幕后不久,正在广西南宁参加2016国际邮展活动的中华全国集邮联合会杨利民会长在听取第六届全国残疾人邮展的汇报时,对残疾人集邮者提出的世界邮展中设立残疾人集邮作品专门展区的要求,予以高度重视和关注;2018年11月,杨利民会长、徐建洲常务副会长和张玉虎秘书长等人在太原就中国2019世界邮展设立残疾人集邮作品专门展区进行了部署;2017年3月21日,杨利民会长、张玉虎秘书长一行专程到中国残疾人联合会,在向中国残联领导通报武汉世界邮展将设立200框的专门展区时说:"世界邮展被称为是'集邮界的奥林匹克',应该像残奥会一样,有残疾人的平台。所以在国务院批准了中国2019世界邮展后,全国集邮联就提出要和中国残联合作,在世界邮展展厅设立残疾人集邮作品专门展区的计划。"中国残联程凯副主席在听取此计划时指出:"随着经济社会发展和人民生活水平的提高,残疾人在解决基本温饱问题后,越来越期待融入社会、参与文化活动。集邮是残疾人融入社会、了解世界的一种重要方式。"程凯副主席还说:"中国残联将积极参与世界集邮展览,并推动更多的残疾人通过参与集邮文化活动,拓展视野、陶冶情操、提高素质,感受国家改革发展和对外开放成果,增强'四个自信',更加自觉地听党话、感党恩、跟党走。"

2019年6月11日,经国际邮展评审员和全国邮展评审员对中国残疾人集邮联谊会征集的参展邮集进行认真审查,确定了从全国20多个省区市和香港特

别行政区，以及英国、瑞典、法国等地残疾人集邮者、爱心会员精心编组的优秀邮集 200 框、124 部参加世界邮展，和来自 84 个国家的健全人集邮者选送的优秀邮集，在武汉国际博览中心举办的中国 2019 世界邮展展场同场展出。这些邮集中如《残疾与康复》《我的残疾兄弟姐妹》《关爱残疾人》《轮椅人生》《强者的世界》《生命、人道、阳光》《体残人蔡伦的伟大发明——纸》《原地集邮中的残障故事》《轮椅上的坚强》《维多利亚女皇与残疾》《生命的辉煌——方寸世界里的残疾强者》《无声世界》等，讴歌了人类社会对残疾人群体的关怀，展示了占据人类总数十分之一的残疾人群体自强不息的精神风貌，表现了残疾人对生活的热爱和向往。6 月 12 日，杨利民会长在陪同中国残联程凯副主席等人参观该邮展时说："世界邮展举办了 200 多届，在中国首创举办世界邮展残疾人集邮作品展，不仅宣传了中国特色集邮文化，也是对中国残疾人事业的一个很好宣传。"程凯副主席在展厅接受媒体采访时说："这些展出的邮集，是残疾人集邮者以他们的不懈努力和聪明才智创作出来的成果，是通过邮集、邮展进行残疾人事业宣传的极好载体。"他还说："残疾人集邮是残疾人文化事业中一个不可缺失的组成部分。各级残联、残疾人集邮组织和全社会都要重视、关心残疾人集邮文化在发展残疾人事业中的积极作用，支持、保护好残疾人集邮者的热情和积极性，在发展新时代残疾人事业中推动残疾人集邮文化创新和持续发展。"

不忘初心、筑梦成行，是促使我国的残疾人集邮文化活动不断向前的动力。我们在为我国残疾人文化事业不断繁荣兴旺而欢欣鼓舞的同时，也为作为我国残疾人文化一个重要组成部分的残疾人集邮不断发展而欢呼！具有中国特色的集邮文化，一定会引领世界集邮文化走向新的辉煌，而残疾人集邮，也一定会为整个残疾人文化事业的发展做出积极的贡献！